17.50

D1101072

*2003)

£6

Gororan ı ıaith

Tay

Golygydd Cyffredinol
John Rowlands

Mae teitl y gyfres hon o astudiaethau beirniadol ar lenyddiaeth yn fwriadol eang ac annelwig, oherwydd gobeithir cynnwys ynddi ymdriniaethau amrywiol iawn â lluosogedd o bynciau a themâu. Bu tuedd hyd yn hyn i ysgolheigion a beirniaid ysgrifennu hanes llenyddiaeth, ac fe fydd sefydliadau megis y Ganolfan Uwchefrydiau Cymreig a Cheltaidd a'r Academi Gymreig yn sicrhau bod y gweithgareddau sylfaenol hynny yn parhau. Ond daeth yn bryd hefyd inni drafod a dehongli'r themâu sy'n ymwau trwy'n llenyddiaeth, ac edrych yn fanylach ar y meddwl a'r dychymyg Cymreig ar waith. Wrth gwrs fe wnaed rhywfaint o hynny'n barod gan feirniaid mor wahanol â Saunders Lewis, Bobi Jones a Hywel Teifi Edwards, ond mae yna agweddau lu ar ein dychymyg llenyddol sydd naill ai heb eu cyffwrdd neu'n aeddfed i gael eu trafod o'r newydd.

Y gyfrol hon yw'r unfed ar ddeg yn y gyfres, yn dilyn *DiFfinio Dwy Lenyddiaeth Cymru* (gol. M. Wynn Thomas, 1995), *Tir Neb* (Gerwyn Wiliams, 1996) enillydd gwobr Llyfr y Flwyddyn Cyngor Celfyddydau Cymru, *Cerddi Alltudiaeth* (Paul Birt, 1997), *Yr Arwrgerdd Gymraeg* (E. G. Millward, 1998), *Pur fel y Dur* (Jane Aaron, 1998) a enillodd wobr goffa Ellis Griffith, *Sefyll yn y Bwlch* (Grahame Davies, 1999), *Y Sêr yn eu Graddau* (gol. John Rowlands, 2000), *Soffestri'r Saeson* (Jerry Hunter, 2000) a oedd ar restr fer Llyfr y Flwyddyn Cyngor Celfyddydau Cymru, *Gweld Sêr* (gol. M. Wynn Thomas, 2001) a *Rhwng Gwyn a Du: Agweddau ar Ryddiaith Gymraeg y 1990au* (Angharad Price, 2002). Yn y gyfrol bresennol y mae Jason Walford Davies yn archwilio'r modd y bu i'r meddwl a'r dychymyg Cymraeg hydreiddio gwaith un bardd Eingl-Gymraeg (nid Eingl-Gymreig!).

Bydd cyfrolau pellach yn y gyfres yn ymdrin â phynciau megis y theatr Gymraeg ar ddiwedd yr ugeinfed ganrif, merched yn llenyddiaeth yr Oesoedd Canol, y ddelwedd o Gymru yn y nofel Gymraeg ddiweddar, agweddau ar feirniadaeth a theori lenyddol yng Nghymru'r ugeinfed ganrif, a'r dychymyg hoyw mewn llenyddiaeth Gymraeg.

Y MEDDWL A'R DYCHYMYG CYMREIG

Gororau'r Iaith

R. S. Thomas
a'r Traddodiad Llenyddol Cymraeg

Jason Walford Davies

GWASG PRIFYSGOL CYMRU
CAERDYDD
2003

© Jason Walford Davies ⓑ 2003

Cedwir pob hawl. Ni cheir atgynhyrchu unrhyw ran o'r cyhoeddiad hwn na'i gadw mewn cyfundrefn adferadwy na'i drosglwyddo mewn unrhyw ddull na thrwy unrhyw gyfrwng electronig, mecanyddol, ffotogopïo, recordio, nac fel arall, heb ganiatâd ymlaen llaw gan Wasg Prifysgol Cymru, 10 Rhodfa Columbus, Maes Brigantîn, Caerdydd CF10 4UP.
Gwefan: www.cymru.ac.uk/gwasg

ISBN 0-7083-1799-5

Mae cofnod catalogio'r gyfrol hon ar gael gan y Llyfrgell Brydeinig.

Cyhoeddir gyda chymorth ariannol Cyngor Celfyddydau Cymru

Datganwyd gan Jason Walford Davies ei hawl foesol i gael ei gydnabod yn awdur y gwaith hwn yn unol ag adrannau 77 a 78 o'r Ddeddf Hawlfraint, Dyluniadau a Phatentau 1988.

Gwnaethpwyd pob ymdrech i ddod o hyd i berchenogion hawlfraint deunydd a ddefnyddir yn y gyfrol hon, ond yn achos ymholiad dylid cysylltu â'r cyhoeddwyr.

Llun y clawr: Paul Klee, *Nach Regeln zu pflanzen*, 1935, dyfrliw. Atgynhyrchwyd trwy ganiatâd Kunstmuseum Bern a DACS, Llundain.

Cysodwyd yng Ngwasg Prifysgol Cymru, Caerdydd
Argraffwyd yng Nghymru gan Wasg Dinefwr, Llandybïe

I Mam-gu, Olive M. Powell

'Un yw craidd cred a gwych adnabod
Eneidiau yn un â'r rhuddin yng ngwreiddyn Bod'

Waldo Williams, 'Wedi'r Canrifoedd Mudan'

Cynnwys

Byrfoddau

P	*Pietà* (1966)
PS	*Poetry for Supper* (1958)
R	*Residues* (2002)
SF	*The Stones of the Field* (1946)
SPoems	*Selected Poems: 1946–1968* (1973)
SYT	*Song at the Year's Turning* (1955)
T	*Tares* (1961)
WA	*Welsh Airs* (1987)
WI	*The Way of It* (1977)
WW?	*What is a Welshman?* (1974)
YO	*Young and Old* (1972)

(ii) *Rhyddiaith*

ABC Neb	*ABC Neb* (1995)
BLl	*Blwyddyn yn Llŷn* (1990)
CorW?	*Cymru or Wales?* (1992)
Neb	*Neb* (1985)
PMI	*Pe Medrwn yr Iaith ac Ysgrifau Eraill* (1988)
SP	*Selected Prose* (adargraffiad 1995)
WPT	*Wales: A Problem of Translation* (1996)

Diolchiadau

Dyfynnir o waith R. S. Thomas gyda chaniatâd caredig y canlynol: Gwydion Thomas (mab y bardd ac ysgutor llenyddol yr ystâd gyhoeddedig); Rhodri Thomas (ŵyr y bardd); Peg Osterman a Bloodaxe Books; Yr Athro M. Wynn Thomas (ysgutor llenyddol y gwaith anghyhoeddedig); Gwasg Gwynedd. Yr wyf yn dra diolchgar i'r rhain oll.

Hoffwn ddiolch hefyd i'r canlynol am eu caniatâd i gynnwys deunydd yn y gyfrol hon: y BBC (yng nghyswllt yr eitemau canlynol: 'A Time For Carving', 'The Poet's Voice', *A Rare Bird*, *With Great Pleasure: R. S. Thomas*); S4C, ac Emyr Gruffydd yn arbennig (*Croma*); Prifysgol Cymru, Bangor; T. Robin Chapman; Islwyn Ffowc Elis; Raymond Garlick; Emyr Humphreys; Arfon Huws a Chyfeillion Llŷn; Robin Llywelyn; Arthur Wyn Parry; Ieuan Wyn Parry; Manon Wyn Siôn; Meic Stephens.

Carwn ddatgan fy niolch i olygydd y gyfres Y Meddwl a'r Dychymyg Cymreig, Yr Athro John Rowlands, am ei gefnogaeth, ac i Llion Pryderi Roberts, Gwasg Prifysgol Cymru, am ei drylwyredd a'i fedrusrwydd wrth lywio'r gyfrol drwy'r wasg. Diolch hefyd i Susan Jenkins am ei chyfarwyddyd, i Liz Powell am ymorol am y clawr, ac i Janet Davies am lunio'r mynegai.

Diolchaf yn ogystal i'r Athro Gwyn Thomas am ei gyngor a'i anogaeth, ac i'r Dr Delyth Morris, Yr Athro Hywel Wyn Owen ac Arwel Jones – ynghyd â staff Llyfrgell Genedlaethol Cymru, Aberystwyth – am eu cymorth a'u cymwynasgarwch. Dymunaf hefyd gydnabod yn ddiolchgar y grant ymchwil a dderbyniais gan yr AHRB.

Braf yw cael achub hyn o gyfle i ddiolch i Meinir Lloyd Evans am ei chefnogaeth gyson. 'Llewyrch haul yn twnnu ar gysgod,/ A gwenithen y genethod.'

JASON WALFORD DAVIES

Cyflwyniad:
'The bright ore that seams our history'

Here, don't you start writing poems! or I shall have to buckle down to *The influence of The Mabinogion on R. S. Thomas* or something. (Philip Larkin mewn llythyr at C. B. Cox, 13 Ionawr 1981)[1]

Y mae'r plwyfi y bu R. S. Thomas yn gwasanaethu ynddynt yn ystod ei yrfa fel offeiriad yn yr Eglwys yng Nghymru yn gerrig milltir ar daith ddiwylliannol unigolyddol iawn *ad fontes*, yn ôl i lygad y ffynnon. Ffurfia'r daith arbennig hon 'hirgylch' daearyddol (*Neb*, 86), cylchdaith a symbylwyd gan yr her o adennill y Gymru Gymraeg. O'i blentyndod ar Ynys Môn symuda i'r dwyrain i ddwy guradaeth ar y gororau (Y Waun yn Sir Ddinbych a Hanmer yn Sir y Fflint), yna i'r de i Fanafon yn Sir Drefaldwyn, i'r de-orllewin i Eglwys-fach yng Ngheredigion, ac yna i'r gogledd i Aberdaron a'r Rhiw ym Mhen Llŷn, cyn dychwelyd yn 1994 i Fôn ac ymgartrefu yn Llanfair-yng-Nghornwy.[2] Crisielir y grymoedd dynol sy'n gyrru'r bererindod bersonol hon – term Thomas ei hun yn *Neb*[3] – gan ddarn byr tra arwyddocaol tua dechrau'r hunangofiant. Y man cychwyn llythrennol, daearyddol, wrth gwrs, oedd plentyndod y bardd yng Nghaergybi, Ynys Môn, ond y man cychwyn mewnol, fel petai, oedd atgof cynnar o fod yn Lerpwl, ac yntau'n ymwybodol am y tro cyntaf ei fod y tu allan i Gymru. Y mae'n atgof sydd, yn briodol ddigon, yn myfyrio ar natur atgof ei hun:

> Sut mae'r cof yn gweithio? Mae'n dal gafael mewn rhai pethau gan ollwng eraill i ebargofiant. Un peth sy'n aros. Rhyw ddydd ar y traeth yn Hoylake cyfeiriodd ei dad ei sylw at res o fynyddoedd ymhell dros y môr i'r gorllewin. 'Dacw Gymru' meddai yn Saesneg. (*Neb*, 9)

Yn y fersiwn o'r hanesyn hwn a gofnododd R. S. Thomas yn 'Y Llwybrau Gynt' yn 1972, y mae'r mynyddoedd a welir dros y môr yn 'llwydlas' (*PMI*, 58), ac o Ynys Môn ei blentyndod yn y gyfrol *The Echoes Return Slow* yn 1988, fe'u disgrifir yn yr un modd fel 'blue shadows on a longed-for horizon' (*ERS*, 24). Ceir yr un disgrifiad mewn cerdd anghyhoeddedig gynnar iawn sy'n dyddio o'r cyfnod a dreuliodd Thomas fel curad yn Y Waun ddiwedd y 1930au. Yn arwyddocaol ddigon, syllu'n hiraethlon tuag at Lŷn a wneir yn y gerdd fer hon:

> My infinite nostalgia none has heard
> But wind, weed and woodland bird
> For the blue hills of Wales far off,
> And Nevin with its cliff
> That sets a sail on the wide sea
> Yet never wins to me.[4]

Perthnasol yn y cyd-destun hwn yw ymadrodd hyfryd A. E. Housman, 'blue remembered hills', a fenthyciwyd gan Dennis Potter fel teitl ar gyfer yr orau o'i ddramâu teledu – delwedd berffaith ar gyfer unrhyw wlad a erys ar 'longed-for horizon' y cof.[5] Yr hyn sy'n drist, wrth gwrs, yw nad oedd gan Thomas yn ystod ei blentyndod unrhyw ym-wybyddiaeth o'r diwylliant cyfoethog yr oedd y dirwedd honno yn ei gynrychioli. Ac felly'r eironi ym mrawddeg olaf gryno y disgrifiad hwnnw yn *Neb* o'r wibdaith i'r traeth yn Hoylake – '"Dacw Gymru" meddai yn Saesneg' – moment sy'n fwy dwysbigol fyth o gofio mai'r siaradwr yma yw tad y bardd, a oedd, yn ystod ei blentyndod ef ei hun yn Sir Aberteifi, yn medru'r Gymraeg. Fe gofir am y cofnod hwnnw yn yr *Encyclopaedia Britannica* a gyhoeddai'n drahaus, 'For Wales, see England'. Yr oedd anwybodaeth ynghylch arallrwydd cyfoethog Cymru yn ddiffyg diwylliannol y treuliodd R. S. Thomas weddill ei fywyd yn ei ddinoethi a'i gystwyo.

Yn yr ymdriniaeth hon byddir yn mynd i'r afael ag ymdrech Thomas ei hun i adennill ei etifeddiaeth ddiwylliannol, a hynny drwy ymdrin yn fanwl â'r gwahanol agweddau ar ei berthynas â'r traddodiad llenyddol Cymraeg. Go brin fod angen dweud bod R. S. Thomas y dyn a'r bardd yn llawer mwy na chyfanswm y llinynnau cyswllt hyn, ond nid oes amheuaeth nad yw'r rhain yn chwarae rhan ffurfiannol gwbl allweddol yn yr yrfa. Gellir symboleiddio'r broses hon o adfeddiannu treftadaeth ddiwylliannol drwy gyfeirio at ymwneud R. S. Thomas â dwy garreg ac arnynt arysgrifau Lladin yn coffáu gwŷr o Oes y Seintiau

(Gwynhoedl, Iovenalis, Edern) a ddarganfuwyd ar fferm Penpyrs, Llannor, Pen Llŷn, ac a symudwyd ddiwedd y bedwaredd ganrif ar bymtheg i Amgueddfa Ashmole, Rhydychen.[6] Mewn llythyr dyddiedig 8 Mawrth 1992 a anfonodd Thomas at un o geidwaid yr amgueddfa honno, a hynny yn rhinwedd ei swydd fel Ysgrifennydd Cyfeillion Llŷn (cymdeithas a sefydlwyd ganol y 1980au er diogelu treftadaeth Gymraeg y penrhyn), nododd y bardd ei fod am weld y cerrig hyn – a oedd, yn ôl tystiolaeth aelod arall o'r gymdeithas, 'in the Museum basement, covered with dust' – yn cael eu dychwelyd 'to their rightful home here in Llŷn'.[7] Bu'r cais yn llwyddiannus, a symudwyd y meini i Oriel Plas Glyn-y-Weddw, Llanbedrog, lle y gellir eu gweld heddiw yn y cyntedd o bobtu'r porth. Y mae'r ddwy yn symbolau pwerus o etifeddiaeth ddiwylliannol adferedig R. S. Thomas ei hun. Yn wir, priodol yw synio amdanynt fel 'Marmorau Elgin' y llwyddwyd, yn yr achos hwn o leiaf, i'w hadfeddiannu. Rhydd y rhan a chwaraeodd Thomas yn y broses o sicrhau eu bod yn dychwelyd i Gymru ddimensiwn newydd i ddisgrifiad Tony Conran mewn teyrnged i'r bardd yn 2001: 'he became like a standing stone, a talisman for our continuity as a nation.'[8]

* * * *

O'r dechrau cynnar, cyndyn fu R. S. Thomas i drafod yn fanwl y dylanwadau llenyddol a fu arno o du llenyddiaeth y diwylliant yr aeth ati mor ddygn i'w adennill. Yr oedd ei dawedogrwydd yn hyn o beth yn rhan o batrwm ehangach. Yn 'The Making of a Poem' (1969) medd y bardd: 'People write to me and say, "Who is it that has influenced you?", and I always say, "This is a question I don't answer because it is up to everyone else to find out what influences are visible in one's writing".'[9] Dyma daflu'r beirniaid – â'u 'compulsive hurry// to place a poet', chwedl Thomas yn y gerdd 'Taste' (LS, 35) – oddi ar y trywydd yn syth. Ac eto, cafwyd gan y bardd sawl datganiad sy'n rhwym o ennyn chwilfrydedd. Er enghraifft, yn 'The Making of a Poem' â rhagddo i nodi: 'but I always add that I am in debt to every other poet who has ever written and whom I have ever read.'[10] Ac mewn cyfweliad dadlennol yn 1981, meddai: 'There's nothing wrong with influence. The whole history of life is the history of influence.'[11] Gwelir bod Thomas yn fwy parod i fanylu mewn bywgraffiad cryno ohono ef ei hun a gynhwysodd mewn llythyr at ei gyfaill Raymond Garlick yn 1995: 'R. S. Thomas . . . Influenced by Welsh landscape, history and language and literature, and by as many poets as he was able to read in English, Welsh and French.'[12] Y mae'r pwyslais hwn ar ddylanwad barddoniaeth Gymraeg arno yn mynnu sylw. Yn ei ysgrif 'Some Contemporary Scottish Writing', gwelir Thomas, yn gynnar yn ei yrfa, yn hybu achos yr Eingl-Gymry ac yn datgan: 'there are signs now that the mantle of writers like T. Gwynn Jones and W. J. Gruffydd is falling not upon the younger Welsh writers, but upon those of us who express ourselves in the English tongue' (SP, 26). Ond yr oedd gwybodaeth gynyddol y bardd o'r iaith Gymraeg a'i thraddodiad llenyddol hyd yn oed y pryd hwnnw wedi agor drws ar hunaniaeth fewnol. Mor gynnar ag 1946, gallai rheithor ifanc Manafon ddarlithio'n hyderus ar lenyddiaeth Gymraeg.[13] Erbyn y 1950au, daethai'r llenyddiaeth honno, ar ffurf defnydd helaeth o gyfeiriadaeth lenyddol dra amrywiol ei chynnwys a'i dull, yn rhan ganolog o ddeunydd crai ei ymwybyddiaeth farddonol ei hun. Yr oedd, yn ddi-os, yn ffynhonnell gwbl anhepgor i fardd a dderbyniasai'r sialens sylweddol honno – adfeddiannu iaith a diwylliant yr amddifadwyd ef ohonynt yn ystod ei blentyndod.

Dylid pwysleisio bod cyfeiriadaeth Thomas yn rhyfeddol o gynhwys-fawr, ac yn wir, yn rhychwantu'r traddodiad llenyddol Cymraeg – o'r chweched ganrif hyd ddiwedd yr ugeinfed ganrif. Ond dylid hefyd nodi bod ymateb y bardd i'r traddodiad hwnnw yn unigolyddol ac adolygiadol, ac nad proses o dderbyn yn galonnog a dihalen y traddodiad yn ei holl agweddau a welir yn achos R. S. Thomas. Caiff y traddodiad ar lawer ystyr ei ailddehongli yng nghyfeiriadaeth y bardd, wrth iddo gynnal drwy gyfrwng yr adleisiau llenyddol Cymraeg, fel y ceir gweld, ddialog gywirol â'r ffynonellau eu hunain ac â chynulleidfa gyfoes yr un pryd. Eir ati yn yr astudiaeth sy'n dilyn, felly, i ddadlennu dyfnder yn ogystal â rhychwant y dylanwad hwn o du llenyddiaeth Gymraeg – traddodiad sydd ei hun, y mae'n rhaid cofio, yn dra chyfeiriadol. Yn hyn o beth archwilir yma agwedd newydd ar berthynas dwy lenyddiaeth y Gymru fodern. Yn ystod y blynyddoedd diwethaf dyfnhawyd ein dealltwriaeth o natur y berthynas honno yn sylweddol gan sawl astudiaeth ar linynnau cyswllt arwyddocaol rhwng llenorion Cymraeg ac Eingl-Gymreig – Caradog Prichard a Caradoc Evans, Kate Roberts a Dorothy Edwards, Alun Llywelyn-Williams ac Alun Lewis, Euros Bowen a Vernon Watkins, er enghraifft.[14] Yng ngeiriau M. Wynn Thomas: 'to think in these terms . . . is to begin the delicate work of stitching Wales together again, of producing an image not of a single monolithic entity but of a remarkable profusion of significant differences, creative hostilities, silent interconnections and hidden attachments.'[15] Wrth archwilio cyfeiriadaeth Gymraeg R. S. Thomas yn gyfewin fanwl yr ydys yn mynd i'r afael â'r amrywiol agweddau hyn yng ngwaith *un* bardd – a hwnnw'n un o feirdd mwyaf y ganrif a aeth heibio.

Pwysig yw tynnu sylw at y ffaith nad yw cyfeiriadaeth lenyddol y bardd tra chyfeiriadol hwn wedi derbyn y sylw dyledus hyd yma. Daeth yn amser bellach inni ehangu cwmpas y drafodaeth ar ddefnydd Thomas o ffynonellau llenyddol er amlygu'r cyfoeth cyfeiriadol rhyfeddol yn ei waith a chyfeirio sylw penodol at gymhlethdod gweadwaith y farddoniaeth ar hyd yr yrfa. Fe'n harweinir at lu o ffynonellau allweddol, a hynny mewn amryw ieithoedd. Dadlennol iawn, er enghraifft, fyddai astudiaeth gynhwysfawr a thrwyadl ar adleisiau beiblaidd yng ngwaith R. S. Thomas,[16] ar ei gyfeiriadau niferus at lenyddiaeth Glasurol (o gofio ei fod yn ŵr gradd yn y Clasuron),[17] a hefyd ar ddylanwad llenyddiaeth Ffrangeg arno. Yng nghyswllt yr olaf, buddiol iawn, er esiampl, fyddai archwilio'r berthynas rhwng cerddi cynnar Thomas a nofel Georges Bernanos (1888–1948), *Journal d'un Curé de Campagne*, a gyhoeddwyd yn 1936 ac a ymddangosodd y flwyddyn ddilynol mewn cyfieithiad Saesneg, *The Diary of a Country Priest*. Agwedd bwysig arall ar hyn oll, wrth gwrs, yw'r llinynnau cyswllt niferus hynny rhwng barddoniaeth y Cymro a gwaith beirdd Americanaidd megis Carl Sandburg, Robert Penn Warren, Robinson Jeffers, William Carlos Williams, ac wrth gwrs, Wallace Stevens.[18] Y mae'n arwyddocaol mai drwy gyfrwng cyfeiriad at farddoniaeth Americanaidd y cynigia Thomas, yn y gerdd 'Taste', arolwg ffraeth ar y 'dylanwadau' a fu arno o du'r traddodiad llenyddol Saesneg. Oherwydd cerdd yw hon sydd wedi'i seilio ar y rhestr gypledol o fawrion llenyddiaeth Saesneg yn 'Survey of Literature' John Crowe Ransom. 'I dip my hat to Chaucer,/ Swilling soup from his saucer', medd Ransom;[19] ac etyb Thomas, 'I had preferred Chaucer/ but for the slop in his saucer' (*LS*, 34).[20] Ac mewn sgript radio anghyhoeddedig hynod o ddadlennol, 'A Time for Carving' (1957), medd Thomas:

> It is through its literature that a nation becomes conscious of itself. But it would not be possible for Wales to discover herself by means of English literature. The relation between England and her literature is too intimate. Yet a case could be made for the possibility of Wales attaining national consciousness through the use of the English language, remembering always that for a large majority of our people, English is the first language.[21]

Ar yr un pryd, y mae Thomas yn ymwybodol iawn o beryglon drifftio 'along the mental borderland between England and Wales',[22] ac fe'i gwelir yn troi at hanes llenyddiaeth America am gyfarwyddyd ac ysbrydoliaeth ar gyfer gwaith yr Eingl-Gymro.[23] Cyfeiria sylw at bwysigrwydd dod o hyd i'r hyn a alwodd Philip Rahv yn 'a basic theme and unifying principle', a chreu, chwedl Van Wyck Brooks, 'a usable past' er mwyn magu aeddfedrwydd diwylliannol a meithrin hunaniaeth genedlaethol yn hytrach na rhanbarthol.[24] Daw teitl sgwrs radio Thomas o gerdd Ezra Pound, 'The Pact', lle y cyferchir Walt Whitman gan Pound fel hyn – 'It was you that broke the new wood,/ Now is a time for carving'[25] – ac yn y cyd-destun hwn rhan o'r dasg a ymddiriedir i'r Eingl-Gymry gan R. S. Thomas yw 'to show the dualism in Welsh life, the "yes" and "no" from whose dialectical opposition progress becomes possible'.[26] Sicrhaodd ymwybod R. S. Thomas ei hun o le anhepgor llenyddiaeth Gymraeg yn y cysyniad hwnnw o 'orffennol defnyddiadwy' fod ganddo gymwysterau unigryw i ymateb i her 'genedlaethol' o'r fath. Tua diwedd 'A Time for Carving' try Thomas at 'eiriau cofiadwy' Whitman ei hun yn y gerdd 'By Blue Ontario's Shore':

> Who are you indeed who would talk or sing to America?
> Have you studied out the land, its idioms and men?
> Have you learn'd the physiology, phrenology, politics, geography,
> pride, freedom, friendship of the land? its substratums and objects?[27]

Rhaid mai'r llinellau hyn oedd ym meddwl Thomas ddegawd ynghynt, pan nododd yn ei erthygl, 'Anglo-Welsh Literature':

> I would suggest three tasks for the would-be Anglo-Welsh writer. Firstly, study, or as Wade-Evans would say, discover Welsh history. Secondly, steep yourself in the Welsh literary tradition. Thirdly, become acquainted with Welsh geology, geography, natural history and all other aspects of her life. And finally write out of that full knowledge and consciousness in English – if you can![28]

Trawiadol iawn yw'r modd y mae'r cyfeiriad at ddaeareg yn benodol yn y fan hon yn rhagarddangos un o bynciau mawr barddoniaeth ddiweddarach Thomas yn y 1980au a'r 1990au – oed rhyfeddol creigiau cyn-Gambriaidd Pen Llŷn. Noder hefyd sut yr efelychir 'Who are you indeed' Whitman yn '– if you can!' y Cymro.

Bardd y mae ei ddylanwad ar Thomas eisoes wedi derbyn rhywfaint o sylw gan feirniaid llenyddol yw Patrick Kavanagh.[29] Yn wir, bu i John Montague gyhuddo Thomas o beidio â chydnabod dyled y portread o Iago Prytherch i'r darlun o Patrick Maguire yng ngherdd Kavanagh, *The Great Hunger* (1942).[30] A chan gyfeirio at 'The Airy Tomb' (*SF*, 42–6) a *The Minister* (1953), haerodd Montague mai cymaint oedd yr argraff a wnaed ar Thomas gan *The Great Hunger*, 'that he rewrote it twice in Anglo-Welsh terms'.[31] Ni ellir gwadu nad yw ôl cerdd hir y Gwyddel i'w weld yn glir ar *The Minister*. Egyr yr olaf â disgrifiad o'r bryndir fel 'The marginal land where flesh meets spirit/ Only on Sundays, and the days between/ Are mortgaged to the grasping soil' (*M*, 9) – llinellau sydd, y mae'n rhaid, yn ddyledus i ddisgrifiad Kavanagh o Donaghmoyne: 'that country . . . that metaphysical land/ Where flesh was a thought more spiritual than music/ Among the stars – out of the reach of the peasant's hand.'[32] Eithr y mae'n bwysig dweud bod Thomas yn wastad yn dra pharod i gydnabod ei edmygedd o waith y Gwyddel, ynghyd a'i ddyled iddo,[33] ac wrth nodi fel hyn adleisiau penodol o *The Great Hunger* yn *The Minister*, dylem hefyd fod yn effro i'r gwahaniaethau sylfaenol o ran arddull, tôn ac agwedd ddiwylliannol rhwng y ddwy gerdd.[34]

Rhoddwyd rhywfaint o sylw gan feirniaid hefyd, wrth gwrs, i'r llinynnau cyswllt rhwng gwaith Ted Hughes, a'r gyfrol *Crow* (1970) yn arbennig, a barddoniaeth R. S. Thomas yn y 1970au cynnar.[35] Ond teg dweud mai prin yw'r enghreifftiau hynny o feirniaid yn mynd ati i archwilio'n fanwl hyd yn oed gyfeiriadaeth lenyddol Saesneg y bardd. Eithriad i'r patrwm arferol yw erthygl fuddiol Elizabeth Newman ar gyfeiriadaeth gywasgedig y gerdd 'Depopulation of the Hills', lle y dangosir sut y cyfunir yn y llinellau, 'there is no road/ Over the bog, and winter comes,/ With mud above the axletree' (*AL*, 14), adleisiau o dri thestun tra gwahanol – 'The Way Through the Woods' Rudyard Kipling ('But there is no road through the woods'), 'Ode to the West Wind' Shelley ('If Winter comes, can Spring be far behind?') a 'Burnt Norton' T. S. Eliot ('Garlic and sapphires in the mud/ Clot the bedded axle-tree'). 'These literary allusions', medd Newman, 'are there to be picked up by readers who will mentally complete the quotations and note the ironic contrasts, especially that of "winter comes" in this poem being followed a few lines later by "Did the spring grass/ Heal winter's ravages?"'[36] Dadlennir o ganlyniad 'the complexity which lies beneath the surface of R. S. Thomas's poetic style', chwedl Newman[37] – prawf o'r modd y gall archwilio cyfeiriadaeth lenyddol y bardd wrthbrofi'n derfynol haeriadau megis hwnnw gan John Carey: 'Like granite pebbles, [Thomas's] poems offer little lip or ledge for commentary to get a purchase on'.[38]

Gan hynny, buddiol fydd ymdroi yma gydag ambell enghraifft bellach o gyfeiriadaeth Saesneg R. S. Thomas. Cymerer i ddechrau y llinellau anghasgledig hyn, sydd yn amlwg yn adleisio Gerard Manley Hopkins:

> Look, look at the sky
> Above you,
> Where the keen winds
> Since dawn were busy
> Quarrying the dark clouds to find
> This virgin blue.[39]

Adleisia'r ddwy linell agoriadol yn hyglyw linell soned Hopkins, 'The Starlight Night', 'Look at the stars! look, look up at the skies', a chyfetyb 'Quarrying' R. S. Thomas (delwedd arwyddocaol yng ngwaith y Cymro, fel y cawn weld) i ddarlun Hopkins o'r awyr serennog fel cyfres o fwyngloddiau ('delves'): 'Down in dim woods the diamond delves! the elves'-eyes!/ The grey lawns cold where gold, where quickgold lies!' Yn ogystal, sylwer bod delweddaeth llinell olaf Thomas, 'This virgin blue', yn cyd-daro â chyfeiriad Hopkins yn llinell olaf ei soned at 'Christ and his mother'.[40] Yng nghyswllt dylanwad amlwg Hopkins ar y gerdd gynnar hon, tra pherthnasol yw sylw Thomas mewn llythyr at Roy Blackman yn 1986: 'the best poetry tends to take off from words or rhythms and to generate ideas or content as it proceeds . . . [T]here [are] poets like Hopkins who are so individual that any echoes of them in one's own poetry should be suppressed.'[41] Yn awr dechreua'r cysyllt-iadau llenyddol amlhau. Gan gyfeirio at gyfrol Robert Bridges, *Poems* (1880), mewn llythyr at ei gyfaill y flwyddyn honno, medd Hopkins: 'Truth compels, and modesty does not forbid, me here to say that this volume has at least three real echos (or echoes) of me: I do not wish them away, but they are there.' Noda Hopkins 'O look at the trees' fel un o'r adleisiau hynny o'i waith ei hun ym marddoniaeth Bridges, ac fe haera fod yr ymadrodd yn amlygu dylanwad 'the first line of the Starlight sonnet'.[42] Agwedd bellach ar hyn oll yw'r eironi fod Bridges yn medru bod yn aml iawn yn bur feirniadol o farddoniaeth Hopkins. Gwyddys nad oedd R. S. Thomas ychwaith yn or-hoff o waith Hopkins yn gyffredinol,[43] ond prawf yr adleisio yn y pennill, 'Look, look at the sky', fod 'The Starlight Night', o leiaf, wedi apelio at y Cymro yntau yn gynnar yn ei yrfa. Yn wir, y mae modd dadlau bod adleisiau pellach o farddoniaeth Hopkins i'w gweld yng ngwaith Thomas. Ystyrier, er enghraifft, 'Death of a Peasant' – cerdd y mae ei llinell gyntaf, 'You remember Davies? He died, you know' (*AL*, 20), yn dwyn i gof agoriad adnabyddus 'Felix Randal' Hopkins: 'Felix Randal the farrier, O is he dead then?'[44] Y mae'r ddwy gerdd yn ymwneud â'r berthynas rhwng offeiriad a phlwyfolyn, ac yn wir, dichon y gellir darllen 'Death of a Peasant' fel cerdd y mae ei darlun digyfaddawd o gymdogion sy'n dod i syllu ar Davies ar ei wely angau, 'before they turned/ Heartless away from the stale smell/ Of death in league with those dank walls' (*AL*, 20), yn gwrth-droi'r pwyslais yn 'Felix Randal' ar gydymdeimlad a chydd-ddioddef: 'This seeing the sick endears them to us, us too it endears./ My tongue had taught thee comfort, touch had quenched thy tears,/ Thy tears that touched my heart, child, Felix, poor Felix Randal.'[45] Mewn gwrthgyferbyniad â'r adleisio amrwd yn 'Look, look at the sky', dyma geirdd lle y mae'r dylanwad Hopkinsaidd wedi'i amsugno a'i gymathu.

Yng ngoleuni hyn, buddiol yw ystyried achos tebyg, sef ymateb R. S. Thomas i fardd arall nad oedd yn arbennig o hoff o'i waith, Dylan Thomas. Craffer, er enghraifft, ar y soned anghyhoeddedig hon a luniodd R. S. Thomas yn ystod ei gyfnod ym mhlwyf Hanmer (1940–2), ac a anfonwyd at Cyril Connolly, golygydd *Horizon*, yn y gobaith o'i gweld yn ymddangos yn y cylchgrawn hwnnw:

> The cross-road, cross-vane, weathercock will,
> That spins in the head like a white bauble,
> Has swung my heart a wind of ways
> From high hill gable to the sea's marble;
> The frost-fall, foam-fleck, fountain will,
> That reads in the veins like a quicksilver,
> Has led my love a throb of times
> From wild world-saver to work-shelver;
> The whirling, windmill, wet-dry will,
> That sweeps through the skull like a March weather,
> Has whistled my mind a wood of years
> To and fro and thence nowither;
> While still through the earth centripetal
> Drives down, drives down the flesh-stem soul.[46]

Yn ei lythyr eglurhaol at Connolly, cyfeddyf R. S. Thomas fod y soned 'precariously near Dylan Thomas', ond ychwanega, 'but believe me – it was quite unconsciously so'.[47] Buan iawn, unwaith eto, yr ymwrthododd R. S. Thomas ag efelychiadau ymhongar o'r fath. Mewn llythyr at Raymond Garlick yn fuan wedi marwolaeth Dylan Thomas, meddai: 'I don't feel I have anything original I can say about Dylan Thomas. I don't fancy myself as a critic I am afraid. He wrote a few major lyrics but I don't feel his work has sufficient facets to lend itself to detailed analysis.'[48] (Onid yw'r sylw yn dwyn i gof y datganiad hwnnw gan John Carey ynghylch barddoniaeth R. S. Thomas ei hun: 'his poems offer little lip or ledge for commentary to get a purchase on'?) Yn wir, aeth R. S. Thomas ar un achlysur mor bell â haeru, 'There's nothing Welsh about Dylan Thomas except that he knew his Bible'.[49] Eithr diamau fod dylanwad cymathedig Dylan Thomas i'w weld ar gerdd deitl y gyfrol gyntaf a gyhoeddodd R. S. Thomas wedi marwolaeth Dylan yn 1953, *Song at the Year's Turning* (1955). Dadleuwyd yn argyhoeddiadol yn ddiweddar fod 'Song at the Year's Turning', sy'n adleisio cerddi megis 'Poem in October' a 'Fern Hill', yn farwnad i Dylan Thomas.[50] Awgrymog, felly, yw'r ddelwedd ar ddechrau cerdd arall gan R. S. Thomas o'r un gyfrol, 'Autumn on the Land' – 'the October day/ Burns slowly down' (*SYT*, 106) – yng ngoleuni llinellau agoriadol 'Prologue' Dylan Thomas: 'This day winding down now/ At God speeded summer's end.'[51]

Cyfyd y gair hwnnw, 'awgrymog', ystyriaeth greiddiol sy'n ymwneud â'r amrywiaeth yn natur y llinynnau cyswllt y byddir yn eu trafod yn yr astudiaeth hon. Diau y gellir dweud yn bur hyderus mai adleisio soned Hopkins, 'The Starlight Night', a wna R. S. Thomas, naill ai'n ymwybodol neu'n anymwybodol, yn y gerdd gynnar honno, 'Look, look at the sky', ac mai adleisio *The Great Hunger* a wna'r disgrifiad hwnnw o'r bryndir ar ddechrau *The Minister*. Eithr y mae'n hanfodol bwysig ar yr un pryd, yn achos bardd mor gyfeiriadol ag R. S. Thomas, fod y darllenydd yn barod i roi'r sylw dyledus i linynnau cyswllt llai echblyg, gan mai'r enghreifftiau hyn o gyfeiriadaeth lenyddol sydd mewn gwirionedd yn dadlennu soffistigeiddrwydd a dyfeisgarwch ymateb Thomas i'w ffynonellau.[52] Wedi'r cwbl, gall adlais llenyddol gymryd sawl ffurf. Daw un math i fod, er enghraifft, yn rhinwedd y ffaith fod cerdd (neu ran o gerdd – un agwedd yn unig arni, efallai) 'mewn traddodiad' arbennig. Rhaid ystyried yn y cyswllt hwn elfennau megis y defnydd o ffurfiau barddonol arbennig ar gyfer dibenion neu achlysuron arbennig, a'r atyniad at ffigwr neu deip llenyddol penodol (y gwladwr, dyweder). Y mae geiriau David Jones mewn llythyr at Vernon Watkins yn 1953 yn ein hatgoffa o bwysigrwydd bod yn barod i archwilio'n fanwl gytrasau a chyfatebiaethau barddonol (proses ddadlennol iawn yng nghyd-destun gwaith R. S. Thomas):

> Curiously enough I was looking in a back copy of *Wales* (great pity that died) & saw yr notice of my war-book where you draw a startling comparison between some lines of Owen's *Exposure* with some lines in *In Paren.* about the Ypres salient. I'd never read Owen's poem, which makes the similarity extraordinary. And indeed in the world of literary criticism *no* one would believe that the one wasn't pinched fm the other. I so often feel the same about visual art-works ... It's quite staggering how 'like' two works can be without any direct borrowing. I suppose it's partly the 'common tongue of the Zeitgeist' & partly the accidental coming together of circumstances whereby two or more persons express in almost identical forms the same thing – they may be separated by centuries & whole phases of culture.[53]

Manteisiol, felly, fydd ymdroi yn y fan hon gydag un o'r llinynnau cyswllt llai echblyg ond tra awgrymog hynny y cyfeiriwyd atynt uchod. Ochr yn ochr â llinellau agoriadol cerdd R. S. Thomas, 'The River' –

> And the cobbled water
> Of the stream with the trout's indelible
> Shadows that winter
> Has not erased (*H'm*, 23) –

gosoder llinellau agoriadol cerdd Thomas Hood, 'The Streamlet':

> Still glides the gentle streamlet on,
> With shifting current new and strange;
> The water that was here is gone,
> But those green shadows do not change.[54]

Diddorol yw nodi bod Alan Llwyd wedi cyplysu pennill Hood â llinell gyntaf adnabyddus soned R. Williams Parry, 'Ymson Ynghylch Amser': 'Hon ydyw'r afon, ond nid hwn yw'r dŵr',[55] a hefyd wedi tynnu sylw at y tebygrwydd trawiadol rhwng agoriad soned enwog arall gan y bardd Cymraeg, 'Mae Hiraeth yn y Môr', a soned Thomas Hood, 'Silence'.[56] (Ac nid amherthnasol yw'r ffaith fod R. S. Thomas ei hun wedi cynnwys 'Silence' Hood yn ei flodeugerdd *The Batsford Book of Country Verse*.[57]) Daw 'The River' R. S. Thomas i ben â darlun o'r bardd 'revisiting the sources/ That are as near now/ As on the morning I set out from them' (*H'm*, 23). Y mae'n bwysig bod yn effro i'r posibilrwydd fod a wnelom yma nid yn unig â ffynonellau hunangofiannol, ond â ffynonellau llenyddol penodol yn ogystal. Dyma gyfuniad a fydd, fel y ceir gweld maes o law, yn arbennig o arwyddocaol yng nghyswllt defnydd Thomas o gyfeiriadaeth Gymraeg.

Yn yr un modd, dylai'r darllenydd fod yn effro yn wastad i'r enghreifftiau hynny o ddylanwad posibl o du R. S. Thomas ei hun yn ei dro, a hynny ar feirdd yng Nghymru a thu hwnt. Er enghraifft, yng ngoleuni edmygedd mawr Geoffrey Hill o waith Thomas, ac o gofio bod y bardd hwn bellach yn awdur astudiaeth fanwl ar gerddi cynnar y Cymro,[58] rhaid nodi'r tebygolrwydd mai dylanwad y llinell enwog honno yn 'A Peasant' – 'Not to be stormed even in death's confusion' (*SF*, 14) – a welir ar ymadrodd Hill, 'not to be shaken by posthumous clamour', yn emyn XXV y gyfrol *Mercian Hymns* ('Brooding on the eightieth letter of *Fors Clavigera*').[59] Os felly, yr ydys yn ymwneud yn y fan hon â phroses symbiotig, oherwydd cydnabu Thomas ar sawl achlysur ddylanwad *Mercian Hymns* ar ffurf y gyfrol *The Echoes Return Slow*.[60] Prawf sylwadau Thomas mewn llythyr at Raymond Garlick yn 1978 fod ganddo feddwl uchel iawn o waith Hill: 'He is a fine poet, certainly the best now writing in English. I wish I wrote with his economy and intelligence. And he is only 46, so there must be much good work to come.'[61]

Go brin, wedyn, fod angen pwysleisio bod W. B. Yeats a T. S. Eliot yn bresenoldebau amlwg ym marddoniaeth ddiweddarach R. S. Thomas. Ar lawer ystyr, dyma linellau mesur gweledigaeth y Cymro. Mewn llythyr dadlennol arall at Raymond Garlick, y tro hwn yn 1983, clorianna Thomas ei waith ei hun yn y termau canlynol: 'There is certainly no feeling of achievement at all, but rather of a falling short of what I would have wished to achieve. The sort of yardsticks I have used have been Bateau Ivre, Le Cimetière Marin, Sailing to Byzantium, Gerontion etc. And when one falls short of those, one knows one hasn't been chosen.'[62] Y beirdd yn y fan hon, wrth gwrs, yw Rimbaud, Valéry, Yeats ac Eliot. Ac y mae'r adlais celfydd o un o gerddi Yeats yn 'Reservoirs' yn ei dro yn ein harwain yn ôl, yn gymwys iawn, at ffynhonnell arall hanfodol bwysig i Thomas – y traddodiad Cymraeg:

> I have walked the shore
> For an hour and seen the English
> Scavenging among the remains
> Of our culture. (*NHBF*, 26)

Y mae'r adlais yn y fan hon o'r gerdd 'A Prayer for My Daughter' – 'I have walked and prayed for this young child an hour/ And heard the sea-wind scream upon the tower'[63] – yn sianelu i ganol llid R. S. Thomas yn wyneb twristiaeth Seisnig boen a dioddefaint Rhyfel Cartref Iwerddon. Eithr yr hyn y mae'r adleisiau *Cymraeg* yn ei adlewyrchu, am eu bod yn ffrydio o agennau dyfnach, yw rhyfel cartref *mewnol*.

Annigonol yw synio am y cyfeiriadau llenyddol Cymraeg yn nhermau addurniadau neu adnoddau yn unig: y maent yn gyfrwng ystyr tra phwysig ynddynt eu hunain. Yn hyn o beth, buddiol yw cymhwyso at farddoniaeth R. S. Thomas yn ei chyfanrwydd sylwadau Harry Blamires, yn ei gyfrol *Word Unheard*, ar ddefnydd T. S. Eliot o adleisiau llenyddol yn *Four Quartets*:

That echoing is as much an aspect of the poet's meaning as of his technique will be evident to anyone who has closely studied *Four Quartets*. The poem is *about* echoes; the poem *utilizes* echoes; the poem *is* echoes. Echoes inhabit the garden, the poem, the culture of our day, the temporal world we live in; other echoes and echoes of the Other. Correspondingly the poet's words echo thus in your mind . . . Echoes have to be attended to. Quietly one must allow the words of *Four Quartets* to resonate . . . Eliot's meaning and technique are blended, indeed fused, in such a way that the receptive reader of the poem, who has given it the chance to do its proper work, will be unable to read key words without catching internal reverberations (from other usages within the poem) and certain external reverberations (from other usages in literature). The effect is to make the total experience of the poem an existential encounter with what, in loose terms, the poem might be said to be 'about'.[64]

Cwbl gyfeiliornus yw haeru, fel y gwnaeth un beirniad yn ddiweddar, mai'r hyn yw'r Gymraeg i R. S. Thomas yw 'storfa o ddelweddau achlysurol cyfleus'[65] – sylw sydd nid yn unig yn rhoi camargraff llwyr o swyddogaeth ac arwyddocâd y gyfeiriadaeth Gymraeg ond sydd hefyd yn diystyru'r amrywiaeth trawiadol yn natur yr adleisiau eu hunain. Hollbwysig yn y lle cyntaf yw gosod y gyfeiriadaeth yng nghyd-destun yr ing creiddiol hwnnw a deimlai R. S. Thomas yn sgil y ffaith na allai farddoni yn y Gymraeg, ei ail iaith – pwnc canolog y byddwn yn dychwelyd ato nifer o weithiau yn ystod yr astudiaeth hon.[66] Mynych y cyfeiriai Thomas mewn sgwrs at sut y bu iddo sôn wrth Saunders Lewis un tro ar y stryd yng Nghaerdydd am yr angst a'r tristwch a deimlai o orfod barddoni yn y Saesneg. Atebodd Lewis drwy bwysleisio mai o densiynau sefyllfa o'r fath y cyfyd gwir gelfyddyd.[67] Perthnasol yma yw tystiolaeth yr artist Wil Rowlands, cyfaill i'r bardd, mewn cyfweliad diweddar: '"I'm envious of you", he used to tell me – with "you" here meaning visual artists in general . . . "You're not fettered by words" . . . In one sense it was the language of those words that troubled him. He felt fettered, inhibited by the fact that they were English words.'[68]

Ar brydiau, try tensiynau o'r fath yn wrthdrawiadau. Bardd oedd Thomas a allai, mewn cerdd anghasgledig o'r enw 'Confessions of an Anglo-Welshman', ymhyfrydu yn ei le yn yr olyniaeth lenyddol Saesneg a datgan – 'No patriotism dulls/ The true and the beautiful/ Bequeathed to me by Blake,/ Shelley and Shakespeare and the ravished Keats'[69] – ond a allai hefyd 'felltigo' iaith ei farddoniaeth ef ei hun, a oedd, chwedl Thomas, yn 'iaith estron' (Neb, 86). Da y nododd John Barnie: 'such hatred of English is a form of self hatred.'[70] Heb amheuaeth, yr oedd R. S. Thomas am fod 'Ymhlith y rhai sydd am wneud Cymru'n bur/ I'r enw nad oes mo'i rannu', chwedl Waldo Williams yn ei soned, 'Cymru'n Un', ac yr oedd, yn sicr ddigon, 'am ddryllio'r rhod/ Anghenedl sydd yn gwatwar dawn eu gwŷr'. Ond ni allai Thomas ddatgan yn hyderus gyda Waldo, 'Ynof mae Cymru'n un'.[71] Â Waldo rhagddo yn y soned arbennig honno i fynegi ei ddymuniad i 'roi i'r ysig rwydd-deb trefn eu tras'. Eithr yr oedd sicrhau adferiad diwylliannol llwyr o'r fath yn amhosibl yn achos R. S. Thomas. Ac y mae'r ansoddair hwnnw yn llinell Waldo, 'ysig', yn hynod o gymwys, oherwydd mynych y disgrifia Thomas ei sefyllfa yn nhermau briw neu archoll ddiwylliannol. Yn 'Hunanladdiad y Llenor', yr ymdriniaeth glasurol â'i gyfyng-gyngor ingol, er enghraifft, dyfynna Thomas ddiffiniad Kierkegaard o fardd fel un sy'n dioddef ('Yn ei ing bydd yn agor ei geg' (PMI, 105)), ac â yn ei flaen i ddisgrifio'r llenor Eingl-Gymreig fel un sy'n 'rhygnu byw yn nhir neb rhwng dau ddiwylliant' – ystyriaeth sy'n peri iddo ebychu: 'Gwae fi o'm geni! Pwy sydd glwyfedig nad wyf innau glwyfedig? Canys dwyn yr wyf yn fy nghorff nodau'r frwydr hon' (PMI, 107). Ac yn y gerdd gynnar honno, 'Confessions of an Anglo-Welshman', ochr yn ochr â'i lw gwrogaeth i lenyddiaeth Saesneg, ceir gan Thomas y portread canlynol o'i berthynas â'r Gymru Gymraeg: 'Her lore and language/ I should have by heart./ 'Twas she who raised me,/ Built me bone by bone/ Out of the teeming earth, the dreaming stone./ Even at my christening it was she decreed/ Uprooted I should bleed.' Ni ellir, gan hynny, orbwysleisio arwyddocâd y gyfeiriadaeth Gymraeg. Afraid dweud ei bod yn fynegiant huawdl o lwyddiant rhyfeddol Thomas i adennill cyfoeth y diwylliant Cymraeg. Yr oedd ar un wedd yn gwbl hanfodol i R. S. Thomas fel bardd Saesneg, yn fodd i leddfu'r ing hydreiddiol hwnnw a brofai – yn wir, i wneud y farddoniaeth Saesneg yn bosibl yn y lle cyntaf, ac yna'n ddioddefadwy. 'It is pain searching for/ an echo': cymwys iawn yw'r llinellau hyn o'r gerdd 'No Jonahs' (*NTF*, 34) fel disgrifiad o'r agwedd hon ar ddeinameg y gyfeiriadaeth lenyddol. Ond dylid nodi bod y gyfeiriadaeth honno ynddi'i hun – ar ffurf myrdd o adleisiau o lenyddiaeth Gymraeg yn y farddoniaeth Saesneg – ar yr un pryd yn atgof parhaus o'r angst creadigol sydd wrth wraidd gwaith Thomas – yn ddramateiddiad yn wir o'r profiad rhwystredigaethus, ond cynhyrchiol, o'i gael ei hun, yn farddonol, ar ororau'r iaith Gymraeg yn wastadol. Rhydd achos Thomas ystyr newydd, fe ellid dweud, i derm adnabyddus Harold Bloom, 'the anxiety of influence'.[72]

Y mae pwysigrwydd yr ing gwaelodol hwn yng ngwaith y bardd yn un o'r rhesymau paham y mae'n briodol gwarchod, am y tro o leiaf, gyfosodiad tensiynus y term 'Eingl-Gymreig' yn achos gwaith Thomas (hyd yn oed o ystyried agwedd gyfnewidiol y bardd ei hun tuag ato) – a hynny yn hytrach na mabwysiadu'n ddigwestiwn ddisgrifiadau glastwredig, llesg megis 'llên Gymreig/Cymru yn Saesneg', neu 'lên Saesneg Cymru' – 'Welsh Writing in English'. Gobeithir dangos maes o law fod arbenigrwydd cyfraniad R. S. Thomas yn mynnu ein bod yn bathu term newydd ar gyfer ei waith ef yn benodol. Fe welir, felly, mor ganolog yw'r gyfeiriadaeth lenyddol Gymraeg yn y broses honno o ddangos 'the dualism in Welsh life, the "yes" and "no" from whose dialectical opposition progress becomes possible', chwedl R. S. Thomas yn y sgript radio, 'A Time for Carving'. Diau fod y gyfeiriadaeth gan hynny'n nodwedd ddiffiniol o fawredd Thomas fel bardd cenedlaethol. Priodol yma yw geiriau Donald Davie mewn astudiaeth sy'n cymharu Thomas â David Jones:

Jones's stance . . . is Olympian. It is R. S. Thomas who has articulated and suffered through the predicament of the modern Welshman . . . Heaney and Thomas have chosen to act out, in their lives as recorded in their writings, the role and the predicament imposed in our times on the Welshman in the one case, the Irishman in the other. This is presumptuous . . . But the presumption is allowable, and indeed necessary, in the case of those who aspire to be *national* poets. The national poet holds up a glass in which his nation shall see itself as it is, not as it figures in the beguiling image available alike for internal and external consumption . . . Affronted by the presumption of a Heaney or R. S. Thomas, who impudently offer in their words and stanzas to enact the dilemmas not of themselves only but of entire nations, the reader may understandably prefer the beguiling modesty of Derek Mahon or (though the case is admittedly very different) of David Jones. But it is the presumptuousness of Thomas and Heaney that seems to keep the faith with great national poets of the past – or for that matter of the present, as in the case of many subjugated nations in Eastern Europe.[73]

Nid oes amheuaeth, felly, nad yw dealltwriaeth lawn o'r gyfeiriadaeth Gymraeg yn hanfodol os ydys am iawnbrisio gwir natur Cymreictod R. S. Thomas fel y'i mynegir yn ei brif gyfrwng celfyddydol, ei farddoniaeth Saesneg. Poenus o gyffredinol – yn wir, cyfeiliornus a chamarweiniol ar brydiau – yw ymdriniaethau byrion y rheini a fentrodd gyfeirio at berthynas R. S. Thomas â'r traddodiad llenyddol Cymraeg.[74] Ac y mae methiant beirniaid yn y gorffennol i nodi'r adleisiau llenyddol hyn wedi esgor, ysywaeth, ar rai camddeongliadau a chamargraffiadau pur ddifrifol. Er enghraifft, ni ellir gwadu na fuwyd yn rhy barod i gyfystyru Cymreictod Thomas â datganiadau 'politicaidd' ac anwybyddu'r ffaith mai corff cymharol fychan yw'r cerddi 'politicaidd' fel y cyfryw. Yn hytrach, y mae defnydd helaeth Thomas o adleisiau Cymraeg ar hyd yr yrfa – yn y cerddi am y gwladwr Cymreig, y cerddi crefyddol, y cerddi 'hunangofiannol' yn ogystal â'r cerddi 'politicaidd' – yn brawf ei fod yn fardd Cymreig mewn ffordd ddyfnach a phwysicach o lawer. Fel y ceir gweld, y mae'r ymwybod o Gymru yn hydreiddio'r farddoniaeth yn ei holl agweddau.

* * * *

Pwysleisir dyfnder ac ansawdd yr ymwybod hwn o Gymru gan ddefnydd cyson R. S. Thomas o un ddelwedd yn arbennig, sef cloddio am fwyn drudfawr. Gellir gweld y trosiad hwn fel mynegiant pwerus yn y farddoniaeth o ymdrech lafurfawr y bardd ei hun i ddadlennu haenau llenyddol ac ieithyddol y traddodiad Cymraeg. Daw i'r meddwl drachefn gwestiwn Whitman yn 'By Blue Ontario's Shore', a ddyfynnwyd gan Thomas yn 'A Time for Carving' – 'Have you learn'd the physiology . . . of the land? its substratums and objects?'. Y mae'n werth oedi, felly, i graffu ar ambell enghraifft benodol o'r trosiad pwysig hwn o fyd cloddio. Egyr y gerdd gynnar 'The Old Language', a ymddangosodd am y tro cyntaf yn 1946, wrth i'r bardd alaru'n ddicllon ei fod wedi'i amddifadu o'r iaith Gymraeg:

> England, what have you done to make the speech
> My fathers used a stranger at my lips,

An offence to the ear, a shackle on the tongue
That would fit new thoughts to an abiding tune?
Answer me now. (*AL*, 11)

Esgora'r myfyrio cyhuddgar hwn ar drosiad dwbl trawiadol. Yn y lle cyntaf uniaethir cyfoeth byd natur â gwythiennau o fwynau gwerthfawr – delwedd a dry erbyn diwedd y gerdd yn drosiad ar gyfer adnoddau digyffwrdd y diwylliant Cymraeg ei hun:

The blue metal of streams, the copper and gold
Seams in the wood are all unquarried; the leaves'
Intricate filigree falls, and who shall renew
Its brisk pattern? When spring wakens the hearts
Of the young children to sing, what song shall be theirs? (*AL*, 11)

Ailymddengys y ddelwedd yn y gerdd 'Nant Gwrtheyrn' o gyfrol olaf y bardd, lle y darlunnir gwaith y Ganolfan Iaith yn nhermau 'quarrying/ for an ancient language/ to bring it to the light// from under the years'/ dust covering it' (*NTF*, 66) – delwedd sy'n fwy priodol fyth o gofio mai o'r pentref hwn yr arferid allforio cerrig o chwareli Llithfaen. Ac yn 'A Welshman to Any Tourist', er enghraifft, disgrifir Arthur a'i farchogion fel 'the bright ore/ That seams our history' (*SYT*, 112). Delwedd yw hon sy'n rhwym o'n hatgoffa o'r modd y cyfeiriai David Jones at adnoddau llenyddol y Gymraeg fel 'deposits' neu 'deep materia'.[75]

Y mae'n arwyddocaol fod R. S. Thomas yn aml iawn yn cydio'r ddelwedd o gloddio wrth enghreifftiau penodol o gyfeiriadaeth lenyddol. Ystyriwn, er enghraifft, y ddwy gerdd 'A Blackbird Singing' a 'Blackbird'. Fel y cawn weld maes o law, y mae dylanwad chwedl yr Anifeiliaid Hynaf fel y'i ceir yn *Culhwch ac Olwen* a mannau eraill i'w weld yn glir ar waith y bardd. Gan mai adar a grëwyd ar lawer ystyr ar lun mwyalch enwog Cilgwri yw'r adar duon yn y cerddi 'A Blackbird Singing' a 'Blackbird', diddorol yw tynnu sylw at ddefnydd R. S. Thomas yn y ddwy ohonynt o'r ddelwedd honno a geir mor gyson ganddo i gyfleu'r ymgais i ddwyn i olau dydd – i'r ymwybyddiaeth ddiwylliannol, farddonol – ddefnyddiau crai a fu gyhyd dan gladd. Yn y gyntaf, o'r gyfrol *Poetry for Supper* (1958), disgrifir cân yr aderyn fel 'Such rich music, as though the notes'/ Ore were changed to a rare metal/ At one touch of that bright bill' (*PS*, 33). Ac ymddengys yr un ddelwedd, ddeugain mlynedd yn ddiweddarach, yn 'Blackbird': 'Its bill is the gold/ one quarries for amid/ evening shadows'.[76] Ychwanegir dimensiwn pellach at ddefnydd R. S. Thomas o'r trosiad hollbwysig hwn pan fo'r ddelwedd o gloddio am fwyn gwerthfawr ynddi'i hun yn esiampl o gyfeiriad llenyddol Cymraeg tra phenodol. Enghreifftiau yw'r rhain sy'n dramateiddio'n wefreiddiol arwyddocâd y ddelwedd yng ngwaith R. S. Thomas. Cymerer i ddechrau y gerdd 'No Answer', sy'n frith o adleisiau o gywydd adnabyddus Dafydd ap Gwilym, 'Mis Mai':

> Speak, friend; does not the earth renew
> Its broken pattern, building again
> Its green citadels, razed by the winds
> And gaunt frosts, quarrying the face
> Of the grim heavens for the spring's ore?
> Born here and reared, have you no proof
> Of the slow summer's ultimate reign?[77]

Cyfetyb 'green citadels' R. S. Thomas yn drawiadol i 'Magwyr laswyrdd' Dafydd ap Gwilym, ac adleisia'r ddelwedd yn y llinell olaf a ddyfynnwyd ddisgrifiad y cywydd o'r haf yn disodli'r gwanwyn: 'Deryw'r gwanwyn, ni'm dorai,/ . . . Dechrau haf llathr a'i sathrai.'[78] Ond yr hyn sy'n wirioneddol arwyddocaol yma yw bod defnydd R. S. Thomas o'r ddelwedd 'quarrying . . ./ . . . for the spring's ore' yn 'No Answer' yn ein tywys yn ôl hefyd at chwarae cyson Dafydd ap Gwilym yn 'Mis Mai' ag amryfal ystyron y gair 'mwyn', ac yn fwyaf arbennig at linell megis 'Eurgoeth mwyn aur gywoeth Mai'.[79] Fe welir bod adlais R. S. Thomas o ddelweddaeth 'The Starlight Night' Hopkins yn y gerdd gynnar honno, 'Look, look at the sky' – 'Where the keen winds/ Since dawn were busy/ Quarrying the dark clouds to find/ This virgin blue' – yn awr yn magu arwyddocâd pellach.

Cawn gyfle i drafod delweddaeth R. S. Thomas fel y cyfryw mewn pennod arall, ond diau mai dyma'r fan i dynnu sylw at ddisgrifiad difrïol Robert Minhinnick o'r defnydd o ddelweddau yng ngherddi'r bardd: 'In matters of imagery they mine beyond exhaustion into the realms of tiresome predictability, a slight, glittering seam.'[80] Er gwaethaf y ddelwedd honno o fwyngloddio o'i eiddo,[81] go brin fod Minhinnick yn cymryd i ystyriaeth y gwythiennau dyfnion o ddelweddaeth Gymraeg y turia R. S. Thomas iddynt. Heb yr wybodaeth honno mwynglawdd brig yn unig a archwilir gennym. Yng ngoleuni hyn oll, fe'n trewir megis o'r newydd mai delwedd ddiwydiannol a ddefnyddiwyd i gyfleu'r ymchwil am adnoddau barddonol – a hynny gan fardd a fu'n huawdl ei wrthwynebiad i'r hyn a ddisgrifia yn y gerdd 'Rhondda' fel 'the dirt of man's unnatural quarrel/ With the chaste earth' (AL, 24). Cymerodd R. S. Thomas drosiad o fyd diwydiant a'i droi'n fynegiant cyrhaeddgar o ddarganfyddiad diwylliannol ac o ddiwydrwydd llenyddol, a hynny yng nghyd-destun gweledigaeth farddonol sydd wedi ei seilio ar y Gymru wledig. Yn hyn o beth ffurfia defnydd Thomas o'r trosiad wrthgyferbyniad trawiadol â defnydd J. R. Jones o ddelwedd debyg yn ei gyfrol Prydeindod, lle y darlunnir erydiad yr hunaniaeth Gymraeg yn nhermau cloddio: 'Tebig ydyw yn nydd ei dadfeiliad', medd J. R. Jones, 'i glogwyn mewn chwarel a'r creigwyr yn ei naddu i lawr a'i gloddio allan fesul plyg.'[82] Yn wahanol i chwarel J. R. Jones – ac yn wahanol hefyd i'r 'Mouldering quarries and mines' y cyfeirir atynt yn 'Welsh Landscape' (AL, 26) – cloddfeydd ffyniannus, cynhyrchiol a welir ym marddoniaeth R. S. Thomas.

Nodiadau

1 Selected Letters of Philip Larkin 1940–1985, gol. Anthony Thwaite (London, 1992), 636.

2 Yn ddiweddarach bu i Thomas symud i Lanfrothen ac oddi yno i Bentrefelin ger Cricieth, lle y bu farw yn 2000.

3 Neb, 85.

4 Llawysgrif mewn casgliad preifat. Cf. Neb, 67, a sylw R. S. Thomas islaw'r ffotograff o'r môr yn taro'r creigiau ar arfordir Môn: 'Llun a dynnwyd yng Nghaergybi pan oedd R.S. yn hogyn. Yr hyn sy'n ddiddorol ydi bod bryniau Llŷn i'w gweld dros y dŵr.'

5 Ceir yr ymadrodd yn 'Into my heart an air that kills', cerdd XL yn A Shropshire Lad; gw. A. E. Housman, Collected Poems and Selected Prose, gol. Christopher Ricks (Harmondsworth, 1988), 64.

6 Arnynt, gw. V. E. Nash-Williams, The Early Christian Monuments of Wales (Cardiff, 1950), 90.

7 Llythyr yng nghasgliad Canolfan Ymchwil R. S. Thomas, Prifysgol Cymru, Bangor (CYRST). Cedwir yn archif CYRST lyfrau cofnodion Cyfeillion Llŷn, yn llaw R. S. Thomas. Yn y Cyfansoddiad, a luniwyd gan y bardd, diffinnir amcanion y gymdeithas fel a ganlyn: '(a) Gwarchod y Gymraeg yn Llŷn; (b) Hybu buddiannau ac economi Llŷn; (c) Gwarchod amgylchedd Llŷn.' Tystia'r llyfrau cofnodion hyn i waith diflino R. S. Thomas a'r aelodau eraill dros fuddiannau'r Gymraeg yn yr ardal.

8 'The Death of RST', The David Jones Journal, 3, 1&2 (2001), 121.

9 Gw. Three Contemporary Poets: Thom Gunn, Ted Hughes & R. S. Thomas, gol. A. E. Dyson (Basingstoke and London, 1990; adargraffiad 1993), 200.

[10] Ibid. Ategwyd y sylw hwn gan Thomas mewn cyfweliad Cymraeg yn 1972: 'Mae'n rhaid i chi ddarllen pob bardd – hyd yn oed y beirdd gwael. Mae gan bob un ohonyn nhw rywbeth i'w ddysgu i chi'; gw. 'Sgwrs efo R. S. Thomas', *Ffenics*, 2, 2 (1972), 12.

[11] 'R. S. Thomas Talks to J. B. Lethbridge', *Anglo-Welsh Review*, 74 (1983), 54.

[12] Llythyr dyddiedig 19 Awst 1995 mewn casgliad preifat.

[13] Derbyniodd wahoddiad yn 1946 i ddarlithio i wahanol gynulleidfaoedd yn yr Alban ar hanes a llenyddiaeth Cymru; gw. *Neb*, 45.

[14] Gw. astudiaethau Gerwyn Wiliams, Katie Gramich, Greg Hill ac M. Wynn Thomas yn *DiFfinio Dwy Lenyddiaeth Cymru*, gol. M. Wynn Thomas (Caerdydd, 1995).

[15] 'Hidden Attachments', *Corresponding Cultures: The Two Literatures of Wales* (Cardiff, 1999), 74.

[16] Cafwyd ymdriniaeth fer â'r pwnc yn ddiweddar gan Huw Ethall yn 'Defnydd R. S. Thomas o'r Beibl', *Taliesin*, 111 (2001), 86–95.

[17] Gw. y cyfeiriadau Clasurol a nodir gan Elaine Shepherd yn *R. S. Thomas: Conceding an Absence* (Basingstoke and London, 1996), 20–3, 27, 95, 97. Diddorol yw gweld Tony Conran yn awgrymu bod dylanwad cystrawen y Lladin i'w weld ar farddoniaeth Thomas; gw. 'Aspects of R. S. Thomas: R. S. Thomas and the Anglo-Welsh', *The Cost of Strangeness: Essays on the English Poets of Wales* (Llandysul, 1982), 239. Gw. hefyd sylwadau R. S. Thomas ei hun yn 'Replies to *Wales* Questionnaire 1946', *Wales*, 6, 3 (1946), 23: 'why chant the praise of Helen, when Nêst remains unsung? Why lament Troy fallen, when Mathrafal lies in ruins?'

[18] Priodol yw nodi yma erthygl Jeffery Alan Triggs, 'A Kinship of the Fields: Farming in the Poetry of R. S. Thomas and Wendell Berry', *North Dakota Quarterly*, 57, 2 (1989), 92–102, ynghyd â sylwadau A. T. Tolly yn *The Poetry of the Forties* (Manchester, 1985), 157, lle y trafodir Thomas ar y cyd ag Edgar Lee Masters ac Edwin Arlington Robinson. Ar R. S. Thomas a Wallace Stevens, gw., er enghraifft, Tony Brown, '"Blessings, Stevens": R. S. Thomas and Wallace Stevens' – erthygl a fydd yn ymddangos yn y gyfrol *Echoes to the Amen: Essays After R. S. Thomas*, gol. Damian Walford Davies (Cardiff, 2003); William V. Davis, '"An Abstraction Blooded": Wallace Stevens and R. S. Thomas on Blackbirds and Men', *The Wallace Stevens Journal*, 8, 2 (1984), 79–82. Y mae'n werth crybwyll yn y fan hon ddylanwad posibl 'Angau' R. Williams Parry ('Y mwyalch pêr â'i osgo/ Mor brydferth ar y brig,/ Mae pwt o bridd y berllan/ Yn baeddu aur dy big') ar 'Thirteen Blackbirds Look at a Man' (*LP*, 174–6) – ymateb Thomas i gerdd adnabyddus Wallace Stevens, 'Thirteen Ways of Looking at a Blackbird'.

[19] John Crowe Ransom, *Selected Poems* (London, 1947), 57.

[20] Ar adlais cyrhaeddgar R. S. Thomas o 'The Wife of Bath's Tale' Chaucer yn 'The Annunciation by Veneziano' (*LS*, 38), gw. sylwadau Elaine Shepherd, *Conceding an Absence*, 39.

[21] 'A Time for Carving', Llawysgrif 14526, Prifysgol Cymru, Bangor, 3. Ymgaledu, wrth gwrs, a wnaeth agwedd R. S. Thomas gyda'r blynyddoedd. Cymharer, er enghraifft, ei sylwadau mewn cyfweliad yn 1990: 'now that I have thoroughly immersed myself in Llŷn Gymraeg, it seems more impracticable than ever that there should be a hyphenated literature,

especially in verse. What is written in Welsh is Welsh literature of varying quality. What is written in English has to strain very hard indeed to merit the description of Welsh writing in English, which is nonsense anyway'; gw. Ned Thomas a John Barnie, 'Probings: An Interview with R. S. Thomas', *Miraculous Simplicity: Essays on R. S. Thomas*, gol. William V. Davis (Fayetteville, 1993), 28–9. Eithr pwysig yw gosod datganiadau fel y rhain yng nghyddestun sylwadau M. Wynn Thomas, 'Keeping His Pen Clean: R. S. Thomas and Wales', *Miraculous Simplicity*, 63–4.

[22] 'A Time for Carving', 1.

[23] Cofier i Thomas gyhoeddi yn *Barn* yn 1974 adolygiad ar gyfrol Dee Brown, *Bury My Heart at Wounded Knee*, lle y cymherir yr erledigaeth a brofodd yr Americanwyr brodorol â sefyllfa'r Cymry Cymraeg; gw. *PMI*, 77–82, ynghyd â llythyr Thomas ar y pwnc yn *Y Faner*, 20 Mehefin 1986, 17. Diddorol nodi bod y bardd, ychydig cyn ei farw, wedi mynd ati i ailddarllen nofel James Fenimore Cooper, *The Last of the Mohicans* (gwybodaeth bersonol).

[24] 'A Time for Carving', 5.

[25] Ezra Pound, *Selected Poems 1908–1969* (London, 1975), 45.

[26] 'A Time for Carving', 5.

[27] Ibid., 6.

[28] *The Welsh Nationalist*, 17, 12 (1948), 3. Dyfynna Thomas gerdd Whitman yn 'Llenyddiaeth Eingl-Gymreig' (1952) yn ogystal; gw. *PMI*, 51.

[29] Gw, er enghraifft, Colin Meir, 'The Poetry of R. S. Thomas', *British Poetry Since 1970: A Critical Survey*, gol. Peter Jones a Michael Schmidt (Manchester, 1980), 1–3; Patrick Crotty, 'Lean Parishes: Patrick Kavanagh's *The Great Hunger* and R. S. Thomas's *The Minister*', *Dangerous Diversity: The Changing Faces of Wales*, gol. Katie Gramich ac Andrew Hiscock (Cardiff, 1998), 131–49.

[30] 'Patrick Kavanagh: A Speech from the Dock', *The Figure in the Cave and Other Essays*, gol. Antoinette Quinn (Dublin, 1989), 145.

[31] Ibid.

[32] Patrick Kavanagh, *Selected Poems*, gol. Antoinette Quinn (Harmondsworth, 1996), 29. Nodir cyfatebiaethau pellach o'r math hwn gan Patrick Crotty, *Dangerous Diversity*, 134–6.

[33] Bu'n gohebu â Kavanagh, fel y tystiodd ef ei hun mewn cynhadledd ar lenyddiaethau Cymru ac Iwerddon a gynhaliwyd dan nawdd yr Academi Gymreig yn Llanrug yn 1995.

[34] Ar hyn, gw. Patrick Crotty, *Dangerous Diversity*, 139–48.

[35] Gw., er enghraifft, 'R. S. Thomas Talks to J. B. Lethbridge', 54; Jeremy Hooker (adolygiad ar *H'm*), *Poetry Wales*, 7, 4 (1972), 90; Colin Meir, *British Poetry Since 1970*, 8–10 (gw. hefyd sylwadau'r golygyddion yn eu rhagymadrodd, xxviii).

[36] 'Voices and Perspectives in the Poetry of R. S. Thomas', *Linguistics and the Study of Literature*, gol. Theo D'haen (Amsterdam, 1986), 69.

[37] Ibid., 71.

[38] 'A Turbulent Priest', *The Sunday Times* ('Books'), 10 Tachwedd 1996, 9.

[39] *The Dublin Magazine*, 15, 3 (1940), 6.

[40] Gerard Manley Hopkins, *A Critical Edition of the Major Works*, gol. Catherine Phillips (Oxford, 1986), 128–9. Nododd Sandra Anstey hithau'r gyfatebiaeth olaf hon; gw. 'Some Uncollected Poems and Variant Readings from the Early

Work of R. S. Thomas', *The Page's Drift: R. S. Thomas at Eighty*, gol. M. Wynn Thomas (Bridgend, 1993), 25.

41 Llythyr dyddiedig 7 Medi 1986 mewn casgliad preifat.
42 Llythyr dyddiedig 26 Hydref 1880; gw. *The Letters of Gerard Manley Hopkins to Robert Bridges*, gol. Claude Colleer Abbott (Oxford, 1935; argraffiad diwygiedig, 1955), 111–12.
43 Gwybodaeth bersonol.
44 Gerard Manley Hopkins, *A Critical Edition of the Major Works*, 150.
45 Ibid.
46 Teipysgrif mewn casgliad preifat.
47 Llawysgrif mewn casgliad preifat.
48 Llythyr dyddiedig 7 Rhagfyr 1953 mewn casgliad preifat.
49 Dyfynnir y sylw gan John Ackerman, *A Dylan Thomas Companion* (Basingstoke and London, 1991), 154.
50 Tony Brown, 'R. S. Thomas's Elegy for Dylan Thomas', *The Review of English Studies*, 51, 203 (2000), 451–5.
51 Dylan Thomas, *The Collected Poems 1934–1953*, gol. Walford Davies a Ralph Maud (London, 1988; argraffiad diwygiedig, 1996), 1. Ar y ddau Thomas, gw. Walford Davies, 'Bright Fields, Loud Hills and the Glimpsed Good Place: R. S. Thomas and Dylan Thomas', *The Page's Drift*, 171–210; Barbara Hardy, 'Region and Nation: R. S. Thomas and Dylan Thomas', *The Literature of Region and Nation*, gol. R. P. Draper (London, 1989), 93–107.
52 Yn wir, yn fuan wedi iddo gyhoeddi astudiaeth gynharach ar gyfeiriadaeth Gymraeg R. S. Thomas, derbyniodd yr awdur presennol lythyr gan y bardd yn cymeradwyo'r dull arbennig hwn o ymdrin â'i waith.
53 Llythyr dyddiedig 29 Ebrill 1953; gw. *David Jones: Letters to Vernon Watkins*, gol. Ruth Pryor (Cardiff, 1976), 20.
54 *The Complete Poetical Works of Thomas Hood*, gol. Walter Jerrold (Oxford, 1920), 213.
55 *Cerddi R. Williams Parry: Y Casgliad Cyflawn*, gol. Alan Llwyd (Dinbych, 1998), 129, 290.
56 Ibid., 15, 261.
57 *The Batsford Book of Country Verse*, gol. R. S. Thomas (London, 1961), 112.
58 'R. S. Thomas's Welsh Pastoral' – ysgrif a fydd yn ymddangos yn *Echoes to the Amen*.
59 Geoffrey Hill, *New and Collected Poems 1952–1992* (Boston and New York, 2000), 117.
60 Gw., er enghraifft, 'Probings: An Interview with R. S. Thomas', *Miraculous Simplicity*, 44.
61 Llythyr dyddiedig 19 Rhagfyr 1978 mewn casgliad preifat.
62 Llythyr dyddiedig 27 Mawrth 1983 mewn casgliad preifat.
63 W. B. Yeats, *The Poems*, gol. Daniel Albright (London, 1990), 236.
64 *Word Unheard: A Guide Through Eliot's Four Quartets* (London, 1969), 3–4.
65 Grahame Davies, *Sefyll yn y Bwlch: R. S. Thomas, Saunders Lewis, T. S. Eliot, a Simone Weil* (Caerdydd, 1999), 172.
66 Mewn cyfweliad yn 1959 honnodd T. S. Eliot: 'I don't think that one can be a bilingual poet. I don't know of any case in which a man wrote great or even fine poems equally well in two languages. I think one language must be the

one you express yourself in in poetry, and you've got to give up the other for that purpose'; gw. *The Paris Review*, 21 (1959), 57. Gw. hefyd sylwadau Philip Larkin: 'If that glass thing over there is a window, then it isn't a Fenester or a fenêtre or whatever. Hautes Fenêtres, my God! A writer can have only one language, if language is going to mean anything to him'; gw. Philip Larkin, 'An Interview with *Paris Review'*, *Required Writing: Miscellaneous Pieces 1955–1982* (London, 1983), 69.

[67] Cofnodwyd yr hanes mewn amryw fannau. Gw., er enghraifft, 'Probings: An Interview with R. S. Thomas', *Miraculous Simplicity*, 28.

[68] '"Am I Under Regard?"': Wil Rowlands Interviewed by Jason Walford Davies', *The David Jones Journal*, 3, 1&2 (2001), 103–4. Gw. hefyd Dennis O'Driscoll, 'Translating Art: R. S. Thomas and the Poetry of Paintings', *Agenda*, 36, 2 (1998), 48: 'the fact that he cannot sustain the writing of verse in the Welsh language remains a source of sorrow to him and, in this context, one can see the special appeal of music and painting – arts which soar beyond language – for a writer of Thomas's disposition.'

[69] *Wales*, 2 (1943), 49.

[70] 'Across the Grain', *The King of Ashes* (Llandysul, 1989), 21.

[71] 'Cymru'n Un', *Dail Pren* (Llandysul, 1956), 93. Yn *Neb* cofnodir sut y bu i Thomas ymweld ag Islwyn Ffowc Elis yn Llanfair Caereinion ddechrau'r 1950au, gan ei wahodd 'i ddod . . . am dro i'r gweundir o gwmpas Cwm Nant yr Eira': 'ond gwrthododd Islwyn. Roedd yn rhy brysur yn ceisio gwasanaethu'i Gymru ef. A oedd y ddwy Gymru'n un, tybed?' (*Neb*, 45).

[72] *The Anxiety of Influence: A Theory of Poetry* (Oxford, 1973; ail argraffiad, 1997).

[73] 'Anglo-Welsh Poets', *Under Briggflatts: A History of Poetry in Great Britain 1960–1988* (Manchester, 1989), 163.

[74] Gw., er enghraifft, M. J. J. van Buuren, *Waiting: The Religious Poetry of Ronald Stuart Thomas, Welsh Poet and Priest* (Nijmegen, 1993), 23, 34; Carol Lloyd Wood, 'Welsh Characteristics in the Poetry of R. S. Thomas', *McNeese Review*, 25 (1978–9), 17–28; Sabine Volk, *Grenzpfähle der Wirklichkeit: Approaches to the Poetry of R. S. Thomas* (Frankfurt am Main, 1985), 166–7, 170–1 (lle'r haerir mai cerdd am Charles Edwards yw 'Llanrhaeadr ym Mochnant' (*NHBF*, 21)). Eithriad amlwg, dylid nodi, yw ymdriniaeth fer Gruffydd Aled Williams mewn erthygl gynnar, 'Barddoniaeth R. S. Thomas', *Ffenics*, 1, 6 (1965), 74–5.

[75] Ceir defnydd helaeth o'r termau hyn, er enghraifft, yn ei lythyr at Vernon Watkins, 11 Ebrill 1962; gw. *David Jones: Letters to Vernon Watkins*, 55–65. Gw. hefyd Tony Conran, 'David Jones and the Ironic Epic', *Frontiers in Anglo-Welsh Poetry* (Cardiff, 1997), 92.

[76] *Agenda*, 36, 2 (1998), 7.

[77] *The Dublin Magazine*, 29, 2 (1953), 11.

[78] *Gwaith Dafydd ap Gwilym* (Caerdydd, 1952; adargraffiad 1992), 68, llau. 41, 45, 47.

[79] Ibid., 68, ll. 46. Ar y mwysair 'mwyn' yn y cywydd hwn, gw. Eurys I. Rowlands, 'Cywydd Dafydd ap Gwilym i Fis Mai', *Llên Cymru*, 5, 1&2 (1958), 1–25, ac yn arbennig 19 (ar arwyddocâd y mwysair 'mwyn' yn y llinell olaf a ddyfynnwyd).

[80] 'Living With R. S. Thomas', *Poetry Wales*, 29, 1 (1993), 12.

[81] Cf. Tony Curtis, 'R.S.T. Funny Man', *The David Jones Journal*, 3, 1&2 (2001), 133:

'Wales has lost one of the powerful voices of the twentieth century; the poetry, rooted in landscape and the uncertain times of a church and faith in decline will be long mined for its honesty and insight, its sometimes startling tropes and dialogues with an off-stage God.'

[82] *Prydeindod* (Llandybïe, 1966), 16.

1

'Shining sentinels':
Portreadau, Epigraffau, Dyfyniadau

(i) Portreadau

Ffurfia'r cerddi hynny gan R. S. Thomas sy'n bortreadau bychain o ffigyrau llenyddol allweddol yn y traddodiad Cymraeg grŵp o gerddi sy'n brawf o amlochredd ymateb y bardd i'r diwylliant a adfeddiannwyd ganddo. Gellid dweud bod y rhain oll, mewn gwahanol ffyrdd, yn bortreadau o alltudion, o bobl y cyrion, ac yn yr ystyr hon y maent yn gymheiriaid i'r portreadau a geir ym marddoniaeth R. Williams Parry o 'eneidiau ar wahân'.[1] Mewn llythyr a ymddangosodd yn y *Western Mail* mor gynnar â 1946 gwelir R. S. Thomas yn gresynu ynghylch y modd y dibrisid gwaith llenorion Cymraeg: 'Writers like Saunders Lewis and Gwenallt, who express themselves truly and spontaneously in their native tongue are dismissed as bragadoccio [sic], stupid, and insular.'[2] Y mae teyrngedau cyhyrog R. S. Thomas i'r ddau lenor hyn ymhlith y grymusaf o'i bortreadau ac y maent yn tystio i gryfder ymuniaethiad Thomas â hwy. Un o nodweddion mwyaf trawiadol y portreadau yn y cyswllt hwn yw'r defnydd ynddynt o adleisiau o deyrngedau sawl bardd Cymraeg i Saunders Lewis a Gwenallt. Rhan hanfodol bwysig o'r ymuniaethu yn y cerddi 'A Lecturer' (*BT*, 31), 'The Patriot' (*BT*, 47) a 'Saunders Lewis' (*WA*, 44), felly, yw'r deyrnged a delir ar yr un pryd i nifer o feirdd Cymraeg eraill – ac yn wir, i lenyddiaeth Gymraeg yn gyffredinol. Yn 'A Lecturer', portread o Gwenallt, fe haerir – 'he'll take you/ Any time on a tour/ Of the Welsh language, its flowering/ While yours was clay soil' (*BT*, 31) – geiriau sy'n gweddu'n dda i'r hyn a wna R. S. Thomas ei hun drwy gyfrwng ei gyfeiriadaeth lenyddol yn y teyrngedau dan sylw. Er enghraifft, yn yr un gerdd disgrifir Gwenallt fel 'A little man,/ Sallow,/ Keeping close to the wall/ Of life; his quick smile/ Of recognition a cure/ For loneliness' (*BT*, 31). Ni ellir peidio â synhwyro y tu ôl i'r ymadrodd 'a cure/ For loneliness' linellau Waldo Williams yn y gerdd 'Bardd', un o'i deyrngedau ef i Gwenallt – 'Pan dry ei fyw di-lamp yn fôr goleuni/ A'i hen unigrwydd yn gymundeb maith'.[3] (Gwyddys bod Thomas wedi cyflwyno copi o *An Acre of Land* i Gwenallt – rhodd sy'n enghraifft loyw o 'gymundeb' o'r fath.[4]) Neu ystyrier y disgrifiad hwnnw tua diwedd 'Saunders Lewis', 'Small as he was/ he towered' (*WA*, 44), sy'n rhwym o awgrymu agoriad cywydd marwnad enwog Wiliam Llŷn i Gruffudd Hiraethog, 'Y bardd bach uwch beirdd y byd', ynghyd â'r defnydd o'r un llinell ar ddechrau a diwedd cerdd Thomas Parry i Gwenallt.[5] Y mae'r adlais o'r llinell hon yn briodol iawn, gan mai teyrnged disgybl i athro mawr ydyw. (Mewn sgwrs ddadlennol â Dyfed Evans yn 1967 bu i R. S. Thomas nodi ei hoffter arbennig o farddoniaeth Wiliam Llŷn.[6]) Diddorol yw gweld Gwilym R. Jones yntau'n adleisio bardd Cymraeg o'r gorffennol, ac yn taro ar ddisgrifiad ocsimoronaidd arall cymwys, wrth fyfyrio ar statws a chorffolaeth Saunders Lewis: 'Ni allaf fi beidio â chyplysu'r llinell "Y cawr mawr bychan", o un o'n hen garolau, â Saunders Lewis. Roedd yn ŵr eiddil, ond yn athrylith.'[7] 'Roedd o'n ddyn mor fychan,' meddai R. S. Thomas ei hun am Saunders Lewis yn 1994, 'mae 'na duedd i'w ddilorni fo, ond chwarae teg roedd yna ddigon o ysbryd yn y dyn. Ond fe'i gwrthodwyd gan y genedl.'[8]

Egyr 'Saunders Lewis' R. S. Thomas â'r llinellau, 'And he dared them;/ Dared them to grow old and bitter/ As he' (*WA, 44*). 'Yntau ar herw heb chwerwi' yw disgrifiad cyferbyniol Williams Parry o'r gwrthrych mewn englyn yn 1945.[9] Ond wyth mlynedd ynghynt, pan oedd Saunders Lewis yng ngharchar Wormwood Scrubs, cyhoeddasai Gwenallt ei soned adnabyddus i Lewis, lle y disgrifir y berthynas rhyngddo a'i gydwladwyr mewn termau bustlaidd sy'n adleisio Galarnad Jeremeia 3:19 ('Cofia fy mlinder a'm gofid, y wermod a'r bustl'): 'A Chymry, yn dy gefn, â'u bradog law/ Yn rhoddi'r bustl ar ben y wermod lwyd.'[10] Yr hyn a welir ar ddechrau cerdd R. S. Thomas yw Lewis yn taflu'r sarhad yn herfeiddiol yn ôl at y Cymry. Yn ogystal, perthnasol yw tynnu sylw yma at ddisgrifiad Gwenallt yn y soned o'r Cymry yn taflu at Saunders Lewis 'eu pelenni pŵl', ac yntau 'Fel cocyn hitio yn stondingau'r ffair'.[11] Diwedda 'Saunders Lewis' R. S. Thomas â darlun o'r llenor yn barod i dalu'r pwyth yn ei ôl, a hynny ag arfau grymusach o lawer: 'the trigger of his mind/ Cocked, ready to let fly with his scorn' (*WA*, 44). Eithr y mae'n bwysig nodi hefyd y rhan ganolog a chwaraea R. Williams Parry yntau yn y gerdd hon gan

Thomas. Meddylier, er enghraifft, am arwyddocâd y ddelwedd ddilynol yn 'Saunders Lewis':

> He kept his pen clean
> By burying it in their fat
> Flesh. He was ascetic and Wales
> His diet. He lived off the harsh fare
> Of her troubles, worn yet heady
> At moments with the poets' wine. (*WA*, 44)[12]

Y mae'r gwrthgyferbyniad hwn rhwng yr artist hunanymwadol a'i gydwladwyr hunanfaldodus yn un a geir gan Williams Parry yntau. Yn y soned 'J.S.L.', er esiampl, disgrifir yr academyddion yn cymryd eu te prynhawn sidêt – yn yfed 'weithiau de/ Ac weithiau ddysg' ac yn bwyta'r 'academig dost'. Gorffennir drwy gyfarch Saunders Lewis yn y carchar: 'Mwynha dithau'r grual.'[13] Ceir amrywiad ar y ddelwedd gan Williams Parry yn y gerdd 'Cymru a'i B.B.C. (Wrth wrando S.L. yn darlledu)':

> Wedi'i wrthod a'i dlodi, mae'i genedl
> Am gynnig ei besgi.
> Pa beth arall a all hi?
> Fe rodd ei fara iddi.

> Drwy awyr wedi rhewi ei hadar
> Ehedant i'w borthi:
> Diolch i Dduw a Dewi
> Am gigfrain i'w harwain hi![14]

Llinyn cyswllt arall arwyddocaol rhwng dwy gerdd Williams Parry, a rhyngddynt hwy a phortread R. S. Thomas o Saunders Lewis, yw'r ddelweddaeth adaregol. Ar ddechrau 'J.S.L.' darlunnir Saunders Lewis fel aderyn rhyfedd sy'n disgyn i'r grawn ar '[f]uarth clyd' Cymru, 'Gan ddallu â'th liw y cywion oll a'r cywennod;/ A chreaist yn nrysau'r clomendy uwch dy ben/ Yr hen, hen gyffro a ddigwydd ymhlith colomennod'.[15] Yn y darlun o Saunders Lewis a geir gan R. S. Thomas yn 'The Patriot', y colomennod eu hunain – geiriau Cymraeg Lewis – sy'n tarfu ar eraill:

> Those, who saw
> For the first time that small figure

With the Welsh words leaving his lips
As quietly as doves on an errand
Of peace-making, could not imagine
The fierceness of their huge entry
At the ear's porch. (*BT*, 47)[16]

Dadlennol yw cyferbynnu'r ddelwedd hon o effaith frawychus geiriau Saunders Lewis ar y gwrandäwr â'r ddelwedd honno yn y gerdd gynnar 'A Priest to His People' sy'n cyfleu methiant Thomas i wneud argraff gyffelyb ar ei blwyfolion: 'I whose invective would spurt like a flame of fire / To be quenched always in the coldness of your stare' (*SF*, 29).

Arweinia'r hyn a ddywed Aneirin Talfan Davies am y gerdd 'Saunders Lewis' at sawl ystyriaeth ddiddorol: 'Daeth y gân hon â geiriau S.L., mewn ymgom a gawsom ar y teledu, yn fyw i'm cof: "Fe'm gwrthodwyd i gan bawb." 'Roedd hyn yn brofiad chwerw iddo, a hynny, efallai, sydd wrth wraidd cerdd R. S. Thomas. Nid chwerwedd bach yw hwn; mae mawredd ynddo; chwerwedd tebyg i eiddo Kierkegaard neu Ibsen ydyw.'[17] Eir i'r afael â'r 'wedd Kierkegaardaidd sydd ar y moli' yn 'Saunders Lewis' gan M. Wynn Thomas, sy'n tynnu sylw at y portread yn y fan hon o ddyn 'a feiddia wrthsefyll y llif ac a saif ar ei ben ei hun yn ddi-ildio' ac a ddewisodd '[g]ysegru ei fywyd er diogelu'r gwerthoedd traddodiadol hynny yr oedd ei gymdeithas yn eu gwrthod am ei bod yn blysu am lwyddo yn y byd mawr'.[18] Fel y noda'r un beirniad:

> Ffrwyth dewis pwyllog ac egwyddorol oedd ymagweddiad Saunders Lewis, ac yn ôl Kierkegaard dim ond drwy wneud y fath ddewis y gall dyn dyfu'n unigolyn go iawn. Gelyn mawr yr 'unigolyn' hwnnw wedyn yw'r 'cyhoedd' ('the public'), sef trwch y boblogaeth gydymffurfiol.[19]

Fe dâl inni archwilio'r dimensiwn Kierkegaardaidd hwn ymhellach. Yn 'Saunders Lewis' pwysleisir arwahanrwydd y gŵr hwnnw yn y llinellau awgrymog, 'A recluse, then; himself / His hermitage? Unhabited / He moved among us' (*WA*, 44). Cryfheir y cysylltiad Kierkegaardaidd o gydio'r ddelwedd hon o'r feudwyfa wrth y disgrifiad ar ddiwedd cerdd Thomas, 'Kierkegaard', o'r athronydd hwnnw'n ymgropian, wedi'i glwyfo, 'To the monastery of his chaste thought / To offer up his crumpled amen' (*P*, 19). Ar yr un pryd, o ystyried ymuniaethiad R. S. Thomas â Lewis, diau y gellir yn fuddiol ddehongli'r cerddi 'The Patriot' a 'Saunders Lewis' fel portreadau sy'n adlewyrchu personoliaeth

Thomas ei hun. Yn 'Saunders Lewis', er enghraifft, y mae'r adferf 'Unhabited' yn sicr yn awgrymu annibyniaeth ddisyfl Thomas ar yr eglwys Anglicanaidd a'i hordeiniodd (ceir stori – apocryffaidd? – ei fod ar ei ymddeoliad wedi llosgi ei gasog), a chyflea yn ogystal ymwrthodiad y bardd â'r confensiynol a'r cyffredin ac â'r hyn sy'n arferiad ('habit') yn unig. Eithr diau mai'r enghraifft fwyaf uniongyrchol o ymuniaethiad R. S. Thomas â Saunders Lewis yw'r llythyr a anfonodd y 'disgybl' at yr 'athro' yn 1979. Y mae'n haeddu cael ei ddyfynnu'n llawn:

Annwyl Gyfaill,
   Ar ôl ffair wagedd y refferendwm, 'rwy'n teimlo rhyw awydd am anfon gair atoch fel un y bydd yr haearn wedi mynd i'w enaid unwaith eto wrth weld ffolineb y Cymry bondigrybwyll a theimlo gwarth eu hymddygiad. Nid oes gysur i un fel chi yn niwedd ei oes weld gymaint y mae ei genedl wedi colli'r gallu i feddwl ac i weithredu'n annibynnol. Peth glastwraidd tu hwnt oedd datganoli, wrth gwrs, ond petai'r Cymry wedi'i wrthod am y rheswm yna, buasai llygedyn o obaith. Bid a fo am hynny, nid dyna brif bwrpas sgrifennu atoch ond i ddweud yr hyn a wyddoch eisoes sef bod eich cyfraniad yn dal a'i fod yn sicr o gynyddu tra phery'r [sic] genedl.
   Yr ydych wedi bod yn ysbrydoliaeth i mi ers pryd y deuthum i wybod amdanoch, a dim ond yr wythnos ddiwethaf clywais rywun o Lŷn, oedd wedi gweld 'Esther' ym Mangor, yn dweud pa mor amserol a phwrpasol ydoedd. O na fedrwn innau roi fy ngwir neges i'r genedl yn y famiaith.
   Gyda phob dymuniad caredig,
          R. S. Thomas[20]

Fe'n hatgoffir gan yr ebychiad hwnnw ar ddiwedd y llythyr o'r sgwrs a fu rhwng y ddau lenor ar y stryd yng Nghaerdydd flynyddoedd ynghynt. Y mae'n werth cofnodi disgrifiad Thomas, yn ei gyfweliad teledu olaf yn 1999, o ymateb Lewis i'w gŵyn ei fod yn gorfod barddoni yn yr iaith fain: 'mi roth ei law ar fy mraich i a dweud, "Ylwch, peidiwch â bod fel hyn. Mae gwir gelfyddyd yn dibynnu ar dyndra, ac felly mae gynnoch chi rywbeth i ddiolch amdano fo, eich bod chi'n teimlo'r ddau ddylanwad arnoch chi, yn tynnu arnoch chi".'[21] Y mae'n hollbwysig nodi bod yma barch gwironeddol o'r ddeutu – fel y tystia'r llythyr a dderbyniodd R. S. Thomas gan Saunders Lewis, yn fuan iawn wedi i *The Minister* gael ei ddarlledu, yn ei longyfarch yn frwd ar y gerdd.[22] Enghraifft arall o edmygedd Lewis yw'r hyn a ddywedodd mewn llythyr at Kate Roberts oddeutu'r un cyfnod wrth drafod rhifyn o'r rhaglen radio 'Cornel y Llenor'. Y cyfranwyr oedd R. S. Thomas, Islwyn Ffowc Elis, D. Tecwyn Lloyd a Gareth Alban Davies:

Dyma a'm trawodd: mai R. S. Thomas, sy'n fardd Saesneg gwir dda, oedd yr unig feddwl *creadigol* yn eu plith, ac oherwydd mai wedi dysgu Cymraeg y mae ef yr oedd yn dawedog iawn ac ychydig iawn a gafwyd ganddo. Nid oedd un o'r lleill yn meddwl yn Gymraeg nac yn meddwl y tu mewn i'r bywyd sydd yng Nghymru, ac yr oeddynt yn boenus yn eu trosglwyddiad o syniadau Seisnig ail-law . . .[23]

Y mae'r pwynt a wneir gan Saunders Lewis ar ddiwedd y llythyr pwysig hwn yn werth ei nodi yng nghyd-destun cyfeiriadaeth lenyddol Gymraeg R. S. Thomas a'r modd yr oedd yn ystod y cyfnod dan sylw yn ei drwytho'i hun ym 'mater' y traddodiad Cymraeg ac yn ymgydnabod â'r '[c]orff o sumbolau' a berthynai i'r traddodiad hwnnw:

> Fel y dywedais i ddengwaith, mae darllen beirniadaeth lenyddol Saesneg yn lladd pob annibyniaeth a gwreiddioldeb yn y beirdd a'r beirniaid ifainc Cymraeg. Nid oedd Tecwyn Lloyd na Gareth Davies yn disgrifio cefndir meddyliol Cymru o gwbl, nid oedd yn bod iddynt. Er enghraifft, dywedent gyda'r Saeson, nad oes bellach gorff o sumbolau a dderbynnir gan y gymdeithas ac y geill y bardd modern bwyso arno. – Ac eto, os oes un peth yn gwbl eglur yn holl awdlau a phryddestau'r Eisteddfod Genedlaethol o 1900 i 1953, y mae'n eglur fod y beirdd *oll* yn pwyso ar yr holl gorff o draddodiad Cristnogol ac mai dyna o hyd *fater* y cwbl bron o'r beirdd Cymraeg. A dyna un gwahaniaeth dwfn a sylfaenol rhwng sefyllfa bardd yng Nghymru a bardd yn Lloegr neu Ffrainc neu'r Almaen heddiw. Cwestiwn ar wahan [sic] yw, pa faint o sylwedd ac o bwer [sic] sydd yn y sumbolau hyn i'r bardd Cymraeg; dyna lle y dylai *beirniadaeth* Gymraeg fod o ddifri. Ond dynwarediad o'r Saeson yw cymaint a chymaint o'n beirniadaeth ni.[24]

Priodol yng ngoleuni'r sylwadau hyn, felly, yw craffu ar bortreadau R. S. Thomas o rai o lenorion a ffigyrau llenyddol mwyaf lliwgar y traddodiad Cymraeg. Man cychwyn da yw'r gerdd anghasgledig 'A Welsh Ballad Singer', lle y ceir gan Thomas bortread o allanolyn llythrennol:

> Thomas Edwards – Twm o'r Nant
> If you prefer it – that's my name,
> Truth's constant flame purging my heart
> Of malice and of mean cant.
> Out of the night and the night's cold
> I come knocking at your door;
> But not begging, my wares are verse
> Too costly for you to set
> Your purse against.[25]

Y mae yma linynnau cyswllt diddorol â sawl un o gerddi eraill R. S. Thomas. Er enghraifft, y mae'r crwydryn enigmatig wrth y drws yn ffigwr sy'n ailymddangos yn y gerdd 'Tramp' ('A knock at the door/ And he stands there,/ A tramp with his can/ Asking for tea,/ Strong for a poor man/ On his way – where?' (*BT*, 23),[26] a chawn ein hatgoffa gan y ffwdan honno ynghylch yr enw yn llinell agoriadol 'A Welsh Ballad Singer' o linell gyntaf y gerdd adnabyddus, 'A Peasant' – 'Iago Prytherch his name, though, be it allowed . . .' (*SF*, 14). Ond pwysicach na hyn yn ddiau yw presenoldeb adleisiau penodol iawn o'r traddodiad Cymraeg. Yr hyn a wna R. S. Thomas mewn gwirionedd yn llinellau agoriadol 'A Welsh Ballad Singer' yw ailbrosesu geiriau'r anterliwtiwr ei hun:

> Thomas Edwards yw fy enw
> Ond Twm o'r Nant mae cant yn fy ngalw.[27]

Ceir adlais pellach o'r cwpled yn nefnydd ffraeth R. S. Thomas o'r gair 'cant' ym mhedwaredd linell ei bortread. Teg dweud bod llais Twm o'r Nant ei hun i'w glywed yn glir ym mhortread Saesneg R. S. Thomas ar ei hyd. Dyna rybudd yr anterliwtiwr cynhennus, er enghraifft: 'But take heed;/ Muck of the roads is on my boots,/ Dirt of the world clings to my tongue,/ The mind's pool is quickly stirred/ To bitterness.' Yn ei hunangofiant cyfeddyf Twm o'r Nant: 'Pan oeddwn yn ieuanc yr oedd cymaint o gynddaredd, neu wylltineb, ynof am brydyddu, mi a ganwn braidd i bob peth a welwn; a thrugaredd fu i mi na buasai rhai yn fy lladd, neu yn fy llabyddio, am fy nhafod drwg.'[28] Yn wir, gellir dweud nad geiriau Twm o'r Nant yn unig a glywir yn narlun R. S. Thomas, ond rhythmau ac odlau'r anterliwtiwr hefyd. O gofio bod y triban yn un o brif fesurau'r anterliwt, y mae odlau mewnol R. S. Thomas – 'name/flame . . . verse/purse' – a'r defnydd o linellau o 7 ac 8 sillaf yn dra chymwys yn y portread hwn.

Ceir darlun arall cofiadwy o grwydryn enigmatig yn y gerdd 'Dic Aberdaron' – un o bortreadau mwyaf cyfoethog R. S. Thomas:

> Who was he?
> The clothes a labourer's
>
> clothes: coarse trousers, torn
> jacket, a mole-skin
> cap. But that volume
> under the arm – a

hedge-poet, a scholar
by rushlight? (*WA*, 46)

'But that volume/ under the arm': y mae'r manylyn yn hoelio sylw'n syth. Dwg i gof fanylyn tebyg mewn cerdd gan Thomas a ysbrydolwyd gan ddarlun enwog Monet o ddynes yn dal parasol – 'But that arm// is sturdy' (*BHN*, 13) – ac awgryma'n gryf mai edrych ar ddarlun o Dic Aberdaron y mae Thomas yn y fan hon. Profir hynny i bob pwrpas gan fodolaeth llun dyfrliw o Dic Aberdaron a fu'n eiddo i'r bardd ac a gedwir yn archif Canolfan Ymchwil R. S. Thomas ym Mangor – darlun y mae ei fanylion (dillad y crwydryn, y gyfrol dan ei fraich) yn cyd-daro'n union â'r hyn a geir ym mhortread Thomas.[29] Ar lawer ystyr, perthyn 'Dic Aberdaron' – ynghyd â cherdd megis 'Remembering David Jones' (*LP*, 205), lle y mae sawl darlun gan Jones yn amlwg dan sylw – i'r corpws o gerddi hynny yn y cyfrolau *Between Here and Now* ac *Ingrowing Thoughts* sy'n ymateb yn uniongyrchol i ddarluniau ad-nabyddus. Rhaid bod yn effro bob amser, felly, i ddylanwad darlun penodol, a ffurfiau celfyddydol eraill, wrth gwrs, ar waith R. S. Thomas. Yn sicr ddigon, prawf sylwadau'r bardd ei hun, wrth drafod un o'i hoff gerddi gan un o'i hoff feirdd – 'Peter Parasol' Wallace Stevens – ei fod ef ei hun yn effro iawn yn y cyswllt hwn: 'I have a feeling that Monet's "Maiden With a Parasol" must have been very much in [Stevens's] mind when he wrote "Peter Parasol".'[30] Perthnasol iawn hefyd yw'r hyn a ddywed Thomas ynghylch ei gerdd 'Souillac: Le Sacrifice d'Abraham' (*BT*, 43): 'This was based . . . not on an actual visit to the French church, but on a reproduction that someone was kind enough to send me as a postcard – proof, if such be needed, of the haphazard and unpredictable way in which poetry can be born.'[31]

Nodwedd bwysicaf 'Dic Aberdaron', serch hynny, yw natur ddiwygiol, adolygiadol y portread o Richard Robert Jones (1780–1843). Rhan allweddol o arwyddocâd cerdd Thomas yw bod iddi ragflaenydd – un o rigymau enwocaf cyfrol T. H. Parry-Williams, *Ugain o Gerddi* (1949). At ei gilydd, portread doniol-ddiystyrllyd o'r gwrthrych a geir yn 'Dic Aberdaron' Parry-Williams, wrth gwrs. Priod le'r crwydryn yn 'oriel yr anfarwolion' yw ymysg y bodau hynny nad yw 'mesur eu llathen hwy yr un hyd â llath'. 'Ni chawsai chwarter o ysgol dan unrhyw sgŵl', medd y bardd Cymraeg, cyn mynd rhagddo i haeru, 'Ond meistrolodd ddirgelion y grefft o fod yn ffŵl –// Ffŵl gydag ieithoedd'. Eithr ychwanega Parry-Williams, ''r oedd golau un o'r Awenau i'w lwybrau'n lamp'.[32] Cydia R. S. Thomas yn y ddelwedd hon a'i thrawsnewid. Try'r goleuni allanol hwn yn oleuni mewnol – yn oleuedigaeth: 'no soil in/ that eye, but light// generated by a/ mind charging itself/ at its own sources' (*WA*, 46). Ychwanegir dimensiwn pellach i ddelweddaeth R. S. Thomas o nodi mai gwan iawn oedd golwg Dic Aberdaron yn ôl tystiolaeth ei gofiannydd, William Roscoe: 'His sight was imperfect, his voice sharp and dissonant; and, upon the whole, his appearance and manners grotesque in the highest degree.'[33] Ond y mae'n werth cofnodi'r hyn a ychwanega Roscoe (mewn cofiant y rhoddwyd iddo'r is-deitl 'A Remarkable Instance of a Partial Power and Cultivation of Intellect'): 'yet, under all these disadvantages, there was a gleam in his countenance which marked intelligence, and an unaffected simplicity in his behaviour which conciliated regard.'[34] Ymddengys fod R. S. Thomas yn ei bortread ef yn benderfynol o achub yr ecsentrig hwn rhag dychan a dibristod, ac o osod yn lle portread Parry-Williams o 'ffŵl' ddarlun o enigma na ddylid ei nawddogi:

Radiant soul, shrugging

the type's ignorance
off, he hastens towards
us, to the future
we inhabit and must

welcome him to, but
nervously, all too
aware of the discrepancy
with his expectations. (*WA*, 46)

Wrth daflu 'the type's ignorance' oddi ar ei war y mae Dic Aberdaron nid yn unig yn ymwadu â dellni dysg llyfr ('type' yn yr ystyr honno), ond hefyd â'r twpdra ('collineb' yw gair Parry-Williams) yr ydym yn aml yn ei briodoli ar gam i'r 'teip' hwn o ddyn. Wedi'r cyfan, cwestiwn agoriadol Thomas yw 'Who was he?', nid, sylwer, 'What was he?'. Ac ni allwn fod yn sicr a yw'r llinellau a ddyfynnwyd uchod yn datgan, 'he hastens towards/ us . . .//. . . nervously', ynteu'n wir, 'we . . . must// welcome him . . ./ nervously'. Byddai'r 'future/ we inhabit' yn sicr o siomi disgwyliadau Dic Aberdaron, a hwythau'n deillio o bwyslais ar werth unigolyddiaeth ac addysg er ei mwyn ei hun. Yn sicr, ni ddylid ei drin yn nawddoglyd fel hurtyn. Ni cheir gwell enghraifft o unigol-yddiaeth R. S. Thomas ei hun na'r modd yr â ati i ailystyried ac ailddehongli'r ffigwr hwn o'r traddodiad Cymraeg, gan drawsnewid darlun y mae'r Cymry eu hunain yn wastad wedi'i gymryd yn ganiataol.

Nodwyd eisoes linyn cyswllt awgrymog rhwng y portread o 'drempyn' arall, Twm o'r Nant, ac o Iago Prytherch yn 'A Peasant'. Y mae darlun Thomas o Dic Aberdaron yntau'n dwyn perthynas ag Iago. Yn 'Dic Aberdaron', fel y gwelsom, try'r darlun o ŵr blêr a budr ei ddillad ('The clothes a labourer's// clothes') yn fyfyrdod edmygus ar ddyfeisgarwch unigolyddol gwrthrych y byddai'n fuddiol inni ei gymryd fel patrwm. Daw i gof Prytherch ei hun yn 'A Peasant' – 'His clothes, sour with years of sweat/ And animal contact, shock the refined,/ But affected, sense with their stark naturalness./ Yet this is your prototype' (*SF*, 14). (Yn erbyn yr 'affected sense', gosoder 'unaffected simplicity' Dic Aberdaron, chwedl ei gofiannydd.) Felly hefyd yn 'Affinity', sy'n diweddu, yn gymwys iawn, â delwedd o oleuni arweiniol:

> Don't be taken in
> By stinking garments or an aimless grin;
> He is also human, and the same small star,
> That lights you homeward, has inflamed his mind
> With the old hunger, born of his kind. (*SF*, 20)

Fel y byddid yn disgwyl, cerddi byrion, bachog yw'r mwyafrif o'r portreadau llenyddol hyn. Ond ceir dwy gerdd sy'n eithriadau i'r patrwm, sef portreadau estynedig, nodedig R. S. Thomas o Gwallter Mechain ac o Ann Griffiths. Cerdd anghasgledig a gyhoeddwyd yn 1990 yw 'Gwallter Mechain', ac ynddi myfyria Thomas ar bedair agwedd ar fywyd a gwaith ei ragflaenydd anrhydeddus ym mhlwyf Manafon – yr awdur ar bynciau amaethyddol, y cof amdano ym Manafon fel consuriwr, y bardd, a'r offeiriad. Nodweddir y gerdd, ac yn arbennig y ddwy ran olaf, gan gryfder uniaethiad R. S. Thomas â'r gwrthrych. Bu i Thomas, fe gofir, gloi ei ddarn hunangofiannol 'Y Llwybrau Gynt' (1972) drwy ddyfynnu englyn haeddiannol enwog Gwallter Mechain i'r nos, o'i 'Awdl ar Gwymp Llywelyn' (1821): 'Y nos dywell yn distewi[,] – caddug/ Yn cuddio Eryri,/ Yr haul yng ngwely'r heli,/ A'r lloer yn ariannu'r lli' (*PMI*, 75).[35] Yn 'Gwallter Mechain', dramatig yw'r modd yr ymgorffora Thomas, yn gwbl ddirybudd, yr un englyn yng nghanol y portread Saesneg, gan ei ddisgrifio fel trysor disglair:

The poor priest
of a dispensable parish,
dying intestate
to the world, but to us,
executors of his effects,
bequeather of the above
jewel to light Welsh
confidently on its way backward
to an impending future.[36]

Y mae'r ddelwedd lewychol yn amlwg yn deillio o'r darlun yn
yr englyn o'r 'lloer yn ariannu'r lli', ond y mae hefyd yn cyd-daro
â disgrifiad awdl goffa Caledfryn (bardd y cyfieithodd R. S. Thomas un
o'i gerddi, fel y ceir gweld) o gyfraniad goleuol Gwallter Mechain:

> A gyrai oleu drwy y grealod
> I luoedd adwaenem o leoedd dinod;
> Nid dyrys eiriau, traha a sorod,
> Na geiriau fyddai i greu rhyfeddod,
> Ond y gair diguro – dodai'n lân
> Yn ei le 'i hunan, mewn goleu hynod.[37]

Er hynny, dadlennol iawn yw'r gwrthgyferbyniad rhwng portreadau
Caledfryn ac R. S. Thomas o Wallter Mechain yr offeiriad. Yn ei awdl
goffa darlunia Caledfryn reithor yr oedd ei enaid yn cofleidio '[M]anau
diogel y ffydd fendigaid', ac a oedd yn ffyddiog 'Fod yn Nuw Ior i fyd o
anwiriaid/ Iechydwriaeth lanhâ bechaduriaid': 'Agor ei thrysor wrth
raid – a'i daenu/ Wnai ef i gwnu i'r Nef y gweiniaid.'[38] Darlun o
offeiriad amheugar sy'n myfyrio ar natur broblemus ei berthynas â
Duw sydd gan R. S. Thomas – portread annisgwyl sy'n cadarnhau'r
uniaethiad rhwng y bardd a'i ragflaenydd ym Manafon:

> The weekly climb into
> the crow's nest of his pulpit,
> telling them of the glimpsed land,
>
> trying to believe in it
> himself. The words digested
> the bell's notes more easily
> than his intellect his doctrine.[39]

Y mae'r ddelweddaeth forwrol yn y dyfyniad uchod ('the crow's nest of his pulpit') yn cydio'r darlun hwn o Wallter Mechain wrth bortread estynedig arall gan Thomas, 'Fugue For Ann Griffiths', lle y disgrifir yr emynyddes fel 'one apprenticed since early/ days to the difficulty of navigation/ in rough seas' (*WA*, 51).[40] Yma, serch hynny, ar ing ysbrydol yn esgor ar sicrwydd tawel y mae'r pwyslais: 'She described her turbulence/ to her confessor, who was the more/ astonished at the fathoms/ of anguish over which she had/ attained the calmness of her harbours' (*WA*, 51–2). Y mae'r ddelweddaeth yn dra chymwys yng ngoleuni defnydd helaeth Ann Griffiths ei hun o drosiadau morwrol. Meddylier, er enghraifft, am emynau megis 'Bererin llesg gan rym y stormydd' – 'Cofiwch hyn mewn stad o wendid/ Yn y dyfroedd at eich fferau sy,/ Mai dirifedi yw'r cufyddau/ A fesurir i chwi fry' – neu 'O am gael ffydd i edrych': 'Er cryfed ydyw'r stormydd,/ Ac ymchwydd tonnau'r môr,/ Doethineb ydyw'r peilat,/ A'i enw'n gadarn Iôr.' Yn wir, yr adleisiau cyson o'r emynau hyn, a hefyd o 'Wele'n sefyll rhwng y myrtwydd'[41] – mewn llinellau megis 'under the myrtle/ the Bridegroom was waiting/ for her', a 'she saw him stand/ under the branches' (*WA*, 50, 51) – yw'r union bethau sy'n cadarnhau'r portread hwn fel ffiwg o ran ei ffurf. Wrth drafod pennill cyntaf yr emyn 'Wele'n sefyll rhwng y myrtwydd' yn ei ddarlith 'Ann Griffiths: Arolwg Llenyddol' (1965), tynnodd Saunders Lewis sylw at ddefnydd yr emynyddes o adleisiau o'r Ysgrythur, gan fynd rhagddo i sôn am gyfeiriadaeth lenyddol yn gyffredinol: 'Yn ein cyfnod ni, dysgodd Ezra Pound y gelfyddyd hon i feirdd yr America. Beirdd myfyrdodus, beirdd y deall piau'r ddawn hon. Y mae'r atgo yn cysylltu'r meddwl presennol â dyfnder traddodiad a ffynonellau ysbrydol.'[42] Y mae'r frawddeg olaf honno, wrth gwrs, yn arbennig o berthnasol yng nghyswllt cyfeiriadaeth lenyddol Gymraeg R. S. Thomas. Yn ogystal, fe welir bod llinellau'r emyn 'Wele'n sefyll' yn atseinio'n ffiwgaidd-gynhyrchiol mewn cerddi eraill gan R. S. Thomas. 'I have waited for him/ under the tree of science,/ and he has not come', cyhoedda un o gerddi'r gyfrol *The Echoes Return Slow* (*ERS*, 89).[43] A thystia enghraifft bellach o'r adlais arbennig hwn fod gafael y ddelwedd o'r myrtwydd (sy'n feiblaidd yn ei hanfod, wrth gwrs[44]) ar ddychymyg R. S. Thomas yn un gadarn. Mewn cerdd anghasgledig, 'The Undying' – cyfres o bortreadau byrion sy'n agor â'r llinellau, 'Needing no resurrection/ they are alive in the pages/ of our story', ac sydd, gan hynny, yn wrthbwynt i 'Dead Worthies' o'r gyfrol *Welsh Airs* (cerdd arall lle'r ymddengys Ann Griffiths) – darlunnir yr emynyddes fel hyn:

Ann, dear, when it was a time
for dancing, you danced.
When the bridegroom called to you,

you put off your shoes
and went as though over
divine ground, knowing
the tree he stood under

was the Welsh tree, not
borne down with his betrayed
body, but re-leafing itself
for joy with the words out of his mouth.[45]

Yma ymddengys y fyrtwydden ar lun pren cenedl y Cymry – delwedd
sy'n dwyn i gof ddiweddglo 'The Tree: Owain Glyn Dŵr Speaks', lle y
synir am wrthryfel Glyndŵr yn nhermau coeden y mae ei ffyniant yn
dibynnu ar aberth yr unigolyn. Dywed Glyndŵr ei hun. 'he who stands
in the light above/ And sets his ear to the scarred bole,/ Shall hear me
tell from the deep tomb/ How sorrow may bud the tree with tears,/ But
only his blood can make it bloom' (AL, 19). (Yn arwyddocaol, ym-
ddengys Owain Glyndŵr yntau ymhlith rhengoedd yr anfarwol yn
'The Undying': 'Glyn Dŵr/ with his slow smile of disdain// at a time's
subterfuge – too late,/ indeed!'[46]) At hyn, diau y daw i'r meddwl yn y
cyd-destun hwn ddelweddaeth pennill gan Ann Griffiths ei hun: 'Gwna
fi fel pren planedig, O fy Nuw,/ Yn ir ar lan afonydd dyfroedd byw,/
Yn gwreiddio ar lled, a'i ddail heb wywo mwy,/ Ond ffrwytho dan
gawodydd dwyfol glwy.' Yma y mae'r nexus o gyfeiriadau a chroes-
gyfeiriadau yn cadarnhau cydberthynas fywiol y crefyddol a'r gwleid-
yddol. Tynnodd M. Wynn Thomas a Justin Wintle ill dau sylw at
ddimensiwn politicaidd 'Fugue for Ann Griffiths', gan nodi'n arbennig
linellau megis y canlynol:[47]

If there was a campaign

for her countrymen, it was one
against sin. Musically
they were conscripted to proclaim

Sunday after Sunday the year
round they were on God's side. England
meanwhile detected its enemies

from afar. (WA, 52)

Yng ngeiriau M. Wynn Thomas: 'Fel y dengys yr hiwmor eironig sy'n cyniwair yn y llinellau am y Cymry, nid yw R. S. Thomas am ddelfrydu'r diwylliant Cymraeg ar draul y Saeson. Dim ond awgrymu y mae fod pryder cyson dwys am eu cyflwr ysbrydol wedi bod, er da ac er drwg, yn fwy nodweddiadol o drwch y Cymry nag y bu o genedl y Saeson yn ystod y ganrif neu ddwy ddiwethaf.'[48] Diddorol yw gweld R. S. Thomas yn 'The Undying' yn cynnig inni amrywiad ar wrthgyferbyniad o'r fath. Y tro hwn y mae'r cyferbynnu'n fwy pendantddiamwys, ac fe'i cyfleir drwy gyfrwng adlais ysbrydoledig sy'n ein cludo o Faldwyn y ddeunawfed ganrif i Fôn y ddeuddegfed: 'And Rhodri o Fôn/ sitting a little aside/ with his men, refusing// to be drawn by the Arch-/ bishop.'[49] Cyfeiriad sydd yma at sut y bu i Rodri ab Owain Gwynedd a'i osgordd wrthod ymuno â lluoedd yr Archesgob Baldwin pan bregethodd hwnnw'r groesgad ym Môn yn 1188. Cofnodir yr hanes gan Gerallt Gymro:

Cynhaliwyd cyfarfod . . . mewn man arbennig nad oedd nepell oddi wrth y lan, gyda'r bobl yn sefyll yn gylch crwn o gwmpas ar gerrig yn y creigiau ar wedd chwaraefa, ac yn ateb i bregeth gan yr archesgob, a chan Archddiacon y lle hwnnw, sef Alecsander ein lladmerydd, a hefyd gan Seisyllt, abad Ystrad Fflur, rhwymwyd lliaws o'r werin i wasanaeth y Groes. Ond yr oedd yn eistedd ar y graig gyferbyn weision ieuainc, dethol o osgorddlu Rhodri, na allwyd denu'r un ohonynt; a hynny er i'r Archesgob yn ogystal ag eraill, fel petaent, yn ofer, yn ceisio tynnu mêl o'r graig, ac olew o'r garreg, eu gwahodd, mewn pregeth a gyfeiriwyd yn arbennig atynt hwy, â geiriau taer na lwyddasant, er hynny, i'w troi.[50]

Haera Gerallt Gymro fod y fath ymddygiad hereticaidd wedi ennyn llid a dial Duw, ond yn 'The Undying', y groesgad ei hun sy'n hereticaidd. Fel y dywedir yn llinellau dilynol y gerdd: 'It is our place still,/ while the neighbouring nation/ goes on its heretical// crusades after a retreating/ glory.' Diddorol iawn yw manylion disgrifiad Thomas o'r achlysur: Rhodri a'i wŷr 'sitting a little aside' ac yn ymwrthod â'r 'retreating/ glory' a gynigir iddynt drwy gyfrwng y groesgad. Ymadroddion yw'r rhain y dyfnheir eu harwyddocâd o'u cyplysu â'r datganiad yn y gerdd 'The Bright Field': 'Life is not hurrying// on to a receding future . . ./ . . . It is the turning/ aside like Moses to the miracle/ of the lit bush' (LS, 60).

Annisgwyl ar un wedd, o ystyried atgasedd Thomas tuag at emynau (pwnc y byddir yn dychwelyd ato), yw'r sylw a gaiff bywyd a gwaith y ferch o Ddolwar Fach ganddo. Ond fel y dywed Bobi Jones wrth drafod y 'Fugue': 'Ann Griffiths . . . oedd cydwybod R. S. Thomas, y bwgan a gododd ef ym Manafon ymlaen drwy Eglwys Fach [*sic*] i Lŷn; sef cynrychiolydd traddodiad cyfriniol pur wahanol i'r un a arddelai ef ei hun . . . Cenfigennu a wna ef tuag at ei llwyddiant i ddal ei chwrs yn gyson er gwaethaf stormydd.'[51] Caiff 'ffordd negyddol ddewisedig' R. S. Thomas ei chymhlethu, medd Bobi Jones, 'gan belydrau anhydrin o gyfeiriad Dolwar Fach'.[52] Yn y cyswllt hwn, nid anfuddiol yw cyfosod ymateb Thomas yn 'Fugue for Ann Griffiths' ag eiddigedd T. H. Parry-Williams (ef ei hun biau'r gair) wrth Ann Griffiths yn ei soned 'John ac Ann'. Yn y gerdd honno rhyfedda Parry-Williams i'r fath raddau at allu'r emynyddes i dynnu 'Yn Rhaffau'r Addewidion heb lesgáu' ac i ddatgan mor huawdl '[G]aniadau Seion' nes bod y 'pagan' ynddo'n dyheu am 'Gyfnewid holl ddeniadau'r ddaear hon' am ronyn o'i heneiniad hi.[53] Er hyn, dylid pwysleisio ar yr un pryd fod R. S. Thomas, fel y nododd M. Wynn Thomas, yn ymwybodol iawn ar brydiau o beryglon uniaethu'n llwyr â'r emynyddes: 'Nid ceisio a methu dod o hyd i sicrwydd ffydd Ann y mae bryd hynny, eithr yn hytrach fe gred mai camargraff bellach fyddai sicrwydd o'r fath.'[54]

Ymhlith llyfrau personol R. S. Thomas ceir copi o *Ac Onide* J. R. Jones (1970) – cyfrol sy'n cynnwys erthygl bwysig ar yr emynyddes – 'Pathos yr "Angerdd" Uniongred: Ann Griffiths'. Ynddi ymetyb J. R. Jones i'r ddarlith honno a draddododd Saunders Lewis yn 1965, 'Ann Griffiths: Arolwg Llenyddol', gan anghytuno â'r hyn a wêl fel pwyslais unochrog Lewis yn yr astudiaeth honno ar grebwyll diwinyddol a deallusol yr emynyddes. Ym marn J. R. Jones, y mae'r 'tân' yng ngwaith Ann Griffiths yn deillio o 'syched y math o gyneddfau erotig a roddwyd iddi am Wrthrych serch trosgynnol, anfeidrol a dyrchafedig', yn hytrach nag o '[g]ryfder crebwyll diwinyddol . . . [neu o] nithio ymenyddol ar gywrein-waith ac addasrwydd y Drefn'.[55] Ddwy flynedd wedi ymddangosiad *Ac Onide*, cyhoeddodd R. S. Thomas 'Ann Griffith' – cerdd y mae'n werth ei dyfynnu'n llawn yng ngoleuni thesis erthygl J. R. Jones:

> So God spoke to her,
> she the poor girl from the village
> without learning. 'Play me,'
> he said, 'on the white keys
> of your body. I have seen you dance
> for the bridegrooms that were not
> to be, while I waited for you
> under the ripening boughs of
> the myrtle. These people know me

only in the thin hymns of
the mind, in the arid sermons
and prayers. I am the live God,
nailed fast to the old tree
of a nation by its unreal
tears. I thirst, I thirst
for the spring water. Draw it up
for me from your heart's well and I will change
it to wine upon your unkissed lips.' (*LS*, 29)

Ceir sawl adlais yma o'r emynau – o 'Wele'n sefyll rhwng y myrtwydd' unwaith eto, yn ogystal ag o ddiweddglo cerdd fawr Ann Griffiths, 'Rhyfedd, rhyfedd gan angylion': 'Cusanu'r Mab i dragwyddoldeb/ Heb im gefnu arno mwy.' Ond mwy arwyddocaol na hyn, efallai, yw bod modd gweld y portread hwn gan R. S. Thomas fel drama-teiddiad o safbwyntiau cyferbyniol J. R. Jones a Saunders Lewis fel y'u mynegwyd yn erthygl bwysig Jones yn *Ac Onide*. Y mae'r gwrthgyfer-byniad yn 'Ann Griffith' rhwng 'the thin hymns of/ the mind . . . the arid sermons/ and prayers' ar y naill law, a'r berthynas fywiocaol, nwydus hyd yn oed, â 'the live God' ar y llall, yn sicr yn cyd-daro â phwyslais J. R. Jones yn yr astudiaeth honno ar Ann Griffiths ar bwysigrwydd rhoi'r sylw dyledus i'r hyn a eilw'n '[g]lyfriniaeth y trachwant sanctaidd' yng ngwaith yr emynyddes – a hynny yn wyneb yr hyn a wêl fel pwyslais cyfeiliornus Saunders Lewis ar ei '[d]eallusrwydd diwinyddol'.[56] Bu i Lewis ymateb yn ei dro drwy nodi, mewn erthygl a gyhoeddwyd yn *Y Traethodydd* yn 1971, y mannau hynny lle'r oedd J. R. Jones, yn ei farn ef, wedi camddehongli ei ddarlith.[57] Cyhoeddwyd 'Ann Griffith' yn wreiddiol yn y rhifyn arbennig hwnnw o *Poetry Wales* a neilltuwyd yn 1972 ar gyfer gwaith R. S. Thomas – ac awgrymog o'i hystyried yng ngoleuni erthygl J. R. Jones yw'r ffaith ei bod yn ymddangos ar yr un tudalen â'r gerdd 'Saunders Lewis'.[58]

Ffigwr arall y gwelir R. S. Thomas yn dychwelyd ato dro ar ôl tro yw'r Esgob William Morgan – gŵr y bu i Thomas ddathlu ei gyfraniad ef, ac eiddo dau ddyneiddiwr mawr arall, mewn llythyr a gyhoeddwyd yn y *Western Mail* yn 1949 dan y teitl 'Welsh in World Literature':

> scholars of the stature of William Morgan, Salesbury and Edmund Prys had no doubts about the greatness of Latin, Greek and English culture, but instead of following the lead of place-hunting squires, instead of seeing what profit they could suck out of another nation, they laboured and toiled to create their own literature and to hand on a tradition to posterity. Without such men any nation is doomed.[59]

Y mae'r disgrifiad o'r esgob yn 'Llanrhaeadr Ym Mochnant' – 'In this small room/ By the river expiating the sin/ Of his namesake' (*NHBF*, 21) – yn enghraifft dda o'r dyfnder sydd i ambell gyfeiriad ymddangosiadol syml ac uniongyrchol. Yn y cyswllt hwn, bu'n rhaid i R. S. Thomas hysbysu hyd yn oed Roland Mathias nad y môr-leidr Harri Morgan oedd y 'namesake' hwn ond y diwinydd Pelagius (a elwid yn Morgan yng Nghymru). Yn ei lythyr at Mathias ychwanegodd y bardd y sylw canlynol: 'please note that had I been referring to Morgan the pirate I would naturally have used the word crime not sin, a necessary distinction these days!'[60] Er hyn, diddorol yw gweld Thomas, flynyddoedd yn ddiweddarach yn y gerdd 'Dead Worthies' – cyfres o benillion marwnadol yn null 'Englynion y Beddau' sy'n coffáu arwyr ac arwresau cenedlaethol – yn cyfuno'r esgob a'r môr-leidr: 'Morgan, no pirate,/ emptying his treasure/ from buccaneering/ among the vocabulary' (*WA*, 47). Gwych yw'r term hwnnw, 'buccaneering' (un o fwyseiriau gorau Thomas), fel disgrifiad o athrylith eclectig cyfieithiad William Morgan o'r Beibl. Yn wir, ceir gan Thomas sawl delwedd ddyfeisgar a chofiadwy ar gyfer llafurwaith epig yr esgob: 'Morgan shaking/ The words from the great tree of/ Language' ('Symbols');[61] 'Now in a mountain parish/ The words leave the Book/ To swarm in the honeyed mind/ Of Morgan' ('On Hearing a Welshman Speak' (*PS*, 16)); 'The river was the mill-/ water turning his pen/ to the grinding of Hebrew// to Welsh corn.' Daw'r ddelwedd olaf hon o fyfyrdod estynedig Thomas ar gyfieithiad 1588, 'R.I.P. *1588–1988*', o'r gyfrol *Mass For Hard Times* (1992), lle y datblygir y darlun drwy ddychmygu dŵr yr afon 'flooding/ him with vocabulary,/ now smooth enough for the dancing// of his mind's fly time/ and again on its surface,/ angling for the right word' (*MHT*, 35):

> We are inheritors
> of his catch. He invested
> his haul, so readers to come
>
> should live off the interest.
> Imagine his delight
> in striking those Welsh nouns,
>
> as they rose from the shadows,
> that are alive as ever
> stippling the book's page. (*MHT*, 36)

Teflir goleuni diddorol ar y ddelwedd o William Morgan fel pysgotwr gan y ffaith fod yr un syniad i'w weld mewn cywydd mawl i'r esgob gan J. H. Roberts (Monallt), a gyhoeddwyd yn 1985. 'Wele afon ei lafur', medd y bardd, 'Brig ei oes, a gwobr ei gur':

> Yr iaith Roeg a'i thoreth rhin
> A'r oludog, wâr Ladin,
> Hithau'r Hebraeg lathr ei bri
> Ar ffawd y gwir broffwydi
> Yn eu heniaith eu hunain, –
> Cerddi'r Ffydd yn gelfydd gain.
>
> Denai hwy i rwyd ein hiaith
> Ni â graen ar gywreinwaith;
> Hudo rhywiog gystrawen
> I roi lliw a blas i'r llên;
> O fewn i'w rhwysg llifai'n rhydd
> Idiom wên ffrwd y mynydd.[62]

Ar yr un pryd, pwysig yw nodi bod y ddelwedd o'r llenor fel pysgotwr yn un sy'n ymddangos yn gyson yng ngwaith Thomas. 'One is like a fisherman playing a fish, getting the sense of it', meddai yn 1964.[63] Trosiad ydyw sy'n arbennig o addas, wrth gwrs, yng nghyd-destun ymchwil grefyddol Thomas am y duwdod dirgel ac anghyffwrdd. Un o'r enghreifftiau gorau o'r ddelwedd hon ar waith mewn cyd-destun crefyddol yw 'Afon Rhiw', o'r un gyfrol â theyrnged Thomas i William Morgan – cerdd sydd, yn 1992, yn ailymweld â Manafon ac â'r afon a lifai heibio i'r rheithordy yno, ac sy'n pwysleisio arwyddocâd crefyddol y darlun o'r bardd 'dandling a fly/ between one depth and another' drwy adleisio'n hyglyw ddiweddglo enwog 'Kneeling' ('The meaning is in the waiting'): 'Let me tell you that without/ catching a thing I was not far/ from the truth that time, since meaning/ is not in having but trying' (*MHT*, 79). Ar yr un pryd, gŵyr y bardd mai ofer yw ceisio mynegi'r fath brofiadau anhraethadwy, neu rwydo'r duwdod a'i ddwyn i olau dydd. Fel y dywedir am frithyllod afon Rhiw ar ddiwedd y gerdd – 'their best place/ was among the shadows rather/ than being drawn into the light's/ dryness to perish of too much air' (*MHT*, 79) – rhybudd a leisir hefyd yn y portread o William Morgan: 'It was not always success./ . . . Language can be/ like iron. Are we sure we can bend/ the Absolute to our meaning?' (*MHT*, 36). Ac y mae i ystyriaethau o'r fath ddimensiwn pellach yng ngwaith

R. S. Thomas o ystyried ei bryder ynghylch y modd yr aethpwyd ati i adolygu'r litwrgi a 'diweddaru' cyfieithiad William Morgan. Mewn llythyr at Raymond Garlick ar drothwy ei ymddeoliad, dywed R. S. Thomas:

> I am glad to go from a Church I no longer believe in, sycophantic to the queen, iconoclastic with language, changing for the sake of change and regardless of beauty. The Christian structure is a meaningful structure, but in the hands of theologians or the common people it is a poor thing.[64]

* * * *

(ii) *Epigraffau*

Yn nefnydd R. S. Thomas o epigraffau gwelir llenyddiaeth Gymraeg, yn llythrennol, yn cael y flaenoriaeth ar Saesneg ei gerddi et ei hun. Ar lawer ystyr, y mae i epigraffau beth o ragorfraint teitlau – yr hawl i ddweud rhywbeth cryptig o flaen llaw, cyn y gwaith ei hun. Rhoddir i'r ffenomen enigmatig hon, wrth gwrs, le anrhydeddus mewn barddoniaeth Fodernaidd, ac y mae ar lawer ystyr yn ddistylliad o natur gyfeiriadol y farddoniaeth honno yn gyffredinol. Yn sicr ddigon, fe'n dysgwyd gan y modd y manteisiodd T. S. Eliot yn arbennig ar bosibiliadau'r epigraff fod ei arwyddocâd yn dibynnu ar ein gallu i leoli cyddestun gwreiddiol y dyfyniad. Gellir gweld y ffordd y patrymwyd y tri epigraff yng ngwaith R. S. Thomas ynddi'i hun fel proses o ddistyllu. Hynny yw, gosodwyd y cyntaf ar ddechrau cyfrol o gerddi, yr ail ar ddechrau cerdd ddramatig estynedig a gyhoeddwyd ar ei phen ei hun, a'r trydydd ar ddechrau un o gerddi byrion gorau'r bardd.

Ar ddechrau'r gyfrol *An Acre of Land* saif y llinell 'Nid câr da ond acer [*sic*] o dir'. Ei ffynhonnell yw cywydd Siôn Tudur, 'I'r Usuriwr':

> Bryd dynion bwriad doniol,
> Bid ar y nef heb droi'n ôl.
> Na thrown o'r aradr adref,
> A dro'n ôl nid â i'r nef.
> Llawn beiau oll yw'n bywyd,
> Llawn bai yw pob lle'n y byd.
> Crin yw dyn, câr ni 'dwaenir,
> Nid câr da ond acr o dir.[65]

Y mae sylwadau Brian Morris ar ddefnydd Harri Webb o gwpled gan Iorwerth Fynglwyd fel epigraff i'w gyfrol gyntaf yn dra pherthnasol yma: 'Not every first-class honours graduate in Welsh would be expected to recognize these lines and know who wrote them. To quote them thus, in the very forehead of his first collection, is Webb's peremptory assertion of his scholarship, his standing, his pretentions and his subject.'[66] Dichon fod y llinell gan Siôn Tudur a ddyfynnir gan R. S. Thomas yn deffro, yn y lle cyntaf, adleisiau clasurol-fugeilyddol eu natur: o du Pope, er enghraifft ('Happy the man whose wish and care/ A few paternal acres bound'), neu Yeats ('An acre of green grass/ For air and exercise').[67] Tuedd adleisiau o'r fath, wrth gwrs, yw awgrymu mai rhyw naws Horasaidd-ddathliadol sydd i'r teitl *An Acre of Land*. Ac eto, gwahanol iawn yw gogwydd yr adlais cryfaf o'r traddodiad Cymraeg, sef cwpled Maredudd ap Rhys (rheithor Y Trallwng a Meifod, fe gofir), ryw ganrif yn gynharach:

> Iawnach i gybydd enwir
> Garu Duw nag erw o dir.[68]

Diddorol yw nodi bod Enid Roberts wedi synhwyro grym 'hen ddysgeidiaeth neu hen ddywediad' y tu ôl i'r geiriau.[69] Y mae'r elfen rybuddiol hon sy'n tawelu'r hwyl yn allweddol i'n dealltwriaeth o union natur perthynas epigraff R. S. Thomas â'r gyfrol *An Acre of Land*. Er gwaethaf ambell bortread tra phrydferth, yr hyn y mae'r cerddi yn y llyfr ei hun yn ei gyfleu yn anad dim yw realiti noethlwm, hagr byd Iago Prytherch. Hynny yw, defnydd eironig o linell Siôn Tudur a geir gan R. S. Thomas yn ei epigraff – defnydd a gadarnheir gan sawl adlais o'r ymadrodd 'acr o dir' ym marddoniaeth gynnar Thomas ar ei hyd. Er enghraifft, dyna'r llinellau hynny yn 'A Country Child':

> So the days will drift into months and the months to years,
> Moulding his mouth to silence, his hand to the plough;
> And the world will grow to a few lean acres of grass,
> And an orchard of stars in the night's unscaleable boughs. (*SF*, 16)

Yn wir, yn llinellau agoriadol 'A Thought from Nietzche [*sic*]', o'r un gyfrol, uniaethir yr 'acr o dir' â'r corff dynol ei hun: 'Ah, body, white body, my poor pelt;/ Lean acre of ground that the years master,/ Though fenced cunningly from wind and cold' (*SF*, 13). Delwedd yw hon sydd i'w chyplysu â'r disgrifiad cofiadwy yn 'Hafod Lom':

Imagine a child's
Upbringing, who took for truth
That rough acreage the rain
Fenced; who sowed his dreams
Hopelessly in the wind blowing
Off bare plates. (*P*, 11)

Gwelir bod y pwyslais yn y fan hon ar gaethiwed dyn o fewn ei 'acr o dir' – bydolwg a grisielir gan yr Adroddwr yn *The Minister*: 'The redwings leave, making way for the swallows;/ The swallows depart, the redwings are back once more./ But man remains summer and winter through,/ Rooting in vain within his dwindling acre' (*M*, 22). Perthnasol yng nghyd-destun y defnydd eironig hwn o linell Siôn Tudur yw cyfeirio at 'Acer o Dir' Alun Llywelyn-Williams – cerdd y ceir ynddi fynegiant cynnil a phwerus o'r pwynt yr ydym newydd ei nodi, oef goruchafiaeth flynyddol natur ar unrhyw awydd gan ddyn i'w doh ac i ymfalchïo yng ngorchest ei waith ef ei hun. Ar yr olwg gyntaf, megis yng nghyswllt yr epigraff a godwyd o gywydd Siôn Tudur, ymddengys mai dathlu'n ddigwestiwn berthynas dyn â'r tir a wneir yn 'Acer o Dir' Llywelyn-Williams:

Pan ddaethom yma gyntaf i'r tŷ hwn i fyw,
'roedd y boncyn tlawd ymhen draw'r ardd
yn foel; y graig las, ambell ddraenen gam,
a'r eithin aur yn eu pryd a'i swcrai'n hardd.

Yn awr mae'n goed i gyd. Tyfodd y bedw,
y gelynnen hen a phwyllog, y deri a'r ynn,
y sycamor hefyd, a'r llarwydd, a'r coed bytholwyrdd,
a'r ffawydden goch, yn llanciau mawr ar y bryn.

Myfi barodd eu plannu, nid yr adar a'r gwynt;
bûm bensaer y lle; bûm freuddwydiwr doeth.[70]

Eithr fe'n gorfodir yn y fan hon, megis yn *An Acre of Land* R. S. Thomas, i gydnabod nad oes yma mewn gwirionedd '[g]âr da'. Yn hyn o beth y mae'r cyfeiriad eironig hwnnw at y '[b]reuddwydiwr doeth' yng ngherdd Llywelyn-Williams yn dwyn i gof y disgrifiad a ddyfynnwyd uchod o'r plentyn yn 'Hafod Lom', 'who sowed his dreams/ Hopelessly'. Diwedda'r gerdd 'Acer o Dir' â'r sylweddoliad poenus fod

amser yn gyfrwys: try miwsig Mai
yn doreth ddeiliog, yn fflam wridog, yn frigau noeth.[71]

Cadarnheir defnydd eironig R. S. Thomas o linell Siôn Tudur ymhellach o'i osod yng nghyd-destun rhai o deitlau cyfrolau eraill y bardd. Dyna *Welsh Airs*, er enghraifft. Fel y sylwa John Barnie: 'The title . . . echoes those romanticized collections of folk ditties – "English Airs", "Scottish Airs" – that were tidied up and set to piano accompaniment for use in lower middle class parlours of the last century. It is, of course, sardonic, for *Welsh Airs* is a selection of R. S. Thomas's verse attacks on the Welsh.'[72] Ond mwy perthnasol i'r defnydd eironig o linell Siôn Tudur ar ddechrau *An Acre of Land* yw'r dyfyniad o Lyfr Job a osodwyd fel epigraff i *The Stones of the Field*: 'For thou shalt be in league with the stones of the field.' Daw'r dyfyniad o'r bumed bennod, lle y cymhellir Job yn ei adfyd gan Eliffas y Temaniad i droi at Dduw. Dyma adnodau allweddol 21–7:

> Rhag ffrewyll tafod y'th guddir; ac nid ofni rhag dinistr pan ddelo. Mewn dinistr a newyn y chwerddi; ac nid ofni rhag bwystfilod y ddaear. Canys â cherrig y maes y byddi mewn cynghrair; a bwystfil y maes hefyd fydd heddychol â thi. A thi a gei wybod y bydd heddwch yn dy luest: a thi a ymweli â'th drigfa, ac ni phechi. A chei wybod hefyd mai lluosog fydd dy had, a'th hiliogaeth megis gwellt y ddaear. Ti a ddeui mewn henaint i'r bedd, fel y cyfyd ysgafn o ŷd yn ei amser. Wele hyn, ni a'i chwiliasom, felly y mae: gwrando hynny, a gwybydd er dy fwyn dy hun.

Fel y sylwa M. Wynn Thomas: 'Here indeed, one might say, is a vision of a providential God, but placed in the context of the Book of Job as a whole, these words have a tragically hollow ring to them . . . [B]y the end of the Book of Job it is with this very same Eliphar [*sic*] the Temanite that God is angry . . . By then, Job has been brought to realise that God is like the mighty, ungovernable Leviathan, not to be measured or constrained by human beings.'[73] A noda ymhellach: 'It is this vision of God that has always been R. S. Thomas's mastering vision, his answer to the irreducible puzzle of existence as presented to him in general by the nature of the universe, and in particular by the cruelties of his demanding age.'[74] Yn y cyd-destun hwn y mae'n werth edrych yn fanwl ar rai o'r adnodau uchod, oherwydd ar brydiau, ymddengys fel pe bai'r cerddi yn *The Stones of the Field* yn mynd ati o fwriad i chwalu yn eu tro bob un o addewidion Eliffas y Temaniad. Cymerer, er enghraifft, yr addewid yn yr adnod gyntaf na chaiff dyn ei enllibio gan 'ffrewyll

---

tafod'. Gwahanol iawn yw'r portread tywyll yn 'The Airy Tomb': 'So the tongues still wagged, and Tomos became a story/ To please a neighbour with, or raise the laughter/ In the lewd tavern' (SF, 46). Patrwm tebyg o wrthweithio'r gwreiddiol a welir yn 'Out of the Hills', lle y gwyrdroir yr honiad yn adnod 24, 'a thi a ymweli â'th drigfa, ac ni phechi', gan y darlun o'r ffermwr yn gadael 'purdeb' y mynydd-dir: 'Shall we follow him down, witness his swift undoing/ In the indifferent streets: the sudden disintegration/ Of his soul's hardness . . .?' (SF, 7). Ac yn 'Affinity', er enghraifft, chwelir gobaith yr adnod ddilynol, 'A chei wybod hefyd mai lluosog fydd dy had, a'th hiliogaeth megis gwellt y ddaear', gan y disgrifiad o'r ffermwr, 'Without joy, without sorrow,/ Without children, without wife' (SF, 20).

Nid rhyw Horas Eingl-Gymreig sy'n dathlu'n ddigwestiwn ogon-iannau'r tir yw Thomas, eithr offeiriad sy'n dwysfyfyrio ar rôl natur greulon mewn cynllun dwyfol. Perthnasol gan hynny yw nodi'r dimensiwn crefyddol sydd i ambell adlais pellach o gywydd Siôn Tudur yng nghorff y gyfrol *An Acre of Land*. Enghraifft dda yw'r modd y briga adlais o'r cwpled 'Na thrown o'r aradr adref,/ A dro'n ôl nid â i'r nef' i'r wyneb mewn cerdd o'r enw 'The Lonely Furrow':[75]

> Then who was it taught me back to go
> To cattle and barrow,
> Field and plough;
> To keep to the one furrow,
> As I do now? (AL, 36)[76]

Un ateb i'r cwestiwn hwnnw yw Siôn Tudur.[77] Gwelir felly fod defnydd R. S. Thomas o'r epigraff arbennig hwn yn fynegiant cynnil o sawl gwrthbwynt eironig. Cymwys yng ngoleuni hyn yw tynnu sylw at un tro arall yng nghynffon y teitl *An Acre of Land*, a hynny drwy ddyfynnu stori ddifyr a gofnodwyd gan Islwyn Ffowc Elis mewn darn hunan-gofiannol anghyhoeddedig sy'n ymdrin â'r cyfnod a dreuliodd fel gweinidog yn Llanfair Caereinion:

> Mi sylweddolais yn fuan fod y cyfaill R.S. yn fardd, ond wyddwn i ddim pa mor bwysig oedd ei farddoniaeth. Yr oedd wedi cyhoeddi dwy gyfrol fechan o gerddi, ac wedi talu o'i boced ei hun am eu hargraffu gan weisg lleol. Byddai'n mynd â phecyn bychan o'r ddwy gyfrol – *Stones of the Field* ac *An Acre of Land* – o amgylch i'w gwerthu i ffrindiau a chydnabod. (Fe alwodd wrth ddrws cyfaill arall i mi, y Parch. Huw Jones, Y Drenewydd y pryd hwnnw, a gofyn, 'Garech chi gael *An Acre of Land*?' A Huw yn meddwl bod R.S., o bawb, yn gwerthu tir!)[78]

Ystyriwn yn ail yr epigraff i *The Minister* – 'Sŵn y galon fach yn torri' – a gymerwyd o'r hen bennill:

> Dod dy law, on'd wyt yn coelio,
> Dan fy mron, a gwylia 'mriwio;
> Ti gei glywed, os gwrandewi,
> Sŵn y galon fach yn torri.[79]

Gallai R. S. Thomas fod wedi gweld y llinell olaf honno, gyda chyfieithiad, ar dudalen deitl nofel Margiad Evans, *Country Dance* (1932) – ffaith sydd, fe ellid dweud, yn cynysgaeddu'r dyfyniad â meddylfryd gororol, cyffindirol. Cynhwyswyd yr hen bennill yn ei gyfanrwydd, ar y cyd â chyfieithiad gan H. Idris Bell, ar yr ail yn y gyfres drawiadol honno o ddangoslenni a ymddangosodd rhwng Tachwedd 1941 a Mehefin 1942, y 'Caseg Broadsheets'.[80] Gwelir R. S. Thomas yn dyfynnu llinell olaf y pennill telyn yn *Neb* fel enghraifft o'r hyn a'i taniodd (gair y bardd ei hun) fel rheithor ifanc ym Manafon a oedd wrthi'n adennill ei Gymreictod (*Neb*, 44). Dylem felly fod yn effro i ddimensiwn politicaidd pwerus y llinell hon o'r hen bennill, a chadarnheir hyn yn wir gan adlais ohoni ar ddiwedd cerdd anghasgledig, 'Comission: For Raymond Garlick':

> You know our grievance, know the bitter poison,
> Black as despair, seeping from the wound
> Your country dealt us; plead our rightful case
> To those who come to us for what we give,
> Who take and leave us ruined by their taking,
> Since we must give in ways they understand.
> They cannot see, the stale prerogative
> Of history foists them on our luckless land;
> Open their eyes, show them the heart that's breaking.[81]

Gordeimladrwydd yr adlais yn y ffurf arbennig honno, o bosibl, yw'r rheswm pam yr erys y llinellau hyn y tu allan i gloriau un o gyfrolau R. S. Thomas. Yn sicr ddigon, y mae'r enghreifftiau hynny o adleisio'r hen bennill yn *The Minister* ei hun yn fwy cydnaws o lawer â thôn ymostyngar ond ansentimental y gwreiddiol: 'just the natural/ Breaking of the heart beneath a load/ Unfit for horses' (*M*, 10), neu 'Is there no passion in Wales? There is none/ Except in the racked hearts of men like Morgan' (*M*, 23). Yn wir, y mae'n hanfodol sylweddoli bod y ddelwedd yn llinell olaf y pennill telyn hwn yn rhedeg fel leitmotif drwy waith R. S. Thomas ar ei hyd.[82] Er enghraifft, fe'i defnyddir dros hanner dwsin o weithiau yng nghyfrol gyntaf y bardd, *The Stones of the Field*, a diddorol yw gweld, wrth graffu ar gynnyrch y bardd o'i gwr, fod yr adlais yn aml iawn wedi'i leoli, yn dra arwyddocaol, yn llinell olaf pennill neu gerdd. Gellid dyfynnu llu o enghreifftiau, ond bodlonwn ar nodi'r canlynol:

> Nor shot, nor shell, but the fused word,
> That rocks the world to its white root,
> Has wrought a chaos in the mind,
> And drained the love from the split heart. ('Propaganda', *SF*, 10)

> Old and weak, he must chew now
> The cud of prayer and be taught how
> From hard hearts huge tears are wrung. ('The Survivor', *T*, 48)

> Here are a slow people
> with drained hearts, offering
> a welcome to those who can pay. ('Gwalia', *WA*, 39)

> Windy and wet, and what is
> worse the weather within
> wicked: wounds and the heart's
> woe, when all should be well. ('Anybody's Alphabet', *NTF*, 91)

Nid amherthnasol yw'r ffaith fod R. S. Thomas yn fynych yn cyplysu delwedd y galon â'r cysyniad o adleisiau a ffynonellau barddonol. Er enghraifft, medd y bardd yn 'The Grave' (wrth fyfyrio ar y ffaith fod Iago Prytherch bellach yn ddeunydd myth) – 'Echoes/ Reverberate in the heart's/ Hollows'[83] – ac yng ngherdd gyntaf y gyfrol *Tares*, 'The Dark Well', disgrifir calon Prytherch fel 'fuller than mine/ Of gulped tears' ac fel 'the dark well/ From which to draw, drop after drop,/ The terrible poetry of his kind' (*T*, 9). Hawdd y gellir gweld apêl cerdd Hugh MacDiarmid, 'The Little White Rose', i awdur llinellau o'r fath. Yn ei ragymadrodd i'r deyrnged i MacDiarmid a gyhoeddodd Llyfrgell Genedlaethol yr Alban yn 1967, seilir moliant Thomas i'r Albanwr ar ei benderfyniad 'to abjure the rose of all the world for the "little white rose of Scotland that smells sharp and sweet, and breaks the heart"'.[84] Ond pwysicach na hyn, fe ddichon, yw'r ffaith mai'r hyn a gyfleir drwy gyfrwng yr epigraff i *The Minister* yw torcalon R. S. Thomas ei hun. Agwedd bwysig ar hyn yw bod defnydd cyson Thomas o'r llinell 'Sŵn y galon fach yn torri' yn fynegiant o'r ing sydd yn ei ddirdynnu yn wyneb y ffaith na all farddoni yn iaith yr hen bennill hwnnw.[85] Y mae'n briodol gan hynny fod yr epigraff wedi mabwysiadu safle is-deitl yn y gyfrol *Selected Poems 1946–1968* (1973) – detholiad a luniwyd gan Thomas ei hun (*SPoems*, 12). Colled yn wir yw'r ffaith fod yr epigraff hwn, yn ogystal â'r epigraff i *An Acre of Land*, wedi eu hepgor yn *Collected Poems 1945–1990* – detholiad a luniwyd gan fab y bardd.

Dengys y drydedd enghraifft o epigraff Cymraeg yng ngwaith R. S. Thomas yn fwy eglur fyth nad addurniadau y gellir yn ddiogel eu hanwybyddu yw'r adleisiau hyn. Ar ddechrau'r gerdd 'Those Others' gosodwyd y cwpled cyhyrog hwn gan Dewi Emrys:

> A gofid gwerin gyfan
> Yn fy nghri fel taerni tân. (*T*, 31)

Ffynhonnell y llinellau yw'r awdl 'Yr Alltud', cerdd arobryn cystad-leuaeth y Gadair yn Eisteddfod Genedlaethol Pen-y-bont ar Ogwr yn 1948.[86] 'Mi ddigwyddais i brynu copi o'r *Cyfansoddiadau* y flwyddyn honno,' meddai R. S. Thomas mewn cyfweliad yn 1999, 'ac mi gymerais i at awdl Dewi Emrys, "Yr Alltud". Roedd hi'n awdl wladgarol, awdl wych yn fy marn i. Mi ddarllenais i hi lawer gwaith.'[87] Siom i R. S. Thomas oedd y ffaith na fu i Thomas Parry gynnwys yr awdl, neu ddetholiad ohoni, yn *The Oxford Book of Welsh Verse* yn 1962.[88] Ac mewn cyfweliad yn *Ffenics*, cylchgrawn Coleg Bangor, yn 1972, ateb Thomas pan ofynnwyd iddo nodi'r bardd Cymraeg a lwyddodd orau yn ei farn ef i gyfleu'r syniad o gefn gwlad oedd: 'mi fyddwn i'n dweud rhywun fel Dewi Emrys, os cymerwch chi ei awdl eisteddfodol o, "Yr Alltud". Mi ddarllenais i honno pan oeddwn i'n Manafon yng nghanol y gwladwyr. Mi 'roeddwn i'n meddwl ei fod o'n dweud yn reit dda am y gwladwyr a bywyd cefn gwlad.'[89] Y mae efallai'n arwyddocaol fod 'Those Others' ymhlith pum cerdd o hanner cyntaf ei yrfa a ddewiswyd gan R. S. Thomas ym mis Ebrill 2000 i'w darllen ar achlysur agor y Ganolfan Ymchwil ym Mhrifysgol Cymru, Bangor sy'n dwyn ei enw. (Bu i'r bardd osod pwyslais neilltuol yn y darlleniad hwnnw ar yr epigraff ac ar enw'r bardd Cymraeg.[90])

Ceir yn awdl fuddugol Dewi Emrys (a ddewisodd y ffugenw 'Mab y Ddrycin') hanes gŵr a alltudiwyd o Gymru oherwydd iddo ddial ar y sawl a fu'n dwyn tir ei dad.[91] Gosododd y bardd Cymraeg y darn esboniadol canlynol ar ddechrau'r gerdd – ei 'epigraff' ei hun, fel petai:

Cafwyd hanes 'Mab y Ddrycin' mewn hen rigwm a adawodd ar ei ôl. Bernir mai yng nghyfnod y Tuduriaid yr alltudiwyd ef gan mor gywir ei ddarlun o fywyd cymdeithasol y cyfnod hwnnw, – blynyddoedd y cystudd mawr i dyddynnwr, â llaw pendefigaeth estron yn drymach arno nag awdurdod Arglwyddi'r Gororau a ddiddymwyd yn 1536. Nid oes hanes am wrthryfel cyffredinol; ond bu digon o ysgarmesoedd lleol rhag y gorthrwm a yrrodd fân amaethwyr ein gwlad i'r anialdiroedd. Tynged amryw ohonynt fu marw o newyn. Glynwyd yn yr awdl wrth fanylion y stori a edrydd 'Mab y Ddrycin' amdano'i hun yn ei rigwm bywgraffiadol.[92]

Y mae hwn yn destun a fyddai wedi apelio'n syth at R. S. Thomas, a gyhoeddasai dair blynedd ynghynt ei fyfyrdod ar yr union bwnc yn 'The Depopulation of the Welsh Hill Country': 'even more important than the buildings which are decaying are the men who have left them, been forced to leave them, thus losing forever their real meaning in life. The buildings remain and give a certain character to the country, but the people have gone, the people who made the district significant, who were a manifestation, and an interesting one too, of the strange spirit of life that bloweth where it listeth' (SP, 18). Rhanna'r awdl a 'Those Others' R. S. Thomas yr un ymwybyddiaeth o'r gwreiddiau hanesyddol dwfn sydd i anghyfiawnder y presennol. Ond y mae gofyn pwysleisio bod cerdd R. S. Thomas, a'r ail hanner yn arbennig, yn amlygu dylanwad penodol iawn o du awdl Dewi Emrys. Er enghraifft, un o ddelweddau grymusaf 'Those Others' yw'r darlun cofiadwy o'r 'Castaways on a sea/ Of grass, who call to me,/ Clinging to their doomed farms' (T, 32) – delwedd sy'n tarddu'n naturiol o'r portread o'r mab yn yr awdl, a gaiff ei droi yn llythrennol 'dros ddôr a môr maith' –

> Tros lif a'm didol, mae rhos a droswyd
> Yn fraenar am dyddyn gwyn lle'm ganwyd[93]

– a hefyd o'r amryw gyfeiriadau yn y gerdd at dranc y ffermydd:

> Lle'r aeth tir eithin dan chwŷs gwerinwr
> Mor wyn gan ŷd â'i hendy diddwndwr,
> Sawl tad a welodd, heb iddo noddwr,
> Hen ddaear ei wyrth dan ordd arwerthwr,
> Colli gwên, plygu'n henwr – wedi brawd,
> A dihoeni'n dlawd yn nhŷ dyledwr?[94]

Y mae cyfuno cyfeiriadau at y môr ac at y tir yn yr un ddelwedd yn nodwedd gyffredin ar farddoniaeth gynnar R. S. Thomas,[95] ond yn y cyswllt hwn dichon y gellir lleoli'n fanwl ffynhonnell y ddelwedd honno, 'sea/ Of grass'. Onid yw'r ymadrodd yn dwyn i gof y darn hwnnw yn yr awdl lle y sylla'r alltud i'r dyfroedd, gan ddychmygu gweld tirwedd ei gartref?

> Caf yn yr eigion lesni'r bronnydd,
> Ym merw y gwenyg wrymiau'r gweunydd;
> A hawdd yw clywed yr uchedydd
> Yn tywallt aur uwch cyrrau'r ceyrydd,
> A'r llanw i'r muriau llonydd – hyn yn dwyn
> Hen sibrwd mwyn ysbryd y mynydd.[96]

Tybed, yn wir, a ellir gweld dylanwad y cwpled canol hwnnw am gân bersain yr ehedydd yn y cyfeiriad yn rhan ganol 'Those Others' at 'the books . . ./ That tell but of the war// Of heart with head, leaving/ The wild birds to sing/ The best songs' (T, 31)?

Yn ddiau, y mae'r modd y cyferbynna R. S. Thomas ddau ymateb gwahanol i orthrwm Lloegr – ymostyngiad taeog, cwislingaidd ar y naill law a gwydnwch ystyfnig ar y llall – yn awgrymu symbyliad cryf o du'r portread yn 'Yr Alltud' o werin sy'n barod i wrthsefyll anghyfiawnder: 'Codasom fel ungwr rhag camwri,/ Uno'n gethern, â'n gwarth yn ein gwythi,/ I herio caledwch, briwio clwydi;/ Hawlio tir grawn, nid tir mawn a meini.'[97] Mewn trafodaeth ar farddoniaeth wladgarol yn 'Patriotism and Poetry', anerchiad anghyhoeddedig o ddiwedd y 1970au, cyfeiria R. S. Thomas at awdl Dewi Emrys fel 'inspiring example'.[98] Daw'r cwpled a ddefnyddiodd Thomas fel epigraff o englyn sy'n sôn am yr alltud yn galaru wrth fedd ei dad. Try'r tristwch a'r tynerwch yn y paladr yn ddicter tanllyd yn yr esgyll: 'Aethus yw cofio weithian – waedd fy ing/ Uwch pridd ei fedd bychan,/ Â gofid Gwerin gyfan/ Yn fy nghri fel taerni tân.'[99] (Dyna'r gair hwnnw, 'ing', unwaith eto, sylwer.) Y parodrwydd hwn i warchod hawliau brodorol sydd wrth wraidd atgasedd R. S. Thomas tuag at y Cymry hynny sy'n dewis gwerthu eu treftadaeth: 'men of the Welsh race/ Who brood with dark face/ Over their thin navel/ To learn what to sell' (T, 31). (Cofiwn yn y fan hon am y cyfeiriad hwnnw at 'ordd arwerthwr' yn awdl Dewi Emrys.) Gwelir felly sut y mae awdl o ddiwedd y 1940au yn lliwio – ac yn llywio – protest cerdd Saesneg o'r 1960au yn erbyn twristiaeth entrepreneuraidd, sinigaidd. Dylid hefyd dynnu sylw at y ffaith fod y darlun o gymdeithas ar chwâl yn awdl Dewi Emrys yn cyd-daro'n drawiadol â phrofiad personol R. S. Thomas ei hun. Mewn cyfweliad a gyhoeddwyd yn 1990 pwysleisia'r bardd y rôl a chwaraeodd y profiad hwn yn natblygiad ei ymwybyddiaeth ddiwylliannol:

> My wanderings in those moors among the ruins of a peasantry who had been forced to migrate by the depression of the Thirties awakened me to Welsh social problems, so one way and another I was fallow ground for the ideas which Keidrych was circulating in his attempt at a revival of Welsh Writing in English.[100]

Safiad arwrol y ffermwyr yn awdl Dewi Emrys sy'n galluogi R. S. Thomas i ddychmygu mor fyw y nifer fechan honno – 'those other[s]' – sydd, oherwydd eu bod wedi gwrthod gadael eu cartrefi, bellach yn alltudion yn eu gwlad eu hunain. Dyma wydnwch a amlygir hyd yn oed gan yr Iago Prytherch di-Gymraeg.[101] Yn ei ysgrif 'The Depopulation of the Welsh Hill Country' yn 1945, haerodd R. S. Thomas – 'The fact is that despite the many ruined homesteads in these upland districts, there are others still managing to hold out, and it is for their sake that I write' (*SP*, 19). Gall gwaedd y bobl hyn – 'Castaways on a sea/ Of grass, who call to me,/ Clinging to their doomed farms'[102] – fod yn llef alarus am gymorth neu'n gri herfeiddiol o falchder (dwy floedd sy'n hyglyw yn yr englyn y cymerwyd yr epigraff ohono).

Mynegir y syniad hwn yn rymus yng nghyd-destun y Gymraeg gan y beirdd, y llenorion a'r cantorion hynny sy'n datgan, 'Ry'n ni yma o hyd'.[103] Syniad ydyw, wrth gwrs, sydd yn ei hanfod yn feiblaidd, fel y'n hatgoffwyd gan R. S. Thomas ei hun. Arwyddocaol yw gweld y bardd yn ystod y 1980au, cyfnod pan ddaeth i amlygrwydd fel gweith-redwr politicaidd digymrodedd, yn dychwelyd at hyn dro ar ôl tro. Er enghraifft, yn ei bamffled 'Gwladgarwch' (1989) fe ddywed: 'Bydd rhai ohonom yn dal i gofio am athrawiaeth Y Gweddill yn yr Hen Destament: y gred yng ngallu lleiafrif ffyddlon o'r genedl i barhau gyda chymorth Duw. Y mae yna weddill anrhydeddus yng Nghymru o hyd.'[104] Ac meddai'r bardd yn *Neb*:

> Adnod annwyl dros ben ganddo oedd honno o lyfr Deuteronomium, y seithfed adnod o'r seithfed bennod: 'Nid am eich bod yn lluosocach na'r holl bobloedd yr hoffodd yr Arglwydd chwi, ac y'ch dewisodd; oherwydd yr oeddych [*sic*] chwi yn an-amlaf o'r holl bobloedd.' Neges galonogol iawn i genedl fach fel y Cymry. (*Neb*, 107)[105]

Ac eto, tystia cerdd anghasgledig dra diddorol ond prin hysbys a gyhoeddwyd yn 1961 – yr un flwyddyn â *Tares*, y gyfrol sy'n cynnwys 'Those Others' – nad yw'r cyferbyniad rhwng y rheini sy'n barod i werthu eu hetifeddiaeth, a'r rhelyw sy'n dal gafael yn ddewr ac yn ystyfnig wrthi, mor bendant a diamwys bob amser. Haedda 'Not So', cerdd gymharol hir (nodwedd arwyddocaol ynddi ei hun) a gyhoeddodd R. S. Thomas yn y gofraglen *Poetry at the Mermaid*, sylw arbennig. Megis 'Those Others', cerdd ydyw am fryndir wedi ei ddiboblogi: 'Generations have left those hills/ Emptier than when they began/ Embroidering with stone/ The garment of the thin soil.'[106] Eithr erys un tenant fferm, cymeriad o'r enw Pugh, a gyflwynir gan adroddwr mewn dull sy'n dwyn i gof dechneg radio *Under Milk Wood* Dylan Thomas:

> I could take you from house to house
> That has only the grey thatch
> Of cloud now for roof
> Or memory of a garden
> Where once the trees bore
> Fruit sweeter than these,
> Berried but with the small rain.
> I will take you instead to the one
> Tenanted still. Look! Listen! [107]

Dramateiddiad yw'r hyn sy'n dilyn o gyfyng-gyngor Pugh – gŵr a gaiff ei demtio i adael ei fferm a symud i'r ddinas lle y ceir '"streets/ Paved with an ore that was more exciting/ Than the gorse gold or the sun's yellow"'. Ond er gwaethaf y siarsio gan ei dad – '"urging the cause/ Of the glib city against the fields'/ Silences in which he was shut/ Since before birth"' – dewisa Pugh aros ym moelni'r bryndir.[108] Y mae delweddaeth forwrol y darlun yn 'Not So' o'r rheini na fu iddynt gefnu ar eu treftadaeth yn dwyn i gof bortreadau 'Yr Alltud' Dewi Emrys a 'Those Others' R. S. Thomas o'r un bobl:

> 'I saw them cling
> To wrecked farms that only the tractor
> Could tow to port. We became a part
> Of a prize crew to be paid off
> At the town's bidding.'[109]

Ond y mae'r darlun yn 'Not So' yn fwy seicolegol gymhleth na'r hyn a geir yn 'Those Others'. Wedi iddo benderfynu aros ar y fferm dechreua Pugh fyfyrio ar ddoethineb ei benderfyniad (sylwer eto ar y delweddau morwrol): '"I stayed./ Stayed for what? Could I sail better/ Than any of the rest the barren breakers/ Of the hill soil?/ The question irked me/ Worse than flies in the hot fields/ Or hail that sharpens a March wind".'[110] Ac arwyddocaol iawn o ystyried amwysedd y portread hwn mewn cyferbyniad â'r ddeuoliaeth glir sy'n sail i 'Yr Alltud' a 'Those Others' yw'r modd y tanseilir yn 'Not So' ddadl y gweinidog (neu'n wir, yr offeiriad?) o blaid goruchafiaeth foesol y tir:

> 'The preacher spoke of the land's vocation
> From the high pulpit, my neighbours yawned
> In the seats beneath. I knew them there
> For reasons similar to my own
> Lack of one.'[111]

Y mae'n gwbl amlwg ar ddiwedd awdl Dewi Emrys a 'Those Others' R. S. Thomas gan bwy y ceir y rhuddin moesol. Cynigir yr alltud ynghyd â 'those other/ Castaways' inni fel *exempla* – yn wir, fel merthyron: 'Their hearts though rough are warm/ And firm, and their slow wake/ Through time bleeds for our sake' (*T*, 32). Nid felly ar ddiwedd 'Not So', lle y'i rhybuddia Pugh ei hun:

> 'Ah, you who take me,
> Alone and dumb in the fields' tide,
> For the tall beacon by which to steer
> Your own courses, remember how
> My mind's compass windily veers
> From point to point and is not true.'[112]

(Llinellau yw'r rhain sy'n peri inni weld diweddglo enwog 'A Peasant', lle y cawn ein siarsio, 'Remember him, then, for he, too, is a winner of wars,/ Enduring like a tree under the curious stars' (*SF*, 14), mewn goleuni newydd.) Y mae gennym yma, felly, wrthbwynt hynod o ddiddorol i 'Those Others', ac yn hyn o beth y mae'r ddwy gerdd gyda'i gilydd yn amlygu'n drawiadol un o nodweddion pwysicaf barddoniaeth R. S. Thomas, sef y ddrama a gyfyd yn sgil yr hawlio a'r gwrthhawlio parhaus. Yng ngeiriau'r bardd ei hun: 'this is all bound up with the fact that I am a lyric poet, I think. A lyric poet to me is a person who changes, you don't ever remain the same for long. This is all bound up with living in Wales – you know the Welsh climate changes, and to live in Wales is to be conscious of these changes.'[113]

Fel y nodwyd, yr oedd gan R. S. Thomas gopi personol o *Gyfansodd-iadau a Beirniadaethau* Eisteddfod Genedlaethol 1948. Diddorol, felly, yng nghyswllt defnydd y bardd o ddelweddau yn ymwneud â'r môr yn 'Those Others', yw gweld bod ymgeisydd arall yng nghystadleuaeth yr awdl y flwyddyn honno wedi dewis ymateb i'r teitl 'Yr Alltud' mewn termau morwrol. Yng ngeiriau un o'r beirniaid, T. H. Parry-Williams: 'Y mae *Erwau Glas* ar ei ben ei hun ar lawer cyfrif, ac nid hawdd yw ei gymharu â'r lleill. Cerdd am fordwyo sydd ganddo, ac y mae'n amheuthun clywed ambell air fel "bwnc" a "fformast" a "starn" a "dec" a "doc" . . . Llanc o forwr sy'n adrodd hanes ei fordeithio ac yn sôn am ei hiraeth pan fyddai ar led . . . Gyda help ei eirfa forwrol y mae'r bardd yn gallu cynganeddu'n newydd iawn weithiau.'[114] Diau y buasai ymateb o'r fath i'r testun gosod wrth fodd R. S. Thomas (a fyddai ymhen blynyddoedd yn llunio sawl cerdd hiraethlon, forwrol eu delweddaeth yn sôn am ei dad, T. H. Thomas, a oedd yn gapten llong[115]). Ond y pwynt allweddol yn y fan hon yw y buasai *Cyfansoddiadau a Beirniadaethau* 1948 yn dra gwerthfawr fel cyfeirlyfr diwylliannol – fel blodeugerdd hyd yn oed – i'r R. S. Thomas ifanc a oedd wrthi'n datblygu ei Gymraeg ym Manafon. Darparai'r *Cyfansoddiadau*, wrth gwrs, enghreifftiau o ffurfiau traddodiadol barddoniaeth Gymraeg – awdl, pryddest, cywydd, englyn a hir-a-thoddaid. Cipiwyd y wobr yng nghystadleuaeth yr englyn gan Thomas Richards â'i englyn tra phoblogaidd i'r ci defaid ('Rhwydd gamwr hawdd ei gymell – i'r mynydd . . .'). Awgrymog yn y cyd-destun yw sylw R. S. Thomas wrth gyflwyno 'Those Others', ynghyd â'r gerdd 'Lore', yn y gyfrol *Let the Poet Choose* yn 1973:

> I would choose these as a reminder of the existence of *Tares*, which for some reason appears to sell less well than my other books. Also both these poems are in a regular stanzaic pattern, which I do not often succeed in writing.[116]

Ymhlith y beirniaid y gallai R. S. Thomas fod wedi darllen eu dyfarn-iadau yn y *Cyfansoddiadau* y flwyddyn honno yr oedd Saunders Lewis, Waldo Williams, Crwys, Gwilym R. Jones, Iorwerth Peate, Cynan a G. J. Williams. Nid amherthnasol yw'r ffaith mai enillydd y Goron y flwyddyn honno oedd Euros Bowen, cyfaill i R. S. Thomas, â'i bryddest 'O'r Dwyrain'. Ymhlith y buddugwyr eraill yr oedd Bob Owen, Croesor, Elizabeth Watkin-Jones, J. Gwyn Griffiths, ynghyd â llenor a fyddai ymhen dwy flynedd yn symud i Lanfair Caereinion, nid nepell o

Fanafon – Islwyn Ffowc Elis.[117] Y mae'n sicr y buasai ysgrif arobryn Islwyn Ffowc Elis, 'Hyfrydwch y Gwir Grefftwr', o ddiddordeb neilltuol i R. S. Thomas – yn arbennig felly o ystyried y darlun ynddi o '[r]ai dieithr' yn oedi i wylio llafurwr wrth ei waith. Bron na allai'r darlun hwn fod yn ddisgrifiad o bortread R. S. Thomas o Iago Prytherch yn y gyfrol *The Stones of the Field* a ymddangosasai ddwy flynedd ynghynt:

Adwaen ŵr a drig ym mynyddoedd Cymru. Nid oes goethder yn ei fwthyn. Y mae ei fwrdd yn blaen, ond mae'n faethlon. O'i gwmpas y mae gwlad foel, dawel. Ni bydd ond gydag eithriad yn ei gadael. Nid oes yn y dref nac ar lannau'r môr ddim hudoliaeth iddo ef. A cher ei fwthyn y mae ei ardd. A phan ddaw oddi wrth ei waith a bwyta, fe â ar ei union iddi. Daw rhai dieithr heibio a syllu arno'n ymfwrw o lwyrfryd calon i gelfyddyd hen y tir . . . [118]

Ni ellir amau, felly, na cheir yn *Cyfansoddiadau a Beirniadaethau* 1948 lawer iawn a oedd yn gydnaws â gweledigaeth lenyddol R. S. Thomas. A theg dweud y buasai'r gyfrol yn fodd i gadarnhau ymhellach ymlyniadau diwylliannol rheithor ifanc Manafon.

Y mae'n arwyddocaol nad R. S. Thomas yw'r unig fardd Eingl-Gymreig a gyfareddwyd gan Dewi Emrys. Yn y gerdd 'In Pisgah Graveyard' ymdeimla Gillian Clarke â phŵer llenyddol a rhywiol wrth ymweld â bedd y bardd Cymraeg. Disgrifir y bedd ei hun fel 'a sand-stone pod/ Bursting with words', ac o'i amgylch, 'the living corn concedes/ Fecundity to him. They're proud of him/ Here, where full barns count as much as poetry'.[119] Ar Dewi Emrys y gweledydd crwydrol y mae'r pwyslais yn nheyrngedau John Tripp a Bryan Aspden. Y bardd ei hun sy'n llefaru yng ngherdd Aspden:

Words bettered me; I fled. Echoing
Sion Pywel, who washed his shirt by lying
In a stream, I swapped my Presbytery
For the ditch . . .
From Dyfed speech I made this marvel,
My poem 'Pwllderi'. I, Dewi Emrys,
An old man, a ruin of drink and dandruff
Still after the girls, doddering
Into glory.[120]

'He should have been a cocky troubadour,' medd Tripp, 'stepping from tavern to tavern/ with his slung lute, singing for his supper./ Our century could find no home for his heart'.[121] Wrth ystyried apêl Dewi Emrys i feirdd Eingl-Gymreig gellid nodi atyniad naturiol ei fuchedd fohemaidd, liwgar, ynghyd â'r ffaith ei fod hefyd, wrth gwrs, yn barddoni yn Saesneg (cyhoeddodd gyfrol o gerddi Saesneg, *Rhymes of the Road*, yn 1928). Ac ni ddylid diystyru ychwaith berthnasedd y ffaith fod awdur awdl 'Yr Alltud' yn ei weld ei hun fel alltud rhag y sefydliad llenyddol Cymraeg. Yng ngeiriau Alan Llwyd:

> Teimlai fod y sefydliad yn ei erbyn, y parchusion, a chwerylai yn awr ac yn y man ar goedd â chynheiliaid ein llên yn eu dydd, gwŷr y Brifysgol a gwarchodwyr y safonau, W. J. Gruffydd a Syr Thomas Parry yn eu mysg. Credai fod y rhain yn ei erlid, yn rhagfarnllyd tuag ato ef, anwylyn a ffefryn y werin, a theimlai hefyd fod Deddf a Chyfraith, oherwydd ei amgylchiadau personol trwblus ac anffodus ar un cyfnod yn ei fywyd, yn ei erlid. Un o'r gwrthodedigion ydoedd yn ei dyb ef, gwrthrych dirmyg y Gymru barchus, alltud cymdeithasol. Pobl erlidiedig, wrthodedig, alltudion cymdeithasol, yw prif gymeriadau'i awdlau, 'Y Galilead' (awdl fuddugol Eisteddfod Genedlaethol Llanelli, 1930), 'Y Cwm Unig', 'Yr Alltud'.[122]

Ond camgymeriad fyddai tybio mai'r sefydliad llenyddol Cymraeg oedd unig gocyn hitio Dewi Emrys: yr oedd llenorion Eingl-Gymreig hwythau dan ei lach – a hynny, yn ddadlennol iawn, yn eisteddfod Pen-y-bont ei hun. Tybed a fu i R. S. Thomas yn 1948 ddarllen adroddiadau papur newydd megis y darn canlynol gan 'Llygad Llwchwr' o 'Gornel y Cymro' yn y *News Chronicle*?

> This morning's Gorsedd crowd swayed with mirth while he summed up the Anglo-Welsh school of poets in a series of satirical tribannau. – One must admit that the Anglo-Welsh with their new look dissonant verse have made themselves open to this treatment. It will take them long to live down today's superb exhibition of leg-pulling.[123]

Y mae tensiynau diwylliannol o'r fath yn fodd i'n hatgoffa y buasai gan deitl cystadleuaeth y Gadair yn eisteddfod Pen-y-bont yn 1948 arwyddocâd neilltuol i'r rheithor ifanc ym Manafon. Yr oedd, wrth gwrs, wedi profi sawl alltudiaeth eisoes. Dyna'r profiad o alltudiaeth ddaearyddol yng Nghaerdydd fel myfyriwr diwinyddol yng Ngholeg Sant Mihangel, Llandaf – 'Ganwyd ef yng Nghaerdydd, ac eto ni

---

chafodd ddim mwynhad wrth ddychwelyd i'r ddinas. Yn wir, yn Llandaf buan y dechreuodd hiraethu am fywyd a chefndir y gogledd' (*Neb*, 27) – ac yna fel curad yn Y Waun, ac yna yn Hanmer: 'ni wyddai'r dyn ifanc ar y pryd am gysylltiad y lle hwnnw ag Owain Glyndŵr. Ac eto go brin y buasai gwybodaeth o'r fath yn ddigon i liniaru ei hiraeth, wedi iddo symud bymtheng milltir ymhellach i'r dwyrain. Rŵan roedd Cymru a'i bryniau ymhellach nag erioed' (*Neb*, 38). Eithr dechreuasai erbyn hyn ddod yn ymwybodol o alltudiaeth o fath arall – alltudiaeth ddiwylliannol – a'i cymhellodd yn Hanmer, ac yn ddiweddarach ym Manafon yn ystod y 1940au, i feistroli'r Gymraeg. Yr oedd ymgydnabod â'r traddodiad llenyddol Cymraeg, ac â cherddi cyfoes megis awdl 'Yr Alltud' Dewi Emrys, yn mynd gam o'r ffordd at oresgyn yr alltudiaeth ddiwylliannol honno, eithr esgorwyd ar yr un pryd ar ymwybod cynyddol o alltudiaeth bellach, fewnol y tro hwn.

Symbylodd awdl eisteddfodol Dewi Emrys am alltudio Cymro dros y môr ar fyfyrdod gan R. S. Thomas yn 'Those Others' ddechrau'r 1960au ar yr alltudiaeth fewnol honno yr oedd yn ei phrofi yng nghanol Cymry 'Who brood with dark face/ Over their thin navel/ To learn what to sell'. Mynegwyd y gofid hwn (a defnyddio gair Dewi Emrys ei hun yn yr epigraff i 'Those Others') yn ddiflewyn-ar-dafod gan Thomas yn ei araith 'Alltud', anerchiad a draddodwyd, yn gymwys iawn, yn yr Eisteddfod Genedlaethol: 'trwy eu di-faterwch, eu diffyg asgwrn cefn, a thrwy eu snobyddiaeth a'u diogi yn dewis siarad Saesneg, a thrwy eu bod yn noddi rhaglenni Saesneg, a gweisg a phapurau Saesneg ar draul y rhai Cymraeg, ac felly'n colli gafael ar eu mamiaith, y mae gormod o'n cyd-Gymry'n prysur greu sefyllfa lle bydd Cymro Cymraeg nid yn unig yn alltud, ond yn ysgymunbeth ac yn gyff gwawd yn ei wlad ei hun' (*PMI*, 130).[124] Crisiala R. S. Thomas y profiad hwn o alltudiaeth fewnol yn ei ddarlith *Wales: A Problem of Translation* drwy bwysleisio'r eironi sylfaenol yn yr enwau 'Wales' a 'Welsh' a'r modd y diffiniwyd y Cymry fel 'estroniaid' yn eu gwlad eu hunain, gan gyferbynnu hyn ag ystyr y gair Cymry, 'cydwladwyr' (*WPT*, 15–16). Cymhlethir a dwyséir yr eironi hwnnw gan ddatganiad y bardd yn 'Those Others': 'I find/ This hate's for my own kind,/ For men of the Welsh race.' Diau fod y gerdd hon ymhlith y pwysicaf o fyfyrdodau Thomas yn ystod y 1960au ar wahanol fathau o alltudiaeth.[125] Ac fel y gwelwyd, y mae'r epigraff a gymerwyd o awdl Dewi Emrys yn enghraifft loyw o ddyfnder a soffistigeiddrwydd cyfeiriadaeth lenyddol y bardd, ac ynddo'i hun yn fynegiant dramatig o'r croestynnu emosiynol poenus sy'n nodweddu ymateb R. S. Thomas i'w Gymreictod: 'A gofid gwerin gyfan/ Yn fy nghri fel taerni tân.'

* * * *

(iii) *Dyfyniadau*

''Does neb wedi darganfod gyda sicrwydd pam y mae rhai geiriau'n dal i ddiasbedain dros y canrifoedd, tra bydd eraill yn nychu ac yn marw ar y tudalen', medd R. S. Thomas yn ei ysgrif 'Pe Medrwn yr Iaith' (*PMI*, 122).[126] Cymheiriaid i'r epigraffau atseiniol a saif ar ororau'r cerddi yw'r llu o ddyfyniadau o weithiau Cymraeg y mae Thomas yn eu hymgorffori'n uniongyrchol yn ei farddoniaeth a'i ryddiaith. Fel y cawn weld, testun canolog yn y cyswllt hwn yw 'Border Blues' – cerdd sy'n dramateiddio'n wefreiddiol y profiad o grwydro gororau'r iaith. Wrth ymdrin â hi, byddwn ar yr un pryd, wrth gwrs, yn taro ar ambell gyfeiriad llai uniongyrchol, ond yr un mor ddramatig.

Ond cyn gwneud hynny, y mae'n bwysig nodi bod rhyddiaith R. S. Thomas hithau'n frith o gyfeiriadau atseiniol uniongyrchol. Yn *Blwyddyn yn Llŷn* cyd-dery eu hamrywiaeth ag eiddo'r calendr. O fewn cwmpas pum tudalen, gwelir Thomas yn gwibio o'r canu englynol cynnar at ddyfyniad o 'Difiau Dyrchafael' Saunders Lewis, yna'n newid cyfeiriad am ennyd gan ein tywys at farddoniaeth T. S. Eliot a Blake, cyn dychwelyd at lenyddiaeth Gymraeg ac at linell o gerdd arall gan Saunders Lewis, 'Caer Arianrhod'. Ceir gan y bardd wedyn ddyfyniad o'r hanes beiblaidd am freuddwyd Jacob (yng nghyfieithiad William Morgan, wrth reswm), a gorffenna'r daith lenyddol gyffrous hon â dyfyniadau o waith Gwili ac Islwyn (*BLl*, 32–6). Teg dweud, er hyn, y gall y gyfeiriadaeth yn y rhyddiaith ar brydiau fod braidd yn ystrydebol a di-fflach. Enghreifftiau yn y cyswllt hwn fyddai dyfyniadau difywyd yr ysgrif 'Gobaith' o gerdd R. Williams Parry, 'Y Gylfinir', ac o *Gweledigaetheu y Bardd Cwsc* Ellis Wynne: 'A fuoch chwi yno ar ryw brynhawngwaith teg o haf hirfelyn tesog?' (*PMI*, 36, 37). Dichon y gellid dweud mai pethau yw'r rhain sy'n fwy cydnaws â chrefft y pregethwr na chrefft y bardd. '[W]hen I write a poem I am deploying language at a higher tension, in a more concise and memorable way than when writing prose', meddai'r bardd mewn cyfweliad yn 1990.[127] Ond hyd yn oed yn y rhyddiaith, lle y disgwyliem i'r gyfeiriadaeth fod yn llai soffistigedig nag yn y farddoniaeth, fe all arwyddocâd rhai o'r dyfyniadau ddyfnhau ac ymganghennu'n sydyn.

'A oes ystyr i enw fel y cyfryw?', gofynna R. S. Thomas yn *Abercuawg*. Er ei fod yn cwyno ynghylch y ffaith fod Saeson yn mynnu holi beth yw ystyr enw ei fab (Gwydion) – cwestiwn na fyddent yn ei ofyn, meddai, petai'r mab wedi'i enwi'n William, dyweder – cyfeddyf y bardd: 'Er hynny fe erys mymryn bach o amheuaeth yn fy meddwl innau oherwydd nerth cynhenid geiriau.' Yna, yn ddirybudd, ceir gan Thomas y dyfyniad, '"Yntau Wydion gorau cyfarwydd yn y byd oedd"' (*PMI*, 86). Drwy gyfrwng y geiriau cyfareddol hynny o'r Bedwaredd Gainc caiff cwestiwn athronyddol modern iawn ynghylch natur enwau ac enwi ei osod mewn cyd-destun hynafol, mytholegol. Ac fe'i tywyllir yn ogystal. Yr oedd Gwydion, wrth gwrs, yn llawer mwy na chwedleuwr medrus; cofiwn sut y bu iddo ddefnyddio ei fedrusrwydd geiriol yn ddichellgar a sut yr esgorodd ei ddewiniaeth ddinistriol yn sgil ei ymweliad â llys Pryderi yn Rhuddlan Teifi ar ladrata, rhyfel a marwolaeth. Ffurfia'r gyfeiriadaeth lenyddol gefndir hynafol dadlennol i gyfaddefiad R. S. Thomas fod i enwau fywyd annibynnol twyllodrus. Yn ogystal, diau y buasai Thomas yn gwybod mai 'yn rith beird' y daeth Gwydion a Gilfaethwy i lys Pryderi yn y chwedl, ac y buasai hefyd yn ymwybodol o'r pwyslais yn *Math Fab Mathonwy* ei hun ar arwyddocâd enwau ac enwi ac ar y modd y llwyddodd Gwydion i ddileu'r dynged gyntaf a dynga Arianrhod yn erbyn Lleu Llaw Gyffes ('"na chaffo enw yny caffo y genhyf i"'): '"Dioer," heb hi, "ys llaw gyffes y medrwys y Lleu ef." "Ie," heb ynteu, "aniolwch Duw it. Neur gauas ef enw. A da digawn yw y enw. Llew Llaw Gyffes yw bellach."'[128]

Diau mai dyma'r fan i nodi defnydd R. S. Thomas o fath arbennig o gyfeiriad y gellid ei alw'n ddyfyniad cyfansawdd. Dull ydyw sy'n cyfuno dyfyniad uniongyrchol â rhyddid cyffrous o ran geiriad. Ceir enghraifft dda yn nisgrifiad y bardd yn *Neb* o'i fab newydd-anedig yn yr ysbyty:

> Gwydion oedd hwn. Fel yr edrychodd arno, trawyd y rheithor gan y llonyddwch yn ei wyneb; ond wedi dychwelyd i'r rheithordy, dangosodd y bychan o ba radd oedd ei wreiddyn trwy grio a gwrthod cysgu am ryw ddwy flynedd. (*Neb*, 48)

Ffynhonnell y lled-ddyfyniad yw cwpled Tudur Aled yn ei gywydd i Reinallt Conwy o'r Bryn Euraid – 'Ysbys y dengys pob dyn/ O ba radd y bo'i wreiddyn' – un o epigramau cynganeddol mwyaf poblogaidd yr iaith, ond odid.[129] Cymer R. S. Thomas linellau Tudur Aled – a ddyfynnir mor aml yn amwys ystrydebol ar lafar gwlad – o ddifrif, oherwydd yn eu cyd-destun gwreiddiol y maent hwythau'n ymwneud yn benodol â'r tebygrwydd rhwng tad a mab, nid â rhyw achres niwlog ac amhenodol. 'Er tad Hywel ap Cadell,/ Nid adnabûm dad neb well', medd Tudur Aled wrth gyfarch mab y Bryn Euraid: '*A*'i dyrfa fawr dra fu fyw,/ Ef pióedd i fab heddyw.'[130] Ar yr un pryd, o ystyried y cyd-destun yn *Neb* – darn hunanddychanol sy'n sôn am nosweithiau di-gwsg teulu ifanc modern – gwelir bod i ddefnydd Thomas o *aperçu* hynafol ac aruchel o'r fath ei finiogrwydd ei hun.

Pan ymgorfforir dyfyniadau Cymraeg uniongyrchol yn nhestun cerddi, digwydd rhywbeth mwy cymhleth hyd yn oed. Dyma drydedd adran 'Border Blues':

> *Eryr Pengwern, penngarn llwyt heno . . .*
> We still come in by the Welsh gate, but it's a long way
> To Shrewsbury now from the Welsh border.
> There's the train, of course, but I like the 'buses;
> We go each Christmas to the pantomime:
> It was 'The Babes' this year, all about nature. (*PS*, 10)

Daw'r dyfyniad a italeiddiwyd gan R. S. Thomas o'r gyfres honno o englynion yn 'Canu Heledd' sy'n disgrifio'r eryr yn gloddesta ar gelanedd Cynddylan a milwyr Powys wedi ymosodiad y Saeson.[131] Collir arwyddocâd y llinellau 'it's a long way/ To Shrewsbury now from the Welsh border' heb yr wybodaeth ei bod yn bosibl mai yn ardal Amwythig y lleolwyd llys Cynddylan, Pengwern.[132] Tystia'r llinellau, felly, i'r modd y crebachodd tiriogaeth y Cymry dros y canrifoedd. Fel y dywed Jenny Rowland wrth drafod tiriogaeth Powys ar ddechrau'r seithfed ganrif: 'the borders were far more extensive, probably including parts of the Chester plain and the northern reaches of the Severn to the Tern, as is remembered in Canu Heledd.'[133] Ac y mae'n werth dyfynnu sylwadau Rowland ar y gyfres 'Eryr Pengwern', a'i chymhares yn y canu englynol cynnar, 'Eryr Eli': 'the poet exploits a situation by giving new and macabre life to the typical battlefield image of the birds of prey consuming the dead. This is achieved by Heledd's position as narrator: she sees or imagines two eagles feasting on the fallen, but is powerless to venture into the woods to drive them away.'[134] Ysgytwol, felly, yw'r cyfosodiad yng ngherdd R. S. Thomas â natur – a 'natur' – pantomeim: 'It was "The Babes" this year, all about nature.' (Diddorol yw gweld mai teitl y pantomeim yn y fersiwn o'r gerdd a gyhoeddwyd yn *Dock Leaves* yn 1953 oedd 'Babes in the

Wood'.[135]) Ac y mae'n bwysig ychwanegu bod i'r cyfeiriad hwn at fynd i weld y pantomeim yn Amwythig sail fywgraffyddol. Cyd-dery sylwadau R. S. Thomas mewn llythyr at Raymond Garlick yn 1953 (y flwyddyn y cyhoeddwyd 'Border Blues' am y tro cyntaf) yn drawiadol â'r adran hon o'r gerdd:

> Gwydion is home now. We have just endured a pantomime for him. We go all the way to Shrewsbury to imbibe three hours of English proletarian culture. However, as there is no Welsh culture to put in its place – there it is.[136]

Y mae defnydd R. S. Thomas o'r darlun dychrynllyd hwnnw yn y canu englynol cynnar o eryr Pengwern yn ubain uwch cyrff y Cymry yn fodd i'n hatgoffa mai'r weledigaeth hunllefus o ddiwylliant cyfan fel burgyn yw'r hyn a esgorodd yn ddiweddarach ar y gerdd 'Reservoirs' a'i disgrifiad graffig o 'the putrefying of a dead/ Nation' ac o Saeson, 'Scavenging among the remains/ Of our culture' (NHBF, 26).[137] Perthnasol yw cofio hefyd sut y tyn bardd anhysbys 'Eryr Pengwern' sylw at ddioddefaint y wlad ei hun: 'Ry gelwir Trenn tref difawt.'[138] Yng ngoleuni'r fath drasïedïau, mor bwerus yw ffug wamalrwydd y teitl hwnnw, 'Border Blues'. Teitl ydyw sy'n fodd i'n cyfeirio at nifer o gerddi eraill sy'n ymwneud â'r profiad tensiynus o ymdroi yn nhir y ffin. Dyna 'Roman Wall Blues' W. H. Auden, er enghraifft – ymson gan un o warchodwyr anfoddog y ffin, a'r unig ran o'i sgript radio, 'Hadrian's Wall' (1937), y bu i Auden ei chyhoeddi.[139] Ond mwy perthnasol yng nghyd-destun dyfnder angst diwylliannol R. S. Thomas yn 'Border Blues' yw 'Lament of the Frontier Guard' Ezra Pound – cerdd y dyfnheir ei harwyddocâd gan y ffaith mai cyfieithiad ydyw o gerdd hynafol a dardd o ddiwylliant gwahanol iawn, y diwylliant Tsieineaidd: 'Ah, how shall you know the dreary sorrow at the North Gate,/ With Riboku's name forgotten,/ And we guardsmen fed to the tigers.'[140]

Yng ngoleuni'r cyfeiriad yn 'Border Blues' at drasiedi cwymp Cynddylan fel y'i darlunnir yn y canu englynol cynnar, arwyddocaol yn ddiau yw defnydd R. S. Thomas o'r enw personol hwnnw yn y gerdd 'Cynddylan on a Tractor'. Hanfodol bwysig yw sylweddoli bod y berthynas rhwng y Gymru gyfoes a gorffennol y genedl yn cael ei harchwilio gan Thomas hefyd ar lefel enwau'r cymeriadau sy'n britho'r farddoniaeth.[141] Gwneir hynny'n uniongyrchol-ddiamwys ar ddechrau 'Rhodri': 'Rhodri Theophilus Owen,/ Nothing Welsh but the name'

(*P*, 7). Cwbl fyddar yw'r dinaswr coegwych hwn i adleisiau cyfoethog ei enw ei hun: Rhodri (Mawr?), Theophilus (Evans?), (Goronwy?) Owen. Llai echblyg, a mwy arwyddocaol o'r herwydd, yw'r tensiynau a amlygir yn 'Cynddylan on a Tractor'. Y tu ôl i hiwmor y portread y mae eironi tywyll iawn sy'n deillio o'r gwrthgyferbyniad rhwng y 'marchog' modern hwn o ffermwr ar ei orsedd symudol ('Riding to work now as a great man should' (*AL*, 16)) a Chynddylan brenhinol ac arwrol y canu englynol cynnar a'r gerdd 'Marwnad Cynddylan' (sy'n datgan, fe gofir, ei fod wedi'i ladd 'yn ei fawredd'[142]). Arferai brenin Powys yrru ei elynion ar ffo – 'Kyndylan . . ./ Bleid dilin disgynnyat',[143] ond gyrru ieir ar ffo a wna'r Cynddylan modern: 'lo, he's away/ Out of the farmyard, scattering hens' (*AL*, 16). Cedwir yr eironi miniocaf yng ngherdd R. S. Thomas tan y diweddglo, lle y boddir cân yr adar gan ru'r tractor: 'And all the birds are singing, bills wide in vain,/ As Cynddylan passes proudly up the lane' (*AL*, 16). Eithr hyglyw iawn, wrth gwrs, yw cri eryrod Pengwern ac Eli yn y canu englynol cynnar wrth iddynt fwydo ar gorff Cynddylan: 'Eryr Eli, ban y lef [heno]', 'Eryr Penngwern . . ./ Aruchel y atle[i]s.'[144] Esgora'r defnydd o'r enw Cynddylan ynddo'i hun ar is-destun sydd wedi'i seilio ar y gwrthgyferbyniad poenus rhwng tiläwch pantomeimaidd y presennol a dioddefaint arwrol-drasig y gorffennol.[145]

O ddychwelyd at 'Border Blues', gwelir bod adran ddilynol y gerdd yn agor â dyfyniad Cymraeg pur wahanol ei naws, sef agoriad y gân anhysbys o'r ddeunawfed ganrif, 'Bugeilio'r Gwenith Gwyn': 'Mi sydd fachgen ifanc, ffôl,/ Yn byw yn ôl fy ffansi.' Deillia gwrthgyferbyniad pwysig o'r weithred o gyfosod y carwr ieuanc hwn â llanc o'r ugeinfed ganrif – 'A lad of the 'fifties,/ Gay, tough'. Trawsffurfia R. S. Thomas awyrgylch trydydd pennill y gerdd Gymraeg – 'Mi godais heddiw gyda'r wawr/ Gan frysio'n fawr fy lludded,/ Im gael cusanu ôl dy droed/ Ar hyd y coed wrth gerdded'[146] – yn ei ddarlun o'r llanc modern, 'Rising early/ To flog the carcase/ Of the brute earth', 'Whistling tunes/ From the world's dance-halls' (*PS*, 11). Troes '[ll]aw wen dirion' enwog y ferch a gyferchir yn 'Bugeilio'r Gwenith Gwyn' yma yn 'red lips,/ And red nails' y gariadferch y breuddwydia'r llanc modern amdani.[147] Caiff yr ergyd mai ffug yw prydferthwch y gariadferch fodern ei chryfhau gan yr enw a roddwyd gan Thomas arni – Ceridwen. Dadleuodd Ifor Williams mai'r ffurf wreiddiol ar yr enw prydferth hwn oedd 'Cyrridfen', sef 'cyrrid' – a ddaw o 'cwrr', cam, crwca – a 'ben', gwraig.[148] Fel y dywed Williams: 'tybiaf innau fod Cyrridfen a'i chorff yn gam, ei thrwyn yn fachog, ei dwylaw yn grafangog, a'i chrefft yn gamweddog. Cam ofnadwy, beth bynnag, oedd troi ei henw'n *Geridwen*!'[149] Gwelir felly fod yr enw ei hun wrth wraidd y gwrthgyferbyniad yn y fan hon rhwng ymddangosiad y ferch fodern a phrydferthwch naturiol, digolur y gariadferch yn 'Bugeilio'r Gwenith Gwyn'. Adran yw hon, felly, sy'n datblygu ymhellach y gwrthgyferbyniad rhwng diwylliant Cymraeg y gorffennol a bywyd modern pobl ifainc y gororau a gyflwynwyd yn nhrydedd adran cerdd Thomas: 'On the way back, when we reached the hills −/ All black they were with a trimming of stars −/ Some of the old ones got sentimental,/ Singing Pantycelyn; but we soon drowned them;/ It's funny, these new tunes are easy to learn' (*PS*, 10). Caiff y darlun hwn o groesi'r ffin rhwng Cymru a Lloegr ar y ffordd adref o'r pantomeim ei ragarwyddo yn y disgrifiad o groesi ffin wahanol, rhwng y gwledig a'r diwydiannol y tro hwn, yng ngherdd Idris Davies, *The Angry Summer*:

> Let's go to Barry Island, Maggie Fach . . .
> We'll have tea on the sands, and rides on the donkeys,
> And sit in the evening with the folk of Cwm Rhondda,
> Singing the sweet old hymns of Pantycelyn . . .
>
> And across the moor at midnight
> We'll walk back home again,
> And arm in arm sing catches
> From America and Spain.[150]

Ond er mwyn iawnddeall bustl 'Border Blues' dylem hefyd ddwyn i gof sut yr â'r ddwy linell a ddyfynna R. S. Thomas, 'Mi sydd fachgen ifanc, ffôl,/ Yn byw yn ôl fy ffansi', rhagddynt yn y gwreiddiol: 'Myfi'n bugeilio'r gwenith gwyn,/ Ac arall yn ei fedi.'[151] Dyma un o brif bwyntiau 'Border Blues':

> We reached home at last, but *diawl*! I was tired.
> And to think that my grand-dad walked it each year,
> Scythe on shoulder to mow the hay,
> And his own waiting when he got back. (*PS*, 10)

Y mae'r hyn a fu gynt yn eiddo i Gymry, ac a feithrinwyd ganddynt am ganrifoedd, bellach yn cael ei fedi gan eraill, sydd wedi etifeddu tir a daear Cymru heb ei hiaith a'i diwylliant. Arwyddocaol felly yw gweld R. S. Thomas yn dychwelyd sawl gwaith at ffigwr y gwas cyflog o fugail. Yn 'Hyddgen', er enghraifft, dywedir: 'Look at those sheep,/ On such small bones/ The best mutton,/ But not for him,/ The hireling shepherd' (*T*, 34). A cheir yn yr un gyfrol gerdd gyfan am yr hurwas hwn, 'Hireling':

> Nothing is his, neither the land
> Nor the land's flocks. Hired to live
> On hills too lonely, sharing his hearth
> With cats and hens, he has lost all
> Property but the grey ice
> Of a face splintered by life's stone. (*T*, 28)

Drwy gyfrwng y dyfyniad o 'Eryr Pengwern' rhoddwyd inni bersbectif haen uchaf cymdeithas Gymraeg ei dydd ar y golled hon (yr oedd Heledd, wrth gwrs, yn chwaer i Gynddylan, brenin Powys), tra cyflea'r defnydd o'r gerdd 'Bugeilio'r Gwenith Gwyn' lefel gymdeithasol is o lawer. Y mae awgrymu rhychwant cymdeithasol eang yn nodweddiadol o gyfeiriadaeth Fodernaidd, wrth gwrs – boed hynny yng ngwaith James Joyce, T. S. Eliot neu David Jones.

Cymhares i'r ferch Ceridwen 'With the red lips,/ And red nails' ym mhedwaredd adran 'Border Blues' yw'r Olwen honno a ddisgrifir ar ddechrau'r gerdd. 'There is still an Olwen teasing a smile/ Of bright flowers out of the grass' (*PS*, 9), medd Thomas, ac am ennyd disgwyliwn brofi drachefn wefr y darlun hwnnw yn y chwedl ganoloesol o brydferthwch clasurol Olwen. Ac y mae'r gair hwnnw, 'clasurol', yn briodol yma, oherwydd fe'n hatgoffir gan y cyfuniad cofiadwy, 'smile/ Of bright flowers', o gyfarchiad Lucretius i Fenws ar ddechrau ei *De Natura Deorum* – testun ac awdur y buasai R. S. Thomas, fel gŵr gradd yn y Clasuron, yn ddiau yn gyfarwydd â hwy: 'tibi suavis daedala tellus/ summitit flores, tibi rident aequora ponti . . .' ('i ti y rhy allan y ddaear gywrain-ddyfais flodau pêr, i ti y chwardd lleiniau llydain yr eigion . . .').[152] Ond gwyrdroir disgwyliadau'r darllenydd yn 'Border Blues' gan ddisgrifiad bathetig R. S. Thomas o ffigwr cyfatebol y byd modern – 'Olwen in nylons' (*PS*, 9). Y mae'r portread hwn gan Thomas yn dra gwahanol ei naws i ddarlun dathliadol Euros Bowen o'r Neffertiti fodern sy'n gwisgo 'Blows gwyn,/ sgert ddu,/ sanau neilon'.[153] Tra gwahanol ydyw hefyd i'r darlun yn un o gerddi Crwys, lle y dethlir yn bragmataidd, a heb ronyn o gywilydd, 'Fy Olwen i' – gwraig tŷ ymarferol a ffyddlon – ar draul delfryd y chwedl.[154] Tebycach ydyw Olwen fodern R. S. Thomas i'r Olwen honno yn 'Mabinogi' Gwynn ap Gwilym (cerdd sy'n cyd-daro'n drawiadol â 'Border Blues' o ran ei thôn, ei themâu a'i harddull gyfeiriadol):

Y mae Gruffydd John Jones, myfyriwr Cymraeg
annysgedig ym mhethau'r byd,
wedi gweld ei Olwen mewn tafarn yn Splot
a'i Dwrch Trwyth yn llercian yn un o dai haf y Rhyd . . .
Ac fe'i llusga'i Olwen ef, yn gymalau i gyd, i grafangau'r ddawns
lle mae'r merched newynog mewn denims
yn byseddu cywely'r nos.[155]

Nid oes lle i ddelfryd y chwedl yn y Gymru fodern, gresyna R. S.
Thomas. Y mae'n dra arwyddocaol, felly, mai y tu allan i Gymru y daeth
y bardd o hyd i arwres *Culhwch ac Olwen*. Arwyddocaol hefyd yw'r
ffaith mai crefyddol yw cyd-destun y darlun a geir gan Thomas. Yn y
gerdd 'Shrine at Cape Clear' dywedir bod y môr wedi gadael 'An
offering of the small flowers/ Of its springs' wrth droed cerflun o'r
Forwyn Fair, a ddisgrifir fel 'more white than the sea's/ Purest spray'
(*NHBF*, 18). Buasai Cape Clear ei hun, oddi ar arfordir de-orllewinol
Iwerddon, i R. S. Thomas yn lle cyfoethog a chymhleth ei gysylltiadau
crefyddol, naturiaethol (y mae'n fan sy'n adnabyddus am ei bywyd
gwyllt – adar yn arbennig) ac ieithyddol (fel ardal Wyddeleg ei hiaith).
Gwelir Thomas yn y llinellau a ddyfynnwyd yn tynnu ar y disgrifiad o
ymddangosiad cyntaf Olwen yn *Culhwch ac Olwen* ac yn gwahanu dwy
ddelwedd a geir ochr yn ochr â'i gilydd yn y ffynhonnell Gymraeg:

Oed gwynnach y chnawd no distrych y donn. Oed gvynnach y falueu a'e
byssed no chanawon godrwyth o blith man grayan fynhawn fynhonus.[156]

(Yr oedd ei chnawd yn wynnach nag ewyn y don. Yr oedd ei dwylo a'i
bysedd yn wynnach nag egin ffa'r gors yng nghanol graean mân ffynnon
fyrlymog.)

Y mae'r ffaith fod y môr yng ngherdd R. S. Thomas yn gadael blodau
bychain yn ei sgil hefyd yn dwyn i gof y rhan honno o'r disgrifiad
Cymraeg sy'n ymdrin ag enw Olwen: 'Pedeir meillonen gwynnyon a
dyuei yn y hol myn yd elhei. Ac am hynny y gelwit hi Olwen'[157] ('Tyfai
pedair meillionen wen o'i hôl lle'r âi, ac o achos hynny y gelwid hi
Olwen'). A chan mai cerflun o'r Forwyn Fair yw gwrthrych y gerdd
'Shrine at Cape Clear', cymwys yw nodi bod blodau yn ymddangos yn
ôl traed y cerddwr yn fotiff llên gwerin a gysylltir â Mair ei hun.[158]
    Y mae'r modd yr ailddehonglwyd *Culhwch ac Olwen* gan R. S.
Thomas yn y rhan hon o 'Border Blues' yn haeddu sylw manwl:

Olwen in nylons. Quick, quick,
Marry her someone. But Arthur leers
And turns again to the cramped kitchen
Where the old mother sits with her sons and daughters
At the round table. Ysbaddaden Penkawr's
Cunning was childish measured with hers. (*PS*, 9)

Dichon fod ffigwr y fam yn 'Border Blues' wedi'i seilio ar y llysfam ddialgar ar ddechrau *Culhwch ac Olwen*, sydd, fe gofir, yn tyngu tynged na chaiff Culhwch wraig ac eithrio Olwen, a hynny am iddo wrthod priodi ei merch ei hun. Fe'n hatgoffir megis o'r newydd gan linellau R. S. Thomas, 'Ysbaddaden Penkawr's/ Cunning was childish measured with hers', mai gweithred y llysfam hon sydd mewn gwirionedd yn esgor ar holl helynt *Culhwch ac Olwen*. (Mewn cyd-destun cwbl wahanol gwelir Gwyn Thomas, yn dra diddorol, yn uniaethu Ysbaddaden Bencawr ag R. S. Thomas ei hun.[159]) Arthur a'i farchogion sy'n cynorthwyo Culhwch yn y chwedl Gymraeg i gyflawni anoethau'r cawr ac ennill Olwen, a thrwy hynny ddileu melltith y llysfam. Ac y mae'r berthynas rhwng Arthur a Chulhwch yn un deuluol glòs: 'Amkawd Arthur, "Mae uyg kallon yn tirioni vrthyt. Mi a wn dy hanuot o'm gvaet"'[160] ('Dywedodd Arthur, "Mae fy nghalon yn tirioni tuag atat. Gwn dy fod yn hanfod o'm gwaed"'). Ond yn 'Border Blues' disodlwyd Arthur boneddigaidd, cymwynasgar ond grymus y chwedl gan ffigwr ystrywgar a di-hid ei ymddygiad. Sylwn mai cilwenu'n drythyll a wna Arthur y presennol – ffigwr sydd i bob pwrpas wedi ymgynghreirio â'r fam gyfrwys yn y gegin gyfyng honno a gymer le llys ysblennydd y chwedl. Yn y rhan hon o 'Border Blues', felly, cynigir inni ddarlun cyrhaeddgar o ddifrawder y dyn modern ac o rwymau teuluol yn ymddatod.

Y mae'r gwrthgyferbynnu yn 'Border Blues' rhwng y gorffennol a'r presennol – arwydd o ddylanwad Modernaidd clasurol ar y gerdd – yn ddi-baid ac yn ddigymrodedd. Ar ddechrau'r adran ddilynol fe'n cawn ein hunain, yn gwbl ddirybudd, yn ôl yn Oes y Seintiau. Y mae'n werth oedi yn y fan hon i graffu ar ddefnydd crefftus R. S. Thomas o gyfeiriad llenyddol yn ymwneud â Beuno Sant:

> I was going up the road and Beuno beside me
> Talking in Latin and old Welsh,
> When a volley of voices struck us; I turned,
> But Beuno had vanished, and in his place

There stood the ladies from the council houses:
Blue eyes and Birmingham yellow
Hair, and the ritual murder of vowels. (*PS*, 9–10)

Hawdd yw colli union arwyddocâd y cyfeiriad cynnil hwn at Beuno. Adlais ydyw o ddarn o 'Buchedd Beuno', testun y byddai ei naws wrth-Sacsonaidd wedi apelio at R. S. Thomas. Ceir yn y Fuchedd sôn am ddigwyddiad dramatig yn ardal Aberriw, nid nepell o Fanafon:[161]

A dydgweith, val yd oed Beuno yn gorymdeith geir llaw auon Hafren yngkylch y yt, nachaf, y clywei or tu arall yr auon llef Seis yn annoc y gwn yn hely ysgyfuarnnawc. Sef a dywedei y Seis hyt y benn, 'Kergia kergia'. Sef oed hynny yn y ieith ef, annoc y gwn. A phann gigleu Veuno llef y Seis, ymhoelut yn diannot a oruc dracheuen a dyuot ar y disgyblon a dywedut vrthunt, 'Gwisgwch amdanawch ych dillad, vy meibon i, ach archennat, ac adawn y lle hwnn. Kenedyl y gwr angkyuyeith a gigleu vi y le[f] tu draw yr auon yn annoc y gwn a oresgynnant y lle hwnn ac a vyd eidunt, ac ae kynnhalyant dan ei meddyant.[162]

(Ac un diwrnod, fel yr oedd Beuno yn cerdded gerllaw afon Hafren ynghylch ei ŷd, wele, fe glywai o ochr arall yr afon lef Sais yn annog ei gŵn i hela ysgyfarnog. Yr hyn a ddywedai'r Sais nerth ei ben oedd, 'Kergia, kergia'. Dyna oedd hynny yn ei iaith ef, annog ei gŵn. A phan glywodd Beuno lef y Sais, dychwelyd ar unwaith a wnaeth drachefn a dod at ei ddisgyblion a dweud wrthynt, 'Gwisgwch eich dillad amdanoch, fy meibion i, a'ch esgidiau, a gadawn y lle hwn. Cenedl y gŵr anghyfiaith y clywais i ei lef y tu draw i'r afon yn annog ei gŵn a oresgynnant y lle hwn ac fe fydd yn eiddo iddynt, ac fe'i cynhaliant dan eu meddiant.)

Fel y gwelir, cyd-dery'r hanesyn am Beuno yn 'Border Blues' yn drawiadol â'r hyn a geir yn y Fuchedd. Nodwn yn arbennig sut yr atgynhyrchir gwaedd yr heliwr o Sais yn 'volley of voices' R. S. Thomas, ac ymosodiad milwrol ac ieithyddol y Saeson ar y Cymry yn 'ritual murder of vowels' y gwragedd-tai-cyngor sy'n meddiannu'r ardal. Ac y mae'r hanes am Beuno a'i ddisgyblion yn cael eu gyrru o'r ardal gan bresenoldeb goresgynwyr Saesneg i'w gydio wrth ddarlun Thomas yn ddiweddarach yn yr adran hon o 'Border Blues' o adfeilion tai ym mryndir Maldwyn yn yr ugeinfed ganrif:

What am I doing up here alone
But paying homage to a bleak, stone
Monument to an evicted people? (*PS*, 10)

Yn sgil hyn gwelwn yr hanesyn o 'Buchedd Beuno' yn nhermau cynsail hynafol i'r modd y diboblogwyd bryndir Cymru yn y cyfnod modern. Pan ddywed R. S. Thomas ar ddechrau 'Border Blues', 'It is April, bringing scents/ Of dead heroes and dead saints' (*PS*, 9), y mae'n amlwg yn adleisio agoriad enwog *The Waste Land* T. S. Eliot: 'April is the cruellest month, breeding/ Lilacs out of the dead land, mixing/ Memory and desire, stirring/ Dull roots with spring rain.'[163] Ond diau fod Thomas ar yr un pryd am inni ddwyn i gof mai yn Ebrill y dethlir dydd gŵyl Beuno (yr 21ain o'r mis). Gwelir yr un math o fanylyn awgrymog yn nisgrifiad agoriadol ail adran y gerdd, 'I was going up the road and Beuno beside me/ Talking in Latin and old Welsh' (*PS*, 9). Nododd Gwyn Thomas fod dychan 'Border Blues' ar brydiau'n ddigon comig: 'Rhaid cofio . . . nad ydi'r bardd ddim yn ddi-gic at berson cyntaf y gerdd ychwaith, y brawd sy'n mynd gyda Beuno ac yn llefaru yn Lladin a hen Gymraeg!'[164] Perthnasol yma yw'r arabedd ym mhortread R. S. Thomas o sant arall yn y gerdd anghasgledig 'Llanddewi Brefi', lle yr ailddehonglir gwyrth Dewi Sant yn y Senedd enwog fel hyn:

> . . . I will see somewhere beyond the wall
> Of that old church the moles lifting the ground,
> And think of the saint's cunning and how he stood
> Preaching to the people from his secret mound,
> A head's breadth above them, and they silent around.[165]

Cymar i'r Dewi direidus hwn yw'r 'spry saint' y cyfeirir ato yn llinell olaf 'A Line From St David's' (*BT*, 7). Eithr gellid dweud bod y tu ôl i ddisgrifiad R. S. Thomas yn 'Border Blues' o'r ymgom â sant Beuno bwynt difrifol – pwynt ysgolheigaidd yn wir. Gan fod Thomas, fel y gwelsom, yn mynd rhagddo i ddefnyddio'n helaeth ddarn o 'Fuchedd Beuno', diau ei bod yn werth nodi awgrym A. W. Wade-Evans y gallai'r copi hynaf sydd wedi goroesi o'r fuchedd (yn *Llyfr Ancr Llanddewibrefi*, 1346) fod yn dalfyriad o fuchedd Ladin.[166] Ac y mae'r sylw hwnnw gan R. S. Thomas, fod y sgwrs rhwng Beuno a'i gydymaith yn un sy'n gymysgedd o Ladin a Chymraeg, yn un arwyddocaol yng nghyd-destun cerdd sydd yn dibynnu'n helaeth ar yr effaith a grëir wrth gyfosod a chyferbynnu'r Gymraeg a'r Saesneg ar sawl lefel wahanol. Ni ddylid anghofio ychwaith fod 'Border Blues' wedi'i darlledu ddwy-waith fel cerdd radio ar 'The Third Programme' cyn iddi ymddangos yn 1958 yn y gyfrol *Poetry for Supper*.[167]

Wrth i'r presennol ddisodli'r gorffennol yn y disgrifiad o ferched y tai

---

cyngor yn cymryd lle Beuno yn ail ran yr adran hon, disodlir adlais o destun canoloesol gan adlais o gerdd gyfoes:

> There stood the ladies from the council houses:
> Blue eyes and Birmingham yellow
> Hair, and the ritual murder of vowels.
> Excuse me, I said, I have an appointment
> On the high moors; it's the first of May
> And I must go the way of my fathers
> Despite the loneli – you might say rudeness. (*PS*, 9–10)

Nododd amryw y llinyn cyswllt rhwng cyfeiriad dilornus Thomas yn y fan hon at dai cyngor ac un o gerddi Saunders Lewis. Er enghraifft, meddai Dafydd Elis Thomas – 'This middle-class contempt for council houses is also shared by Saunders Lewis in *Difiau Dyrchafael*, "O men, come forth/ From your council houses . . ."' – ac â rhagddo: 'This is not all that they have in common. They also share the basic point of view, the historically-inspired nationalism which refuses to recognize the existence of present-day urban, industrial Wales.'[168] Ond y mae llawer mwy i'r berthynas rhwng yr adran hon o 'Border Blues' a 'Difiau Dyrchafael' Saunders Lewis na'r un cyfeiriad hwn. Yng ngherdd Lewis lleolir gwyrth yr offeren yn ddramatig ym myd natur:

> Beth sydd ymlaen fore o Fai ar y bronnydd?
> Edrychwch arnynt, ar aur y banadl a'r euron
> A'r wenwisg loyw ar ysgwyddau'r ddraenen
> Ac emrallt astud y gwellt a'r lloi llonydd;
>
> Gwelwch ganhwyllbren y gastanwydden yn olau,
> Y perthi'n penlinio a'r lleian fedwen fud,
> Deunod y gog dros ust llathraid y ffrwd
> A'r rhith tarth yn gwyro o thuser y dolau.[169]

Yr hyn sy'n ddiddorol yw bod R. S. Thomas yn 'Border Blues' yn mynd ati i wyrdroi'r olygfa hon, gan drawsffurfio dathliad crefyddol yn ddarlun llwm o golled faterol a diwylliannol. Mai ydyw yng ngherdd Thomas hefyd ('I have an appointment/ On the high moors; it's the first of May'), a chyd-dery'r modd y cyfosodir y 'lloi llonydd' a goleuni'r gastanwydden yn 'Difiau Dyrchafael' yn drawiadol â llinell R. S. Thomas, 'Sheep song round me in the strong light'. Ond yn narlun 'Border Blues' trawsnewidiwyd lliwiau offeren Saunders Lewis – 'aur y banadl a'r euron', 'emrallt astud y gwellt' – yn 'Birmingham yellow/

Hair' y merched o'r tai cyngor ac yn 'green sphagnum' y gweundir anial. Yn lle perseinedd 'Deunod y gog dros ust llathraid y ffrwd' ceir yn 'Border Blues' glochdar rhybuddiol iâr y mynydd: 'from the rough heather/ The grouse repels me' (*PS*, 10). Ac yntau wedi ffoi i'r rhostir rhag y gwragedd o'r tai cyngor, sylweddola'r llefarydd yn 'Border Blues' nad oes cysur i'w gael yma ychwaith, ac yntau wedi'i amgylchynu gan adfeilion trist hen ffordd o fyw. Ffurfia diweddglo'r adran hon o'r gerdd – 'and with slow step/ I turn to go, but down not back' – wrthgyferbyniad clir â'r Esgyniad gwyrthiol ar ddiwedd 'Difiau Dyrchafael':

> dowch gyda'r wenci i weled
> Codi o'r ddaear afrlladen ddifrycheulyd
> A'r Tad yn cusanu'r Mab yn y gwlith gwyn.[170]

Fe dâl inni ystyried yn y fan hon ambell ffaith lyfryddiaethol sy'n goleuo ymhellach y berthynas rhwng cerdd Saunders Lewis a 'Border Blues'. Yn gyntaf, y mae'n bwysig nodi mai yn *Baner ac Amserau Cymru* ym mis Mehefin 1950 y cyhoeddwyd 'Difiau Dyrchafael' am y tro cyntaf, a hynny chwe blynedd cyn i'w hawdur ei chynnwys yn *Siwan a Cherddi Eraill* (1956).[171] Yn yr un modd rhaid pwysleisio nad yn y gyfrol *Poetry for Supper* (1958) yr ymddangosodd 'Border Blues' am y tro cyntaf. Fel y dangoswyd, yr oedd cerdd Thomas wedi ei chyhoeddi yn *Dock Leaves* yn 1953 – ac wedi ei darlledu ddwywaith (yn 1956 ac 1957) – cyn iddi ymddangos yng nghasgliad 1958.[172] Tystia hyn oll mai yn *Baner ac Amserau Cymru* y gwelodd R. S. Thomas gerdd Saunders Lewis. Y mae hyn yn dra pherthnasol gan fod 'Difiau Dyrchafael' wedi ymddangos yn y papur hwnnw fel math ar gyflwyniad i erthygl hir gan Lewis ar 'Ddyfodol Llenyddiaeth' – erthygl a fuasai o ddiddordeb neilltuol i R. S. Thomas. Ynddi rhydd Lewis gyngor ac anogaeth i feirdd ifainc Cymru yn wyneb ofnau rhai fod 'ffrwd ein llenyddiaeth yn rhedeg yn fain odiaeth ac ar fin darfod'.[173] Pwysleisia'r angen i ymryddhau oddi wrth ddylanwadau Saesneg ac ehangu gorwelion, gan awgrymu y 'gallai Catwlws fod yn llawn cymaint o gyffro i fardd Cymraeg â W. H. Auden'.[174] Ond rhydd bwyslais neilltuol ar ddau bwnc a fuasai yn y cyfnod hwn o'r pwys mwyaf i R. S. Thomas. Yn gyntaf, pwysigrwydd ymgydnabod â'r traddodiad llenyddol Cymraeg:

> yr hyn sy'n unig anhepgor i fardd da yw gwybod llenyddiaeth ei iaith ei hun . . . [P]wysicach na'r cwbl i fagu llenor creadigol yw ei fod yn gwybod cyfoeth rhyfeddol a dihysbydd y meddwl sydd yn ein llenyddiaeth Gymraeg. Rhoddaf bwys ar y meddwl, y profiad sydd yn ein llên ni.

Dyna'r hyn sy'n ddarganfod, sy'n ddatguddiad syn a pharhaus i mi. Hynny sy'n troi'r cwbl yn gyfoes ac felly'n gyfoeth, fel y gallo Dafydd Nanmor a Thudur Aled a Charles Edwards ac Islwyn dyfu'n rhan fawr o fywyd y myfyriwr yn eu gwaith [*sic*] heddiw. Nid parchu'n treftadaeth yn unig sy'n rhaid, ond byw ar ein treftadaeth, os mynnwn feithrin y ddawn greadigol . . . Dysgwn grefft y llenor, ac ymgyfoethogwn yn nhraddodiad ein blaenoriaid.[175]

Ac yn ail, pwysigrwydd 'Dwyn ein sgrifenwyr i edrych yn graff ar y gymdeithas gyfoes a'i hastudio yn ei phersonau ac yn ei moddau', a hynny 'Oblegid bod llenyddiaeth Gymraeg heddiw yn dihoeni oherwydd diffyg gwrthrych':

y mae'r cyfnod rhamantaidd ar ben, mae'r 'hunan' wedi ei wagio fel cronfa farddol ac nid oes yn awr na hyder mawr yn nyfodol y genedl i gynhyrfu awdlau i 'Wlad y Bryniau' nac ychwaith nefoedd proletaraidd y tri-degau. Eto i gyd, mae bywyd yn mynd ymlaen, mae dydd yn dilyn dydd, rhaid byw, rhaid llenydda . . . O'r gorau, trown i edrych ar ffrwd y bywyd beunyddiol a dywedwn yr hyn a welwn, tasg anodd a dyrys.[176]

Ni ellid wrth well enghraifft na 'Border Blues' o fardd yn cyfuno'r union ddwy egwyddor hyn a'u rhoi ar arfer yn ddramatig.

Y canlyniad, wrth gwrs, yw sylwebaeth gymdeithasegol frathog sydd, y mae'n deg dweud, ar brydiau'n snobyddlyd ac yn ymylu ar fod yn fisogynistaidd: 'Olwen in nylons', 'the ladies from the council houses:/ Blue eyes and Birmingham yellow/ Hair, and the ritual murder of vowels', 'the girl, Ceridwen,/ With the red lips,/ And red nails'.[177] (Onid yw'r disgrifiad olaf hwn yn dwyn i gof ddelweddau Saunders Lewis yn 'Golygfa Mewn Caffe': 'Yng nghanol crechwen aflawen a chrafangau cochion benywod/ A'u gweflau fel hunllef anllad yn rhwygo/ Cwsg eu hwynebau gorila'?[178]) O ystyried darlun Thomas o ferched yn 'Border Blues', tanosodiad yn ddiau yw sylw Dennis O'Driscoll: 'he can sometimes seem out of tune with the secular temper and the sexual revolutions (not least the feminist) of our age.'[179]

Agwedd ddiddorol ar waith R. S. Thomas, felly, yw amlder ei ddefnydd o adleisiau o ganu serch y traddodiad barddol. Enghreifftiau amlwg ac uniongyrchol yw'r dyfyniad o drydedd adran awdl 'Yr Haf' R. Williams Parry ar ddiwedd yr ysgrif gynnar 'Gobaith' (*PMI*, 37) a'r cyfeiriadau cyson at benillion telyn megis 'Blodau'r flwyddyn yw f'anwylyd' – pennill yr oedd gan R. S. Thomas gryn feddwl ohono.[180]

Yng ngoleuni'r pwynt olaf hwn, dichon ei bod yn werth holi ai'r hyn a wneir yn llinellau Thomas yn y gerdd 'The Seasons' – 'She was the colour/ of corn. Fine wheat/ was her texture' (*MHT*, 68) – yw diriaethu'r defnydd trosiadol o'r gair 'gwenithen' (gwraig rinweddol, yr orau o'r gwragedd) a geir yn llinell olaf yr hen bennill hwnnw: 'Blodau'r flwyddyn yw f'anwylyd,/ Ebrill, Mai, Mehefin hefyd;/ Llewyrch haul yn twnnu ar gysgod,/ A gwenithen y genethod.'[181] Fel y cawn weld, cafodd cwpled Dafydd Nanmor yn 'I Wallt Llio', 'Mewn moled aur a melyn/ Mae'n un lliw â'r maen yn Llŷn',[182] gryn ddylanwad ar waith R. S. Thomas, ac yn ei adolygiad ar *The Oxford Book of Welsh Verse* yn 1962 nododd y bardd mai un o uchafbwyntiau'r flodeugerdd honno iddo ef oedd 'Marwnad Bun' Dafydd Nanmor.[183] Cwpled arall o gerdd serch ganoloesol a afaelodd yn nychymyg Thomas (arferai ei ddyfynnu'n gyson mewn cwmni) yw, 'Dy wên yw'r pum llawenydd,/ Dy gorff hardd a'm dwg o'r ffydd', a ddaw o gywydd a adwaenir wrth y teitl modern 'Gwahoddiad'.[184] At hyn, teifl hoffter amlwg R. S. Thomas o ganu serch y Cywyddwyr oleuni diddorol ar y gerdd 'The Bank', lle y cyffelybir gwallt merch i liw melyn llwyn eithin yn null cywyddau canoloesol megis 'I Fun Felynwallt' ac 'I Wallt Llio' Dafydd Nanmor, ac 'I Wallt Merch' Dafydd ab Edmwnd:[185]

> Yellow, yellow, yellow hair
> of the spring, the poet cries,
>
> admiring the gorse bushes
> by the old stone wall. But the maiden's
>
> hair overflows the arms
> of the hero. (*EA*, 21)

Cyfyd y cyfeiriadau hyn at ferched llenyddiaeth Gymraeg gwestiwn pwysig ynghylch cydbwysedd persbectif cyffredinol y farddoniaeth. Ni ellir gwadu nad yw R. S. Thomas, drwy gyfrwng adleisiau o'r fath, yn tradyrchafu gorffennol llenyddol dychmygol ar draul realiti'r presennol. Y mae'r gwrthgyferbyniad rhwng y llinellau uchod o 'The Bank' a'r darlun yn 'Border Blues' o ferched y tai cyngor â'u 'Birmingham yellow/ Hair' yn nodweddiadol.[186] Ac fel y dywed Thomas yn *Abercuawg*: 'Branwen oedd Helen Cymru, yntê? . . . Y mae ambell Franwen yng Nghymru o hyd. Oni chlywais yr enw rywbryd a throi gan ddisgwyl iddi fynd â'm calon ar unwaith? Ond pwy a welais i ond bronten hurt, ddireidus, a'i llygaid pŵl yn ffuglas dan fascara . . .?' (*PMI*, 87–8).[187]

Megis yn *The Waste Land* Eliot, y mae cyfeiriadau llenyddol yn tueddu'n awtomatig i swynoli a glamoreiddio'r gorffennol, ac y mae hynny'n arbennig o wir yng nghyswllt y thema benodol hon, serch a chariad. Bu'n rhaid wrth gerddi serch gaeafol R. S. Thomas i'w wraig yn ei henaint i wrthweithio'r duedd honno.

Yn ei ddefnydd yn 'Border Blues' o'r dechneg o gyfosod y gorffennol a'r presennol, heb yr angen am unrhyw sylwebaeth uniongyrchol, gwelir Thomas yn troi i'w felin ei hun dechnegau Modernaidd cyfeiriadol *The Waste Land* Eliot. Disgrifiad da o'r sylwebaeth 'ddiyngan' hon yn 'Border Blues', a gyfyd yn naturiol yn sgil cyfosod o'r fath, fyddai llinellau R. S. Thomas ei hun ar ddechrau ei gerdd 'Henry James': 'It was the eloquence of the unsaid/ thing' (*F*, 20). Wedi dweud hynny, rhaid cyfaddef bod 'Border Blues' at ei gilydd yn enghraifft bur oportiwnistaidd a hwyrfrydig o dafleisio barddonol yn y dull Modernaidd. Gwelsom eisoes sut y bu i Thomas, yn y cyfeiriad hwnnw at Ebrill 'bringing scents/ Of dead heroes and dead saints' (*PS*, 9), dynnu hefyd ar ddeunydd *The Waste Land* ei hun. Yn wir, y mae 'Border Blues' yn frith o adleisiau o waith Eliot. Ond yr hyn sy'n ddiddorol yw'r lle blaenllaw a roddir nid i *The Waste Land*, fel y byddid yn disgwyl, ond yn hytrach i *Four Quartets* – cerdd a ymddangosodd yn ei chyfanrwydd am y tro cyntaf yn 1943, sy'n ei gwneud yn ddylanwad mwy cyfoes o lawer ar gerdd Thomas (1953). (Fe'n hatgoffir gan y ddelwedd ar ddiwedd 'Border Blues' o amser yn tantio telyn â weiren bigog mai cerdd yw hi y deil rhyfel byd i daflu ei gysgod arni, ac yn hynny o beth dwg berthynas arwyddocaol â *The Waste Land* a *Four Quartets* ill dwy.) Dylid sylwi'n benodol fod llu o gyfeiriadau at *Four Quartets* wedi eu crynhoi yn adran agoriadol cerdd Thomas. Er enghraifft, yn union wedi'r adlais hwnnw o ddechrau *The Waste Land*, ceir y llinellau, 'But the rivers are surly with brown water/ Running amok' (*PS*, 9) – delwedd a symbylwyd, y mae'n rhaid, gan agoriad 'The Dry Salvages': 'I do not know much about gods; but I think that the river/ Is a strong brown god – sullen, untamed and intractable.'[188] 'Other echoes/ Inhabit the garden', medd Eliot yn 'Burnt Norton', adran agoriadol *Four Quartets*, a synhwyrir y tu ôl i 'Quick, quick,/ Marry her someone' R. S. Thomas (*PS*, 9) bresenoldeb llinell ddilynol Eliot, 'Quick, said the bird, find them, find them'.[189] Ac ymhellach, oni chlywir y llinellau hyn o un arall o'r *Quartets*, 'East Coker' – 'And we all go with them, into the silent funeral,/ Nobody's funeral, for there is no one to bury'[190] – yn llinellau R. S. Thomas: 'The sexton breaks the unleavened earth/ Over the grave./ Are there none to marry?' (*PS*, 9)? Dychwel yr adleisiau o waith Eliot yn rhan olaf 'Border

Blues'. Dyna'r llinellau o adran agoriadol 'Burnt Norton' – 'There they were, dignified, invisible,/ Moving without pressure, over the dead leaves'[191] – ac adlais diddorol Thomas: 'I once heard footsteps in the leaves,/ And saw men hiding behind the trunks/ Of the trees' (PS, 12). Priodol hefyd yw tynnu sylw at berthynas datganiad rhybuddiol y cyfeddachwyr yn y dafarn ar ddiwedd 'Border Blues' – 'our wit is sharp as an axe yet,/ Finding the bone beneath the skin' (PS, 13) – ag agoriad 'Whispers of Immortality' Eliot: 'Webster was much possessed by death/ And saw the skull beneath the skin.'[192]

Agwedd arall ar gyfeiriadaeth Thomas yn 'Border Blues' yw bod yr adleisiau nid yn unig yn rhychwantu strata cymdeithasol, ond hefyd, yn nodweddiadol Fodernaidd, yn pontio'r canrifoedd: symudwn o Oes y Seintiau i Bowys y canu englynol cynnar, ymlaen i'r Oesoedd Canol ac yna i'r ddeunawfed ganrif, cyn cyrraedd yr ugeinfed gyda'r adlais o 'Difiau Dyrchafael' Saunders Lewis. Y mae gofyn pwysleisio, er hyn, mai eithriad i ddull arferol R. S. Thomas (a hynny dan ddylanwad siars erthygl Saunders Lewis o bosibl?) yw technegau cyfeiriadol macaronig 'Border Blues'. Yn ei ddarlith Words and the Poet, dywed y bardd, 'there can be none of this macaronic nonsense in the writing of English poetry, pace Ezra Pound, and to a lesser extent T. S. Eliot. One must take the words as one finds them, and make them sing' (SP, 62). A pherthnasol yma yw geiriau Thomas mewn llythyr yn 1966 yn ymateb i wahoddiad i ddarlithio yn Aberystwyth ar ei farddoniaeth, a hynny yn Gymraeg: 'Cefais gais tebyg gan Euros [Bowen] ar ran yr Academi Gymreig, ac er na fyddaf yn arfer traethu ar fy ngwaith yn Gymraeg, 'rwy'n barod i roi cynnig arni, er gwaethaf y gymysgfa iaith a fydd wrth ddyfynnu.'[193]

Y mae'r awydd i dradyrchafu'r gorffennol 'euraid' ar draul y presennol 'gwachul' yn nodwedd amlwg o'r darlun o ferched yn 'Border Blues', fel y gwelsom eisoes, ac ni ellir gwadu nad yw hon yn duedd gref yn 'Border Blues' ar ei hyd. Eithr cam gwag dybryd fyddai diffinio holl ethos y gerdd yn y termau hyn. Hanfodol yn y cyswllt hwn yw dal ar y rhybudd a leisiwyd gan Ned Thomas ar sawl achlysur fod angen ymochel rhag cyffredinoli'n dalog mai laudator temporis acti yn unig ydyw'r bardd, a gorsymleiddio ei agwedd tuag at y gorffennol yn ei berthynas â'r presennol.[194] (Aeth R. S. Thomas ei hun, wrth gwrs, i'r afael ag atyniad Cymru'r gorffennol iddo, ynghyd â'r peryglon a ddaw yn sgil ymollwng i'w rhamanteiddio, yn ei erthygl fer, 'Doe', yn ABC Neb.) Yn gyntaf peth, dylai cymhlethdod y llu o leisiau a deflir yn 'Border Blues' ynddo'i hun ein hatal rhag syrthio i'r fagl o uniaethu pob un ohonynt â llais ac agwedd y bardd ei hun. Ac eto, teg dweud nad oes i 'Border

Blues' gymhlethdod *The Waste Land*, cerdd sydd, ochr yn ochr â chynnig portread difrïol o'r presennol, yn mynd ati i danseilio a dadfytholegu'r gorffennol (meddylier, er enghraifft, am y modd y dryllir delw'r Forwyn Frenhines tua diwedd y drydedd adran, 'The Fire Sermon', yn y darlun o 'Elizabeth and Leicester/ Beating oars'[195]). Eithr rhaid pwysleisio nad pledio achos goruchafiaeth 'an imagined past' ar y presennol mewn unrhyw ystyr seml y mae 'Border Blues' o'i chymryd yn ei chyfan-rwydd. Yn hytrach, yr hyn sydd wrth wraidd ei thôn elegeiog yw ym-wybyddiaeth archolledig ddofn o bresennol heb ddimensiynau'r gorffennol – yr arswyd o orfod byw 'in an anonymous land, a land without vibrations', chwedl Thomas.[196] Defnyddir yr ymadrodd hwnnw, 'an imagined past', yn 'The Bright Field' yn rhybuddiol, ac i ryw raddau'n hunangystwyol: 'Life is not hurrying// on to a receding future, nor hankering after/ an imagined past. It is the turning/ aside like Moses to the miracle/ of the lit bush' (*LS*, 60). Gellid dadlau mai 'an imagined past' yw'r hyn a arddelir yn 'Border Blues' – eithr yn yr ystyr mai'r hyn a fynegir yn y gerdd, drwy gyfrwng y llu o gyfeiriadau llenyddol at chwedlau, hagiograffeg a cherddi cynnar a diweddar y traddodiad Cymraeg, yw'r gofid fod y presennol wedi colli ym-wybyddiaeth o rymoedd dychmygus y gorffennol – yn wir, o bŵer y dychymyg ei hun.[197] Dylid nodi hefyd fod 'Border Blues' yn diweddu â phortread o bresennol ac iddo ei rymuster sylweddol ei hun:

> The day divides us, but at night
> We meet in the inn and warm our hearts
> At the red beer with yarn and song;
> Despite our speech we are not English,
> And our wit is sharp as an axe yet,
> Finding the bone beneath the skin
> And the soft marrow in the bone.
> We are not English . . . *Ni bydd diwedd*
> *Byth ar sŵn y delyn aur.*
> Though the strings are broken, and time sets
> The barbed wire in their place,
> The tune endures; on the cracked screen
> Of life our shadows are large still
> In history's fierce afterglow. (*PS*, 13)

Unwaith eto, rhaid bod yn wyliadwrus, a pheidio ag uniaethu'r haeriadau a wneir gan y dathlwyr di-Gymraeg yn y dafarn â safbwynt y bardd ei hun. Ond teg dweud bod modd ymdeimlo yma, yn annisgwyl efallai, â dogn nid bychan o empathi a chydymdeimlad. 'Despite our speech we are not English,/ . . . We are not English', cyhoedda'r cyfeddachwyr – datganiad a gefnogir yn dawel ond yn ddiymwad gan y defnydd o'r ymadrodd 'red beer', cyfieithiad o'r term Cymraeg, cwrw coch, 'brown ale'. Y mae pwyslais y diweddglo hwn ar barhad, ar oroesiad, ar wydnwch, a hynny mewn cyd-destun di-Gymraeg. Yn wir, diau fod i'r haeriad 'The tune endures' beth o rym 'Ry'n ni yma o hyd' y Cymry Cymraeg. Y mae perthynas y dyfyniad o emyn Pantycelyn, 'Dechrau Canu, Dechrau Canmol', â'i gyd-destun yn hynod o ddiddorol. Dichon y gellid dehongli'r cyfosodiad fel sylw beirniadol ar genhedlaeth y mae ei Chymraeg yn gyfyngedig i ambell emyn adnabyddus, i'w canu yn y dafarn fin nos.[198] Ar y llaw arall, rhoddir gwedd wahanol iawn ar y defnydd o'r dyfyniad gan sylwadau R. S. Thomas mewn llythyr at Raymond Garlick flwyddyn cyn cyhoeddi 'Border Blues':

I shall be off to London any day now to be cured of my extreme nationalism!

If you are having good discussions about 'gnawing the carcase' etc I don't see why I should put a stop to them by explaining what I mean! After all, so much poetry is the result of a mood.

However, I should think most 'Anglo-Welshmen' who really know their country are ambivalent towards it.

I would like to boast that no one loves the old things of Wales more than I do, and yet there is something fearful sometimes in thinking 'ni bydd diwedd byth ar swn y delyn aur'.[199]

Yn 'Border Blues' dilynwn hynt R. S. Thomas wrth iddo deimlo ei ffordd drwy dirwedd ddiwylliannol y mae ei agwedd tuag ati yn amwys a chyfnewidiol.

Nodiadau

[1] Arnynt, gw. T. Emrys Parry, 'Cerddi i Bobl', *Barddoniaeth Robert Williams Parry: Astudiaeth Feirniadol* (Dinbych, 1973), 117–39.

[2] 'Wales in Literature', *Western Mail*, 12 Mawrth 1946, 3. Ar R. S. Thomas a Saunders Lewis, gw., er enghraifft, y penodau perthnasol yn astudiaeth Grahame Davies, *Sefyll yn y Bwlch*; John Barnie, *The King of Ashes*, 6–13, 14–15; M. Wynn Thomas, 'Keeping His Pen Clean: R. S. Thomas and Wales', *Miraculous Simplicity*, 61–79; idem, 'Agweddau ar Farddoniaeth y Chwedegau', *R. S. Thomas: Y Cawr Awenydd*, gol. M. Wynn Thomas (Llandysul, 1990), 29–31,

39–40; Tony Brown, '"On the Screen of Eternity": Some Aspects of R. S. Thomas's Prose', *Miraculous Simplicity*, 192–3.

3 *Dail Pren*, 58.

4 Gwybodaeth bersonol.

5 *Barddoniaeth Wiliam Llŷn*, gol. J. C. Morrice (Bangor, 1908), 212; 'Gwenallt', *Blodeugerdd o Farddoniaeth Gymraeg yr Ugeinfed Ganrif*, gol. Gwynn ap Gwilym ac Alan Llwyd (Llandysul, 1987), 174, 176.

6 '"Bachgen oeddwn i yng Nghaergybi – nid Cymro" – Dyfed Evans yn Sgwrsio ag R. S. Thomas', *Y Cymro*, 30 Tachwedd 1967, 12.

7 'Y Cawr Mawr Bychan', *Y Faner* (Rhifyn Coffa Saunders Lewis), 13 Medi 1985, 9. Daw'r ymadrodd o gerdd Madog ap Gwallter, 'Geni Crist' – 'Cawr mawr bychan,/ Cryf cadarn gwan,/ gwynion ruddiau'; gw. *Gwaith Bleddyn Fardd a Beirdd Eraill Ail Hanner y Drydedd Ganrif ar Ddeg*, gol. Rhian M. Andrews *et al.* (Caerdydd, 1996), 359.

8 'Not That He Brought Flowers', *Sothach*, 57 (1994), 16. Gw. hefyd yr hyn a ddywed Thomas yn 'Y Bardd yn Erbyn y Byd? Tyndra Bywyd a Gwaith R. S. Thomas', *Golwg*, 5 Ebrill 1990, 23, lle'r ymuniaetha'n gryf â Saunders Lewis.

9 'John Saunders Lewis' yn y gyfres 'Chware Teg Iddynt', *Cerddi R. Williams Parry*, 149.

10 'Saunders Lewis', *Cerddi Gwenallt: Y Casgliad Cyflawn*, gol. Christine James (Llandysul, 2001), 112.

11 Ibid.

12 Cf. y ddelwedd yn llinellau olaf portread R. S. Thomas o Richard Hughes: 'It was his trade,/ . . . to use his pen for the incision/ into the festering body/ of Europe. There came out/ the discharge of history/ running gradually/ clear for us in his precise prose'; 'Richard Hughes', *Planet*, 33 (1976), 15. Ymhlith portreadau R. S. Thomas o lenorion Eingl-Gymreig eraill ceir 'Alun Lewis' (*AL*, 25), 'The Bank Clerk' (portread o Vernon Watkins; *Vernon Watkins 1906–1967*, gol. Leslie Norris (London, 1970), 34), a 'Remembering David Jones' (*LP*, 205).

13 *Cerddi R. Williams Parry*, 135.

14 Ibid., 150.

15 Ibid., 135. Fel y nododd Alan Llwyd, ibid., 296, y mae Williams Parry yn y llinellau hyn yn adleisio cerdd Thomas Hardy, 'To Shakespeare'.

16 Y mae hon yn ddelwedd a ailddefnyddiwyd gan R. S. Thomas yn y gerdd 'Doves' o'r gyfrol *Frieze* (1992): 'doves, too,// are explosive. In the porches/ of the peace conference, memories/ of their earlier fall-out insist/ militantly on their being kept in a cage' (*Frieze*, 10).

17 'Yr Atgyfodiad Metaphor', *Western Mail*, 27 Mai 1972, 6.

18 'Agweddau ar Farddoniaeth y Chwedegau', *Y Cawr Awenydd*, 30, 31.

19 Ibid., 31.

20 Llythyr dyddiedig 5 Mawrth 1979, Llawysgrif Llyfrgell Genedlaethol Cymru 22725E ('Llythyrau at Saunders Lewis'), f. 206.

21 'Jason Walford Davies yn cyfweld R. S. Thomas', *Croma*, 19 Tachwedd 1999.

22 Tystiolaeth y bardd ei hun mewn sgwrs â'r awdur presennol, 31 Awst 2000.

23 Llythyr dyddiedig 21 Awst 1953, *Annwyl Kate, Annwyl Saunders: Gohebiaeth 1923–1983*, gol. Dafydd Ifans (Aberystwyth, 1992), 176.

24 Ibid.

25 *Encounter*, 3, 6 (1954), 64.

26 Ar arwyddocâd llenyddol y ffigwr hwn, gw. pennod Tony Conran, 'Displaced Poets of the Way of Life: W. H. Davies, Huw Menai and A. G. Prys-Jones' yn *Frontiers in Anglo-Welsh Poetry*, 19–20.

27 Gw. *Hunangofiant a Llythyrau Twm o'r Nant*, gol. G. M. Ashton (Caerdydd, 1948), 26. Dyfynnir fersiwn o'r llinellau hyn gan George Borrow yn *Wild Wales*, lle y'u disgrifir fel 'certainly not the worst which . . . [the carter poet] ever wrote'; gw. *Wild Wales: Its People, Language and Scenery* (Llandysul, 1995), 440.

28 *Hunangofiant a Llythyrau Twm o'r Nant*, 33.

29 Ni wyddys pwy yw'r artist.

30 *With Great Pleasure: R. S. Thomas*, BBC Radio 4, 2000.

31 *The Critical Forum: R. S. Thomas Discusses His Poetry*, Norwich Tapes, 1980.

32 *Casgliad o Gerddi T. H. Parry-Williams* (Llandysul, 1987), 125.

33 William Roscoe, *Memoir of Richard Robert Jones of Aberdaron* (London, 1822), 13.

34 Ibid., 13–14.

35 Cf. y fersiwn yn *Gwaith Gwallter Mechain*, gol. D. Silvan Evans, 3 cyfrol (Caerfyrddin a Llundain, 1868), I, 10.

36 *Poetry Wales*, 26, 1 (1990), 4.

37 *Gwaith Gwallter Mechain*, I, xxii.

38 Ibid., xxiii.

39 *Poetry Wales*, 26, 1 (1990), 4.

40 Ar R. S. Thomas ac Ann Griffiths, gw. yn arbennig ragymadrodd M. Wynn Thomas, *Y Cawr Awenydd*, xiii–xxiv; A. M. Allchin, 'An Inexplicable Note of Hope', *New Welsh Review*, 5, 4 [20] (1993), 12–14; Tony Brown, 'Eve's Ruse: Identity and Gender in the Poetry of R. S. Thomas', *English*, 49 (2000), 244–9; Justin Wintle, *Furious Interiors: Wales, R. S. Thomas and God* (London, 1996), 399–408.

41 Canwyd yr emyn hwn, a hefyd 'Dyma babell y cyfarfod' Ann Griffiths, yng ngwasanaeth coffa R. S. Thomas, 3 Rhagfyr 2000, yn eglwys Sant Ioan, Porthmadog.

42 *Meistri'r Canrifoedd*, gol. R. Geraint Gruffydd (Caerdydd, 1973), 314.

43 Cf. yr olygfa yn 'Two Thoughts with but a Single Mind': 'he waited for her/ in the darkness under the holly/ bushes' (*R*, 41).

44 Gw. Llyfr Sechareia 1:8–11.

45 *Anglo-Welsh Review*, 74 (1983), 35.

46 Ibid.

47 Gw. rhagymadrodd M. Wynn Thomas, *Y Cawr Awenydd*, xvi–xvii, a Justin Wintle, *Furious Interiors*, 405–8.

48 Rhagymadrodd, *Y Cawr Awenydd*, xvii.

49 *Anglo-Welsh Review*, 74 (1983), 35.

50 *Hanes y Daith Trwy Gymru/Disgrifiad o Gymru*, cyf. Thomas Jones (Caerdydd, 1938), 129.

51 'R. S. Thomas a'r Genedl' (Rhan 2), *Barddas*, 199 (1993), 18.

52 Ibid., 19.

53 *Casgliad o Gerddi T. H. Parry-Williams*, 133. Gw. hefyd yr ysgrif 'Ann' (lle y mynega Parry-Williams ei 'eiddigedd wrth rai fel hi'), *Casgliad o Ysgrifau T. H. Parry-Williams* (Llandysul, 1984), 279–84.

54 Rhagymadrodd, *Y Cawr Awenydd*, xx.

55 *Ac Onide* (Llandybïe, 1970), 234.

56 Ibid., 230, 238.

57 'Ann Griffiths a Chyfriniaeth', *Y Traethodydd*, 126 (1971), 99–103. Ailgyhoeddwyd yr ysgrif yn *Meistri'r Canrifoedd*, 319–24.

58 *Poetry Wales*, 7, 4 (1972), 13.

59 *Western Mail*, 26 Awst 1949, 4.

60 'Correspondence', *Anglo-Welsh Review*, 18, 41 (1969), 187.

61 *Poetry Wales*, 5, 2 (1969), 36.

62 Gw. Emrys Roberts, *Monallt: Portread o Fardd Gwlad* (Caernarfon, 1985), 99–101. Cynhwyswyd y cywydd hefyd yn *Blodeugerdd o Farddoniaeth Gymraeg yr Ugeinfed Ganrif*, 103–5.

63 'Hewer of Verses', *The Guardian*, 4 Mawrth 1964, 9.

64 Llythyr dyddiedig '1977' mewn casgliad preifat.

65 *Gwaith Siôn Tudur*, gol. Enid Roberts, 2 gyfrol (Caerdydd, 1980), I, 615, llau. 93–100.

66 *Harri Webb* (Cardiff, 1993), 50.

67 Alexander Pope, 'Ode on Solitude'; W. B. Yeats, 'An Acre of Grass'.

68 Gw. *Gwaith Siôn Tudur*, II, 544. Ar gyd-destun y dyfyniad (sicrhau bywyd tragwyddol drwy roi elusen), gw. Enid Roberts, *Y Beirdd a'u Noddwyr ym Maelor*, darlith yn Eisteddfod Genedlaethol Wrecsam a'r Cylch, 1977, 8. Ni nodir man cyhoeddi.

69 *Gwaith Siôn Tudur*, II, 544. Cf. llinellau agoriadol cyfres o englynion dychan gan Madog Dwygraig: 'Estyryed bobloed ystorya Deykyn/ Ni med akyr o dir da.' Arnynt, gw. Dylan Foster Evans, *'Goganwr am Gig Ynyd': The Poet as Satirist in Medieval Wales* (Aberystwyth, 1996), 21–2.

70 *Y Golau yn y Gwyll: Casgliad o Gerddi Alun Llywelyn-Williams* (Dinbych, 1979), 83.

71 Ibid.

72 'Never Forget Your Welsh', *The King of Ashes*, 14. Gw. hefyd sylwadau M. Wynn Thomas, 'Keeping His Pen Clean: R. S. Thomas and Wales', *Miraculous Simplicity*, 76.

73 'R. S. Thomas: War Poet', *Welsh Writing in English: A Yearbook of Critical Essays*, 2 (1996), 95.

74 Ibid., 95–6.

75 Sylwer mai 'The One Furrow' yw'r teitl a roddwyd i'r gerdd yn *SYT*.

76 Mewn adolygiad ar *Pietà* cafwyd gan John Carey y sylw bychanus canlynol: '[R. S. Thomas's] reputation thrives on the misapprehension that to be really real you have to write about muck-heaps and mangel-wurzels, though they are as familiar to most of us as knights in armour. When does a furrow become a rut?'; gw. 'Prytherch', *New Statesman*, 17 Mehefin 1966, 894.

77 Fel y gwelir, gwneir rhywbeth mwy penodol o lawer yn y fan hon nag adleisio 'the intuition of Siôn Tudur: "Nid câr da ond acer [*sic*] o dir"', fel yr honna W. Moelwyn Merchant, 'The Sense of Place in the Poetry of Henry

Vaughan and R. S. Thomas', *Transactions of the Honourable Society of Cymmrodorion*, 1983, 74.

[78] 'Cymeriadau Cenedlaethol', teipysgrif yn archif CYRST.

[79] *Hen Benillion*, gol. T. H. Parry-Williams (Llandysul, 1940), 38.

[80] Arnynt, gw. Linda Adams, 'Fieldwork: The Caseg Broadsheets and the Welsh Anthropologist', *Welsh Writing in English: A Yearbook of Critical Essays*, 5 (1999), 51–85. Ceir llun o ddangoslen rhif 2 ar dudalen 72.

[81] *Dock Leaves*, 6, 7 (1955), 17.

[82] Cf. sylw Philip Larkin, mewn adolygiad ar *Poetry for Supper*: 'I missed Mr R. S. Thomas's first collection (though not the applause it earned), but I am afraid I do not think *Poetry for Supper* shows him as all he was cracked up to be . . . There is no doubt that Mr Thomas is the kind of poet one would like to be good, because he avoids a great many ways of being bad, but I find in this collection little sense of the inner organization that gives a poem cohesion, and his images and metaphors are too often repetitive and second-rate ("black ink of the heart's well", "the easier rhythms of the heart" . . .)'; gw. *Further Requirements*, gol. Anthony Thwaite (London, 2001), 180.

[83] *Anglo-Welsh Review*, 18, 41 (1969), 16.

[84] *Hugh MacDiarmid* (Edinburgh, 1967), 3. Gw. hefyd 'Some Contemporary Scottish Writing', *SP*, 25.

[85] Cf. defnydd Idris Davies o'r gair 'calon' yn ei gerddi Cymraeg; gw. Dafydd Johnston, 'Idris Davies a'r Gymraeg', *DiFfinio Dwy Lenyddiaeth Cymru*, 107.

[86] Ni ddylid cymysgu'r awdl â'r gerdd hir arall â'r un teitl sy'n ymddangos yng nghyfrol Dewi Emrys, *Y Cwm Unig a Chaniadau Eraill* (Llanelli, 1930), 38–64. Ceir hanes Dewi Emrys yn Eisteddfod Genedlaethol 1948 gan Eluned Phillips yn ei chofiant i'r bardd, *Dewi Emrys* (Llandysul, 1971), 246–9.

[87] Cyfweliad â'r awdur presennol, 28 Gorffennaf 1999.

[88] Adolygiad ar *The Oxford Book of Welsh Verse*, *The Listener*, 26 Ebrill 1962, 740.

[89] 'Sgwrs efo R. S. Thomas', *Ffenics*, 2, 2 (1972), 10.

[90] Y cerddi eraill oedd 'Walter Llywarch' a 'The Maker' o *Tares*, ynghyd â 'Concession' a 'The Place' o *Not That He Brought Flowers*.

[91] Buddiol fyddai cymharu'r awdl â 'Michael' Wordsworth – cerdd a gynhwysodd R. S. Thomas yn ei ddetholiad, *A Choice of Wordsworth's Verse* (London, 1971). Ymhellach ar arwyddocâd 'Michael' yng nghyd-destun gwaith R. S. Thomas, gw. John Barnie, 'Never Forget Your Welsh', *The King of Ashes*, 16.

[92] *Cyfansoddiadau a Beirniadaethau Eisteddfod Genedlaethol 1948 (Penybont-ar-Ogwr)*, gol. William Morris (Liverpool, 1948), 23.

[93] Ibid., 23.

[94] Ibid., 25.

[95] Gw. Tony Brown, '"Over Seventy Thousand Fathoms": The Sea and Self-definition in the Poetry of R. S. Thomas', *The Page's Drift*, 148–70, yn arbennig 148–53.

[96] *Cyfansoddiadau a Beirniadaethau . . . 1948*, 29.

[97] Ibid., 27.

[98] Teipysgrif yn archif CYRST.

[99] *Cyfansoddiadau a Beirniadaethau . . . 1948*, 27.

[100] Ned Thomas a John Barnie, 'Probings: An Interview with R. S. Thomas', *Miraculous Simplicity*, 26.

[101] Ar Iago Prytherch fel 'Sais-Gymro', chwedl R. S. Thomas, gw. Grahame Davies, *Sefyll yn y Bwlch*, 186–7 (troednodyn 142).

[102] Cf. y ddelwedd ar ddiwedd 'Drowning': 'A rare place, but one identifiable/ with other places where on as deep a sea/ men have clung to the last spars of their language/ and gone down with it, unremembered but uncomplaining' (*WA*, 38).

[103] Gw. *ABC Neb*, 65–6: 'Ymddengys i mi weithiau fod angel gwarcheidiol yn amddiffyn y Gymraeg yn wyneb "Be ydi'r ots?" y mwyafrif. Dro ar ôl tro yn ein hanes, fel y dywedodd John Davies yn ei *Hanes Cymru*, tybiwyd ei bod hi ar ben arni, gyda rhai ymhlith y Cymry'u hunain yn ategu'r peth gydag "Amen" cyhoeddus. Ac eto, diolch i'r garfan fechan o wir wladgarwyr, mae hi yma o hyd.' Mewn llythyr at Raymond Garlick, dyddiedig 31 Gorffennaf 1984, cyfeiria R. S. Thomas yn benodol at awdur y nofel *Yma o Hyd* (1985): 'I do so admire young women like Angharad Tomos, who go bravely on campaigning for what they believe in' (llythyr mewn casgliad preifat).

[104] 'Gwladgarwch', cyhoeddwyd gan Gymdeithas Cyfamod y Cymry Rhydd, Awst 1989 (ni cheir rhifau tudalen).

[105] Gw. hefyd 'Y Baich ar Ein Gwar' (darlith 'Y Byd ar Bedwar', 26 Mehefin 1989), *Y Faner*, 30 Mehefin 1989, 14: 'Trwy drugaredd y mae gennym garfan fach sy'n halen y ddaear . . . Ychydig ydynt, ond daw ateb Duw i Abram i'r cof: "Odid y mae deg o rai cyfiawn yn y ddinas, nis difethaf er mwyn deg".' (Gw. Genesis 18:32: 'Yna y dywedodd, O na ddigied fy Arglwydd, a llefaraf y waith hon yn unig: Ond odid ceir yno ddeg. Yntau a ddywedodd, Nis difethaf er mwyn deg.')

[106] *Poetry at the Mermaid: Souvenir Programme* (Frank Overton/Westerham Press, 1961), 64.

[107] Ibid. Diddorol yw cymharu'r llinellau canlynol o gerdd R. S. Thomas, 'The Welsh Hill Country' – 'Too far for you to see/ The moss and the mould on the cold chimneys,/ The nettles growing through the cracked doors,/ The houses stand empty at Nant-yr-Eira' (*AL*, 7) – â geiriau'r Traethydd yn *Under Milk Wood*: 'He [Nogood Boyo] turns his head and looks up at Llareggub Hill, and sees, among green lathered trees, the white houses of the strewn away farms, where farmboys whistle, dogs shout, cows low, but all too far away for him, or you, to hear'; gw. *Under Milk Wood: The Definitive Edition*, gol. Walford Davies a Ralph Maud (London, 1995), 29. Nodir ambell linyn cyswllt rhwng technegau *Under Milk Wood* a *The Minister* gan Rhian Reynolds yn 'Poetry for the Air: *The Minister*, *Sŵn y Gwynt sy'n Chwythu* and *The Dream of Jake Hopkins* as Radio Odes', *Welsh Writing in English: A Yearbook of Critical Essays*, 7 (2001–2002), 88–9.

[108] *Poetry at the Mermaid*, 64, 64–5.

[109] Ibid., 65.

[110] Ibid.

[111] Ibid.

[112] Ibid.

[113] 'R. S. Thomas Talks to J. B. Lethbridge', 39. Cf. brawddeg olaf y dyfyniad uchod ag agoriad y gerdd 'Welsh Landscape': 'To live in Wales is to be

conscious/ At dusk of the spilled blood/ That went to the making of the wild sky' (*AL*, 26).

[114] *Cyfansoddiadau a Beirniadaethau . . . 1948*, 4.

[115] Y mae 'Sailors' Hospital' (*NHBF*, 24–5) a 'Salt' (*LP*, 159–63) yn enghreifftiau nodedig. Gw. hefyd 'Schoonermen' (*P*, 43).

[116] *Let the Poet Choose*, gol. James Gibson (London, 1973), 167.

[117] Gw. T. Robin Chapman, *Islwyn Ffowc Elis* (Cardiff, 2000), 9.

[118] *Cyfansoddiadau a Beirniadaethau . . . 1948*, 147. Cynhwyswyd yr ysgrif yn ddiweddarach yn *Cyn Oeri'r Gwaed* (1952). Yng nghywydd buddugol eisteddfod Pen-y-bont cafwyd hanes bugail yn marw mewn storm o eira wrth geisio gwarchod ei braidd: 'I'w gorlan mwy'r corlannydd/ Ni ddaw; e ddarfu ei ddydd!/ Trosto, er cri gweddi Gwen,/ Yn do gwyn mae ôd, gaenen!// Ai seithug oes y bugail – / A dry i gyd adre'i gail?' (*Cyfansoddiadau a Beirniadaethau . . . 1948*, 64). Cymhares i olygfa o'r fath fyddai marwolaeth 'old Llywarch' yn *The Minister*: 'But life still had its surprises. There was the day/ They found old Llywarch dead under the wall/ Of the grey sheep-fold, and the sheep all in a ring/ Staring, staring at the stiff frame/ And the pursed lips from which no whistle came' (*M*, 21).

[119] *The Sundial* (Llandysul, 1978), 27.

[120] 'Dewi Emrys', *News of the Changes* (Bridgend, 1984), 15.

[121] 'Dewi Emrys', John Tripp, *Selected Poems*, gol. John Ormond (Bridgend, 1989), 112. Cf. llinellau Dewi Emrys yn ei awdl 'Dafydd ap Gwilym': 'Pwy sy'n mynd ar derfyn dydd/ I dawelwch y dolydd?/ Trwbadŵr, gŵr digyrrith'. Ar y llinellau hyn, gw. Alan Llwyd, 'Dewi Emrys', *Y Patrwm Amryliw*, gol. Robert Rhys (Llandybïe, 1997), 49.

[122] *Y Patrwm Amryliw*, 49. Da y nododd Alan Llwyd fod rhai o hir-a-thoddeidiau awdl 'Yr Alltud' ymhlith cynnyrch gorau Dewi Emrys; gw. ibid., 52.

[123] Dyfynnir yn Eluned Phillips, *Dewi Emrys*, 249.

[124] Araith yn Eisteddfod Genedlaethol Llangefni 1983. Gw. hefyd sylwadau pellach R. S. Thomas (ac ymateb iddynt) yn 'Language, Exile, a Writer and the Future', *The Works*, 1 (1988), 22–43, ynghyd â datganiad y bardd yn 'What Fate for the Language?', *Planet*, 61 (1987), 31.

[125] Gw. M. Wynn Thomas, 'Agweddau ar Farddoniaeth y Chwedegau', *Y Cawr Awenydd*, 23–41, ac yn arbennig yr ymdriniaeth â'r gerdd 'A Welshman at St. James' Park', 32–3, ac â'r hyn a eilw'r awdur yn 'alltudiaeth ysbrydol' R. S. Thomas, 33–40. Gw. hefyd erthygl yr un awdur, 'R. S. Thomas: The Poetry of the Sixties', *Internal Difference: Literature in 20th Century Wales* (Cardiff, 1992), 107–29. Ceir astudiaeth ar 'gerddi alltudiaeth' Cymru gan Paul W. Birt yn *Cerddi Alltudiaeth: Thema yn Llenyddiaethau Québec, Catalunya a Chymru* (Caerdydd, 1997), 100–27. Noder yn ogystal gerdd R. S. Thomas, 'Exile', *Critical Quarterly*, 6, 3 (1964), 212.

[126] Cf. sylwadau'r bardd ar *The South Bank Show*, 17 Chwefror 1991: '"Cover her face; Mine eyes dazzle: She died young." Why are a few lines like that semi-immortal? We can't tell. But certain people have the ability to produce [such lines]. You write a line one day and it's dead, it's flabby, it's limp. You write something similar the next day and it's *alive*. It's part of the mystery of language.' Daw dyfyniad R. S. Thomas o *The Duchess of Malfi* John Webster.

[127] Ned Thomas a John Barnie, 'Probings: An Interview with R. S. Thomas', *Miraculous Simplicity*, 42.

[128] *Pedeir Keinc y Mabinogi*, gol. Ifor Williams (Caerdydd, 1930; adargraffiad 1978), 79, 80.

[129] *Gwaith Tudur Aled*, gol. T. Gwynn Jones, 2 gyfrol (Caerdydd, Wrecsam a Llundain, 1926), I, 138, llau. 21–2. Gw. hefyd esgyll yr englyn 'Y Gwreiddyn', II, 544.

[130] Ibid., I, 139, llau. 29–32.

[131] Gw. *Canu Llywarch Hen*, gol. Ifor Williams (Caerdydd, 1935), 38. Ar gefndir hanesyddol 'Canu Heledd', gw. Jenny Rowland, *Early Welsh Saga Poetry* (Cambridge, 1990), 120–41.

[132] Ar y gwahanol ddadleuon ynghylch union leoliad y llys, gw. *Early Welsh Saga Poetry*, 572–4.

[133] *Early Welsh Saga Poetry*, 125. Gw. hefyd sylwadau pellach Rowland, 139. Cf. hefyd yr hyn a ddywed R. S. Thomas yn 'Y Llwybrau Gynt': 'Cefais fy hun bellach ymhlith . . . Cymry oedd wedi troi cefn ar eu treftadaeth a mynd i farchnata yn y Trallwng a Chroesoswallt ac Amwythig' (*PMI*, 68).

[134] *Early Welsh Saga Poetry*, 158.

[135] *Dock Leaves*, 4, 11 (1953), 8–11.

[136] Llythyr dyddiedig 31 Rhagfyr 1953 mewn casgliad preifat.

[137] Diau y gwyddai R. S. Thomas am ddefnydd Saunders Lewis o'r un ddelwedd yn ei gerdd 'Y Gelain', a gyhoeddwyd yn *Byd a Betws* (1941). Ynddi gofynnir, 'Pa ddrewdod sydd yn symud dan ei chnawd?/ Llyngyr, swyddogion lu/ Yn pesgi ar farwolaeth mamwlad dlawd'; gw. *Cerddi Saunders Lewis*, gol. R. Geraint Gruffydd (Caerdydd, 1992), 13.

[138] Gw. *Canu Llywarch Hen*, 38, a sylwadau Jenny Rowland, *Early Welsh Saga Poetry*, 147.

[139] *Another Time* (New York, 1940), 25.

[140] Ezra Pound, *Selected Poems 1908–1969*, 70.

[141] Codi sgwarnogod a wna Justin Wintle wrth geisio uniaethu Prytherch â Rhydderch Hen/Hael – ac yn sgil hynny, R. S. Thomas â Myrddin – yn ei ymdriniaeth estynedig â'r enw yn *Furious Interiors*, 189–92. Mwy pwyllog yw sylwadau Bobi Jones yn 'R. S. Thomas a'r Gwacter Llawn', *Barddas*, 204 (1994), 16. Trafodir yr enw Prytherch gan R. S. Thomas ei hun yn *Neb*, 44, a gw. hefyd H. J. Savill, 'The Iago Prytherch Poems of R. S. Thomas', *Anglo-Welsh Review*, 20, 45 (1971), 143. Perthnasol yma yw defnydd Thomas o'r enw 'Prytherch of Nant Carfan' yn *The Minister* (*M*, 18). Digwydd Nant Carfan fel enw lle yn Sir Drefaldwyn, wrth gwrs, ond y mae'r ymadrodd 'Prytherch of Nant Carfan' ar yr un pryd yn dwyn i gof Garadog o Lancarfan (*fl.* 1135) – awdur nifer o Fucheddau Saint. Ffurf gynharach ar Lancarfan oedd Nant Carfan, y mae'n ddiddorol nodi.

[142] *Canu Llywarch Hen*, 50.

[143] Ibid., 34. Ar ystyron posibl y llinell, gw. *Early Welsh Saga Poetry*, 580.

[144] *Canu Llywarch Hen*, 37, 38.

[145] Yng nghyd-destun hoffter Thomas o enwau cyfoethog eu hisleisiau, priodol yw nodi'r cyfeiriad diddorol yn *The Minister* (*M*, 21) at 'old Llywarch' (Llywarch Hen?).

[146] *Blodeugerdd Barddas o Gerddi Rhydd y Ddeunawfed Ganrif*, gol. E. G. Millward (Llandybïe, 1991), 307.

[147] Cf. y llinellau hyn o 'The Airy Tomb': 'He was not well-favoured, you think, nor gay, nor rich,/ But surely it happened that one of those supple bitches/ With the sly haunches angled him into her net/ At the male season, or, what is perhaps more romantic,/ Some lily-white maid, a clerk or a minister's daughter,/ With delicate hands, and eyes brittle as flowers/ Or curved sea-shells, taught him the tender airs/ Of a true gallant?' (*SF*, 46).

[148] *Chwedl Taliesin* (Caerdydd, 1957), 3.

[149] Ibid., 3–4.

[150] *The Angry Summer: A Poem of 1926* (Cardiff, 1993), 42, 44.

[151] *Blodeugerdd Barddas o Gerddi Rhydd y Ddeunawfed Ganrif*, 307.

[152] Ceir y dyfyniad a'r cyfieithiad yn J. E. Caerwyn Williams, 'Olwen: Nodiad', *Ysgrifau Beirniadol VII*, gol. J. E. Caerwyn Williams (Dinbych, 1972), 63.

[153] 'Neffertiti', *Detholion* (Llandysul, 1984), 108. Cymhara M. Wynn Thomas y gerdd hon ag adran agoriadol 'Pledges to Darkness' Vernon Watkins yn 'Symbyliad y Symbol: Barddoniaeth Euros Bowen a Vernon Watkins', *DiFfinio Dwy Lenyddiaeth Cymru*, 182–3.

[154] Gw. *Cerddi Crwys* (Wrecsam, 1926), 49–50. Am ymdriniaeth fer â'r modd y portreadwyd Olwen gan feirdd Cymraeg modern, gw. erthygl J. E. Caerwyn Williams, 'Olwen: Nodiad', *Ysgrifau Beirniadol VII*, gol. J. E. Caerwyn Williams (Dinbych, 1972), 57–61.

[155] *Gwales* (Caernarfon, 1983), 30. Cf. hefyd gerdd ysgafnfryd Dic Jones, 'Y Ferch Fodern', lle y gofynnir, 'Onid ydyw'n un deidi/ Â neilon wain i'w chlun hi?/ Duwiesau di-ardyson/ Yw'r rhai y sydd, yr oes hon'; gw. *Agor Grwn* (Abertawe, 1960; trydydd argraffiad, 1968), 33.

[156] *Culhwch ac Olwen*, gol. Rachel Bromwich a D. Simon Evans (Caerdydd, 1988), 18.

[157] Ibid.

[158] Gw. *Culhwch and Olwen: An Edition and Study of the Oldest Arthurian Tale*, gol. Rachel Bromwich a D. Simon Evans (Cardiff, 1992), 118.

[159] 'Barddoniaeth R. S. Thomas', *Y Cawr Awenydd*, 1: 'Fel enw cyffredin y mae "ysbaddaden" yn golygu "miaren", a cheir sôn yn y Beibl am "ysbaddaden bigog" (Eseciel xxviii.24) – dyna ddechrau da. Y mae cawr y chwedl yn rym cyntefig, yn rhan o ryw ddefod ddofn ym myd natur lle mae'r presennol yn mynnu dal at fywyd yn wyneb y genhedlaeth nesaf. Ond y mae yna hefyd rywbeth yn chwithig, onid yn ddigrif, yn Ysbaddaden. Petaem yn amodi'r "digrif" yma 'dyw hi ddim yn gwbl amhriodol dweud fod personoliaeth farddol R. S. Thomas yn gyffelyb ei hargraff i bersonoliaeth yr Ysbaddaden hwn: y mae'n rhoi mynegiant i ryw rym hen, cyntefig.'

[160] *Culhwch ac Olwen* (1988), 7.

[161] Ar gysylltiad Beuno â Sir Drefaldwyn, gw. erthygl R. S. Thomas, 'Maldwyn', *Y Llan*, 1 Rhagfyr 1950, 7.

[162] A. W. Wade-Evans, *Vitae Sanctorum Britanniae et Genealogiae* (Cardiff, 1944), 17.

[163] T. S. Eliot, *The Complete Poems and Plays* (London, 1969; adargraffiad 1990), 61.

[164] 'Barddoniaeth R. S. Thomas', *Y Cawr Awenydd*, 19.

[165] 'Llanddewi Brefi', *Wales*, 8, 29 (1948), 521. Cerdd yw hon sy'n adleisio'n gryf 'The Lake Isle of Innisfree' Yeats. Er enghraifft, cf. llinellau agoriadol Thomas,

'One day this summer I will go to Llanddewi,/ And buy a cottage and stand at the door/ In the long evenings', ag agoriad Yeats, 'I will arise and go now, and go to Innisfree,/ And a small cabin build there, of clay and wattles made'.

[166] Gw. *Drych yr Oesoedd Canol*, gol. Nesta Lloyd a Morfydd E. Owen (Caerdydd, 1986), 22. Ond fel y noda'r golygyddion, 'gan nad oes fersiwn Lladin wedi ei ddarganfod ni ellir bod yn sicr o hynny'.

[167] Fe'i darlledwyd ar *The Third Programme*, 26 Tachwedd 1956, a 18 Ionawr 1957. Mewn llythyr at Raymond Garlick, dyddiedig 14 Tachwedd 1956, dywed Thomas: 'I rehashed "Border Blues" for the 3rd Programme, and they will be doing it on November 26th as far as I know. I am recording a short introduction to it at Swansea next Friday. I hope you don't mind, as in its written form it appeared in Dock Leaves a few years ago. It shows I'm finished, having to fall back on old work!' (llythyr mewn casgliad preifat).

[168] 'The Image of Wales in R. S. Thomas's Poetry', *Poetry Wales*, 7, 4 (1972), 63. Gw. hefyd Grahame Davies, *Sefyll yn y Bwlch*, 158.

[169] *Cerddi Saunders Lewis*, 38.

[170] Ibid. Hon yw'r llinell a ddyfynna R. S. Thomas yn *BLl*, 32.

[171] *Baner ac Amserau Cymru*, 7 Mehefin 1950, 8.

[172] Cf. Grahame Davies, *Sefyll yn y Bwlch*, 158: '"Difiau Dyrchafael" a ymddangosodd gyntaf yn *Baner ac Amserau Cymru* ym 1950, wyth mlynedd cyn "Border Blues".'

[173] *Baner ac Amserau Cymru*, 7 Mehefin 1950, 8.

[174] Ibid.

[175] Ibid.

[176] Ibid. Diddorol yw gweld Saunders Lewis yn yr erthygl hon yn trafod *Y Fflam* – cylchgrawn yr oedd R. S. Thomas eisoes wedi cyfrannu sawl erthygl iddo, wrth gwrs: 'Y syniad Cymreig heddiw am gylchgrawn llenyddol yw llwyfan agored i bopeth. Mi hoffwn i weld cyhoeddi chwarterolyn llenyddol Cymraeg a chanddo egwyddor a pholisi. Pan welais i gyntaf enwau golygyddion "Y Fflam" mi dybiais fod y cyfryw gylchgrawn ar ymddangos a chrychneitiodd fy nghalon o'm mewn. Ni chyflawnodd "Y Fflam" fy ngobeithion, ac efallai mai felly y mae hi orau' (ibid.).

[177] Ceir ymdriniaeth â'r portread o ferched yng ngwaith R. S. Thomas yn erthygl Tony Brown, 'Eve's Ruse: Identity and Gender in the Poetry of R. S. Thomas', *English*, 49 (2000), 229–50. Gw. hefyd M. Wynn Thomas, 'Llenyddiaeth a'r Famiaith', *Golwg*, 9 Medi 1993, 20–1.

[178] *Cerddi Saunders Lewis*, 4.

[179] 'Translating Art: R. S. Thomas and the Poetry of Paintings', *Agenda*, 36, 2 (1998), 44.

[180] Gw., er enghraifft, *BLl*, 95.

[181] *Hen Benillion*, 91.

[182] *The Oxford Book of Welsh Verse*, gol. Thomas Parry (Oxford, 1962), 153.

[183] *The Listener*, 26 Ebrill 1962, 740.

[184] Ceir y cywydd yn *Barddoniaeth yr Uchelwyr*, gol. D. J. Bowen (Caerdydd, 1957), 82–3.

[185] Y mae'r llinynnau cyswllt llenyddol a daearyddol rhwng Dafydd ab Edmwnd ac R. S. Thomas yn destun erthygl gan yr awdur presennol sydd i'w chyhoeddi'n fuan.

[186] Ar wallt fel delwedd ym marddoniaeth R. S. Thomas, gw. J. P. Ward, *The Poetry of R. S. Thomas* (Bridgend, 2001), 88.

[187] Cf. y gerdd 'Abercuawg' a'i hadleisiau o'r hanes yn Ail Gainc y Mabinogi am Efnysien yn anffurfio meirch Matholwch: 'I have listened/ to the word "Branwen" and pictured/ the horses and the soil red/ with their blood, and the trouble/ in Ireland, and have opened/ my eyes on a child, sticky/ with sweets and snivel' (*F*, 26–7). Yn ogystal, gw. sylwadau Glenda Beagan yn ei hadolygiad ar *CP* yn *Poetry Wales*, 29, 1 (1993), 52.

[188] T. S. Eliot, *The Complete Poems and Plays*, 184.

[189] Ibid., 171.

[190] Ibid., 180.

[191] Ibid., 171.

[192] Ibid., 52.

[193] Llythyr dyddiedig 24 Mai 1966 mewn casgliad preifat.

[194] Ned Thomas, 'Achos R. S. Thomas', *Taliesin*, 63 (1988), 88–90; idem, 'Welsh Bards and English Reviewers: The Reception of R. S. Thomas's *Collected Poems*', *Planet*, 100 (1993), 22–4; idem, 'R. S. Thomas and Wales', *The Page's Drift*, 211–20.

[195] T. S. Eliot, *The Complete Poems and Plays*, 70.

[196] 'The Welsh Parlour', *The Listener*, 16 Ionawr 1958, 119.

[197] Amlygir gwedd ysbrydol, foesol hyd yn oed, ar hyn yn yr hanesyn a adroddir ar ddiwedd 'Doe', *ABC Neb*, 22–3.

[198] Cf. y llinellau o drydedd adran 'Border Blues': 'Some of the old ones got sentimental,/ Singing Pantycelyn' (*PS*, 10).

[199] Llythyr dyddiedig 19 Chwefror 1952 mewn casgliad preifat.

2

'From the Welsh':
Cyfieithiadau, Mwyseiriau

(i) Cyfieithiadau

Diau na ellid wrth enghraifft fwy creadigol o adleisio llenyddol na'r
weithred o gyfieithu. Duasai llyd yn oed Robert Frost, a honnodd mai
barddoniaeth yw'r hyn a gollir mewn cyfieithiad, yn cytuno bod llai
ohoni'n cael ei cholli pan fo'r cyfieithydd ei hun yn fardd, a phan
fo'r cyfieithiad ei hun yn gerdd. Yn ei ddarlith, *Wales: A Problem of
Translation*, dyfynna R. S. Thomas sylw enwog Frost, gan ychwanegu, 'I
agree and yet sometimes I contradict myself by producing a version of a
Welsh poem' (*WPT*, 12).[1] Ac mewn llythyr at Raymond Garlick yn 1968,
medd Thomas: 'I hate translated poetry, although when one is un-
familiar with the original it can appear all right as in the case of Miroslav
Holub.'[2] Er hyn, yr oedd Thomas yn dra pharod i arddel ei gyfieithiadau
ei hun, ac fel y cawn weld, bu iddo haeru bod un ohonynt yn ei farn ef
yn rhagori ar y gerdd Gymraeg wreiddiol. Wrth gwrs, rhan o fwriad
Thomas wrth lunio cyfieithiadau – a'u cynnwys o'r cychwyn cyntaf yn ei
gyfrolau ei hun – oedd, chwedl M. Wynn Thomas, 'to signify . . .
solidarity with the political nationalism and the cultural militancy of
Welsh-language poets of the generation that looked to Saunders Lewis,
and Plaid Cymru, for leadership'.[3] Fe dâl inni ddyfynnu yma sylwadau
R. S. Thomas ei hun yn ei ddarlith ar gyfieithu:

> I could have wished that George Steiner, a writer whom I admire, had
> asked about Welsh poetry when he compiled his anthology of European
> poetry in translation. Oh, yes, they were all there. French, German,
> Russian, Italian, Spanish poets. But no Welsh. Did he think that among
> such giants Wales could safely be omitted? Welsh poetry is among the
> glories of European literature. (*WPT*, 15)

Ac mewn adolygiad yn 1949 ar *The Gorse Glen*, trosiad E. Morgan Humphreys o gyfrol Hugh Evans, *Cwm Eithin*, cyfeiria R. S. Thomas sylw'r darllenydd at yr hyn a hepgorwyd gan y cyfieithydd: 'y mae wedi trafferthu gryn dipyn i drosi rhai o'r cerddi. Ond nid oes un fantais o gwbl o adael allan ddisgrifiad bywiog Glasynys o Noson Lawen, a chynnwys wedyn gerddi hir Tom Hood yn Saesneg. Y mae gadael allan y darn gan Lasynys yn golled i'r Saeson na wyddant ddim am Noson Lawen.'[4] Ar yr un pryd, serch hynny, ni ddylid anghofio bod Thomas ei hun ar fwy nag un achlysur wedi diffinio ei gyfieithiadau ei hun yn nhermau arbrofion barddonol. Pan ofynnwyd i R. S. Thomas mewn cyfweliad teledu yn 1999 beth yn union a'i denodd at y cerddi Cymraeg yr aeth ati i'w trosi, atebodd y bardd: 'Cael fy nenu at y rhai a oedd yn eu hildio'u hunain i gyfieithiad . . . Gwaith arbrofol mewn ffordd ydi o – a fedra' i wneud rhywbeth? Taswn i wedi darllen mwy ar ieithoedd eraill, efallai y buaswn i wedi cael fy nhemtio i drio cyfieithu'r rheini.'[5] Nac anghofier ychwaith am yr hyn a ddywed Thomas wrth ddwyn i gof ei gwrs gradd yn y Clasuron: 'the occupation with words and their meanings, and the translating from one language into another were surely laying the foundations of the practice of poetry that was ahead.'[6] Dygir ynghyd y byd Clasurol a'r broses o gyfieithu yn y gerdd 'Mediterranean': 'Virgil looked in this/ mirror . . .// The cicadas sing/ on. Looking for them among/ the ilex is like trying to translate/ a poem into another language' (*BHN*, 96). Cyfoethogir ymateb y darllenydd i'r diffiniad trawiadol hwn gan Thomas o natur tasg y cyfieithydd gan y ffaith fod y beirdd Clasurol yn fynych yn uniaethu sŵn y sicada â huodledd barddonol, ac yn wir, yn cyplysu'r creaduriaid hyn â'r Awenau eu hunain.[7] A dyfnheir arwyddocâd cyffelybiaeth cerdd Thomas ymhellach o weld bod 'Mediterranean' wedi'i chyfieithu i'r Almaeneg a'i chyhoeddi mewn mwy nag un casgliad dwyieithog.[8]

Yn *Cymru or Wales?* crybwylla R. S. Thomas esiampl Yeats: 'Yeats' solution of the well-nigh untranslatability of poetry was to recommend a new poem in its own right, which in some renderings is entitled "after" instead of a translation. On this pattern what should be aimed at when converting English terms and phrases into Welsh is not an exact rendering, but a natural word or phrase, which conveys the meaning while retaining its Welsh character' (*CorW?*, 18).[9] Ond ni olyga'r ymadrodd a nodir gan R. S. Thomas ei hun islaw rhai o'i gyfieithiadau – 'From the Welsh'[10] – fod y rheini'n drosiadau penrhydd yn null Yeats neu Pound neu Lowell. I'r gwrthwyneb, y maent yn drosiadau pur fanwl – ond yn greadigol ar yr un pryd, megis y rheini yn ei ryddiaith.

Er enghraifft, yn yr erthygl 'Some Contemporary Scottish Writing' dyfynna Thomas ddarn o gywydd gan Hywel (neu Huw) Dafi sy'n cynnwys y cwpled hwn:

> Pa les o daw Saesnes hir
> I baradwys ein brodir? (*SP*, 31)[11]

Cyfieithir y cwpled gan R. S. Thomas fel 'A lanky limb of an Englishwoman here/ in this paradise of our brothers? To what end?' (*SP*, 35). Y mae yma fwy na rhyddid cystrawennol a bywiogrwydd idiomatig.[12] Gall mai camgymeriad ar ran Thomas yw'r cyfieithiad o 'brodir' yma, ond o ystyried awydd y bardd canoloesol i warchod teulu a hil yn ogystal â thir yn y cywydd hwn o'i eiddo – cerdd lle y siarsia ei noddwr i beidio â phriodi Saesnes – gwelir mor briodol yn y cyfieithiad yw ymadweithio mwyseiriol 'brodir' a 'brodyr'. Wrth gyflwyno'r dyfyniad o'r cywydd gwelir Thomas yn gresynu, 'Gone is the pride of race that produced lines such as those by Huw Dafi' (*SP*, 31). Y mae'n bwysig nodi yn ogystal bod cyfieithiad R. S. Thomas o'r cywydd yn ymwrthod â'r demtasiwn i atgynhyrchu effeithiau sain y gynghanedd. Â'r cyfieithiad rhagddo fel hyn: 'Nor do I like (it hurts just the same)/ her cursed language, the worst under the sun./ Come, choose the daughter of a Welsh knight,/ gold up to his chin and his plate gold, too./ Take as your wife one of our slim twenty-year olds,/ and not the offspring of a paid English official' (*SP*, 35). Goleuir natur y cyfieithu yn y fan hon gan sylw a wnaeth R. S. Thomas mewn adolygiad yn 1956 ar gyfieithiad H. Idris Bell o *Hanes Llenyddiaeth Gymraeg hyd 1900* Thomas Parry: 'was it wise to abandon the method of translating the earlier poetry into *vers libre* for that of more regular rhymed verse when dealing with *cywydd* and *englyn*? The flavour of such renderings tends to be Georgian, and when applied to the Welsh strict metres strikes one as incongruous and unrepresentative. With the free measures it is more successful, though not with the austere beauty of some of the *penillion telyn*.'[13] Diddorol yw tynnu sylw at y ffaith mai ofer, yn ôl ei gyfaddefiad ei hun mewn cyfweliad teledu yn 1999, fu pob ymgais gan Thomas i gyfieithu cywyddau ei hoff fardd Cymraeg, Siôn Cent.[14]

Teflir goleuni diddorol ar 'Harvest End' (*EA*, 15), cyfieithiad R. S. Thomas o gerdd Caledfryn, 'Diwedd y Cynhaeaf', gan amryw bwyntiau a wnaed ganddo mewn darlith yn 1991. 'In Caledfryn's three short stanzas', meddai'r bardd, 'what you have, is, not a particular landscape, but the human condition'. Nododd ei fod ef yn gweld y symudiad hwn tuag at yr haniaethol fel un o nodweddion mwyaf cyson barddoniaeth Gymraeg er cyfnod y canu englynol cynnar – nodwedd a oedd ers amser, meddai, wedi datblygu'n elfen annatod o'i ymateb ef ei hun fel bardd i dirwedd a'r byd allanol.[15] Yr oedd arddull noeth ac union-gyrchol cerdd Caledfryn yn amlwg yn dra apelgar i Thomas. (Cofiwn yn y cyswllt hwn am bwyslais Caledfryn yn y bedwaredd ganrif ar bymtheg ar briodoldeb symlder ac eglurder mewn barddoniaeth.[16]) Yn wir, eir ati yn 'Harvest End' i deneuo gweadwaith y gerdd Gymraeg, gan esgor ar foelni dramatig a digyfaddawd. Er enghraifft, er bod trosiad Thomas yn awgrymu ffurf a mesur cerdd Caledfryn ('"Harvest End" . . . was facilitated by a two stress metre' (*WPT*, 12)), gwelir bod y cyfieithydd wedi ymwrthod ag odlau niferus 'Diwedd y Cynhaeaf', gan ymfodloni ar ambell gyffyrddiad yma a thraw. Cymerer yr ail bennill yn y ddau achos:

Ar frys daw'r llym Aea',	Suddenly the year
Ei wynt a ysgythra,	ends. The wind rages;
Pob peth o'i flaen rwyga,	everything in its path
Daw'n dywydd du;	breaks. Dire weather;
Wrth dân goleuedig	in front of a stick
O friwydd o'r goedwig	fire, fetched from
Bydd sionc a methedig	the forest, firm and infirm
Yn llechu'n tŷ.[17]	cower within doors. (*EA*, 15)

Sylwer yma ar yr adlais yng nghanol y pennill hwn o odl fewnol Caledfryn (a geir yn yr un man ym mhob un o benillion y gerdd wreiddiol): 'Dire/fire', '[t]ywydd/[b]riwydd'. Fel arall, nodweddir y cyfieithiad gan symudiad pellach tuag at yr haniaethol. Er esiampl, cyll 'dros y môr mawr' ei ansoddair ('over the sea'); trosir 'daw'r llym Aea'' fel 'the year/ ends'; caiff Thomas wared ar y trosiadau yn 'Ei wynt a ysgythra' ('The wind rages') ac yn 'Gwywa'r hardd wedd' ('good looks fade'); a dilea'r pwyslais personol yn 'Dy Wanwyn di ddarfu' ('Spring's bloom is spent').

Gellir cadarnhau'r ffaith fod y cyfieithiad hwn o ganol y 1980au yn dynodi symudiad cynyddol tuag at yr haniaethol yn arddull R. S. Thomas drwy ystyried trosiad a gyhoeddodd y bardd ddeugain mlynedd cyn 'Harvest End', a hynny yn ei gyfrol gyntaf o gerddi. Dyma 'Night and Morning', cyfieithiad o'r hen benillion hynny sy'n agor â'r llinell, 'Un noswaith ddrycinog mi euthum i rodio':[18]

One night of tempest I arose and went
Along the Menai shore on dreaming bent;
The wind was strong and savage swung the tide,
And the waves blustered on Caernarfon side.

But on the morrow, when I passed that way,
On Menai shore the hush of heaven lay;
The wind was gentle and the sea a flower,
And the sun slumbered on Caernarfon tower. (*SF*, 18)[19]

Dyma gerdd fechan o'i eiddo yr oedd gan R. S. Thomas feddwl mawr ohoni. Aeth mor bell â dweud mewn cyfweliad un tro ei fod o'r farn fod ei gyfieithiad o'r ddau bennill yn fwy llwyddiannus na'r gerdd wreiddiol hyd yn oed.[20] Ychwanegodd ei fod yn synnu cyn lleied o sylw a roddwyd gan feirniaid a detholwyr i'r 'cerddi-dau-bennill' o'i eiddo – 'cerddi sydd i mi yn llwyddiannus iawn', meddai.[21] Dro arall, wrth drafod cerdd Yeats, 'Her Anxiety' (cerdd arall o ddau bennill), ar y rhaglen radio *With Great Pleasure*, nododd Thomas: 'I don't quarrel with people who rate Yeats by his longer poems, but I often find, as with Blake, for instance, that a few simple lines can suggest a kind of greatness in a lyric poet.'[22] Cofiwn i Thomas yn yr adolygiad ar gyfrol H. Idris Bell haeru nad oedd y defnydd o fydr ac odl yn gymwys ar gyfer cyfleu mewn cyfieithiad 'the austere beauty of some of the *penillion telyn*'. Gan hynny, annisgwyl, efallai, yw'r penderfyniad yn y fan hon i aros yn driw i dôn a symudiad y penillion Cymraeg. Ond mwy arwyddocaol na hyn yw'r modd y mae'r cyfieithiad cynnar hwn, mewn cyferbyniad â'r trosiad o 'Diwedd y Cynhaeaf' Caledfryn, yn mynd ati i *gyfoethogi* ei ffynhonnell. Gwneir hynny mewn sawl ffordd. Meddylier, er enghraifft, am yr adleisiau llenyddol a gaiff eu deffro gan linell agoriadol y cyfieithiad, 'One night of tempest I arose and went'. Dyna'r adnod o Ganiad Solomon, er enghraifft – 'I will rise now, and go about the city in the streets' (3:2), a geiriau'r mab afradlon, 'I will arise and go to my father' (Luc 15:18) – ynghyd â llinell agoriadol 'The Lake Isle of Innisfree' Yeats: 'I will arise and go now, and go to Innisfree.'[23] Gwelir hefyd mai'r duedd yn y cyfieithiad hwn yw gwrthsefyll symudiad tuag at yr haniaethol, a hynny drwy gyfrwng y defnydd o idiomau megis 'on dreaming bent' (fel cyfieithiad o 'gan ddistaw fyfyrio'), 'savage swung the tide' ('gwyllt oedd y wendon') a 'the sea a flower'[24] ('a'r môr oedd yn dirion'). Tra dadlennol yw cymharu dull R. S. Thomas yn y cyswllt hwn ag eiddo trosiad arall o'r hen benillion hyn – cyfieithiad y bu i Glyn Jones ei nodi islaw 'Night and Morning' ar ei gopi personol o *The Stones of the Field*:[25]

One stormy night I rose & went
Down Menai shore on dreaming bent;
The wind was strong, the savage tide
Blustered on Caernarfon side.

The next day when I passed that way
On Menai shore a silence lay:
The wind was still, the sea a flower,
The sun was bright on Arfon's tower.

Fel y gwelir, cedwir yma nifer o ymadroddion mwyaf trawiadol trosiad Thomas, ond gellir dweud bod y fersiwn hwn wedi tymheru 'Night and Morning' ryw gymaint hefyd, yn arbennig felly yn yr ail bennill – a hynny drwy ddefnyddio ieithwedd lai 'barddonol' ac ambell ddarlun mwy llythrennol: 'One stormy night' yn lle 'One night of tempest', 'The next day' yn lle 'the morrow', 'a silence' yn lle 'the hush of heaven', 'the sun was bright' yn lle 'the sun slumbered'.

Y mae'r ffaith fod R. S. Thomas wedi cynnwys dau gyfieithiad o destunau Cymraeg yn ei gyfrol gyntaf o gerddi yn tystio'n huawdl i natur ei ymlyniadau diwylliannol. Yr ail drosiad yn *The Stones of the Field* yw 'The Cry of Elisha After Elijah', cyfieithiad o gerdd Thomas William, Bethesda'r Fro er cof am John Williams, Sain Tathan – galargan a seiliwyd ar yr hanes am Eleias yn esgyn i'r nefoedd mewn corwynt yn II Brenhinoedd 2:11–12, ac a ddisgrifiwyd gan W. J. Gruffydd fel 'yr esiampl orau . . . yn y Gymraeg o'r delyneg farwnadol sydd yn dibynnu ar ddwyster teimlad yn hytrach nag ar ganmol'.[26] (Cynhwyswyd 'Night and Morning' a 'The Cry of Elisha After Elijah' gan R. S. Thomas ei hun yn ei *Selected Poems 1946–1968* yn 1973 (*SPoems*, 4, 5–6), ond hepgorwyd y ddau gyfieithiad hyn, ysywaeth, yn netholiad mab y bardd, *Collected Poems 1945–1990* (1993). O gofio bod yr epigraffau i *An Acre of Land* a *The Minister* hefyd wedi eu hepgor yn *Collected Poems*, naturiol yw holi i ba raddau y mae'r darlun a gynigia'r casgliad 'diffiniol' hwn o berthynas Thomas â'r traddodiad Cymraeg yn un camarweiniol.[27]) Cyfieithiad pur ffyddlon a geir gan R. S. Thomas unwaith eto yn 'The Cry of Elisha After Elijah', eithr llwyddir i ennill ychydig o ryddid mydryddol angenrheidiol drwy addasu patrwm odlau'r gerdd wreiddiol. Agwedd bwysig ar hyn yw defnydd y cyfieithydd o odlau proest – amrywiad sy'n dwysáu ymhellach awyrgylch hiraethlon y farwnad. Yn lle odlau cyflawn ail bennill Thomas William, er enghraifft, ceir y canlynol:

Through the straight places of Baca
We went with an equal will,
Knowing not who would emerge
First from that gloomy vale;
Cold is my cry; our bond was broken,
Bereft was I, for he was taken. (*SF*, 39)

Cywreinir adeiladwaith cyfieithiad Thomas ymhellach drwy osod penillion o'r fath bob yn ail â phenillion sy'n dwyn odlau cyflawn. Crefftus hefyd yw'r modd yr aethpwyd i'r afael â phatrwm odlau ciastig llinellau clo penillion Thomas William. Try

Ond aros *dydd*, cawn lewyrch *gwell*,
Dirgelion *pell* yn amlwg *fydd*,[28]

er enghraifft, yn –

Better to await the long *night's ending*,
Till the *light* comes, far truths *transcending* (*SF*, 39) –

lle y dygir yr elfennau gwrthgyferbyniol ynghyd yn drawiadol gan yr odlau, gan ddramateiddio'r dyhead am ddatrysiad ac esboniad (myfi biau'r italeiddio). Yn ogystal, cyson â phenderfyniad Thomas i ddileu'r pwyslais personol yn 'Diwedd y Cynhaeaf' drwy droi 'Dy Wanwyn di ddarfu' yn 'Spring's bloom is spent' yn 'Harvest End', yw'r penderfyniad yn y fan hon i beidio ag atgynhyrchu ym mhedwerydd pennill 'The Cry of Elisha After Elijah' ddefnydd Thomas William o ail berson y ferf yn y llinellau, ''Rwy'n ildio, ni thâl im/ I geisio'th ddilyn di;/ 'Dwy'n gwybod fawr neu ddim/ Ynghylch eich gwynfyd chwi':[29] 'I yield, since no wisdom lies/ In seeking to go his way;/ A man without knowledge am I/ Of the quality of his joy' (*SF*, 39). Diwedda'r pedwerydd pennill hwn yng ngherdd Thomas William â'r cwpled, ''R ysbrydion byw, cymanfa fawr,/ Sydd fel y wawr yng ngŵydd eich Duw.'[30] Dyfeisgar yma yw'r modd y mae cyfieithiad R. S. Thomas yn llythrenoli'r idiom 'yng ngŵydd', a'i chydio wrth yr 'ysbrydion byw': 'Yet living souls, a prodigious number,/ Bright-faced as dawn, invest God's chamber' (*SF*, 39).[31] Y mae hwn yn ddarlun sy'n rhwym o'n hatgoffa o gyfieithiad arall trawiadol gan Thomas, lle y trosir y llinellau hyn o'r ganig werin – 'I ninnau boed byw/ Yn ymyl gwisg Duw/ Yn y grug, yn y grug' – fel 'give us to live/ At the bright hem of God/ In the heather, in the heather' (*SP*, 82).

Gyda 'The Cry of Elisha after Elijah' a 'Harvest End', ffurfia cyfieithiad R. S. Thomas o emyn adnabyddus William Jones 'Ehedydd Iâl', 'Er nad yw 'Nghnawd ond Gwellt', drindod o drosiadau o gerddi Cymraeg o'r bedwaredd ganrif ar bymtheg.[32] 'He does not read nineteenth-century poems because he thinks that their obvious and jingly rhythms might upset his own sense of metre', haerodd John Betjeman yn ei ragair i *Song at the Year's Turning* (*SYT*, 14) – datganiad sydd yr un mor gyfeiliornus yn y cyd-destun Cymraeg ag ydyw yn y cyd-destun Saesneg, a hynny o'r cychwyn cyntaf, fel y prawf sylwadau Thomas mewn llythyr at Raymond Garlick yn 1956, lle y beirniada ragair Betjeman yn hallt: 'Betjeman's remarks . . . are almost drivel and are not a true statement of my views at all. To say Yeats influenced me and in the same breath to say I don't believe in reading aloud is rubbish. Neither do I shun the XIX C as Betjeman says I do.'[33] Ac eto, tystia ateb Thomas pan ofynnwyd iddo paham na chynhwysodd y gerdd 'Original Sin' mewn casgliad o'i eiddo y gall fod rhyw gymaint o wirionedd, mewn cyd-destun cyffredinol, yn sylw Betjeman ynghylch dylanwad andwyol rhythmau 'tincialog':

> it's the rhythm, I suppose. I don't like that jaunty sort of jog-trot rhythm . . . I've gone right away from any sort of jingle in the poem. I used to fall into it in my earlier days, much to my annoyance.[34]

Yr hyn sydd yn annisgwyl yw bod R. S. Thomas y cyfieithydd wedi troi yn y fan hon at ffurf yr emyn – *genre* y bu'n llawdrwm iawn arni, wrth gwrs. Fel y dywed y bardd, 'As an antidote to Ancient and Modern, why not Byrd and Marcello?' (*ERS*, 30). Eithr diamau ei bod yn deg dweud bod rhythmau set yn cynnig fframwaith dibynadwy sydd yn dra derbyniol gan gyfieithydd, ac nid damwain yw'r ffaith fod cyfran helaeth o gyfieithiadau R. S. Thomas yn drosiadau o gerddi Cymraeg ac iddynt batrymau mydryddol rhagosodedig. Dichon fod yma enghraifft o Thomas, fel cyfieithydd o leiaf, yn cael ei ddenu'n gryf at yr hyn y gellid ei ddisgrifio fel 'obvious and jingly rhythms'. Ystyriaeth ychwanegol yn y cyd-destun hwn yw agwedd Thomas tuag at y wers rydd yn Gymraeg. Haerir yn 'Hunanladdiad y Llenor', er enghraifft: 'A siarad yn bersonol am funud bach, mae'n rhaid i mi gyfaddef . . . na fedraf gael fawr o hwyl ar *vers libre* Gymraeg. A ydi'r Gymraeg mor addas i'r ffurf honno â Saesneg, neu ai rhyw ddiffyg ynof fy hun yw hwn?' (*PMI*, 109). At hyn, diau ei bod yn arwyddocaol mai'r un patrwm mydryddol yn ei hanfod a geir yn emyn Ehedydd Iâl ac yng ngalargan

Thomas William, ac nid yw'n syndod gweld bod cyfieithiadau Thomas o'r ddwy gerdd yn ddigon tebyg o ran eu techneg.

Troes R. S. Thomas at emyn, felly – ond at emyn go unigolyddol, dylid nodi. Fel y pwysleisiodd R. M. Jones: 'Nid oes ynddo ddim dof: yn wir, fel arall, trais yw hanfod ei neges.'[35] Un o nodweddion amlycaf cyfieithiad Thomas yw'r modd y mae ei fân newidiadau allweddol yn dwysáu drama'r portread yn nhelyneg Ehedydd Iâl o'r pechadur yn ffoi am ei einioes 'At Fab y Dyn i Galfari'.[36] Cryfheir naws ddrwgargoelus yr emyn, er enghraifft, wrth i '[G]ydwybod euog' y ffoadur droi'n 'The alarmed conscience', ac wrth i ferf daerach ddisodli honno yn y llinellau 'Gofynnais iddi'n lleddf/ Roi imi esmwythâd' – 'raising my small voice,/ begging it to give me peace'. Yn y cyfieithiad dramatig o linell gyntaf y cwpled, 'A llym Gyfiawnder oddi fry/ Yn saethu mellt o'r cwmwl du', tyr llais barddonol nodweddiadol R. S. Thomas ar ein clyw: 'and justice, angrier than love,/ struck with its lightning from above.' Ac ystyrier diweddglo adnabyddus yr emyn – 'Mae Craig yr Oesoedd dan fy nhraed/ A'r mellt yn diffodd yn y gwaed'. Cyflwynir tinc hyderus, herfeiddiol hyd yn oed, yng nghyfieithiad R. S. Thomas o'r llinell gyntaf – 'On the Rock of Ages I take my stand' – ac y mae gwrth-droi delweddau Ehedydd Iâl yn y llinell olaf, 'Christ's blood quenches the thunder-brand', yn grymuso a dyfnhau darlun y cyfieithiad o aberth Crist drwy ddwyn i gof ddisgrifiad dramatig Donne yn ei soned, 'What if this present were the world's last night?', o ddioddefaint Crist ar y groes: 'Tears in his eyes quench the amazing light,/ Blood fills his frowns, which from his pierced head fell.'[37]

Yn 1995 cyhoeddwyd mewn rhifyn arbennig o *Modern Poetry in Translation* gasgliad amrywiol o gyfieithiadau gan R. S. Thomas o rai o gerddi Cymraeg enwocaf yr ugeinfed ganrif: 'Y Llwynog' ac 'Y Ffliwtydd' R. Williams Parry, 'Gwladus Ddu' G. J. Williams, 'Ar Ymweliad' Alun Llywelyn-Williams, 'Cywilydd Llan-faes' Gerallt Lloyd Owen a 'Mewn Dau Gae' Waldo Williams.[38] Yr oedd y gerdd olaf hon ar lawer ystyr yn ddewis naturiol. Dyma, fe ellid dadlau, gerdd Gymraeg fwyaf y ganrif gan fardd Cymraeg mwyaf y ganrif, ac fel y dangosir maes o law, y mae delweddaeth R. S. Thomas mewn cerddi megis 'The Bush', 'The Prayer', 'A Thicket in Lleyn' a 'The Belfry' yn awgrymu'n gryf fod delwedd ganolog gofiadwy'r gerdd – 'Yr oedd rhyw ffynhonnau'n torri tua'r nefoedd/ Ac yn syrthio'n ôl a'u dagrau fel dail pren'[39] – yn ddylanwad pwysig arno. Ac yng ngoleuni hyn, buddiol yw crybwyll y posibilrwydd mai dylanwad y ddelwedd ddilynol yng ngherdd Waldo Williams, 'Am hyn y myfyria'r dydd . . ./ A'r nos trwy'r celloedd i'w mawrfrig ymennydd', a welir ar linellau agoriadol un o gerddi'r gyfrol *Counterpoint*: 'The way the trees' boughs/ intertwine, pattern of an immense/ brain whose thoughts are the leaves/ proliferating in April' (*C*, 43).[40] Enghraifft dda yn 'In Two Fields' o ddiogelu'r lliw sydd ar ymadroddi'r gerdd wreiddiol yw cyfieithiad bywiog Thomas o ddisgrifiad ardderchog Waldo Williams, 'callwib y cornicyllod' – 'the sidestepping lapwings' – neu'r modd y mae'r trosiad o 'Am hyn y myfyria'r dydd', 'Such was the day's dream', ar ddiwedd y gerdd yn ailfywiocáu'r chwarae ar yr ymadrodd 'breuddwydio'r dydd' a gafwyd gan Waldo yn yr ail bennill – 'Y brwyn lu yn breuddwydio'r wybren las'. Er hyn, anghydnaws â manylder daearyddol 'Mewn Dau Gae' – anghydnaws yn wir â holl ethos barddoniaeth Waldo Williams o ran ei phwyslais ar arwyddocâd cynefin a phwysigrwydd y gymuned leol – yw penderfyniad R. S. Thomas i fwrw heibio'r ffurf 'Weun' a chyflenwi 'Waun' yn ei lle. Ac mewn gwrthgyferbyniad â chyfieithiad Thomas o emyn Ehedydd Iâl, y mae 'In Two Fields' yn tueddu ar brydiau i lastwreiddio drama ac angerdd y gerdd wreiddiol. Yn hyn o beth nodwedd bwysig o 'Mewn Dau Gae' na lwyddwyd, ysywaeth, i'w chyfleu yn y cyfieithiad yw uniongyrchedd elfennaidd berfau Waldo Williams. Meddylier, er enghraifft, am ddefnydd Wordsworthaidd y bardd Cymraeg o'r ferf 'bod' mewn llinell megis, 'Yr oedd hyn ar Weun Parc y Blawd a Parc y Blawd' (cymharer llinell Wordsworth, 'the silence that is amongst the hills'). Geiriog ac afrwydd yw trosiad Thomas, 'This is what happened at Waun Parc y Blawd and Parc y Blawd'.[41] 'Pwy sydd, ynghanol y rhwysg a'r rhemp?', gofynna Waldo yn nhrydydd pennill y gerdd; eithr diystyrir arwyddocâd y saib hollbwysig hwnnw yn y cyfieithiad: 'Who is at the centre of pomp and excess?' Eithriad diddorol iawn, serch hynny, yw'r tinc Wordsworthaidd yng nghyfieithiad Thomas o linell Waldo, 'cân y gwynt a dyfnder fel dyfnder distawrwydd'[42] – 'the song of the wind and a depth like the depth that is silence'. Llinell yw hon gan Thomas sy'n ein harwain yn ôl at ei waith ef ei hun ac yn benodol at linellau megis y canlynol, o'r gyfrol *Counterpoint*: 'But the silence in the mind/ is when we live best, within/ listening distance of the silence/ we call God. This is the deep/ calling to deep of the psalm-/ writer' (*C*, 50). Fel y byddwn yn gweld, y mae'r llinynnau cyswllt penodol rhwng cyfieithiadau Thomas a'i gerddi ef ei hun yn un o nodweddion mwyaf trawiadol ei ymateb i'r traddodiad llenyddol Cymraeg.

Fel y gellid disgwyl, y mae rhai o'r trosiadau hyn yn fwy

llwyddiannus nag eraill, fel y gwelir o gyfosod y cyfieithiadau o ddwy gerdd Williams Parry. Ystyrier i ddechrau y gerdd adnabyddus i'r llwynog:

The Fox

A hundred yards from the top
while the bells beneath summoned us to prayer
and the July sun burned on above
inviting us to the mountain, suddenly
and breathtakingly he was there,
a fox on soft foot, his mind
elsewhere, stopping the three of us
stone still. He, too, was arrested,
his eyes on us, their flames steady
over his raised paw. Then without
haste or alarm his red pelt
flickered over the hill ridge.
He was there, he was gone with all
the suddenness of a star falling.[43]

Trawsffurfiwyd y soned Shakespearaidd yn gerdd *vers libre*, ond tystia nifer y llinellau (14), ynghyd â'r odl fewnol ar ddiwedd y gerdd ('all'/'falling' – dramateiddiad cynnil o ddiflaniad y seren wib) na thorrwyd pob cysylltiad â'r cynsail o ran ffurf. (Perthnasol yw nodi hefyd y llinyn o odlau sy'n rhedeg drwy'r cyfieithiad: 'prayer . . . there . . . elsewhere . . . there'.) Yr hyn na lwyddwyd i'w ddal yng nghyfieithiad Thomas yw awgrymusedd cerdd Williams Parry. Er enghraifft, nodwedd drawiadol o'r soned yw'r ffaith na ddigwydd y gair sylfaenol hwnnw, 'llwynog' ynddi o gwbl. Sefyllfa ddirgel, ffenomen enigmataidd, a ddisgrifir yn y gerdd (ai portread o'r awen farddol a geir yma?[44]), ac fe welir mai 'digwydd' a 'darfod' a wna'r creadur, nid ymddangos a diflannu.[45] Y mae'r rhain yn nodweddion hanfodol bwysig nas ceir yn nhrosiad Thomas. Enwir y llwynog yng nghanol y gerdd – 'a fox on soft foot' (ymadrodd sy'n ein hatgoffa o agoriad 'The Moor', 'It was like a church to me./ I entered it on soft foot' (*P*, 24))[46] – a chollir yn gyfan gwbl ergyd berfau awgrymog llinell olaf y soned yn y cyfieithiad difywyd, 'He was there, he was gone'. (Perffaith yn y cyd-destun fuasai'r camgyfieithiad hwnnw yn 'In Two Fields', 'This is what *happened* at Waun Parc y Blawd and Parc y Blawd' (myfi biau'r italeiddio).) Y mae hyn yn drueni, gan fod Thomas fan arall wedi cyfleu'r peth i'r dim, a hynny fwy nag unwaith – yn 'Moorland', er enghraifft, 'It is where . . ./ the harrier occurs' (*EA*, 49), ac yn 'Barn Owl', 'and there the owl happens' (*WI*, 25). Gwan a geiriog yw 'the July sun burned on above' fel cyfieithiad o 'Ac anhreuliedig haul Gorffennaf gwych' – colled annisgwyl o ystyried y ganmoliaeth hael a rydd Thomas i'r ddelwedd yn ei ysgrif 'Haf' yn *ABC Neb*: 'Williams Parry a gyfleodd ei naws orau drwy sôn am "anhreuliedig haul Gorffennaf gwych/ Yn gwahodd tua'r mynydd"' (*ABC Neb*, 39). At hyn, gresyn na ddiogelwyd yn y cyfieithiad '[d]rindod' y gerdd wreiddiol ('megis trindod faen/ Y safem') – term sy'n cydio ymateb syfrdan y tri chyfaill i'r epiffani ar y mynydd wrth brofiad y Tri Gŵr Doeth a welodd, chwedl Yeats yn ei gerdd 'The Magi', 'The uncontrollable mystery on the bestial floor'.[47] Ond cam gwag mwyaf difrifol cyfieithiad R. S. Thomas o ddigon yw'r disgrifiad tra anffodus hwnnw sy'n trawsnewid y llwynog yn ddrwgweithredwr – 'He, too, was arrested'. Y mae'r *faux pas* yn peri inni weld mewn goleuni newydd ddarlun parodi Derec Llwyd Morgan ar 'Y Llwynog' o bryder criw o yfwyr tan oed wrth weld plismon yn agosáu: 'Ninnau'n ddiddeunaw a heb gennym iawn/ Sobreiddiwyd ennyd; megis tri hen ddiawl/ Y rhegem, pan ar ganol carcus gam/ Yn amau, sythodd yntau, ac uwchlaw/ Ei esgid seis-deg dwy Swan-Vestas fflam/ Ei lygaid arnom'![48]

Mwy llwyddiannus o lawer yw cyfieithiad R. S. Thomas o gerdd Williams Parry, 'Y Ffliwtydd', ac nid yw'n syndod fod hwn yn drosiad yr oedd Thomas ei hun yn hoff iawn ohono.[49] Ynddo nid aethpwyd ati i atgynhyrchu yn ei fanylder batrwm odlau cymhleth y gerdd Gymraeg. Yn hytrach, camp y cyfieithiad yw'r modd y llwydda i gyfleu natur ffraeth ond deifiol 'Y Ffliwtydd' drwy gadw gafael ar ambell odl fenywaidd (ceir rhai cyfuniadau ysbrydoledig yma), a thrwy gyflwyno o bryd i'w gilydd ymadroddion llafar, uniongyrchol eu hergyd: 'Let fly, then, rabid talker,/ the times are growing darker' ('Mae'n bryd i rywun ruo,/ Mae'r byd i gyd yn duo'), 'Out with it, prophet' ('Llefara, Broffwyd').[50] Craffer yn arbennig ar y pumed pennill:

'Rwyt frawd i'r eos druan,	The nightingale's your brother,
Dy fodryb yw'r dylluan:	the owl sister to your mother.
Hoffi leisio ar dy ffliwt	Yet all you do is on your flute
Ac ar dy liwt dy hunan	and on your lute interpret
Ryw hen, hen wae.	an old, old fret.

Nid heb gyffyrddiad o hiwmor y cipia R. S. Thomas 'liwt' Williams Parry o afael yr idiom gyfarwydd ('ar dy liwt dy hunan') a'i llythrenoli drachefn. A gwych yn y cyd-destun offerynnol hwn yw'r mwysair dilynol, 'fret'. Ond pwysicach na hyn yw'r ffaith y buasai'r disgrifiad hwn gan Williams Parry o natur cenhadaeth y bardd yn un arbennig o arwyddocaol i R. S. Thomas. Fel y dywedir yn 'Movement': 'My poems were of old men;/ The chimney corner/ Is a poor place to sing/ Reedy accompaniment/ To the wheels' rattle,/ As life puts on speed' (*BT*, 35). Ac wrth gyflwyno ei gyfrol *Not That He Brought Flowers* ar dudalennau'r *Poetry Book Society Bulletin* yn 1968, meddai Thomas: 'The poet of the new age may already have been hatched in some incubator or other. For myself I cannot boast even a guitar. I play on a small pipe, a little aside from the main road. But thank you for listening.'[51] (Yn ogystal, diddorol yw gofyn a yw'r ddelwedd yn y fan hon o chwarae pib 'a little aside from the main road' yn dwyn perthynas â phortread D. H. Lawrence o'r ffliwtydd Aaron Sisson yn y nofel *Aaron's Rod*: 'People passing down the street hesitated, listening. The neighbours knew it was Aaron practising his piccolo . . . He never went with the stream, but made a side current of his own.'[52])

Elfen arall yn 'Y Ffliwtydd' sy'n mynnu sylw yma yw'r sôn ym mhennill olaf y gerdd am y bardd yn lleisio dau wae penodol. Cyd-dery hyn yn drawiadol â natur gwaith R. S. Thomas ei hun, oherwydd cyfeirio a wneir at wae crefyddol Caersalem – 'Gwae'r ddinas a roes glasur/ A Cheidwad i bechadur' – a gwae cenedlaethol-boliticaidd Catraeth – 'Gwae y maes lle'r oedd y meirch/ Yn llawn o geirch, a'r milwyr/ Yn feddw fawr' (gwae a ddyfnheir gan gyfieithiad Thomas o'r ymadrodd olaf hwnnw: 'whose battalions/ were all dead drunk'). Ystyriaeth bellach yw defnydd Williams Parry o adlais awgrymog o gerdd Alun, 'Cathl i'r Eos', ar ddiwedd y pedwerydd pennill: 'Eto ni wna'r prydydd gwael/ "Ond canu a gadael iddo." –/ Na'th feier, Fardd.'[53] (Sylwn wrth fynd heibio fod Thomas yn y fan hon unwaith eto'n ymwrthod â phwyslais personol yr ail berson: 'Let no one blame him.') Fel y dangosodd R. M. Jones, y mae dwyn i gof gyd-destun 'Cathl i'r Eos' yn dyfnhau ymateb darllenydd i gerdd Williams Parry,[54] a da y nododd y beirniad hwnnw fod Alun yn y llinell, 'Ond canu, a gadael iddo', yn ei dro yn adleisio llinell olaf un o'r hen benillion, 'Canu wnaf a gadael iddo'.[55] Ni ellir disgwyl i'r fath gymhlethdod adleisiol gael ei atgynhyrchu yng nghyf-ieithiad R. S. Thomas ('Na'th feier, Fardd'!): 'and yet the poet does little/ but lay aside his rattle.' Yn y modd hwn fe'n gwneir yn ymwybodol o'r cyfoeth cyfeiriadol amlhaenog Cymraeg a gollir yn gyfan gwbl yn y cyfieithiadau niferus hynny (i'r Almaeneg, i'r Eidaleg ac i'r Siapanaeg, er enghraifft) o gerddi Saesneg gwreiddiol R. S. Thomas ei hun.[56]

Naturiol yw gweld Thomas yn cael ei ddenu at gerddi Cymraeg sy'n mynd ati i leisio hen, hen wae'r genedl. Enghraifft dda yw 'The Shame of Llanfaes [sic]', cyfieithiad o gywydd anghasgledig gan Gerallt Lloyd Owen. Mewn cyfweliad radio yn 1996 enwodd Thomas Gerallt Lloyd Owen ac Alan Llwyd fel beirdd yr oedd yn eu hedmygu'n fawr, yn rhannol am eu bod yn dal i gynnal 'hen faich a chyfrifoldeb y beirdd, sef cadw ysbryd y Cymry ynghynn'.[57] Aeth Thomas rhagddo yn y cyfweliad hwn i haeru, yn gwbl ddigyfaddawd: 'Does 'na ddim ond un swyddogaeth i fardd heddiw, dwi'n credu, yn y Gymraeg, a hynny ydi chwythu ar y fflam sydd wedi mynd mor isel . . . Dyna faich y beirdd Cymraeg heddiw, a dwi ddim yn gweld fawr ddim yn y lleill sydd yn trio mynd ar ôl themâu eraill.'[58] Y mae hon, wrth gwrs, yn olwg frawychus o gyfyngedig ar swyddogaeth barddoniaeth Gymraeg ar ddiwedd yr ugeinfed ganrif, ond y mae o leiaf yn crisialu paham y dewisodd R. S. Thomas fynd i'r afael â'r gerdd arbennig hon, 'Cywilydd Llan-faes', gan Gerallt Lloyd Owen. Oherwydd protest huawdl ydyw yn erbyn cynllun Dŵr Cymru ddechrau'r 1990au i adeiladu gwaith trin carthion yn Llan-faes, Ynys Môn – man claddu'r Dywysoges Siwan (m. 1237), gwraig Llywelyn Fawr. Cyhoeddwyd y cywydd yn *Y Cymro* ym mis Chwefror 1992:

> Hanes, diweddodd hynny,
> A Llan-faes sy'n lle na fu.
> Mae ddoe ym maw heddiw Môn,
> Ddoe ein gwerthoedd yn garthion,
> Ddoe ein Duw heddiw yn dail,
> Llan-faes yn llyn o fiswail.[59]

Yn gyson â'i sylwadau beirniadol ar ddull H. Idris Bell o gyfieithu'r gynghanedd, ni cheisiodd Thomas yn ei drosiad atgynhyrchu odlau'r cywydd, ac ni cheir yma ymgais i gyfleu clec y canu caeth: 'History? Here's an end of that./ And Llanfaes? There was no such place./ Yesterday is today's dirt in Mona,/ yesterday's values today's shit./ God's yesterday is today's muck/ and Llanfaes liquid manure.'[60] Eithr teg dweud bod y cyfuniadau o eiriau acennog/diacen ar ddiwedd llinellau megis, 'Demanding his place, demanding court,/ lording it over the island's keepsakes./ Did he buy men for a fat sum/ to wait on him in a chamber?', yn hyn o beth o leiaf yn adleisio ffurf y cywydd. Ysgytwol yw darlun y bardd Cymraeg o'r Gymru fodern ddarostyngedig:

Ai hen sarhad sy' ar waith,
Dialedd Edward eilwaith
Yn hawlio'i le, hawlio'i lys
Yn frenin cof yr ynys?
A ddewisodd ei weision
Â swm bras yn Siambr hon?

Hyn oedd act o hen ddicter,
Hyn oedd act newydd ei her.
Yma mae Cymru'n domen
Ac fesul pwys arllwys sen
Ar sen yw troi'r seintwar hon
I brosesu baw'r 'Saeson'.[61]

Dyma lythrenoli'n frawychus y weledigaeth hunllefus a gofnodwyd gan R. S. Thomas ddeng mlynedd ar hugain ynghynt yn y gerdd 'Looking at Sheep': 'Thousands of mouths/ Are emptying their waste speech/ About us' (*BT*, 48). Cofnod yw cywydd Gerallt Lloyd Owen a chyf ieithiad Thomas o oruchafiaeth yr hyn a elwir yn 'Looking at Sheep' yn 'Elsan culture' – diwylliant (Saesneg) y toiled cludadwy. Priodol yng nghyd-destun Llan-faes, safle'r brodordy Ffransisgaidd a sefydlodd Llywelyn Fawr i goffáu ei wraig Siwan, yw dyfynnu cwestiwn Thomas ar ddiwedd yr un gerdd: 'What would they say/ Who bled here, warriors/ Of a free people?' (*BT*, 48). A diau nad damwain yw'r ffaith fod 'The Shame of Llanfaes [*sic*]' yn ymddangos yn y rhifyn hwnnw o *Modern Poetry in Translation* ochr yn ochr â chyfieithiad darbodus a llawn awyrgylch o fyfyrdod G. J. Williams ar farwolaeth merch Llywelyn Fawr, Gwladus Ddu: 'Just now among the manuscript's account/ of old, bold knights I saw a face/ bloodless and unsmiling and the words:/ "That year was buried Gwladus Ddu".'[62] Dyma gyfieithiad yr oedd gan Thomas feddwl digon uchel ohono i'w gynnwys yn *No Truce With the Furies* (*NTF*, 57).[63] Y mae darbodaeth y trosiad yn fodd i bwysleisio ffeithioldeb cwta a dramatig y cofnod hwnnw o *Brut y Tywysogion* a ysbrydolodd gerdd G. J. Williams ('A'r flwyddyn honno, claddwyd Gwladus Ddu', chwedl y bardd[64]), a chaiff y ddarbodaeth honno ei hun ei phwysleisio o gymharu cyfieithiad R. S. Thomas â fersiwn tra gwahanol A. G. Prys-Jones.[65]

Yng nghyd-destun politicaidd 'The Shame of Llanfaes [*sic*]' fe dâl inni ymdroi gyda chyfieithiadau Thomas o ddwy gerdd wleidyddol gan Menna Elfyn – 'Neges (ar awr wan)' a 'Cân y Di-lais i British Telecom'. Diwedda'r naill drwy ddychmygu'r newyddion am farwolaeth cenedl y Cymry yn ymddangos 'ar y *News at Ten*/ fel yr eitem ddigri olaf/ cyn y *Close Down*'. Nodweddiadol gyrhaeddgar yw cyfieithiad chwerw Thomas o'r ail linell honno – 'the last sweetener of an item'.[66] Mewn adolygiad ar y gyfrol *Eucalyptus* (lle y cyhoeddwyd cyfieithiad R. S. Thomas ar y cyd â cherdd Menna Elfyn), tyn Katie Gramich sylw at yr hyn sy'n digwydd yn y trosiad i'r llinellau, 'Gadewch in . . . / sugno'r nos,/ nes cysgu/ ar fronnau'n hiaith,/ yna, diolch,/ hyd yn oed/ am swc olaf deg/ ein hanes':

> Let us sing in melody
> while holding on to the dark
> before falling asleep
> pillowed on *Y Gymraeg*
> grateful for one last pull
> at the teat of history.

Medd Gramich: 'The comforting, maternal image of Menna's poem becomes savagely transmuted into the much more negative vision of R.S.: the womanly breasts become an animal's "teat", turning the suckling into a bestial and unnatural action, endowing the poem with a bitterly misanthropic message quite absent from the original.' Y mae'r pwynt yn ddilys, ond ni ddylid, er hyn, golli golwg ar y ffaith fod y cyfieithydd yn gwarchod y ddelwedd famol honno drwy gyfrwng ei ddefnydd o'r ffurf fenywaidd '*Y Gymraeg*'. Dyma 'ororau'r iaith' yn wir.

Barn R. S. Thomas oedd bod 'Cân y Di-lais i British Telecom' ymhlith cerddi gorau Menna Elfyn,[67] ac nid oes amheuaeth nad yw ei gyfieithiad ohoni yn un o'i drosiadau mwyaf llwyddiannus. 'I'm sure that in the South . . . you don't experience the problems that I and my friends experience,' meddai Thomas mewn anerchiad yn 1987. 'You see, you pick up the phone and you say[,] "Ga' i siarad â hwn a hwn os gwelwch yn dda?"[.] "Don't speak Welsh." Very rarely, very rarely do you get an apology.'[68] Hawdd felly yw gweld paham yr apeliodd cerdd Menna Elfyn ato. Egyr â'r llinellau, '"Ga i rif yng Nghaerdydd, os gwelwch . . ."/ "*Speak up!*"/ "GA I RIF YNG NGHAER-"/ "*Speak up – you'll have to speak up.*"// Siarad lan, wrth gwrs, yw'r siars/ i siarad Saesneg', ac â rhagddi i gyflwyno yn yr hanner cyntaf weledigaeth hun-llefus o genedl gyfan wedi'i safnrwymo.[69] (Gellid dweud, gan hynny, fod eironi wrth wraidd cyfieithiad R. S. Thomas o'r gerdd hon o'r cychwyn cyntaf yn yr ystyr ei fod ar un wedd yn ymgorfforiad o'r union beth y mae'r gerdd yn ei wrthwynebu mor huawdl – '[y] siars/ i siarad Saesneg'.[70]) Newidir cyfeiriad yn yr ail hanner wrth i fyfyrio ar gyflwr argyfyngus diwylliannau cenhedloedd bychain eraill ar draws y byd adnewyddu penderfynoldeb y bardd, a diweddir â chais sydd hefyd yn her: '"A nawr, a ga i –/ y rhif yna yng Nghaerdydd?".'

Y mae dwy agwedd benodol ar gyfieithiad Thomas yn mynnu sylw. Yn gyntaf, y llu o enghreifftiau ynddo o ychwanegu at arwyddocâd y gerdd wreiddiol – o'i gwleidyddoli ac o osod min ar yr hyn sydd eisoes yn finiog-gyrhaeddgar. Ar ddechrau'r trosiad, er esiampl, distyllir '[d]iffyg llefaru' a 'di-lais wyf' yn 'I am infected/ with dumbness'. Priodol yw ystyried y trosiad pwerus hwn gan Thomas ar y cyd â'r enghreifftiau hynny yn ei waith o ddisgrifio ei anallu i farddoni yn y Gymraeg yn nhermau archoll, briw a chraith. Ymgysylltar trosiad yn benodol â disgrifiad digyfaddawd Thomas ar ddiwedd 'It hurts him to think' o'i fagwraeth uniaith Saesneg (llinellau y byddwn yn dychwelyd atynt): 'The/ industrialists came . . ./. . . I was/ born into the squalor of/ their feeding and sucked their speech/ in with my mother's/ infected milk, so that whatever/ I throw up now is still theirs' (*WW?*, 12). Neu ystyrier sut y caiff 'angel du' y llinellau hyn – 'Ym mhellter ein bod hefyd/ mae iaith yr herwr/ yn tresmasu, ei sang yn angel du' – ei wleidyddoli yn y cyfieithiad, 'a minister of darkness', gan beri i'r darllenydd feddwl ar yr un pryd am weinidog politicaidd (awgrym perthnasol yn y cyd-destun). Yn yr un modd, try 'alltudiaeth sydd i'w lleisiau' yn 'There is an injunction against their speech', a pherthnasol yw tynnu sylw at y fersiynau mwy cyhyrog ar 'A'r tro nesa y gofynnir i mi/ "siarad lan"' ('So the next time I am commanded/ to "speak up"') ac ar 'cadachau dros eu cegau' ('mufflers over their mouths'). Ac y mae'r ddelwedd olaf honno yn ei thro yn dwyn i gof sylw bachog R. S. Thomas fod 'cerdd mewn cyfieithiad fel cusan drwy hances' – diffiniad a esgorodd ar gerdd, 'Cusan Hances', gan Menna Elfyn ei hun, a hefyd ar gyfieithiad gan Gillian Clarke.[71] Enghraifft arall dda o'r gerdd wreiddiol yn magu dimensiynau pellach yn nhrosiad Thomas yw'r llinellau, 'We are mutes, Trappists,/ conspirators in a corner' ('mudanwyr ŷm, mynachod,/ sy'n cyfrinia mewn cilfachau'). Ysbrydoledig yw penodolrwydd annisgwyl 'Trappists', a llwydda 'in a corner' i gyfleu i'r dim ddarlun y gerdd Gymraeg o fodolaeth ddeoledig, gan gynnig ar yr un pryd ddarlun o genedl orthrymedig, o bobl a wasgwyd i gongl. Y mae pwyslais 'Cân y Di-lais' ar fudandod a'r methiant i gyfathrebu yn dwyn perthynas uniongyrchol â barddoniaeth R. S. Thomas ei hun, ac y mae'n werth tynnu sylw yn y fan hon at y dimensiwn newydd a roddir i eirfa grefyddol y gerdd Gymraeg yn y cyfieithiad. Try 'Cans nid oes im lais litani'r hwyr,/ dim llef gorfoledd boreol', er enghraifft, yn 'I am not heard at Evening Prayer/ nor at triumphal Matins'. Yma yr ydym, am ennyd, yn ôl ym myd cerddi megis 'A Priest to His People' (*SF*, 29–30) a 'Poste Restante', lle y myfyria R. S. Thomas ar y berthynas broblemus rhwng offeiriad a'i blwyfolion: 'The priest would come/ and pull on the hoarse bell nobody/ heard' (*LS*, 13). Ychydig linellau cyn hyn yn y cyfieithiad, trosir 'na sain na si' Menna Elfyn fel 'no annunciation'. Y mae'r defnydd annisgwyl hwn o air ac iddo arwyddocâd crefyddol penodol (Cyfarchiad Gabriel i Fair) yn cyflwyno ystyriaeth bellach – y berthynas broblemus arall honno rhwng yr offeiriad a Duw sydd mor aml yn fud. Cafwyd gan Thomas gyfieithiad sy'n synthesis dramatig o'r gwleidyddol a'r crefyddol. Dyma gyfieithu o ddifrif.

Yr ail agwedd ar y cyfieithiad sy'n haeddu sylw yw penderfyniad R. S. Thomas i geisio atgynhyrchu defnydd helaeth Menna Elfyn yn 'Cân y Di-lais' o gyflythreniad a chyffyrddiadau cynganeddol. Yn ei ddarlith *Wales: A Problem of Translation*, dywed Thomas, 'I have had a fair success with rendering a few Welsh lyrics, where an occasional *trouvaille* has produced a good poem in English', a rhydd fel enghraifft ddwy linell olaf ei gyfieithiad 'Night and Morning'. Ond ychwanega, 'But such euphoria soon disappears when confronted by cynghanedd. And we still have youngish poets who write in this form, so that we must learn their medium to enjoy them', ac â rhagddo i gynnig y sylwadau hyn ar y *vers libre* gynganeddol: 'It is not always successful, but it is an interesting and beneficial experiment. I was asked a little while ago to translate one such by Menna Elfyn and was delighted to come on a phrase which, because it was in cynghanedd, was resistant to translation, forcing me into very much of a second best' (*WPT*, 17). Cyfeirio y mae Thomas yma, y mae'n rhaid, at gyffyrddiadau cynganeddol y cwpled hwn o 'Cân y Di-lais' – 'awgrymaf, nad oes raid wrth wifrau pigog,/ bod i iaith "wefrau perlog"' – a gyfieithir ganddo yn gelfydd fel: 'I will suggest the superfluousness of barbed wire,/ since our language has berylled wares.' Esgora'r awydd i gyfleu gweadwaith geiriol y gerdd wreiddiol ar rai cyfuniadau pur ddyfeisgar. Er enghraifft, ar gyfer 'nac egni cryg sy'n cecian, yn y cyfnos', cynigir y disgrifiad ciastig trawiadol, 'nor am I that voice in the dusk/ that is husky but vibrant'. (Dyma achos arall lle y caiff y darllenydd ei arwain yn ôl at farddoniaeth R. S. Thomas ei hun – y tro hwn at linellau enwog 'Welsh Landscape': 'To live in Wales is to be conscious/ At dusk of the spilled blood/ . . . Of strife in the strung woods,/ Vibrant with sped arrows' (*AL*, 26).) Neu noder sut y delir gafael ar gyfatebiaethau seiniol 'heidio'n ddieiddo' yn yr ymadrodd cynganeddol 'possessors of nothing but their dispossession'. Cam yn rhy bell i gyfeiriad cerdd dafod, serch hynny, oedd mynd ati i drawsffurfio 'a chanaf, cyfathrebaf/ mewn cerdd dant,/ yn null yr ieithoedd bychain' yn 'I will sing and make contact/ in *cynghanedd*, as the small nations do' – a thrwy wneud hynny ddirymu yn y cyfieithiad y ddelweddaeth gerddorol estynedig ar ddiwedd y gerdd Gymraeg:

> pobl yn canu alaw arall
> ar draws y brif dôn,
> er uched ei thraw,
> gan orffen bob tro
> yn gadarn, un-llais,
> taro'r un nodyn – a'r un nwyd.

Priodol fydd ystyried cyfieithiad caboledig R. S. Thomas o gerdd hir Alun Llywelyn-Williams, 'Ar Ymweliad', mewn termau mwy cyffredin-ol. Wrth gyflwyno'r ffilm a wnaed o 'The Airy Tomb' mewn cyfarfod i ddathlu bywyd a gwaith y bardd ym Mangor yn 2001, meddai'r cyfarwyddwr, Emyr Humphreys:

> Y cof sydd gennyf fi yw nad oedd R. S. Thomas yn rhy hoff o'r gerdd yn ei ddyddiau cynnar. Soniai amdano'i hun bob amser fel bardd telynegol, a gwelai . . . 'The Airy Tomb' fel arbrawf 'mentrus, pryderus' . . . ar lwybr nad oedd am ei ddilyn. Nid oedd am i'w farddoniaeth fynd i gyfeiriad adrodd stori, cyfeiriad naratif'.[72]

Yr eithriad arall, wrth gwrs, yw *The Minister*, ond wrth ei chrybwyll hi hefyd dylid cyfeirio ar yr un gwynt at ddisgrifiad Thomas yn 1981 o'i gerddi estynedig – 'in a way I suppose they're only lyrics put together to make the appearance of a longer poem'. Yn yr un cyfweliad meddai, 'I do feel the pressure, I don't think I'll ever respond to it, that if you're anything of a poet you ought to be able to produce a longer poem', ond ychwanega, 'I don't think this is the age of the long poem'.[73] Annisgwyl ar yr olwg gyntaf, felly, o ystyried ei hyd a'i natur storïol, yw gweld Thomas yn mynd i'r afael ag 'Ar Ymweliad' Alun Llywelyn-Williams. Ac eto, dichon fod modd gweld y cyfieithiad hwn fel cyfrwng sy'n galluogi'r bardd i arbrofi, y tu hwnt i ororau ei gerddi ef ei hun, â dull ac arddull farddonol sy'n ffurfio gwrthbwynt creadigol i weddill ei waith. Y mae'n arwyddocaol, gan hynny, nad 'The Visit' yw'r unig gyfieithiad gan R. S. Thomas o destun storïol ei fframwaith. Yn gynnar yn ei yrfa bu iddo lunio trosiad sensitif o stori fer seml ond dwysbigol Dilys Cadwaladr, 'Y Gwesteion'. Hanes Ann a adroddir yma, hen wreigen dlawd sy'n paratoi am bythefnos gyfan – gan wario'i harian prin ar yr hyn sydd, iddi hi, yn wledd – ar gyfer ymweliad dwy o wragedd parchus y pentref, sydd wedi eu gwahodd eu hunain i de yn ei bwthyn distadl. Ond nid ymddengys y gwesteion, a daw'r stori i ben â golygfa o hen wraig druenus, doredig. Yng ngeiriau trosiad R. S. Thomas: 'She sat down before the blazing coals, and stared into the frolicsome flames, as though her very soul was being consumed there as well as her scanty pennies.'[74] Gwelwyd eisoes fod cerddi portread R. S. Thomas yn brawf ei fod yn cael ei ddenu at bobl yr ymylon, at yr 'eneidiau ar wahân', ac yng nghyd-destun yr atyniad pwerus hwn diau nad amherthnasol yw dyfynnu disgrifiad cryno Dilys Cadwaladr ei hun yn ei rhagair i'w chyfrol *Storïau Dilys Cadwaladr* (lle'r ymddengys 'Y Gwesteion'), o natur cymeriadau ei straeon byrion: 'Wrth daflu cipolwg dros y storïau hyn, ymddengys i mi mai arwyr y "fyddin ryfeddaf" yw'r mwyafrif ohonynt. Hyd yn hyn ni fedrais weld rhamant yn rhengoedd y di-graith. Fe ddichon y gwelwn yn amgen petai digwydd i mi ganfod Caesar yn wylo am ei fuddugoliaeth.'[75] Diddorol yw nodi bod Thomas wedi dod i gysylltiad â Dilys Cadwaladr yn sgil y ffaith ei fod, yn ystod ei gyfnod ym Manafon, wedi ystyried symud i fyw i Ynys Enlli (bu'r awdures yn byw ar yr ynys yn ystod y 1940au). Buan y sylweddolodd y bardd, serch hynny, fod y fenter yn anymarferol, ac aeth y cynllun i'r gwellt.[76] Eithr parhau, wrth gwrs, a wnaeth diddordeb Thomas yn yr ynys, ac enghraifft dda o hyn ar lefel y gwaith ei hun yw cyfieithiad anghyhoeddedig y bardd o gyfrol Jennie Jones, *Tomos o Enlli* (1964)[77] – cofnod difyr o fywyd ar yr ynys ar ddiwedd y bedwaredd ganrif ar bymtheg a dechrau'r ganrif ddiwethaf. Perthyn y trosiad sionc hwn i gyfnod Thomas yn Eglwys-fach, ac ynddo llwyddir i ddiogelu bywiogrwydd llafar atyniadol cyfrol Jennie Jones drwy ddal gafael ar dermau technegol Cymraeg y testun gwreiddiol ac atgynhyrchu o bryd i'w gilydd gystrawen Gymraeg y llefarydd ('Clogs everyone wore on Bardsey'[78]). Cyfrol sy'n frith o straeon byrlymus yw *Tomos o Enlli* (teg dweud bod egin stori fer ym mhob un ohonynt bron), a cheir yma, felly, enghraifft bellach o'r bardd telynegol yn troedio, mewn cyfieithiad, lwybr adroddiannol, storïol.

Hanfodol yw pwysleisio mai arwyddbyst, nid troednodiadau, yw'r priodoliadau hynny a nodwyd gan R. S. Thomas islaw'r cyfieithiadau a gynhwysodd yn ei gyfrolau ei hun – 'From the Welsh Traditional',

'From the Welsh of Caledfryn', 'From the Welsh of G. J. Williams'. Cyfeiriant ddarllenwyr Saesneg yn ôl at ogoniannau'r traddodiad Cymraeg. Yn *Cymru or Wales?* esbonia Thomas fod y defnydd yn ei farddoniaeth gynnar o enwau priod Cymraeg yn fynegiant o'i obaith ef ac eraill ar un cyfnod 'that it would prove to be no more than a stepping-stone back to the vernacular, as in Scotland the revival of Lallans was seen as hopefully a half-way house on the way back to Gaelic' (*CorW?*, 5). Ond os yw cyfieithiadau Thomas i'r darllenydd di-Gymraeg yn gerrig sarn (y mae 'sarn' yn arwyddocaol, fel y cawn weld), y maent i'r bardd ei hun yn ororau. Ar wahân i'r tair cerdd Gymraeg anhynod a luniodd ef ei hun, y cyfieithiadau hyn a ddaw agosaf at fynegi ei weledigaeth drwy gyfrwng *barddoniaeth* Gymraeg – yn hytrach na thrwy gyfrwng ei deunyddiau diwylliannol yn unig. Hyd yn oed wedyn, cyfieithiadau bardd a faentumiai na allai lunio barddoniaeth o safon ond yn y Saesneg ydynt – sy'n awgrymu, wrth gwrs, mai Saesneg yn ei hanfod fu ei gyfansoddiad llenyddol personol ar hyd yr yrfa. Pa un ai gwir hynny ai peidio, bu I R. S. Thomas wrthod clodfori cyfaddawd biwrocrataidd dwyieithrwydd. Pan ofynnwyd iddo am ganiatâd i gynnwys cerddi o'i eiddo yn y gyfrol *The Poetry of Pembrokeshire*, gwrthododd, gan ddatgan na fynnai weld ei waith yn ymddangos mewn blodeugerdd yr oedd ei theitl yn cynnwys yr enw 'Pembrokeshire'.[79] Mewn llythyr at Raymond Garlick yn 1969 gresyna'r bardd: 'I carry on endless correspondence with the County Council, because they will put up fresh monoglot signs[,] 'Whistling Sands'[,] without the original name . . . No wonder signs get daubed.'[80] Dyma sylw sydd i'w gydio wrth gwestiwn Thomas ar ddiwedd *Abercuawg*: 'Oni welsom ni Rydlafar yn troi'n Red Lava, a Phenychain yn Penny Chain, a Chwm Einion yn Artists' Valley, a Phorthor yn Whistling Sands a'r Cymry'n fodlon arnynt?' (*PMI*, 95–6). Dyma gyfieithu fel hunllef. Y mae'r enghraifft gyntaf honno – Rhydlafar/Red Lava – yn un gyrhaeddgar yng ngoleuni'r awgrym o leferydd ac iaith yn ail ran yr enw Cymraeg, 'llafar' – 'atseiniol, parablus, siaradus'.[81] Siarad o brofiad personol, fel y gwelsom, yr oedd R. S. Thomas yng nghyswllt Porthor (ger Aberdaron) – ac felly hefyd, yn ddiau, yn achos Cwm Einion (ger Eglwys-fach).

Yng nghyd-destun yr atgasedd hwn tuag at lurgunio digywilydd o'r fath y mae ystyried nid yn unig gyfieithiadau R. S. Thomas ond y farddoniaeth yn ei chyfanrwydd. Yn *Cymru or Wales?* cyhoedda Thomas: 'where something as poetic as this land of hills and streams is concerned, I have no interest in translation. The changing of *mynydd* and *nant* into mountain and stream leaves me an exile in my own country' (*CorW?*, 6). Dyma ddychwelyd at y profiad o alltudiaeth fewnol a fynegwyd mor ingol yn 'Those Others' – ac a ddistyllwyd mor effeithiol, fel y gwelsom, drwy gyfrwng yr epigraff a gymerwyd o waith Dewi Emrys. Mynych y gwelir Thomas mewn cyfweliadau Saesneg (a hynny'n gyson, yn arwyddocaol ddigon, mewn cyd-destunau hunan-gofiannol) yn gwrthod defnyddio enwau anghyfiaith ar leoedd yng Nghymru – ffaith sy'n golygu ein bod, wrth ddarllen neu wrando ar sylwadau Saesneg y bardd mewn cyd-destunau o'r fath, yn aml yn ein cael ein hunain ar ororau'r iaith honno.[82] (Dyma agwedd hollbwysig y cawn gyfle i'w hystyried yn fanwl maes o law wrth graffu ar rai o fwyseiriau 'Cymraeg' y farddoniaeth Saesneg.) Da y nododd Gillian Clarke, mewn adolygiad ar y recordiad 'R. S. Thomas Reading the Poems':

> Sometimes the sound surprises, as the refined and placeless accent of R. S. Thomas does when people first hear it – that one-syllabled pronunciation of words like 'tower', or 'flower', where the two beats are decided by vowels, is oddly blurred compared with the crispness of his consonants. But hear him speak Welsh, even a word, a name, a place-name, and the accent of a man of Gwynedd adds another drumbeat to our understanding of this poet's voice. Here is the clue that he speaks in two tongues.[83]

A chwbl greiddiol yn y fan hon yw agwedd y bardd tuag at yr adolygu a fu ar ffurfwasanaeth yr Eglwys. 'Shall we revise the language?/ And in revising the language/ will we alter the doctrine?', gofynnir ar ddechrau 'Bleak Liturgies'. Ac â'r bardd rhagddo i holi: 'And are we to be saved// by translation?' (*MHT*, 59). O droi at y llinellau adnabyddus hynny yn 'Kneeling' – 'Prompt me, God;/ But not yet. When I speak,/ Though it be you who speak/ Through me, something is lost' (*NHBF*, 32) – bron na chlywir bellach, ar y cyd â llais Awstin Sant, lais Robert Frost: 'Poetry is what's lost in translation.'[84]

Tua diwedd *Neb* cawn R. S. Thomas yn moli harddwch gwledig Cymru ac yn ymhyfrydu mewn llu o enwau lleoedd prydferth – Tregaron, Abergwesyn, Beddgelert, Nanmor. Wrth restru enwau yn y modd hwn, teimla Thomas ei fod yn 'enwi lleoedd Cymru fel y bydd mam yn enwi'i phlant' (*Neb*, 123). Daw'r gyffelybiaeth o gerdd Yeats, 'Easter 1916', lle y rhestra'r bardd enwau merthyron Gwrthryfel y Pasg: 'our part/ To murmur name upon name,/ As a mother names her child.'[85] Esgora'r cyfeiriad ar weledigaeth o Gymru unedig – darlun sy'n 'ymbil am ymlyniad y galon' (*Neb*, 123), a chysyniad sydd wedi'i seilio, yma megis fan arall, ar gariad tuag at dir a daear Cymru ac enwau lleoedd Cymraeg. Nid yw'n syndod, felly, fod chwedl yr Anifeiliaid Hynaf, lle y cyplysir enwau'r creaduriaid gwyrthiol hynny ag enwau lleoedd penodol – Mwyalch Cilgwri, Carw Rhedynfre, Eryr Gwernabwy, Llyffant Cors Fochno, er enghraifft – wedi apelio'n gryf at R. S. Thomas ar hyd ei yrfa. ''Rwy'n dotio at sŵn yr enwau', meddai'r bardd mewn cyfweliad yn 1999.[86] A thrawiadol yw'r cyd-ddigwyddiad hapus fod nifer o'r enwau hyn yn cyd-daro â cherrig milltir gyrfa R. S. Thomas ei hun: Cilgwri (hen enw ar Benrhyn Wirral, fe ddichon), Cors Fochno (ger Eglwys-fach), Rhedynfre (sydd i'w gysylltu, yn ôl John Rhŷs, ag enw ar fferm ym mhlwyf Aberdaron), Gwernabwy (sy'n dwyn perthynas, fel y dangosodd Rhŷs, ag enw fferm arall ger Aberdaron).[87] Ac fel pe'n tystio i ddyfnder y berthynas fywiol hon rhwng y bardd a'i wlad, dyna'r cyd-ddigwyddiad pellach fod llu o enwau lleoedd wedi tueddu i ganlyn R. S. Thomas ar ei daith o Faldwyn i Geredigion, o Lŷn i Fôn. Dyma 'briodas gydymdreiddiol', a defnyddio un o dermau J. R. Jones, o fath arbennig iawn.[88] Er enghraifft, yr oedd 'sarn' yn rhan nid yn unig o enw'r bwthyn yn Y Rhiw lle y bu'r bardd yn byw wedi iddo ymddeol ('Sarn Rhiw') ond hefyd o lawer o enwau lleoedd yn Sir Drefaldwyn ei ofalaeth fawr gyntaf – a 'Rhiw', fe gofir, oedd enw'r afon a lifai heibio i'r rheithordy ym Manafon. Diddorol nodi bod 'Daron' Aberdaron hefyd yn enw ar afon ym Maldwyn. Rhydd cysylltiadau o'r fath ystyr newydd i linell olaf adnabyddus 'Hon' T. H. Parry-Williams (cerdd a olygai lawer i R. S. Thomas, fel y cawn weld): 'Duw a'm gwaredo, ni allaf ddianc rhag hon.'

Fe'n hatgoffir gan hyn oll o le canolog y dyddiadur natur misol *Blwyddyn yn Llŷn* yn *oeuvre* R. S. Thomas. Cyfrol ydyw sy'n ymhyfrydu yng ngofynion ei *genre* ac sydd ar yr un pryd yn gofnod o dywydd *gwleidyddol* Cymru ac yn sialens i'r neb sy'n bygwth ei hunaniaeth. Ar ddiwedd y cofnod ar gyfer mis Mehefin dywed Thomas:

> Fedran nhw [y genhedlaeth iau] fyw efo'r syniad na fydd yna'r ffasiwn beth â Llŷn Gymraeg ar ôl y ganrif hon? O, meddech chi, mi fydd y wlad a'i henwau yma. Ysgerbwd. Ewch i'r rhannau o Gymru lle mae'r iaith wedi diflannu a'r enwau wedi cael eu llurgunio. Ysgerbwd o wlad yw hi. Er gwaetha'r golygfeydd gwych mae rhywbeth ar goll, na ŵyr neb byth beth ydi o, ond gwir Gymro. (*BLl*, 53)

Y mae'n werth sylwi wrth fynd heibio ar saernïaeth awgrymog y dyfyniad hwn, ac yn arbennig ar y modd y mae hyd y brawddegau'n lleihau nes cyrraedd y frawddeg ungair honno sydd wrth wraidd y rhybudd – 'Ysgerbwd' – ac yna'n ymchwyddo'n araf eto gan ffurfio cymesuredd arswydus o boptu'r ffaith ddychrynllyd honno. Cymar i'r darn hwn gan Thomas yw'r ymwybod gofidus o golled ddiwylliannol a fynegir gan Waldo Williams wrth drafod enwau lleoedd Cymraeg mewn erthygl y mae'n dra thebygol y byddai R. S. Thomas wedi'i ddarllen – 'Anglo-Welsh and Welsh', a ymddangosodd yn *Dock Leaves* yn 1953:

> To feel that a language is a great manifestation of the human spirit is to feel its loss as a real deprivation. 'Life is only half itself; its other half is expression.' One hears the wind moaning through the ruins of a noble habitation when one hears a Welsh place-name in the tongues of people to whom it means nothing. You, who are concerned about ancient buildings and rural scenery, cannot you also hear the real things that I hear, and see the real things that I see?[89]

* * * *

(ii) *Mwyseiriau*

Yn 'Y Llwybrau Gynt' dwg R. S. Thomas i gof natur sgwrs ei blwyfolion ym Manafon: 'Cymraeg oedd enw pob fferm a phob teulu, ond acen Sir Amwythig oedd gan y rhan fwyaf ohonynt gyda rhyw gymysgedd rhyfedd iawn o briod-ddulliau Cymraeg. Ond i un oedd â diddordeb mewn iaith ac yn gorfod ei fynegi ei hun trwy'r Saesneg peth amheuthun oedd cael gwrando arnynt weithiau' (*PMI*, 69).[90] Diddorol yw gosod y sylw olaf hwn yng nghyd-destun y modd y Cymreigir barddoniaeth Saesneg Thomas gan ei ddefnydd cyson a chreadigol o idiomau Cymraeg. Afraid dweud ein bod yn ymdrin yma â rhywbeth llawer mwy dyfeisgar na'r defnydd o ambell air Cymraeg yn y cerddi Saesneg. Pan geir hynny gan Thomas, y bwriad gan amlaf yw esgor ar dôn eironig, sardonig hyd yn oed. Meddylier, er enghraifft, am y llinellau hyn o'r gerdd 'Welsh': 'Why must I write so?/ I'm Welsh, see:/ A real Cymro,/ Peat in my veins' (*BT*, 15). Amrywiad diddorol, a deifiol, yn y cyswllt hwn yw'r cyfeiriad yn 'A Welsh Testament' at 'uffern' drwy gyfrwng disgrifiad yn Saesneg o sŵn y gair Cymraeg:

> All right, I was Welsh . . .
> My word for heaven was not yours.
> The word for hell had a sharp edge
> Put on it by the hand of the wind

Honing, honing with a shrill sound
Day and night. (*T*, 39)

Ond mwy creadigol ac arwyddocaol na hyn yw hoffter Thomas o wneud idiomau Cymraeg yn rhan annatod o bŵer y delweddu yn y cerddi Saesneg. Yn hyn o beth, perthnasol yw nodi bod y bardd, mewn cyfweliad dadlennol yn 1972, wedi disgrifio priod-ddulliau Cymraeg fel 'ffynonellau'.[91] Mynych y noda Thomas bwysigrwydd bod yn driw i fywyd idiomatig y Gymraeg. Yn *Cymru or Wales?* fe ddywed: 'one should translate "top speed" not by "*cyflymder uchaf*" but "*â'i wynt yn ei ddwrn*" which means "his breath in his fist". What loads of rubbish this policy would remove from contemporary Welsh speech' (*CorW?*, 18). Dadlennol yw cydio'r sylw hwn wrth yr hyn a ddywed Thomas yn *Wales: A Problem of Translation*: 'There are some amusing phrases in Welsh which can only be translated literally at the cost of much merriment. "Codi ar ei eistedd" for instance, "Rising on his sitting". And "I ddod hefo'ch gwynt yn cich dwrn"[,] "To come with your wind in your fist"' (*WPT*, 12). A theifl y sylwadau hyn yn eu tro oleuni diddorol ar y llinellau canlynol o'r gerdd 'The Moor':

> It was like a church to me.
> I entered it on soft foot,
> Breath held like a cap in the hand. (*P*, 24)

Dyma ddelwedd sy'n cyfleu'n berffaith y cyflwr hwnnw a ddisgrifiwyd gan Wordsworth fel 'breathless with adoration'.[92] Ynddi cyfunir yr allanol a'r mewnol, y cyflym a'r araf, y seciwlar a'r crefyddol, y Gymraeg a'r Saesneg. (Cymaint mwy awgrymog yw'r tramwyo hwn yng ngororau'r ddwy iaith na'r hyn a geir yn nefnydd Ruth Bidgood o'r un idiom: 'Let all the miracle-chasing louts/ in Herefordshire come here/ trampling my land with lumpish boots/ in January night – some huffing in/ just before twelve, their breath in their hands!'[93]) Neu ystyrier disgrifiad R. S. Thomas o Dic Aberdaron yn ei bortread cyfoethog o'r crwydryn hwnnw – 'a// hedge-poet . . .?' (*WA*, 46). Nid yr idiom Saesneg brin 'hedgerow poet' (mân fardd gwledig ei themâu) a olygir.[94] Yn hytrach, cyfuniad sydd yma o'r defnydd idiomatig o'r gair 'hedge' fel disgrifiad difrïol (meddylier am 'hedge-priest', 'hedge-school' a hyd yn oed 'hedge-scholar'[95]) a'r term Cymraeg dilornus 'bardd bol clawdd'. Ac felly'r marc cwestiwn yn y gerdd: ai *dyna'r* hyn yr ydym am alw Dic Aberdaron? Enghraifft dda arall gan Thomas o gyfuno ieithyddol a syniadol o'r fath yw'r weledigaeth yn y gerdd 'Pardon' – 'The fox was a bush// on fire, the ground holy,/ littered though it was with the dove's ashes' (*EA*, 29) – lle y cyfunir yn gelfydd gyfeiriad at hanes y berth yn llosgi yn Exodus 3:3 â mwysair amlweddog godidog – *bush/llwyn*-og.

Haedda'r llinellau canlynol o'r gerdd 'Nant Gwrtheyrn' sylw arbennig:

> The cuckoo returns
> to Gwrtheyrn . . .
> . . . within its voice
> bluebells tolling over
>
> the blue sea. (*NTF*, 66)

Noder i ddechrau sut y mae'r ymadrodd 'within its voice' yn ein hannog i ddod o hyd i iaith o fewn iaith yn y llinellau hyn. Yna, o gydio 'cuckoo' wrth 'bluebells', sylweddolir bod y ddau wedi eu cyfuno yn yr enw Cymraeg ar y blodau, 'clychau'r gog'.[96] (Daw i gof ddelwedd Williams Parry – 'y blodau gleision/ A dyf yn sŵn y gog'.[97]) Y mae hon yn foment bwysig gan fod gennym yma enghraifft o Thomas ei hun yn tynnu sylw penodol at ei ddefnydd 'cuddiedig' o idiomau Cymraeg. Ac y mae hyn yn dra chymwys yng ngoleuni'r llinellau dilynol, lle y dramateiddir yn gofiadwy y syniad hwn o ddadlennu cyfoeth a fu'n guddiedig gyhyd (trosiad sydd hefyd yn arwyddocaol yng nghyd-destun perthynas Thomas â'r diwylliant Cymraeg yn gyffredinol, fel y gwelsom):

> There is work
> here still, quarrying
> for an ancient language
> to bring it to the light
>
> from under the years'
> dust covering it. (*NTF*, 66)

Nid amherthnasol yn y fan hon yw'r ffaith mai fel man lle y mae'r cogau'n canu y gwêl R. S. Thomas ei Gymru ddelfrydol, ei Abercuawg:

> Bydd yna duedd i gysylltu'r gog â choedydd Lloegr, ond i mi, deryn Cymreig ydi hi, a ganai'i chân fwyaf persain yn Abercuawg.
>
> 'Yn Abercuawg yt ganant cogeu' [*sic*].

Ac eto bydd yn canu yn Nant Gwrtheyrn hefyd. Dyna'r amser i ymweld â'r llecyn bendigedig hwn, fel y gwnes i ddiwrnod agor Tŷ'r Faner yno. Roedd yn ddiwrnod braf i ryfeddu, ac fel y disgynnwn tua'r môr glas roedd cysgodion y cymylau'n symud yn ddistaw ac yn hamddenol dros lechweddau'r Nant i gân drist-beraidd y gog. (*BLl*, 32)

Ond y mae'n bwysig cofio hefyd y gall cryn dipyn o hiwmor nodweddu'r cyfuniadau ieithyddol hyn. Er enghraifft, yn ei deyrnged i Hugh MacDiarmid haera R. S. Thomas:

Scots . . . is something of an embarrassment south of the Border. Yet it was a true instinct that directed MacDiarmid to its use as a medium. Apart from its suggestion of an individual people, it is associated with older and deeper levels of the human psyche, and is thus of permanent poetic appeal. 'A lass that deed in childing,' for instance. Its rough tenderness suits Hugh MacDiarmid absolutely. It is perhaps for this reason that I find him a trifle thin when he writes in English. The English is, as it were, the water in the whisky, and I prefer my MacDiarmid neat.[98]

Hawdd y gellir cymhwyso'r hyn a ddywedir yma am ddefnydd MacDiarmid o'r Sgoteg at ddefnydd Thomas ei hun o'r Gymraeg a'i llenyddiaeth yn ei gerddi Saesneg. (Y mae'r ymadrodd hwnnw, 'of permanent poetic appeal', yn arbennig o berthnasol, wrth gwrs.) Cymwys iawn, felly, yw bod Thomas, nid heb gyffyrddiad o hiwmor, yn defnyddio'r ansoddair 'thin' wrth ddisgrifio gwaith MacDiarmid yn Saesneg – disgrifiad ac iddo rym difenwol yr ymadrodd Cymraeg, 'yr iaith fain', ond odid. Deuir ar draws enghraifft arall dda o ffraethineb mwyseiriol R. S. Thomas yn ei bortread o'i ragflaenydd ym Manafon, Gwallter Mechain:

He was big medicine,
too, to the artless
of mind, keeping the miscreant
all night on a stone
in the mistletoe river.
He was high up, as
they called it, the peasantry
perpendicularly glancing,
unable to scale him,
unable to discriminate
between learning and magic.[99]

Ychwanegir at ffraethineb tawel y darlun o barchedig ofn gwerin ddi-ddeall yn wyneb safle aruchel Gwallter Mechain o sylweddoli bod y gair Cymraeg am 'mistletoe', uchelwydd (uchel + gwŷdd), yn grymuso'r ymadrodd 'high up' yn y llinell ddilynol. Dyrchefir statws y bardd-offeiriad hyd yn oed ymhellach, felly, gan bresenoldeb dirgelaidd yr iaith Gymraeg yn y farddoniaeth Saesneg. A dichon fod hyn ar un wedd yn briodol, gan mai fel consuriwr yn anad dim y câi Gwallter Mechain ei gofio gan bobl Manafon yn ystod y 1940au a'r 1950au.[100]

Cam gwag dybryd fyddai tybio mai addurniadau barddonol yn unig yw enghreifftiau fel y rhain. Y maent, yn sicr ddigon, yn fynegiant o chwarëusrwydd a dyfeisgarwch barddonol R. S. Thomas, ond y mae iddynt ar yr un pryd arwyddocâd dyfnach a mwy difrifol. Yma fe dâl inni ddychwelyd at y cwestiwn gofidus hwnnw yn llinellau agoriadol y gerdd 'The Old Language' (y mae'r teitl ei hun yn gyfeiriad ieithyddol, wrth gwrs):

> England, what have you done to make the speech
> My fathers used a stranger at my lips,
> An offence to the ear, a shackle on the tongue
> That would fit new thoughts to an abiding tune? (*AL*, 11)

Mewn cerdd gynnar sy'n fynegiant o ing y bardd yn wyneb y ffaith ei fod wedi ei amddifadu o'r Gymraeg fel ei iaith gyntaf, y mae'n arwyddocaol fod yr ymadrodd Saesneg 'the speech/ My fathers used' wedi ei ddal mewn tir neb ieithyddol rhwng y ddau ymadrodd Cymraeg 'gwlad fy nhadau' a 'mamiaith'. Yn wir, y mae pob un o'r priod-ddulliau Cymraeg yn y farddoniaeth Saesneg ar un wedd yn fynegiant o'r tensiwn poenus ond creadigol hwnnw yng ngwaith y bardd – a hynny yn y cyswllt hwn ar y lefel fwyaf sylfaenol posibl, yng ngweadwaith yr iaith ei hun. Ac ymhellach, gan fod gwerthfawrogiad llawn o farddoniaeth R. S. Thomas yn yr achos arbennig hwn yn dibynnu ar synhwyro presenoldeb rhithiol, anweladwy (ond allweddol) gair neu ymadrodd Cymraeg y tu ôl i'r Saesneg, gellid dweud bod y 'mwyseiriau dwyieithog' hyn ynddynt eu hunain yn sylwadau dadlennol ar statws a phroffil y Gymraeg ei hun – iaith sydd ar gyrion ymwybyddiaeth y mwyafrif llethol o ddarllenwyr Saesneg R. S. Thomas.

Ar yr un pryd, wrth gwrs, y mae'r priod-ddulliau hyn yn hydreiddio'r cerddi Saesneg â lliw unigryw a naws ddieithr y Gymraeg. Fel y dywedodd Thomas ei hun: 'England so often has to rely on her fringes for linguistic rejuvenation of her poetry. If I were an Englishman,

I should be worried.'[101] Yn *Cymru or Wales?* gosodir y naws ddieithr hon mewn cyd-destun ehangach:

> Foreign travel is becoming more and more congested, more and more costly, dangerous even. We could convey a similar atmosphere of strangeness, of being in another land with the exercise of a little more pride and imagination. We could show . . . that in the words of Dafydd Iwan, we, *y Cymry*, are here still . . . (*CorW?*, 26)

Ar lefel lenyddol y mae'n briodol fod R. S. Thomas yma, wrth ddadlau o blaid mwy o bwyslais ar arwahanrwydd ac arallrwydd, yn efelychu yn yr ymadrodd hwnnw, 'we, *y Cymry*, are here still', gystrawen yr ymadrodd Cymraeg adnabyddus, 'yma o hyd'. Cadarnheir hyn gan y ffaith fod yr ymadrodd yn y ffurf hon yn brigo i'r wyneb yn gyson yng ngwaith Thomas. Yn *Counterpoint*, er enghraifft:

> We are here still. What
> is survival's relationship
> with meaning? The answer once
>
> was the bone's music at the lips
> of time. (*C*, 44)[102]

Fe gofir hefyd am y datganiad hyderus hwnnw yn 'The Undying', 'It is our place still,/ while the neighbouring nation/ goes on its heretical// crusades after a retreating/ glory'.[103] Ceir amrywiad diddorol ar y patrwm yn y llinellau o 'Nant Gwrtheyrn' y buom yn eu trafod uchod, lle y mae'r defnydd o'r ymadrodd 'here still' yn cyplysu'r ymfalch'io hwn ym mharhad gwyrthiol yr iaith a'i diwylliant â phwyslais ar y dasg aruthrol sydd eto i'w chyflawni: 'There is work/ here still, quarrying/ for an ancient language/ to bring it to the light// from under the years' / dust covering it' (*NTF*, 66). A mynych y pwysleisia Thomas mai un o'r agweddau pwysicaf ar yr ymgais hon i gadarnhau arwahanrwydd y Cymry yw'r angen i wrthweithio dylanwad andwyol y Saesneg ar y Gymraeg. Diau mai'r mynegiant mwyaf uniongyrchol o'r thema hon yn ei waith yw'r erthygl 'Arwahanrwydd Cenedl ac Ansawdd ei Hiaith' (1988), lle y gwelir Cymraeg carbwl fel mynegiant o '[g]yflwr sgitso-ffrenig y Cymro cyffredin . . . n[a] ŵyr bellach pwy ydi o nac i ba genedl y mae'n perthyn'.[104] Yn *Wales: A Problem of Translation* ceir y sylwadau canlynol ar yr hyn a ddiffinia'r bardd fel 'the English achievement':

With the aid of controlling media it has produced Welsh people whose English is better than their Welsh. Over the centuries not only has English imposed itself on personal and place names, it has infiltrated the very innermost defences of our language. I am not a linguist or a philologist. If so, I would probably be even more disturbed than I am at the number of English words which have entered the language; of the English derivation of so many Welsh words which pass as such or which have been accepted into the language. Even more so at the number of bastard words, which are openly English, but have been given a Welsh suffix by ignorant or slovenly speakers, so earning the derision of any English people who happen to be within earshot. (*WPT*, 10–11)

Geiriau yw'r rhain sy'n rhwym o awgrymu'r ddrych-ddelwedd – defnydd R. S. Thomas o eiriau ac ymadroddion Cymraeg, a hyd yn oed gystrawen yr iaith – yn ei gerddi Saesneg.

Yn un o gerddi'r gyfrol *Gwynt yn y Canghennau* (1982), ceir gan Euros Bowen weledigaeth o ddadeni diwylliannol yn disodli darlun o ddinistr llwyr llys brenhinol Powys fel y'i disgrifiwyd yn y canu englynol cynnar:

> Ond mae'r adeiladwyr wrthi drachefn
> yn codi maen ar faen. –
> Bydd drws yn lle'r bylchu,
> ffenestri lle bu adwyau:
>
> Mae Cynddylan, wedi marw,
> yn gorwedd
> yn erw gororau'r iaith,
> ac mae 'na olau yn yr ystafelloedd heno.[105]

Y mae disgrifiad cofiadwy Euros Bowen o leoliad y dadeni – 'gororau'r iaith' (teitl y gerdd yn ogystal) – yn derm addas iawn ar gyfer y mannau hynny ym marddoniaeth Saesneg R. S. Thomas lle y gellir ymdeimlo â phŵer creadigol yr iaith Gymraeg. Eithr fel yr ydym yn dechrau sylweddoli, nid llwyfan ar gyfer dadeni yw'r gororau hyn yn gymaint â thiroedd ymylol llawn tensiwn a chroestynnu, mannau lle y dramateiddir rhai o brif ddadleuon mewnol y farddoniaeth. Diddorol yw gweld bod gan Thomas ei hun ymadrodd sy'n cyfateb yn union i 'ororau'r iaith' ei gyfaill Euros Bowen. Fe'i ceir, yn arwyddocaol ddigon, mewn cerdd o'r enw 'The Combat', sy'n disgrifio'r ymgodymu parhaus â Duw ac â'r iaith briodol i'w ddisgrifio:

> For the failure of language
> there is no redress. The physicists
> tell us your size, the chemists
> the ingredients of your
> thinking. But who you are
> does not appear, nor why
> on the innocent marches
> of vocabulary you should choose
> to engage us, belabouring us
> with your silence. (*LS*, 43)

'[T]he innocent marches/ of vocabulary': sylwn fod y gair 'marches' wedi ei leoli, yn arwyddocaol, ar derfyn neu oror y llinell ei hun. Tystia'r enghreifftiau hyn oll mai bardd yw R. S. Thomas sy'n ei gael ei hun yn wastadol ar ororau'r iaith – ac yn wir, ar ororau iaith – wrth iddo chwilio'n ddiflino, chwedl y gerdd 'Welsh', am 'the right word/ For the gut's trouble' (*BT*, 15).

Priodol yn y fan hon yw ystyried y gororau eraill hynny a archwilia R. S. Thomas drwy gyfrwng y teitl awgrymog a ddewisodd ar gyfer ei hunangofiant Cymraeg – *Neb*. Y mae hwn yn fwysair arbennig o gyfoethog ac amlweddog sy'n ein harwain at galon y deuoliaethau a'r tensiynau ym mywyd a gwaith Thomas. Hanfodol yw cofio mai ystyr gadarnhaol sydd i 'neb' (rhywun, unrhyw un) mewn gwirionedd, ac mai mewn arddulliau anffurfiol – neu deitlau – pryd y mae wedi ei ddatgysylltu oddi wrth gystrawen, fel petai, y mabwysiada'r gair, yn ramadegol anghywir, rym negyddol. Cymar i 'neb', wrth gwrs, yw'r gair sylfaenol arall hwnnw yn y Gymraeg sy'n cynnal dwy ystyr wrthgyferbyniol, 'dim'. Buasai'r gair hwn, bid sicr, yn un tra phwysig i R. S. Thomas, ac yntau'n fardd y mae cymaint o'i waith yn fyfyrdod ar natur presenoldeb ac absenoldeb. Perthnasol yw nodi sut y bu i Thomas ddosbarthu cerddi ei flodeugerdd, *The Penguin Book of Religious Verse* (1963), dan y penawdau 'GOD', 'SELF', 'NOTHING', 'IT' ac 'ALL'. Yn y gerdd 'The Promise' â'r bardd i'r afael â'r ystyriaethau dirfodol a gramadegol hyn drwy gyfuno'r crych cyfleus hwn yn yr iaith Gymraeg â haeriad adnabyddus y Brenin Llŷr yn nrama Shakespeare, 'Nothing will come of nothing':

> Promising myself before bedtime
> to contend more urgently
> with the problem. From nothing
> nothing comes. Behind everything –
> something, somebody? (*NTF*, 59)

Tra chymwys, felly, yw'r modd y mae englyn Emyr Lewis i R. S. Thomas, 'There is an Absence . . .', yn dwyn ynghyd drwy gyfrwng odl drindod hollbwysig o dermau – 'absenoldeb' / '[p]resenoldeb' a 'Neb':

> Ildio i'r absenoldeb a wna pawb,
> fel pôs heb ei ateb
> yn iawn; ys gwn i wnaeth Neb
> ildio i'w bresenoldeb?[106]

Amwysedd creiddiol, tyngedfennol, felly, yw amwysedd y geiriau 'neb' a 'dim'. Gan hynny, y mae arwyddocâd teitl hunangofiant Cymraeg R. S. Thomas yn ddyfnach o lawer nag eiddo, er enghraifft, y teitl James Bondaidd a roddwyd ar gofiant diweddar i Goronwy Rees – *Looking for Mr Nobody* – neu eiddo'r enw ffarsaidd hwnnw sy'n ymddangos yn y rhestr o wŷr llys Arthur yn *Culhwch ac Olwen* – Neb mab Kaw.[107] Ac y mae hyn oll i'w gydio wrth y ffaith mai yn y trydydd person yr ysgrifennwyd *Neb*. Yn aml, mater o gyfleustra yn unig yw naratif trydydd person mewn hunangofiannau; gall ddigwydd mewn testunau sydd fel arall yn gwbl egotistaidd, megis hunangofiannau Iŵl Cesar, yr Arlywydd de Gaulle neu'r Pab Pius II.[108] Nid felly yn achos hunangofiant Cymraeg R. S. Thomas, lle y mae'r defnydd o'r trydydd person yn sicr yn arwydd o wyleidd-dra ac anymwthgarwch. Plagus ac atgas, wrth gwrs, yw defnydd diarbed o'r person cyntaf. Fel y dywedodd un o gofianwyr Theodore Roosevelt un tro ynghylch hunangarwch yr arlywydd hwnnw – 'His love of the personal pronoun bordered on the erotic' – ac aeth y cofiannydd rhagddo i gofnodi sut y bu i si fynd ar led adeg argraffu cyfrol hunangofiannol Roosevelt, *The Rough Riders*, 'to the effect that halfway through typesetting Scribner ran out of capital "I"s and had to send to the foundry for an extra supply'.[109] Ond rhaid pwysleisio bod defnydd R. S. Thomas o'r trydydd person yn *Neb* yn dynodi llawer mwy na gostyngeiddrwydd; y mae hefyd yn dacteg, yn dechneg er hyrwyddo ymgais barhaus y bardd yn ei weithiau hunangofiannol i wrthrycholi'r hunan, i 'adnabod nes bod adnabod', chwedl Waldo Williams yn 'Mewn Dau Gae'.[110] Difyr yng ngoleuni'r gwrthrycholi hwn yw'r ffaith fod amryw gatalogau llyfrgell yn drysu rhwng R. S. Thomas y bardd ac R. S. Thomas arall – y diwinydd Rowland Sawil Thomas, Abercynon (1844–1923), awdur cyfrolau megis *Cyfiawnhad Trwy Ffydd* (1894) ac *Undod Personol y Duw-ddyn* (1900). Diau y byddai'r camgymeriad wedi codi gwên ar wyneb Thomas y bardd.[111]

Wrth reswm, y mae gwyleidd-dra yn achos offeiriad Anglicanaidd i raddau helaeth yn fater diwinyddol. Yng ngeiriau'r Salmydd, 'Pa beth yw dyn, i ti i'w gofio? a mab dyn, i ti i ymweled ag ef?'.[112] Tra arwydd-ocaol yw'r ffaith fod R. S. Thomas, yn ei gopi personol o *Ac Onide* J. R. Jones, wedi marcio'r rhan honno o'r ysgrif deitl lle y dehongla Jones yr hanes yn Llyfr Daniel am y tri gŵr yn y ffwrnais o dân poeth yn y termau hyn: 'cyfrwng i ddysgu gwers i ddyn, y bwysicaf, yn ysbrydol, o bob gwers, sef nad ydyw ef ei hunan yn ddim, – cyfrwng i'w ddiddyfnu o'r duedd i'w weld ei hun yn ganolbwynt ei fyd, a chanddo, felly, hawl i waredigaeth a swcwr.'[113] 'Ie', nododd Thomas ar ochr y ddalen – gan ychwanegu'r sylw enigmatig, 'Ond beth am eraill?'.[114] Ar raglen radio yn 1996, gofynnwyd i Thomas: 'Ry'ch chi 'di'ch galw'ch hunan yn Neb, ond mewn gwirionedd onid yw hynny'n sarhad ar Dduw, sy' wedi'ch creu chi yn rhywun?' Ymatebodd y bardd drwy fynnu: 'Wel, o flaen Duw . . . dwi'n neb, neb ydw i o flaen Duw.'[115] Yn sicr, chwery duwioldeb Cristnogol syml o'r math hwn ran bwysig yn hyn oll:

> Ar ôl blynyddoedd yn y fath amgylchiadau, edrychai R.S. yn ddigon llugoer ar gerrig beddau costus gyda'u geiriau ffals, ar ddefodau difeddwl aelodau confensiynol yr eglwys; y cofgolofnau i'r bechgyn truain a laddwyd mewn rhyfel; y cerrig beddau rhodresgar, hyll a anharddai gynifer o fynwentydd yng nghefn gwlad. Ni wnaeth hyn oll ond dyfnhau'r teimlad ynddo nad oedd dim eisiau coeb ond croes bren ddiaddurn i nodi'n unig lle roedd eich gweddillion, er mwyn y teulu. (*Neb*, 94)

Ond hollbwysig yw cydnabod y rhan a chwaraeir gan ddimensiynau diwylliannol, politicaidd yng nghyd-destun penderfyniad R. S. Thomas i gyfeirio at yr hunan yn nhermau 'ef' a 'neb'. Yr hyn a bwysleisir yn y fan hon yw *arallrwydd* Cymraeg digamsyniol y bardd mawr hwn yn yr iaith Saesneg. Fe'n cymhellir i ofyn pa mor weladwy *ydyw* Cymru a'r Gymraeg o Lundain ganolgyrchol neu o Efrog Newydd bell. Dwyséir y sefyllfa, a dyfnheir ar yr un pryd arwyddocâd y gair 'neb', gan y ffaith anosgoadwy honno nad y Gymraeg oedd iaith barddoniaeth R. S. Thomas. Mewn erthygl fer bwysig a gyhoeddwyd i gyd-daro ag ymddangosiad *Neb*, bu i Thomas ddisgrifio ei hunangofiant fel hyn: 'Rhywbeth tebyg i "Ragair" [*The Prelude*] Wordsworth . . . eithr yn llai uchelgeisiol, ac mewn rhyddiaith; sef yw hynny ymgais i olrhain twf meddwl bardd; nid bardd cynrychioliadol, wrth reswm, ond bardd bach oedd yn gorfod byw trwy'i oes ar bigau'r drain o ganlyniad i fod yn Sais wrth ei grefft a Chymro wrth reddf.'[116] Y *locus classicus* yn y fan hon, wrth gwrs, yw'r ddarlith 'Hunanladdiad y Llenor', ond pwysig yw nodi bod pŵer creadigol y gair negyddol hwnnw, 'neb', yn ym-dreiddio drwy'r rhyddiaith i gyd.

Y mae yno, er enghraifft, yn y darlun ar ddechrau *Neb* o'r R. S. Thomas ifanc ar ei ben ei hun yn ei gartref yng Nghaergybi:

> Ambell gyda'r nos, byddai'i rieni'n dymuno mynd allan. 'A fyddi di'n iawn dy hun?' Wrth gwrs y byddai. Cas ganddo gyfaddef fel arall. Ar ôl iddynt fynd, byddai distawrwydd yn meddiannu'r tŷ. Yn ara' deg sylweddolai mai ar ei ben ei hun yr oedd. Ac eto, a oedd o? Nid peth marw ydi tŷ. Bydd yn ochneidio ac yn gwichian ac yn sibrwd. Gwrandawai. Onid oedd rhywun yn y llofft? Beth oedd y sŵn hwnnw fel dyn yn anadlu? Âi at waelod y grisiau a throi'r golau ymlaen. Ac eto roedd pen-draw'r llofft yn y cysgod. Galwai. Dim ateb. Dringai'r grisiau o ris i ris, ac wedi cyrraedd pen y staer gwrando eto. Yn sydyn neidiai gam neu ddau ymlaen gan daranu â'i draed a gweiddi: 'Bw!' Dim byd. Neb. (*Neb*, 12–13)

Dyma ddwyn y ddau air tyngedfennol, 'neb' a 'dim', ynghyd mewn darn y gellid ei ddehongli fel disgrifiad o fan cychwyn ymwybyddiaeth grefyddol R. S. Thomas.[117] Hanner can mlynedd yn ddiweddarach gwelir Thomas yn diffinio'r duwdod yn y termau hyn yn 'The Absence':

> It is this great absence
> that is like a presence, that compels
> me to address it without hope
> of a reply. It is a room I enter
>
> from which someone has just
> gone, the vestibule for the arrival
> of one who has not yet come. (*F*, 48)

(Neu fel y dywed y bardd yn llinell gyntaf y gerdd honno o'i eiddo sy'n ymateb i ddarlun gan Frits van den Berghe: 'Nothing is here' (*IT*, 26) – gosodiad pur wahanol, wrth gwrs, i 'There is nothing here'.) Y mae'r chwarae ar 'neb' a 'dim' yn leitmotif sy'n rhedeg drwy *Neb* ac sy'n arwain y darllenydd yn anorfod at y cwestiwn a ofynnir yn y frawddeg olaf oll, 'Pa beth sy'n gweddu i ddyn bellach ond ailadrodd, ddydd ar ôl dydd: Miserere me[i], Domine?' (*Neb*, 131). Caniatéir yn y fan hon i'r person cyntaf ymwthio i'r testun, a mynnu rhyw gymaint o gyd-nabyddiaeth – ond drwy gyfrwng ffurfioldeb gostyngedig y Lladin yn unig y caiff wneud hynny.[118]

Ar hyd y ffordd, porthir y diddordeb hwn yn amwysedd defnyddiol 'neb' a 'dim' gan brofiadau mwy cyffredin. Er enghraifft, yn *Neb* cyfeiria

---

R. S. Thomas at y ffaith y byddai, fel myfyriwr ifanc, egnïol ym Mangor, o dro i dro yn clywed ei gyfoedion yn ei wawdio drwy holi, '"Pwy mae o'n feddwl ydi o?"' (*Neb*, 22). Yr ateb a geir gan Thomas yn ei hunan-gofiant Cymraeg yw, 'Ond ni wyddai pwy oedd o. Doedd o'n neb' (*Neb*, 22). Canolog yn hyn o beth yw sylw Thomas yn un o'i gyfweliadau olaf: 'One is tinged with the pessimism of poets like A. E. Housman. There is a kind of life-denying part in one's make-up, a kind of nihilistic approach to life.'[119] Ac eto, pan fu i rai o'r plwyfolion yn Eglwys-fach ymffrostio eu bod yn bobl o bwys yn gymdeithasol, gallai'r bardd gyd-ymdeimlo'n ddidwyll: 'A ydi dyn yn gallu wynebu bywyd os teimla nad ydi o'n neb?' (*Neb*, 81). Eithr nid oes a wnelo bod yn 'rhywun' mewn unrhyw ystyr arwyddocaol fawr ddim ag ymhonni cymdeithasol o'r fath. Y mae'r mwysair 'neb', felly, yn dra chyrhaeddgar pan ddefnyddir ef gan Thomas yng nghyd-destun y weithred o greu ac o epilio. Mewn cerdd anghasgledig bwysig, 'Autobiography', disgrifia Thomas ei genhedliad ei hun yn y termau canlynol: 'I am not present/ as yet. Could it be said, then,/ I am on my way, a nonentity/ with a destination?'[120] Ac wrth sôn yn *Neb* am enedigaeth ei fab Gwydion, gofynna'r bardd, 'Sut y gallai neb fod yn dad i rywun?' (*Neb*, 48). Yn ogystal â holi sut y gall unrhyw un ddygymod â'r cyfrifoldebau arswydus sydd ynghlwm wrth fod yn rhiant, y mae Thomas ar yr un pryd yn gofyn sut y gall un nad yw'n neb – un nad yw'n ddim byd – fod yn dad yn y lle cyntaf. Allweddol hefyd yw'r lle a roddir i amwys-edd goludog 'neb' yng nghyswllt y weithred o greu *llenyddol* – a hynny mewn perthynas â 'negative capability' Keats ('when man is capable of being in uncertainties, Mysteries, doubts, without any irritable reaching after fact and reason').[121] Fel y dywedodd Thomas wrth drafod arwydd-ocâd y teitl 'Neb' mewn cyfweliad teledu yn 1986:

> Mae a wnelo hyn â gwir natur bardd . . . [M]i soniodd Keats am 'negative capability' – y gallu i fod yn neb mewn ffordd, i adael i ddylanwadau ac ysbrydoliaethau – pob math o bethau – eich meddiannu chi, a siarad drwoch chi. Mae pob gwir artist, dwi'n credu, yn un sy'n llywio'r ysbrydoliaethau y mae'n eu cael, wrth gwrs, ond ar yr un pryd, mae'n ei roi ei hun i'r gwynt yma – Fel y myn y daw, yntê?[122]

Dyma Keats yng nghwmni Islwyn.[123] Yn sgil cyfosodiadau o'r fath fe'n cymhellir i ystyried agwedd bellach ar ddefnydd R. S. Thomas o'r gair 'neb', sef y gyfeiriadaeth lenyddol sydd ynghlwm wrtho. Er esiampl, yn *Neb* disgrifia Thomas y profiad syfrdanol o weld ei gysgod yn syrthio ar greigiau cyn-Gambriaidd Pen Llŷn ac o orfod holi drachefn y cwestiwn oesol, 'Pwy ydw i?'. Yn wyneb oed anhygoel y creigiau hyn ymddengys yr ateb bron yn arswydus-lythrennol – 'Neb' – hyd nes y'i cwblheir gan y geiriau, 'Ond neb gyda choron o oleuni am ei ben' (*Neb*, 87). Caiff yr eurgylch hwnnw ei gipio o grafangau rhodres gan ei ffynhonnell yn y gerdd gan Pindar y mae R. S. Thomas yn ei dyfynnu yma – wythfed 'awdl' Pythaidd y bardd Groegaidd mawr: '"Breuddwyd am gysgod ydi dyn. Ond pan syrth rhyw ysblander arno oddi wrth dduw, daw gogoniant iddo a melys ydi'i fywyd"' (*Neb*, 87). Yr un paradocs – y modd yr hydreiddir y dibwys a'r dinod ag arwyddocâd – sy'n esbonio paham y bu i R. S. Thomas ddewis llinell o waith Paul Claudel fel epigraff i *Neb* – 'Et de ce néant indestructible, qui est moi' – lle y mae Claudel yn gofyn: 'Pa beth yw'r farwolaeth hon yr wyt wedi ei chymryd oddi arnaf o'i chymharu â gwirionedd dy bresenoldeb/ Ac â'r dimbydwch annistrywiadwy, sef yr hyn wyf fi?'[124] Y mae'r adlais o linellau Pindar yn fwy cyfoethog fyth. Diddorol, er enghraifft, yw'r ffaith fod yr hyn a erys heb ei ddyfynnu gan R. S. Thomas o'r pwys mwyaf yn y cyd-destun. Oherwydd yn y gerdd wreiddiol, yr hyn sy'n rhagflaenu'r llinellau a gyfieithir gan Thomas yn *Neb* yw, 'Pa beth yw dyn? Pa beth nad ydyw?' – dau gwestiwn bachog sy'n uniongyrchol berthnasol, wrth gwrs, i ddefnydd Thomas o amwysedd cadarnhaol/ negyddol y gair 'neb'. Yn wir, y mae'r llinynnau cyswllt llenyddol yn y fan hon yn niferus ac amrywiol. Er enghraifft, ystyriai E. M. Forster yr union linellau o gerdd Pindar a ddyfynna Thomas yn ei hunangofiant yn llinellau hud, ac yn ei henaint cadwai'r nofelydd – a hynny yn ei faromedr – ddarn o bapur ac arno gyfieithiad o'r llinellau hyn.[125] Mwy arwyddocaol na hyn, fodd bynnag, yw'r llinynnau cyswllt â delweddau yng ngwaith Thomas ei hun, yn y rhyddiaith Gymraeg ac yn y cerddi Saesneg. Er enghraifft, caiff darlun Pindar ei ddiriaethu yn nisgrifiad Thomas, yn yr adran 'Doe' yn *ABC Neb*, o ŵr a heriodd y dymestl a chroesi'r Swnt er mwyn nôl meddyg ar gyfer un o ferched Enlli. Yma rhydd Thomas 'a local habitation and a name', chwedl Shakespeare – yn llythrennol felly – i'r hyn a ddisgrifiodd y bardd Groegaidd fel '"Breuddwyd am gysgod"':

> Syfrdanwyd trigolion Aberdaron pan gyrhaeddodd, gan na ddisgwylid i neb groesi mewn cwch bach yn y fath dywydd. Rydw i'n cofio'r dyn yn iawn. Roedd yn byw yn Aberdaron erbyn f'amser i, a'i enw'n Ifan, Môr Awel. Pe na baech yn gwybod am ei gamp, prin y tybiech fod y fath ogoniant wedi disgyn arno rywdro. (*ABC Neb*, 22–3)

Yn ogystal, teifl llinellau Pindar oleuni diddorol ar ddiweddglo'r gerdd 'In a Country Church' – 'He kneeled long,/ And saw love in a dark crown/ Of thorns blazing, and a winter tree/ Golden with fruit of a man's body' (*SYT*, 114) – a hefyd ar y darlun yn llinellau olaf 'Arrival':

> The river dawdles
> to hold a mirror for you
> where you may see yourself
> as you are, a traveller
> with the moon's halo
> above him, who has arrived
> after long journeying where he
> began, catching this
> one truth by surprise
> that there is everything to look forward to. (*LP*, 203)

Y tu ôl i'r llinellau hyn, fel y nododd A. M. Allchin,[126] clywir llais T. S. Eliot yn 'Little Gidding' y *Four Quartets* 'We shall not cease from exploration/ And the end of all our exploring/ Will be to arrive where we started/ And know the place for the first time'[127] – datganiad sy'n gweddu'n berffaith fel disgrifiad o'r hunaniaeth ddiwylliannol a feithrinwyd gan Thomas yn ystod yr hyn a ddisgrifir ganddo yn *Neb*, fe gofir, fel 'ei bererindod bersonol ei hun' (*Neb*, 85).

Yr unig amrywiad ar 'neb' ac ar amhersonoldeb y rhagenw trydydd person yn yr hunangofiant yw defnydd y bardd o'r blaenlythrennau 'R.S.' Cynrychiola'r modd yr esgora 'neb' ar 'R.S.' ddatblygiad pwysig ar y ffordd tuag at hunanadnabyddiaeth. Go brin mai damweiniol yw'r ffaith fod y defnydd o'r llythrennau personol 'R.S.' yn dechrau hanner ffordd union drwy'r hunangofiant, ac o fewn dau dudalen yn unig i'r sylw, 'Fel hyn y daeth i'w adnabod ei hun, gyda'i holl wendidau' (*Neb*, 76).[128] Ar yr un pryd, dylid cofio bod Thomas ei hun wedi nodi, wrth drafod teitl y gyfrol: 'Yn sicr, ni fuasai'r cyhoeddwyr wedi gofyn imi sgrifennu hunangofiant, petawn i'n neb, o ddifrif.'[129] Dim ond llenor a ŵyr, ar lefel amhersonol ddofn, ei fod yn 'rhywun' a all fforddio ei alw ei hun yn 'neb'.

[1] Yn y gerdd 'Opinions' cyflwynir cyfres o leisiau a gais ddiffinio natur barddoniaeth. Diddorol yw'r amrywiad ar sylw Robert Frost mewn un diffiniad a gynigir: '"Poetry// is that which dies/ in translation"' (*Frieze*, 28).

[2] Llythyr dyddiedig 16 Rhagfyr 1968 mewn casgliad preifat.

[3] 'The Good Thieves?: Translating Welsh Literature into English', *Corresponding Cultures*, 134.

[4] *Y Fflam*, 8 (1949), 56.

[5] Cyfweliad â'r awdur presennol ar y rhaglen *Croma*, 19 Tachwedd 1999.

[6] 'Autobiographical Essay', *Miraculous Simplicity*, 3.

[7] Ceir ymdriniaeth gryno â'r ffynonellau Clasurol perthnasol gan Michael Ferber yn *A Dictionary of Literary Symbols* (Cambridge, 1999; adargraffiad 2001), 42–3.

[8] Gw., er esiampl, *Babel 1* (Schondorf am Ammersee, 1983), 46–7, a *Laubbaum Sprache* (Denklingen, 1998), 44–5. Y cyfieithydd yw Kevin Perryman.

[9] Gw. hefyd *WPT*, 12–13.

[10] Gw., er enghraifft, *SF*, 18, 39, ac *EA*, 15.

[11] Argraffwyd y cywydd yn *Peniarth MS. 67*, gol. E. Stanton Roberts (Cardiff, 1918), 66–7.

[12] Yn yr adolygiad hwnnw ar gyfieithiad E. Morgan Humphreys o *Cwm Eithin* Hugh Evans, tyn Thomas sylw at y ffaith nad yw Saesneg y trosiad yn llwyddo bob amser i gyfleu bywyd idiomatig y gwreiddiol: 'Rhaid cyfaddef ar unwaith fod gan Mr Humphreys drosiad gweddol ffyddlon a hwyliog. Ond ar yr un pryd, y mae yma duedd i wanhau bywiogrwydd y Gymraeg weithiau, e.e. "many children" am "dorllwyth o blant"'; gw. *Y Fflam*, 8 (1949), 56.

[13] 'A Cymric Survey: *A History of Welsh Literature* by Thomas Parry, tr. H. Idris Bell', *The New Statesman*, 24 Mawrth 1956, 286.

[14] Cyfweliad â'r awdur presennol ar y rhaglen *Croma*, 19 Tachwedd 1999.

[15] Darlith anghyhoeddedig, Gregynog, 17 Gorffennaf 1991. Gw. hefyd sylwadau'r bardd yn *BLl*, 65.

[16] Gw. Huw Llewelyn Williams, 'Safonau Beirniadaeth Caledfryn', *Gwŷr Llên y Bedwaredd Ganrif ar Bymtheg a'u Cefndir*, gol. Dyfnallt Morgan (Llandybïe, 1968), 78–87.

[17] *Y Flodeugerdd Gymraeg*, gol. W. J. Gruffydd (Caerdydd, 1931), 22.

[18] Dyfynnir y penillion Cymraeg gan R. S. Thomas yn 'Y Llwybrau Gynt' (*PMI*, 59) yng nghyd-destun ei brofiad cyntaf o dref Caergybi. Gw. hefyd *Neb*, 88–9.

[19] Cynhwyswyd y cyfieithiad hwn gan Gwyn Jones yn *The Oxford Book of Welsh Verse in English* (Oxford, 1977), 92.

[20] Cyfweliad â'r awdur presennol, 28 Gorffennaf 1999. Gw. yn ogystal sylwadau Thomas yn *WPT*, 17, a'r hyn a ddywed John Carey mewn adolygiad tra beirniadol ar *Pietà*: 'For his best poems you have to go back to lyrics like "Cyclamen" and "Night and Morning" (both in the 1946 collection), which manage to come mint-clean out of the dog-eared corners of the language: "The wind was gentle and the sea a flower." If that looks easy, try it. After a few years you will settle for a less demanding occupation. Mr Thomas has, and not only in his poetry'; gw. 'Prytherch', *New Statesman*, 17 Mehefin 1966, 894.

[21] Cynigiodd y bardd fel enghreifftiau y cerddi 'Montrose' (*LS*, 58) ac 'Evening' (*NTF*, 19). Perthnasol yma yw sylwadau M. Wynn Thomas, 'A Great Religious Poet of the Calvinistic Sublime', *New Welsh Review*, 51 (2000–2001), 13.

[22] *With Great Pleasure: R. S. Thomas*, Radio 4, 2000.

[23] W. B. Yeats, *The Poems*, 60.

[24] Cf. 'Fishing' (*F*, 11) – 'The sea starts/ where the land ends; its surface/ is all flowers' – a'r llinellau hynny o 'Shrine at Cape Clear' (*NHBF*, 18) – 'The ocean has left/ An offering of the small flowers/ Of its springs'. Gw. hefyd 'Boatman' (*YO*, 9).

[25] Copi yn archif CYRST.

[26] 'Y Farwnad Gymraeg' (Rhan I), *Y Llenor*, 18 (1939), 38–9. Ar Thomas William, gw. W. Rhys Nicholas, *Thomas William Bethesda'r Fro* (Abertawe, 1994).

[27] Disgwylir i wasg Penguin gyhoeddi detholiad newydd, a luniwyd gan R. S. Thomas ei hun, yn 2003.

[28] *Blodeugerdd Barddas o'r Bedwaredd Ganrif ar Bymtheg*, gol. R. M. Jones (Llandybïe, 1988; ail argraffiad, 1991), 45.

[29] Ibid.

[30] Ibid.

[31] Llinellau yw'r rhain y mae Colin Meir yn gwrthgyferbynnu eu 'Herbert-like assurance' a'r disgrifiad o Dduw anchwiliadwy ar ddiwedd 'Pilgrimages': 'for one like me/ God will never be plain and/ out there, but dark rather and/ inexplicable, as though he were in here' (*F*, 52); gw. 'The Poetry of R. S. Thomas', *British Poetry Since 1970*, 5.

[32] Cyhoeddwyd 'Although My Flesh is Straw' yn *Planet*, 98 (1993), 42.

[33] Llythyr dyddiedig 5 Mawrth 1956 mewn casgliad preifat. Perthnasol yw cyfeirio sylw at gerdd Thomas, 'Remembering Betjeman' (*R*, 68).

[34] Sandra Anstey, 'Some Uncollected Poems and Variant Readings from the Early Work of R. S. Thomas', *The Page's Drift*, 32.

[35] Gw. yr ymdriniaeth yn y rhagymadrodd i *Blodeugerdd Barddas o'r Bedwaredd Ganrif ar Bymtheg*, 16–17. Gw. hefyd ysgrif D. Tecwyn Lloyd, 'Emyn Ehedydd Iâl', *Llên Cyni a Rhyfel a Thrafodion Eraill* (Llandysul, 1987), 61–78.

[36] Ceir yr emyn yn *Blodeugerdd Barddas o'r Bedwaredd Ganrif ar Bymtheg*, 256–7.

[37] John Donne, *The Complete English Poems*, gol. A. J. Smith (Harmondsworth, 1971; adargraffiad 1986), 314. Yn y cyfweliad hwnnw ar gyfer y rhaglen *Croma*, 19 Tachwedd 1999, tystiodd Thomas mai Donne oedd ei hoff fardd Saesneg.

[38] *Modern Poetry in Translation*, gol. Dafydd Johnston, 7 (1995), 155–61.

[39] Gw. *Dail Pren*, 26–7.

[40] Gw. sylwadau Waldo Williams ei hun ar y ddelwedd yn *Waldo Williams: Rhyddiaith*, gol. Damian Walford Davies (Caerdydd, 2001), 97, ynghyd â nodyn y golygydd, 351, lle y tynnir sylw at ymadrodd Keats, 'branched thoughts', yn ei 'Ode to Psyche'.

[41] Gw. *Modern Poetry in Translation*, 156–7.

[42] Cf. llinell Eliot yn *Four Quartets* ('The Dry Salvages'), 'music heard so deeply/ That it is not heard at all'; gw. T. S. Eliot, *The Complete Poems and Plays*, 190.

[43] *Modern Poetry in Translation*, 160–1.

44 Ar hyn, gw. Jason Walford Davies, '"Gwisga'r awen liwiau hynod": "Y Llwynog" R. Williams Parry', *Llên Cymru*, 23 (2000), 171–91.

45 Gw. *Cerddi R. Williams Parry*, 4.

46 Gw. hefyd 'Growing Up', cerdd anghasgledig a ymddangosodd yn *The New Statesman*, 12 Mawrth 1955, 361: 'When I was a boy, busy among the bushes,/ . . . Or in the woods, dawdling on soft foot.'

47 W. B. Yeats, *The Poems*, 177.

48 'Y Plismon', *Yr Awen Lawen: Blodeugerdd Barddas o Gerddi Ysgafn a Doniol*, gol. Elwyn Edwards (Llandybïe, 1989), 587.

49 Tystiolaeth y bardd ei hun mewn cyfweliad â'r awdur presennol, 28 Gorffennaf 1999.

50 *Modern Poetry in Translation*, 161; *Cerddi R. Williams Parry*, 109.

51 'R. S. Thomas writes . . .', *Poetry Book Society Bulletin*, 59 (1968). Ni cheir rhifau tudalen.

52 D. H. Lawrence, *Aaron's Rod* (Harmondsworth, 1995), 14. Ar adlais posibl o *The Rainbow* D. H. Lawrence yng ngherdd Thomas 'The Last of the Peasantry' (*SYT*, 113), gw. J. P. Ward, *The Poetry of R. S. Thomas*, 9.

53 Gw. Alan Llwyd, 'Rhai Sylwadau ar R. Williams Parry', *R. Williams Parry*, gol. Alan Llwyd (Abertawe, 1979), 32.

54 Gw. *Llenyddiaeth Gymraeg 1902–1936* (Llandybïe, 1987), 154.

55 Ibid.

56 Ymhellach ar hyn, gw. pennod olaf yr astudiaeth hon.

57 *Beti a'i Phobol*, BBC Radio Cymru, 29 Chwefror 1996. Gw. *Beti a'i Phobol – 1: Addasiad Llyfr o'r Sgyrsiau Radio*, gol. Ioan Roberts (Llanrwst, 2002), 85.

58 Ibid., 85, 86.

59 *Y Cymro*, 12 Chwefror 1992, 2. Ceir adroddiad ar benderfyniad dadleuol Pwyllgor Cynllunio Môn i roi sêl bendith ar gynllun Dŵr Cymru ar dudalen flaen yr un rhifyn, dan y pennawd '"Gwarthion!"'. Y mae'r cywydd fel yr ymddangosodd yn *Y Cymro* yn gerdd o ddeg llinell ar hugain, ond cyfieithiad o ddeunaw llinell gyntaf y gerdd a geir gan R. S. Thomas yn *Modern Poetry in Translation*. Yn y cyswllt hwn, dadlennol yw tynnu sylw at erthygl ar y brotest yn erbyn codi'r gwaith trin carthion yn Llan-faes a ymddangosodd yn *Yr Herald Cymraeg* ar 8 Chwefror 1992. Ar ddiwedd yr erthygl honno dywedir, 'Yn dilyn y cyfarfod ddydd Mercher roedd gwrthwynebwyr y cynllun yn dosbarthu'r gerdd hon', a dyfynnir deunaw llinell gyntaf 'Cywilydd Llan-faes' Gerallt Lloyd Owen; gw. Tudur Huws Jones, 'Cyhuddo Cyngor o Ddwyn Gwawd ar Hanes Cymru', *Yr Herald Cymraeg*, 8 Chwefror 1992, 7. Yn *Y Cymro* rhannwyd y cywydd yn bum pennill o chwe llinell. Ymranna'r fersiwn byrrach yn *Yr Herald Cymraeg* yn ddau bennill, y naill yn ddeuddeg llinell a'r llall yn chwe llinell. Cyd-dery patrwm cyfieithiad R. S. Thomas yn *Modern Poetry in Translation* â fersiwn *Yr Herald Cymraeg*.

60 *Modern Poetry in Translation*, 160.

61 Dyfynnir o fersiwn *Y Cymro*, lle y nodir mai cyfeirio at dref Biwmares y mae'r llinell olaf hon.

62 *Modern Poetry in Translation*, 160.

63 Mewn darlith ar waith David Jones yn 1995, meddai R. S. Thomas: 'Remember the quip that history was the lie which historians had agreed to tell. A whole series of lectures could be given on questionable texts. I never

despise scholarship, the result of patient and admirable study of texts over scores of years, trying to decide the truth behind some scribe's account of what he thought, or had been told, had happened. You remember G. J. Williams's poem "Gwladus Ddu'"; gw. 'Time's Disc Jockey: Meditations on Some Lines in *The Anathemata'*, *David Jones: Diversity in Unity*, gol. Belinda Humfrey ac Anne Price-Owen (Cardiff, 2000), 155.

[64] *Y Flodeugerdd Gymraeg*, 175.

[65] 'Gwladus Ddu', *Valedictory Verses* (Llandysul, 1978), 42.

[66] Menna Elfyn, *Eucalyptus: Detholiad o Gerddi/Selected Poems 1978–1994* (Llandysul, 1995), 56 (y gerdd Gymraeg), 57 (y cyfieithiad).

[67] Cyfweliad â'r awdur presennol, 28 Gorffennaf 1999.

[68] 'Language, Exile, a Writer and the Future', 24–5.

[69] Gw. *Eucalyptus*, 6, 8 (y gerdd Gymraeg), a 7, 9 (y cyfieithiad).

[70] Y mae'r un peth yn wir i raddau llai yng nghyswllt cyfieithiad Thomas o linellau Hywel Dafi.

[71] Menna Elfyn, *Cusan Dyn Dall/Blind Man's Kiss* (Tarset, 2001), 122, 123.

[72] Cyfarfod coffa ym Mhrifysgol Cymru, Bangor, dan nawdd Canolfan Ymchwil R. S. Thomas a'r Academi Gymreig, 17 Ionawr 2001.

[73] 'R. S. Thomas Talks to J. B. Lethbridge', 46.

[74] '"The Guests" by Dilys Cadwaladr', *Wales*, 8, 29 (1948), 543.

[75] *Storïau Dilys Cadwaladr* (Wrecsam, 1936), 5.

[76] Tystiolaeth R. S. Thomas ei hun mewn cyfweliad â'r awdur presennol, 28 Gorffennaf 1999.

[77] Y mae'r adargraffiad diweddar gan Wasg Carreg Gwalch yn cynnwys cyfieithiad Saesneg gan Gwen Robson; gw. *Tomos o Enlli/Tomos the Islandman* (Llanrwst, 1999).

[78] 'Tomos of Bardsey by Jennie Jones', cyf. R. S. Thomas (teipysgrif mewn casgliad preifat), 4.

[79] Gw. *The Poetry of Pembrokeshire*, gol. Tony Curtis (Bridgend, 1989), 9.

[80] Llythyr dyddiedig 7 Gorffennaf 1969 mewn casgliad preifat.

[81] Ar yr enw, gw. Gwynedd O. Pierce a Tomos Roberts, *Ar Draws Gwlad 2* (Llanrwst, 1999), 84.

[82] Ceir enghraifft dda yn Ned Thomas a John Barnie, 'Probings: An Interview with R. S. Thomas', *Miraculous Simplicity*, 27.

[83] *Interchange*, 4 (2001), 39.

[84] Yng nghyd-destun barddoniaeth Thomas yn ei chyfanrwydd dylid crybwyll hefyd berthynas cyfieithiadau'r bardd – a'r cysyniad o gyfieithu ei hun – â'r cerddi sy'n ymateb i ddarluniau. Â Thomas ei hun i'r afael â'r gyfatebiaeth yn ei ddehongliad o ddarlun Gustav de Smet, 'The Meeting': 'I translate the encounter./ But the flag at attention/ at the house corner prefers/ the original: Vive la France' (*IT*, 25).

[85] W. B. Yeats, *The Poems*, 229–30.

[86] Cyfweliad â'r awdur presennol, 28 Gorffennaf 1999.

[87] Ymhellach ar yr enwau Cilgwri, Rhedynfre a Gwernabwy, gw. *Culhwch and Olwen: An Edition and Study of the Oldest Arthurian Tale*, 142–4.

[88] Gw. *Gwaedd Yng Nghymru* (Lerpwl a Phontypridd, 1970), 85.

[89] *Waldo Williams: Rhyddiaith*, 157.

[90] Sylwer ar y disgrifiad canlynol o bobl y bryndir a nodir yn 'The Depopulation

of the Welsh Hill Country': 'Happy as cuckoos the lowlanders call them with something of contempt, although one suspects a certain envy there too' (*SP*, 19).

91 'Sgwrs efo R. S. Thomas', *Ffenics*, 2, 2 (1972), 8.

92 Gw. y soned, 'It is a beauteous evening, calm and free': 'The holy time is quiet as a nun/ Breathless with adoration.'

93 'Clehonger Thorn', *The Print of Miracle* (Llandysul, 1978), 14.

94 Cf. disgrifiad Dylan Thomas o'r bardd W. H. Davies fel '[a] hedgerow poet [who] has written some of the most charming poems in the language'; gw. *Wales in His Arms: Dylan Thomas's Choice of Welsh Poetry*, gol. Ralph Maud (Cardiff, 1994), 1.

95 Cf. y defnydd awgrymog o'r gair 'scholar' yn yr un llinell: 'a// hedge-poet, a scholar/ by rushlight?' (*WA*, 46).

96 Cf. llinellau Raymond Garlick yn ei gerdd 'A Bunch of Flowers (*for Gillian*)': 'Bluebells heard by cuckoos,/ *clychau'r gog*, in a green glade'; gw. *Trying the Line: A Volume of Tribute to Gillian Clarke*, gol. Menna Elfyn (Llandysul, 1997), 30.

97 'Clychau'r Gog', *Cerddi R. Williams Parry*, 74.

98 *Hugh MacDiarmid*, 3.

99 *Poetry Wales*, 26, 1 (1990), 3.

100 Gw. tystiolaeth R. S. Thomas yn 'Y Llwybrau Gynt', *PMI*, 75.

101 Ned Thomas a John Barnie, 'Probings: An Interview with R. S. Thomas', *Miraculous Simplicity*, 40.

102 Cf. yr ymadrodd 'the lips/ of time' â llinell Dylan Thomas yn 'The force that through the green fuse': 'The lips of time leech to the fountain head'; gw. Dylan Thomas, *The Collected Poems*, 13.

103 *Anglo-Welsh Review*, 74 (1983), 35.

104 *Taliesin*, 65 (1988), 89–90.

105 *Gwynt yn y Canghennau* (Dinbych, 1982), 19.

106 *Barddas*, 262 (2001), 29.

107 Jenny Rees, *Looking for Mr Nobody: The Secret Life of Goronwy Rees* (London, 1994); *Culhwch ac Olwen* (1988), 8. Cf. hefyd y cymeriad Neb ap Digon yn nofel John Cowper Powys, *Porius* (London, 1951).

108 Ar yr olaf, gw. Florence A. Gragg a Leona C. Gabel, *Memoirs of a Renaissance Pope: The Commentaries of Pius II* (London, 1960), 17–26.

109 Edmund Morris, *The Rise of Theodore Roosevelt* (London, 1979), 165.

110 Ymhellach ar hyn, gw. M. Wynn Thomas, 'Irony in the Soul: The Religious Poetry of R. S[ocrates] Thomas', *Agenda*, 36, 2 (1998), 60–1.

111 Gw. hefyd yr hanes a gofnodir gan M. Wynn Thomas am drempyn o'r enw R. S. Thomas yn mynychu darlleniad gan y bardd yng Nghaerdydd yn 1993; gw. 'R.S.', *Barddas*, 260 (2000–2001), 18.

112 Salmau 8:4.

113 *Ac Onide*, 57. Fel y cawn weld, bu i Thomas ddefnyddio'r hanes am y tri yn y tân yn un o'i gerddi Cymraeg; gw. pennod olaf yr astudiaeth hon.

114 Copi yn archif CYRST.

115 *Beti a'i Phobol*, BBC Radio Cymru, 7 Mawrth 1996. Gw. *Beti a'i Phobol – 1*, 106.

116 'Neb', *Llais Llyfrau*, Gaeaf 1985, 5.

[117] Y mae *Neb* yn llawn o hanesion sy'n tystio i ymwybod Thomas, a hynny o gyfnod cynnar, o ryw ddirgelwch ac 'arallrwydd' – hyd yn oed ynddo ef ei hun. Enghraifft dda yw'r hanes rhyfedd hwnnw a gofnodir gan y bardd tua dechrau'r hunangofiant: 'O ble cafodd y bachgen y syniad o wneud delw, rhoi dillad amdani a'i gosod ar gadair ym mhen y staer? A phan ddaeth ei rieni i mewn, dyna lle'r oedd y ffigur yn disgwyl amdanynt yn y cysgodion' (*Neb*, 13). Ac wrth ddisgrifio ei gyfnod fel myfyriwr ym Mangor, medd y bardd: 'Weithiau yn ystod dawns fe âi allan ac edrych trwy'r ffenestri ar y dorf lon tu mewn, a gweld y cwbl fel rhywbeth hollol afreal' (*Neb*, 22). Teifl y darlun hwn oleuni newydd ar ddisgrifiad Thomas o'r ferch yn narlun Chaim Soutine, 'The Maid of Honour', fel un 'who would convince/ the other couples happily/ rotating it is from choice/ she is sitting life's dance out' (*IT*, 17) – yn ogystal ag ar y disgrifiad yn 'Fugue For Ann Griffiths' o'r emynyddes (y gwyddys ei bod, cyn ei thrӧedigaeth, yn hoff o ddawnsio), 'sitting the dance// out with God at her side' (*WA*, 51).

[118] Gwelir techneg debyg ar waith yn y gerdd 'The Priest' (*NHBF*, 29).

[119] 'The *Oldie* Interview: R. S. Thomas', *The Oldie*, 79 (1995), 15.

[120] *Wave*, 7 (1973), 36.

[121] *The Letters of John Keats, 1814–1821*, gol. Hyder E. Rollins, 2 gyfrol (Cambridge, 1958), I, 193.

[122] Derec Llwyd Morgan yn cyfweld R. S. Thomas, Cynhyrchiad Canolfan Technoleg Addysg Clwyd, 1986. Gw. hefyd sylwadau Thomas yn ei 'Autobiographical Essay', *Miraculous Simplicity*, 20.

[123] Cyfeirio y mae Thomas at gerdd Islwyn, 'Y Dylanwad': 'Pan y myn y daw,/ Fel yr enfys a'r glaw.'

[124] Daw'r dyfyniad o 'Magnificat', trydedd gerdd 'Cinq Grandes Odes' y bardd; gw. Paul Claudel, *Œuvre Poétique* (Paris, 1957), 255. Ymhlith llyfrau personol R. S. Thomas yn archif CYRST ceir argraffiad Gallimard o'r *Cinq Grandes Odes* (1966).

[125] P. N. Furbank, *E. M. Forster: A Life*, 2 gyfrol (London, 1977–8), I, 101.

[126] 'An Inexplicable Note of Hope', *New Welsh Review*, 5, 4 [20] (1993), 14.

[127] T. S. Eliot, *The Complete Poems and Plays*, 197.

[128] Y mae a wnelo hyn hefyd â'r ffaith mai 'R.S.' oedd yr enw y daeth cenedlaethau o bobl – cyfeillion, darllenwyr cyffredin, beirniaid, beirdd a llenorion eraill, edmygwyr o bell a hyd yn oed gwrthwynebwyr ideolegol – i'w ddefnyddio'n gwbl naturiol. Dywed hyn gyfrolau am y modd y cydnabuwyd y bardd hwn fel llefarydd ynghylch holl gwestiwn hunaniaeth ar y goror hwnnw y mae dwy iaith Cymru yn ei rannu.

[129] 'Neb', *Llais Llyfrau*, Gaeaf 1985, 5.

3

'And not through English eyes':
Y Cyd-destun Celtaidd, Mydryddiaeth

(i) Y Cyd-destun Celtaidd

Dadlennol yw gosod perthynas R. S. Thomas â llenyddiaeth Gymraeg yng nghyd-destun ehangach ei gyfeiriadau cyson at gysylltiadau'r llenyddiaeth honno ag eiddo'r Alban ac Iwerddon. Man cychwyn addas yw'r hyn a ddywedodd y bardd mewn cynhadledd ar lenyddiaethau Cymru ac Iwerddon yn 1995 – fod yr Alban wedi ei siomi, ond ei fod wedi 'dod o hyd i'r freuddwyd' yn Iwerddon. Yn *Neb* disgrifia'r bardd sut y'i cymhellwyd ddiwedd y 1930au gan waith Fiona Macleod – a oedd, meddai Thomas, 'yn adleisio'r hiraeth am y gorllewin' yr oedd yn ei brofi yr adeg honno yn Y Waun (*Neb*, 33) – i ymweld ag Ynysoedd Heledd. Eithr ar Ynys Soay cafodd ei ddadrithio'n llwyr gan undonedd a thlodi bywyd y trigolion, a brysiodd oddi yno: 'Ni chafodd un cip ar wlad hud Fiona Macleod' (*Neb*, 35).[1] Yn ystod y degawd dilynol, fodd bynnag, gwelir R. S. Thomas yn dychwelyd i'r Alban, y tro hwn drwy gyfrwng ysgrifau pwysig sy'n brawf o'r modd y trawsffurfiwyd y siom a'r dadrith yn weledigaeth lenyddol lygatgraff, bositif. Yn 'Some Contemporary Scottish Writing' (1946), er enghraifft, chwilir yn llenyddiaeth gyfoes yr Alban, ac yng ngwaith Hugh MacDiarmid yn arbennig, am batrwm y gall llenorion Eingl-Gymreig, a Chymraeg, ei ddilyn. Dywed Thomas:

> It is against the English conception of Scotland, a one-sided view down to which generations of Scots have been levelled, a view fostered and supported by directors of education and the capitalist press, a Scotland of 'chortling wut', that MacDiarmid is fighting, and it is against a similar conception of Wales that we should take up arms. (*SP*, 32)[2]

Ac yn 'A Welsh View of the Scottish Renaissance' ddwy flynedd yn ddiweddarach, cyhoedda Thomas: 'We need one another, the Scotch and the Welsh, and we may by studying each other's problem see our own in a new light.'[3]

Sicrhau Deddfau Uno amgen yw nod R. S. Thomas wrth archwilio'r ddau ddiwylliant ochr yn ochr â'i gilydd. Pan ofynnwyd iddo gyfrannu i deyrnged Llyfrgell Genedlaethol yr Alban i Hugh MacDiarmid ar achlysur pen-blwydd yr Albanwr yn bymtheg a thrigain yn 1967, pwysleisiodd Thomas 'his consciousness of the Gaelic past and his concern at the disappearance of his native culture . . . It is this gravity among the ruins of a life that is impressive'.[4] Cryfheir yr adlais yn y fan hon o linell Eliot yn *The Waste Land*, 'These fragments I have shored against my ruins',[5] gan gyfeiriad penodol tra diddorol ym mrawddegau dilynol Thomas:

> There was a high culture in Wales once, and men willing to die for it. Even when the drift to London had turned into a sprint under the Tudors, there were noblemen like Richard ap Hywel of Mostyn, who could say: 'I dwell with my people'. Hugh MacDiarmid is the living counterpart of ap Hywel . . . There are world-wide truths to be learned from staying at home, and it is the discovery of dear, familiar things that provides the universal element in this poet's work.[6]

Cyfeiriad sydd yma at Risiart ap Howel ab Ieuan Fychan (m. 1539), a wrthododd ddilyn Harri Tudur i Lundain wedi brwydr Bosworth.[7] Dyma ffigwr a afaelasai yn nychymyg R. S. Thomas. Er enghraifft, dramateiddir safiad politicaidd ap Howel mewn cerdd anghasgledig ddiddorol a ymddangosodd dair blynedd cyn y deyrnged hon i MacDiarmid. Gan nad yw 'Frontiers' yn gerdd adnabyddus, y mae'n werth ei dyfynnu'n llawn yma:

> A few names I remember,
> A few figures, too:
> Richard ap Hywel of Mostyn,
> And a date, fourteen and four.
> 'I dwell with my own people'.
> The sun softened the hills'
> Harshness; the firebird sang
> In the sky. It was as near
> To freedom as we came.
> Every stone in the building

Was taken from the side
Of a nation; every edict
Absolute and just;
The parliament conducted
In a language not yours.[8]

Eithr ni ddylid meddwl mai arwyddocâd politicaidd yn unig sydd i ddisgrifiad R. S. Thomas o MacDiarmid fel 'the living counterpart of ap Hywel'. Y mae i'r darlun ddimensiwn llenyddol bywiol yn ogystal, oherwydd fe gofiwn mai Rhisiart ap Howel, siryf Sir y Fflint a phenteulu'r Mostyniaid, oedd llywydd eisteddfod gyntaf Caerwys – y cynulliad pwysig hwnnw a aeth ati i ddiogelu cyfundrefn y beirdd yn 1523.[9] Yn wir, â R. S. Thomas ati i ddatblygu'r llinyn cyswllt llenyddol hwn rhwng Cymru a'r Alban ar ddiwedd ei deyrnged i MacDiarmid:

We in Wales, whose ancestors once lived about the Forth, salute a fine poet and fellow patriot, and say in the words of a forgotten poet of our people:

'Cawrddyn yw, cyrhaedda'i nod.
Mewn dewrder mae'n awdurdod.'

'A giant of a man, he has found his mark;
Authoritative in valour.'[10]

Y mae'r dyfyniad yn un sy'n ad-dalu sylw manwl. Da y disgrifiodd R. S. Thomas yr awdur fel 'a forgotten poet of our people'. Llinellau yw'r rhain gan Dewi Glan Dulas (David Morris, 1853–1895) – mân fardd o Feddgelert y cynhwysodd Richard Griffith, Carneddog, enghreifftiau o'i gynnyrch ar fydr ac odl yn ei gasgliad *Cerddi Eryri* yn 1927.[11] 'Bu ei hynt yn symudol iawn,' dywed Carneddog, 'ac aeth i'r Amerig, lle y dringodd fel bardd. Yr oedd yn fedrus iawn fel englynwr pert a naturiol. Lluniodd lawer, ac amryw awdlau, cywyddau &c. Y mae gennyf gasgliad ardderchog o'i waith, a gresyn na fedrid eu cyhoeddi.'[12] Eithr yr oedd Carneddog eisoes wedi cyhoeddi pytiau o waith Dewi Glan Dulas yn y mesurau caeth, a hynny yn ei flodeugerdd *Blodau'r Gynghanedd* yn 1920 – casgliad sy'n cynnwys y cwpled a ddyfynna R. S. Thomas fel disgrifiad o MacDiarmid.[13] Teifl hyn oleuni dadlennol iawn ar y darn hwnnw yn *Neb* lle y disgrifia R. S. Thomas ei ymweliad â Nanmor yn fuan wedi'r rhyfel:

Wedi mynd o'r gaeaf heibio, a chyda symud y cyfyngiadau ar foduro gyda diwedd y rhyfel, daeth cyfle i'r rheithor a'i wraig ailafael yn eu harfer o fynd o gwmpas Cymru. Rhyw fore daeth llythyr at ei wraig oddi wrth gyfaill coleg oedd yn aros yn Nanmor ar y pryd. Roedd wedi cwrdd â hen ŵr diddorol dros ben, ac roedd arno eisiau i'r ddau fynd draw i'w weld. Pan gyraeddasant, aeth â nhw i fyny'r allt at Garneddi, cartref Carneddog. Pan ddarganfu Carneddog fod y rheithor yn Gymro ac yn fardd rhoddodd gopi o'i flodeugerdd iddo, wedi'i llofnodi ganddo. Tra oeddent yn sgwrsio daeth pobl eraill at y drws a daeth Cynan a'i fab i mewn. Flynyddoedd ar ôl hynny, aeth y mab hwn i Gaergybi yn feddyg, a phan fu tad y rheithor farw, ap Cynan oedd y dyn a ofalai amdano yn yr ysbyty. (*Neb*, 50)

Y mae'n rhaid mai *Blodau'r Gynghanedd* oedd y casgliad a gafodd R. S. Thomas yn rhodd gan Garneddog yn ystod yr ymweliad hwnnw (pwnc y cawn ddychwelyd ato). Ugain mlynedd yn ddiweddarach, yn ei deyrnged i MacDiarmid, gwelir Thomas yn dwyn Cymru a'r Alban ynghyd drwy ddeffro'r cof am fardd Cymraeg anghofiedig – ac, ar yr un pryd, am brofiad personol ffurfiannol yng nghlwmm dau ffigwr diwylliannol pwysig.

Mewn teyrnged i un o brif lenorion yr Alban y mae'n dra phriodol fod R. S. Thomas, wrth gyflwyno'r dyfyniad hwnnw gan Dewi Glan Dulas, yn pwysleisio'r llinyn cyswllt rhwng Cymru a'r Hen Ogledd. Pwysig yw nodi bod i'r cysylltiad hanesyddol hwn arwyddocâd penodol iawn yng nghyd-destun bywyd a gwaith Hugh MacDiarmid. Craffwn yma ar dair agwedd arwyddocaol ar hyn. Yn gyntaf, dyna sylw'r Albanwr ar ddechrau ei hunangofiant, *The Company I've Kept* (1966): 'If next to the last named [Patrick Geddes] I was asked who had made the profoundest impression upon me of all the men I have known I would say the Welsh Nationalist leader, Saunders Lewis.'[14] Sylw yw hwn, wrth gwrs, sy'n cryfhau'r cyswllt rhwng MacDiarmid ac R. S. Thomas ei hun hyd yn oed ymhellach. Yn ail, nodwn fel y bu i ddylanwad o du'r Hengerdd, a Chanu Aneirin yn benodol, esgor ar gerdd ryfeddol gan yr Albanwr ar drothwy'r Ail Ryfel Byd. Ym mis Awst 1939, flwyddyn wedi ymddangosiad y gyfrol *Canu Aneirin*, cyhoeddodd MacDiarmid yn y cylchgrawn *Wales* gerdd hir o'r enw 'On Reading Professor Ifor Williams's "Canu Aneurin" [*sic*] in Difficult Days'. Perthnasol iawn yng nghyd-destun pwyslais R. S. Thomas yn ei erthyglau yn y 1940au ac yn ei deyrnged i MacDiarmid yn 1967 ar hybu perthynas fywiol rhwng Cymru a'r Alban yw'r llinellau canlynol o'r gerdd:

in these sterile and melancholy days
The ghastly desolation of my spirit is relieved
As a winter wood by glowing moss or lichen,
And the sunk lane of my heart is vivified,
And the hidden springs of my life revealed
Still patiently potent and humbly creative,
When I spy again the ancestral ties between Scotland and Wales,
And, weary of the senseless cacophony of modern literature,
Recur to Aneirin's *Gododin* . . .[15]

Ond nid diddordeb hynafiaethol neu lenyddol cysurlon yw diddordeb MacDiarmid. Yn y gerdd hon myfyria ar epig Aneirin yng ngoleuni paratoadau'r byd cyfoes at ryfel, ac yn hanes brwydr Catraeth fel y'i disgrifir yn *Y Gododdin* daw'r bardd o hyd i ysbrydoliaeth bwerus ar lefel boliticaidd, genedlaetholgar:

not only
Note how (great topical lesson for us today!)
It is not the glory, but the pity and waste, of war
That inspires its highest passages, but realise
That the profoundest cause in these Islands today,
The Invisible War upon which Earth's greatest issues depend,
Is still the same war the Britons fought in at Catraeth
And Aneirin sings. The Britons were massacred then. Only one
Escaped alive. His blood flows in my veins today
Stronger than ever, inspires me with his unchanged purpose,
And moves me alike in Poetry and Politics.[16]

Y mae gofyn pwysleisio nad Aneirin yw'r unig ffynhonnell Gymraeg sy'n tanio dychymyg gwladgarol MacDiarmid yn y gerdd hon. Gellid ei hystyried fel gwaith sy'n mynd ati, ar drothwy'r rhyfel, i drefnu ei lluoedd ei hun – minteioedd llenyddol a gasglwyd o ganu cynnar y traddodiad Cymraeg. Ceir gan MacDiarmid gyfeiriadau at 'wyr [*sic*] y gogledd', chwedl Myrddin, Taliesin a'r canu englynol cynnar, a thystia ei fod wedi mynd ati i ailddarllen y ddau olaf 'Between two European journeys of Neville Chamberlain's/ And two important speeches of Herr Hitler's'.[17] Ac ni ddylid anghofio ychwaith, wrth olrhain yn fanwl y cysylltiadau llenyddol hyn rhwng Cymru a'r Alban, sut y bu i len-yddiaeth Eingl-Gymreig ddylanwadu ar waith MacDiarmid yn ystod y cyfnod hwn. Diau fod yr 'ancestral ties' hynny yr ymfalchïa'r bardd ynddynt ychydig yn rhy glòs yn achos y drydedd enghraifft hon o ddylanwad o gyfeiriad Cymru ar waith MacDiarmid. Yn 1939, yn ei gyfrol *The Islands of Scotland*,[18] cyhoeddodd yr Albanwr gerdd o'r enw 'Perfect' yr oedd bron y cyfan ohoni yn adluniad ar ffurf barddoniaeth o ddarn helaeth o stori fer gan Glyn Jones, 'Porth-y-Rhyd'.[19] Aeth chwarter canrif heibio cyn i Glyn Jones, a'r cyhoedd llengar, ddod i wybod am yr achos, ac esgorwyd ar gryn lythyru yn y *Times Literary Supplement*, lle y cyhoeddodd yr Albanwr ymddiheuriad cyhoeddus yn Ionawr 1965.[20]

Hyd yn hyn buom yn sôn am gysylltiad R. S. Thomas a llenyddiaeth Gymraeg â Hugh MacDiarmid yn nhermau dylanwad unffordd. Eithr diddorol yw holi, er enghraifft, ai dylanwad y llinellau canlynol gan MacDiarmid o'i deyrnged i waith Aneirin – 'the profoundest cause in these Islands today,/ The Invisible War upon which Earth's greatest issues depend,/ Is still the same war the Britons fought in at Catraeth/ And Aneirin sings' – a welir yn brigo i'r wyneb yn un o gerddi R. S. Thomas ei hun, 'He is sometimes contrary', bymtheng mlynedd ar hugain yn ddiweddarach: 'If I told you that Catraeth/ has always to be re-fought . . ./ . . . How would that have comforted you?' (*WW?*, 8). Fel y prawf yr erthygl 'Some Contemporary Scottish Writing', atyniadol iawn i R. S. Thomas oedd y modd yr adnewyddai'r pwyslais newydd yn yr Alban ar yr iaith frodorol gyswllt ag Ewrop a diddordeb mewn ieithoedd a diwylliannau eraill. Gesyd Thomas hyn oll yng nghyd-destun llenyddiaeth Gymraeg: 'We are already doing what Scotland is doing', meddai yn 1948: 'Several of our writers are beginning to translate into Welsh from the continental literatures, so that we may as J. F. Hendry says, see Europe direct and not through English eyes . . . What is internationalism for if not to enable us to see what local form the universal myth takes?'[21] Pwysig yw nodi bod hon yn gredo y byddai R. S. Thomas wedi ei chael yr un mor sicr gan Hugh MacDiarmid a Saunders Lewis â chan Yeats, Eliot neu Pound. Fel enghraifft o'r dadeni yn yr Alban a'r modd yr aethpwyd ati i ailddeffro'r cysylltiad diwylliannol â Ffrainc ac â'r Cyfandir yn gyffredinol, dyfynna Thomas chwe llinell o gerdd Douglas Young, 'The Kirkyaird by the Sea', cyfieithiad o 'Le Cimetière Marin' Valéry, gan ofyn:

Does that not put one in mind of some of our *hen benillion*?

> Nid oes rhyngof ac ef heno
> Onid pridd ac arch ac amdo;
> Mi fûm lawer gwaith ymhellach,
> Ond nid erioed â chalon drymach. (*SP*, 25)

Pennir yma fan cyfarfod athrylith dau ddiwylliant Celtaidd, ond y mae crybwyll Valéry ar yr un gwynt hefyd yn cyflenwi cyd-destun ehang-ach.[22] Fan arall esgora cymhariaeth o'r fath ar yr un pryd ar gryn chwerwder o du R. S. Thomas yn wyneb tiläwch y gydnabyddiaeth a gaiff llenyddiaeth Gymraeg ar lefel fyd-eang. Fel y dywedir yn *Blwyddyn yn Llŷn*:

> Maen nhw'n dweud bod Villon yn un o feirdd mawr y byd. Wrth ei ddarllen heddiw a phrofi'i flas canoloesol gwelais y tebygrwydd rhyngddo a Siôn Cent, bardd dim llai nag ef. Ond cynifer a ŵyr am y Ffrancwr a chyn lleied am y Cymro. Dyma'n tynged ni rŵan fel cenedl fach wedi'i hieuo wrth Loegr. (*BLl*, 14–15)

Y mae'r cysylltiad Albanaidd yn arbennig o berthnasol yng ngoleuni sylwadau R. S. Thomas yn y fan hon ar rinweddau cyfwerth y brodorol a'r rhyngwladol. Cymer cymhariaeth ddadlennol Thomas ei lle yn naturiol ochr yn ochr â'r darn canlynol gan Robert Louis Stevenson o'i erthygl 'François Villon' yn *Familiar Studies of Men and Books* (1882), lle'r ystyrir y Ffrancwr y tro hwn ar y cyd â Burns:

> To the latter writer [Burns] – except in the ballades, which are quite his own, and can be paralleled from no other language known to me – he bears a particular resemblance. In common with Burns he has a certain rugged compression, a brutal vivacity of epithet, a homely vigour, a delight in local personalities, and an interest in many sides of life, that are often despised and passed over by more effete and cultured poets. Both also, in their strong, easy colloquial way, tend to become difficult and obscure; the obscurity in the case of Villon passing at times into the absolute darkness of cant language. They are perhaps the only two great masters of expression who keep sending their reader to a glossary.[23]

Arwyddocaol felly yw gweld un o feirdd mawr yr Alban yn ymuno â Dafydd ap Gwilym mewn cystadleuaeth farddol ddychmygol yng ngherdd R. S. Thomas, 'Poets' Meeting'. Disgrifir yma ornest lenyddol gyffrous rhwng rhai o feirdd mawr hanes – darlun sy'n dramateiddio'n gofiadwy bwyslais cyson R. S. Thomas ar statws aruchel llenyddiaeth Gymraeg yn y cyd-destun rhyngwladol:

> Wordsworth was there, mountain-
>   browed, and Shakespeare,
> of course; Dunbar also;
> Dafydd ap Gwilym, frowned on
>   by the English.

There were Aeschylus, too,
Catullus and the time-quarried
face that had taken
Yeats' eye.[24]

O gofio am argyhoeddiad Hugh MacDiarmid y dylai beirdd Alban-
aidd gymryd Dunbar ac nid Burns fel eu patrwm ('Not Burns –
Dunbar!'), diddorol yw gweld mai'r bardd o'r bymthegfed ganrif sy'n
cynrychioli'r Alban yn y cwmni dethol hwn. Yn wir, ef sy'n cychwyn yr
ornest:

> Dunbar, swearing
> at the thistles in his beard,
> opened the discussion.
>   The rest
> blinked, until Wordsworth,
> shining behind his thought's
>   cloud
> answered in iambics to set
> Aeschylus booming.
>   The consonants
> clicked as ap Gwilym
> countered, a turnstile
> too fast for Catullus
> to get through.

Y mae safon y cystadleuwyr yn golygu bod perfformiad canmoladwy
Dafydd ap Gwilym gymaint â hynny'n fwy nodedig. Ond y mae'r
ddelwedd honno o'r llidiart tro, ynghyd â'r cyflythreniad – 'conson-
ants'/'clicked'/'countered'/'Catullus' – hefyd yn tynnu sylw penodol
at athrylith Dafydd – yn wir at athrylith unigryw llenyddiaeth Gymraeg,
y gynghanedd.[25] Ceir cymar i'r ddelwedd arbennig hon yng ngherdd
R. S. Thomas, 'Salt', lle y clyw'r morwr (tad y bardd, fe nodwn) glecian
y gynghanedd yng nghanol y môr mawr: 'Cassiopeia, Sirius,/ all the
stars/ over him, yet none of them/ with a Welsh sound./ But the capstan
spoke/ in *cynghanedd*; from/ breaker to breaker/ he neared home' (*LP*,
160).[26] A chryfheir y ddelwedd gan y ffaith fod i'r ymadrodd hwnnw,
'the capstan spoke/ in *cynghanedd*', rym cynghanedd lusg. Rhydd
hyn enghraifft dda o'r cysylltiadau delweddol, mydryddol a syniadol
a ddethlir gan Hugh MacDiarmid ei hun yn ei gerdd *The Kind of Poetry I
Want*:

A poetry full of *cynghanedd*, and hair-trigger relationships,
With something about it that is plasmic,
Resilient, and in a way alarming – to make cry
'I touched something – and it was *alive*.'
There is no such shock in touching what
Has never lived; the mineral world is vast.
It is mighty, rigid, and brittle. But the hand
That touches vital matter – though the man were blind –
Infallibly recognizes the feel of life, and recoils in excitement.[27]

Cyfrennir ymhellach at y cyffro hwn gan y ffaith fod ffurf y gerdd 'Poets' Meeting' ynddi'i hun yn gyfeiriad llenyddol – a hynny at yr ymryson barddol, *genre* sy'n arbennig o berthnasol, wrth gwrs, yng nghyswllt Dafydd ap Gwilym. Diau mai gornest gyfartal oedd ymryson enwog y bardd hwnnw â Gruffudd Gryg.[28] Ond yn 'Poets' Meeting' R. S. Thomas, ap Gwilym sy'n ennill y fuddugoliaeth – ar Catullus, bardd serch mawr arall, dylid nodi.

Yn wir, gellid dweud bod 'Poets' Meeting' yn gerdd sydd wedi'i seilio ar gyfeiriadaeth lenyddol. Er enghraifft, fe'n harweinir gan y llinellau, 'the time-quarried/ face that had taken/ Yeats' eye', yn ôl at yr 'Old Rocky Face' a grybwyllir yng ngherdd y Gwyddel, 'The Gyres',[29] a dwg disgrifiad R. S. Thomas o Dunbar, 'swearing/ at the thistles in his beard', i gof nid yn unig y gerdd fawr 'The Thrissill and the Rois', ond hefyd ddefnydd Hugh MacDiarmid o'r un symbol yn *A Drunk Man Looks at the Thistle* (1926). Diwedda 'Poets' Meeting' â llais yn erchi gosteg ar ymddangosiad y mwyaf o'r beirdd, Shakespeare. Sylla'r cwmni – Wordsworth, Dunbar, Dafydd ap Gwilym, Aeschylus a Catullus – â chryn ddifyrrwch, 'each from his own slope', ar fardd digon cyffredin yr olwg: 'the foreshortened figure/ in honest kersey/ poaching its dappled language/ without protocol on the plain.' Cadarn-heir y cyferbyniad rhwng rhwysg y mawrion ar lethrau Parnassus a distadledd ymddangosiadol y meistr, Shakespeare, gan y disgrifiad 'honest kersey' – ymadrodd a fenthyciwyd gan R. S. Thomas o araith gan Biron yn *Love's Labour's Lost*. Yno dywed y cymeriad hwnnw y bydd, wrth fynegi ei gariad, yn rhoi'r gorau i ddefnyddio ieithwedd chwyddedig – 'Taffeta phrases, silken terms precise,/ Three-piled hyperboles, spruce affectation,/ Figures pedantical' – ac yn cyfleu ei deimladau o hyn allan 'In russet yeas, and honest kersey noes'.[30]

Beth, felly, am y disgrifiad hwnnw o Ddafydd ap Gwilym yn 'Poets' Meeting' – 'frowned on/ by the English'? Ymadrodd ydyw sydd ar un wedd yn fynegiant o rwystredigaeth a dicter R. S. Thomas yn wyneb yr ymagweddu dilornus tuag at Gymru a'r diffyg sylw a pharch a roddir i lenyddiaeth Gymraeg yn benodol. Y mae'r disgrifiad hwn hefyd yn enghraifft dda o'r modd y defnyddia Thomas gyfeiriadaeth lenyddol i ehangu cwmpas y drafodaeth a dyfnhau arwyddocâd y portreadu. Oherwydd cyfeiriad yw 'frowned on/ by the English' at linell yn un o gywyddau enwocaf Dafydd ap Gwilym, 'Trafferth Mewn Tafarn'. Fe gofiwn fel y bu i Ddafydd, wrth geisio dod o hyd i wely'r 'rhiain addfeindeg', greu cynnwrf yn y dafarn a dihuno'r Saeson a gysgai yno. Cyhoedda un ohonynt ar unwaith mai lleidr yw'r bardd: 'Syganai'r gwas soeg enau,/ Araith oedd ddig, wrth y ddau:// "Mae Cymro, taer gyffro twyll,/ Yn rhodio yma'n rhydwyll;/ Lleidr yw ef, os goddefwn,/ 'Mogelwch, cedwch rhag hwn".'[31] O ganlyniad, cyfyd pawb yn y dafarn i herio'r Cymro:

> Codi o'r ostler niferoedd
> I gyd, a chwedl dybryd oedd.
> Gygus oeddynt i'm gogylch
> Yn chwilio i'm ceisio i'm cylch;
> A minnau, hagr wyniau hyll,
> Yn tewi yn y tywyll.[32]

'Gygus oeddynt i'm gogylch' – hynny yw, yr oedd Saeson y dafarn yn gwgu, yn guchiog, wrth amgylchynu'r bardd.[33] 'Dafydd ap Gwilym, frowned on/ by the English', medd R. S. Thomas. Y mae'r adlais yn un ysbrydoledig, oherwydd y tu ôl i ymadrodd Thomas ceir holl rym cywydd sy'n mynd i'r afael yn gyrhaeddgar â thensiynau hiliol ymfflamychol yn un o fwrdeistrefi Cymru'r bedwaredd ganrif ar ddeg.[34] Cerdd yw 'Poets' Meeting' a daniwyd i raddau helaeth gan argyhoeddiad R. S. Thomas y dylid mynd ati i wrthbrofi unrhyw dybiaeth mai llenyddiaeth sydd 'Yn tewi yn y tywyll', chwedl Dafydd ap Gwilym, yw llenyddiaeth y Cymry.

Tystia'r cysylltiadau llenyddol lu a ddadlennir o graffu ar sylwadau R. S. Thomas ar berthynas llenyddiaeth Gymraeg â llenyddiaeth yr Alban i fywyd cyfeiriadol amrywiol a chymhleth ei waith. Cyfoethogir ein dealltwriaeth o farddoniaeth a rhyddiaith Thomas ymhellach o ystyried sylwadau allweddol y bardd ar arwyddocâd Iwerddon a'i llenyddiaeth iddo. '[T]aswn i'n cael fy amser drosodd mi faswn i'n dysgu'r Wyddeleg, dwi'n credu,' meddai'r bardd mewn cyfweliad radio yn 1996.[35] Fe gofir, wrth gwrs, fod nifer o'i gerddi cynnar wedi ymddangos yn *The Dublin Magazine* dan olygyddiaeth Seamus

O'Sullivan[36] – gŵr y bu Thomas yn ymweld ag ef yng Nghymru, pan oedd O'Sullivan yn lletya yn Llanfairfechan, a hefyd, yn ddiweddarach, yn Iwerddon.[37] Sylw allweddol gan R. S. Thomas yw'r haeriad hwnnw ei fod wedi 'dod o hyd i'r freuddwyd' yn Iwerddon. Yn *Neb*, yn union wedi'r disgrifiad o siom y profiad a gafodd yn yr Alban, ceir gan Thomas hanes gwrthgyferbyniol ei ymweliad â'r Ynys Werdd ddiwedd y 1930au:

> Ac eto ni ddarfu am y breuddwydion, ac ymhen blwyddyn cafodd well hwyl arni yn Iwerddon . . . Roedd y dyn ifanc [R. S. Thomas ei hun] wedi sylwi ar y nifer o droliau a safai ar y maes yng Ngalway, wedi dod yno â llwyth o wymon, ac fel y dechreuodd nosi, fe'i pasiwyd gan drol ar ôl trol ar ei ffordd adref i'r gorllewin. Fel yr âi pob cert heibio iddo cyfarchai'r gyrrwr o mewn Gwyddeleg. Hyn ac aroglau'r mawn yn ei ffroenau a gododd ei galon a'i lenwi gyda gobaith newydd. Hon oedd y wlad y canodd Yeats amdani, gwlad o werinwyr, Gwyddeleg eu hiaith a thraddodiadol Geltaidd eu ffordd o fyw. (*Neb*, 35, 36)

Gellir mesur rhywfaint o'r dylanwad arhosol a gafodd y profiad cyfareddol hwn, ynghyd ag ymweliadau diweddarach ag Iwerddon, ar R. S. Thomas o graffu ar y gerdd 'The Green Isle', lle y darlunnir Gwyddelod llengar mewn tafarn yn trafod

> Not the weather, the news,
> Their families, but the half
> Legendary heroes of old days:
> Women who gave their name
> To a hill, who wore the stars
> For bracelet; clanking warriors,
> Shearing the waves with their swords. (*NHBF*, 17)

Caiff hudoliaeth gyffredinol y portread ei miniogi gan y cyfeiriad penodol hwnnw at fedyddio'r tir ag enwau merched. Yn y *dinnshenchas*, corff o lenyddiaeth lle'r esbonnir enwau sy'n gysylltiedig ag arwyr, ceir sôn am Crochen neu Cruachu, morwyn Étain, yn holi'r duw Midir a gaiff hi roi ei henw ar dwmpath tylwyth teg – hanes sy'n egluro ystyr yr enw Ráth Chruachan.[38] Yn y modd hwn gesyd chwedl onomastig benodol fin ar ramantu R. S. Thomas ac eiddo'r cyfarwyddiaid yn y dafarn.[39]

Ond ni ddylid ychwaith ddiystyru dylanwad ymweliad yr R. S. Thomas ifanc â Galway ar ei ymwybyddiaeth genedlaethol yn y cyd-destun Cymraeg. Cofiwn iddo fynd i orllewin Iwerddon pan oedd yn gurad yn Y Waun, y cyfnod pan ddechreuodd y bardd brofi'r hiraeth am Ynys Môn a'r môr i'r gorllewin a fyddai i raddau helaeth yn pennu cyfeiriad ei yrfa eglwysig ac yn symbylu ei ddeffroad diwylliannol. Fel y dywedir yn *Neb*:

> Wrth gwrs, roedd yno gysur i'w gael. Sylweddolodd mai Cymru oedd y wlad i'r gorllewin . . . Cyn bo hir cynhaliwyd cyfarfod o'r offeiriaid yn Ficerdy Llanarmon Dyffryn Ceiriog, ac yno yr aeth gyda'r Ficer. Yn ystod y cyfarfod, wrth edrych trwy'r ffenestr, gwelodd esgair hir y Berwyn yn codi yn erbyn y wybren ac aeth rhyw wefr trwyddo. Dyma ddechrau crwydro fwyfwy i'r wlad hon . . . (*Neb*, 29)

Yng ngoleuni taith Thomas i'r *Gaeltacht* yn ystod y cyfnod hwn, dadlennol yw tynnu sylw at y ffaith fod y curad ifanc, yn ddiarwybod iddo ar y pryd, yn cerdded yn ôl traed bardd Cymraeg a fyddai yn ddiweddarach yn dod yn gyfaill iddo ac yn ddylanwad nid bychan ar ei fywyd a'i waith – Gwenallt. Ddegawd ynghynt aethai Gwenallt yntau i orllewin Iwerddon, ymweliad a esgorodd ar ddeffroad diwylliannol personol ac a gofnodwyd ganddo yn ei erthygl bwysig yn y gyfrol *Credaf* yn 1943. Y mae'n werth dyfynnu'r darn perthnasol yn ei gyfanrwydd:

> Euthum tua 1929 i ysgol haf yn Spideal, pentref bychan yn ymyl Galway yng Ngorllewin Iwerddon, i ddysgu Gwyddeleg. Ysgol haf ydoedd i athrawon ac athrawesau yn y rhanbarth a siaradai Wyddeleg, ac wedi oriau'r ysgol awn gyda hwy i geisio siarad Gwyddeleg â'r gwladwyr. Athrawon ac athrawesau dysgedig yn dysgu siarad yr iaith gan wladwyr diwylliedig. Gwelais werth iaith, a diwylliant a thraddodiadau'r bywyd gwledig. Âi fy meddwl o hyd yn Connemara yn ôl i Sir Gaerfyrddin, a gwelais mai yno yr oedd fy ngwreiddiau. Glynai ein tadau, hyd yn oed mewn pentref diwydiannol, wrth arferion gwledig, ac un ohonynt oedd cadw mochyn, yn y cyfnod hwnnw cyn i'r mochyn gael ei ddisodli gan y milgi. Yr oedd dull y tadau gwledig o feddwl, eu diddordeb mewn llenyddiaeth, diwinyddiaeth, a thraddodiadau, eu balchder mewn teulu a thylwyth a chymdogaeth dda, yn hollol wahanol i'n dull ni, y meibion Marcsaidd. Cefais fenthyg gan ddarlithydd yn yr ysgol haf lyfrau ar hanes a llenyddiaeth Iwerddon, a gwelais fod gorffennol ei genedl i'r Gwyddel yn beth byw, yn rhuddin yn ei gof. Nid oedd y gorffennol yn cyfrif dim i Farcsydd; dim ond y presennol, ac yn enwedig y dyfodol. Y mae'n wir fy mod yn darlithio ar lenyddiaeth Cymru, ond nid oedd hanes a llenyddiaeth ei gorffennol hi i mi yn ddim ond creiriau mewn amgueddfa. Yr oedd y gorffennol i'r Gwyddelod yn ffynhonnau bywiol.[40]

Rhagfynega 'tröedigaeth' Gwenallt o ganlyniad i'r ymweliad hwn ag Iwerddon drawsnewidiad diwylliannol trylwyrach a mwy rhyfeddol R. S. Thomas ei hun yn ystod y blynyddoedd yn dilyn ei ymweliad yntau â'r *Gaeltacht*. Yn y cyswllt hwn y mae'n werth oedi am ennyd gyda'r olygfa honno yn *Neb* o'r mynydd 'yn codi yn erbyn y wybren' tua'r gorllewin. Darlun ydyw sy'n dwyn i gof haeriad Waldo Williams yn ei soned 'Cymru a Chymraeg': 'Dyma'r mynyddoedd. Ni fedr ond un iaith eu codi/ A'u rhoi yn eu rhyddid yn erbyn wybren cân.'[41] Daeth y gred mai'r Gymraeg yw'r unig iaith a all fynegi Cymru'n gyflawn ac yn ystyrlon yn safbwynt y daeth R. S. Thomas i'w goleddu – ac yn ddiweddarach, ei gynrychioli – yn sgil ei benderfyniad tyngedfennol yn ei blwyf nesaf, Hanmer, i fynd ati i ddysgu'r Gymraeg.[42]

Cyfeiriwyd eisoes at ddylanwad Patrick Kavanagh ar farddoniaeth gynnar R. S. Thomas. Dylanwad Gwyddelig llai amlwg ond mwy arwyddocaol ar lawer ystyr yw hwnnw o du Austin Clarke (1896–1974) – bardd y cyfarfu R. S. Thomas ag ef pan oedd y Cymro ar ymweliad â Seamus O'Sullivan yn Nulyn.[43] Yn yr erthygl 'A Welsh View of the Scottish Renaissance' try Thomas at waith Clarke am ysbrydoliaeth ac arweiniad yn y cyd-destun Cymraeg:

> In the past Wales beyond Offa's Dyke or beyond the circle of the Norman castle was always left in charge of the heather, *y grug*. The modern illusion is to treat the heather, or *cefn gwlad*, as a backwater . . . But Austin Clarke has shown that if one is willing to become acquainted with the Irish literary tradition, there is no need to consider oneself in a backwater of literature, and the same applies to Scotland and Wales. We have no need to migrate to London to have the strings of our tongue unloosed. It is one of the dearest achievements of a certain mentality in Britain to convince others that they will never produce any literature of worth until they write in the English language.[44]

Mewn sgwrs radio anghyhoeddedig, 'The Poet's Voice' (1947), manyla Thomas ar union natur dylanwad Clarke ar ei farddoniaeth gynnar. Meddai: 'The work of poets like Austin Clarke in Ireland has interested me, for he has shown how much of the atmosphere of old Irish verse can be brought into English by skilful counterpointing.'[45] Arddelai gwaith Austin Clarke berthynas fywiol â llenyddiaeth Wyddeleg, yn arbennig felly o ran ei ddefnydd o dechnegau mydryddol brodorol. Rhydd R. S. Thomas enghraifft o'r modd y dylanwadodd Clarke yn uniongyrchol arno drwy ddyfynnu cerdd fer a ddisgrifia fel 'a poem of mine . . . which I venture to suggest has a strangely un-English sound

---

about it'.[46] Ymddangosodd y gerdd hon y flwyddyn ddilynol yn *The Dublin Magazine* dan y teitl 'Song',[47] ac fe'i nodweddir gan ddefnydd awgrymog o gyseinedd ac odlau mewnol:

Up in the high field's silence where
The air is rarer, who dare break
The seamless garment of the wind
That wraps the bareness of his mind?

The white sun spills about his feet
A pool of darkness, sweet and cool,
And mildly at its mournful brink
The creatures of the wild are drinking.

Tread softly, then, or slowly pass,
And leave him rooted in the grasses;
The earth's unchanging voices teach
A wiser speech than gave you birth.[48]

Ymhoffai Clarke, wrth gwrs, mewn patrymau mydryddol o'r fath. Pan ofynnodd Robert Frost iddo pa fath o farddoniaeth a ysgrifennai, atebodd y Gwyddel: 'I load myself with chains and try to get out of them.'[49] Mewn cyfweliad yn 1999, tynnodd R. S. Thomas sylw penodol at ei hoffter o odlau mewnol barddoniaeth Clarke ac at y modd yr aeth ati i efelychu'r nodwedd hon o waith y Gwyddel yn ei farddoniaeth ei hun yn ystod y cyfnod hwn.[50] Dwg yr odlau mewnol yng ngherdd R. S. Thomas, 'Song', i gof bennill megis y canlynol o gerdd Clarke, 'Celibacy', a gynhwyswyd yn y gyfrol *Pilgrimage and Other Poems* (1929):

Bedraggled in the briar
And grey fire of the nettle,
Three nights, I fell, I groaned
On the flagstone of help
To pluck her from my body;
For servant ribbed with hunger
May climb his rungs to God.[51]

Yn y sgript radio 'The Poet's Voice' disgrifia Thomas ei gerdd 'Song' fel 'admittedly little more than [an] experiment in prosody',[52] ond â rhagddo i nodi sut y bu i arbrofi mydryddol o'r fath dan ddylanwad

Clarke esgor yn ei dro ar gyfuniad pwysig yn ei farddoniaeth –
cyfuniad a'i galluogodd i fynegi'n hyderus ei ymlyniad wrth Gymru a
llenyddiaeth Gymraeg. Dywed Thomas: 'It was as a result of this
experimenting that I was able to combine in one of my most recent
poems the feeling of the needs of my country, a different subject matter
and also a certain technical development.'[53] Y gerdd y cyfeiria ati yw
'Wales', a ymddangosodd yn y cylchgrawn o'r un enw yn 1947 ac a
seiliwyd ar chwedl yr Anifeiliaid Hynaf.[54] Egyr y gerdd wrth i'r bardd
ein cymell i wrando ar fwyalch Cilgwri, 'telling/ The mournful story of
the long dead':

> Above the clatter of the broken water
> The song is caught in the bare boughs;
> The very air is veined with darkness – hearken!
> The brown owl wakens in the wood now.
>
> The owl, the ousel, and the toad's carousal
> In Cors Fochno of the old laws:
> I hear them yet, but in what thicket cowers
> Gwernabwy's eagle of the sharp claws?[55]

Tra dadlennol yw'r esboniad ar y gerdd enigmataidd hon a geir gan
Thomas ar ddiwedd ei sgwrs radio. Fe'i bwriadwyd fel cerdd gyfoes,
wleidyddol ei harwyddocâd: 'In . . . "Wales" I have tried to convey the
atmosphere of our land at the present time, while using a great deal of
falling assonance to suggest the tragedy of our position, and an
occasional rising sound to suggest the faint gleams of hope which still
come to us like sunlight on the mountain side.'[56] Sylw yw hwn sydd yn
rhagfynegi nid yn unig y cerddi gwleidyddol a gysylltir â chyfnod
Eglwys-fach ond hefyd gerddi crefyddol yr yrfa ddiweddarach.
Meddylier, er enghraifft, am 'The Bright Field': 'I have seen the sun
break through/ to illuminate a small field/ for a while, and gone my
way/ and forgotten it. But that was the pearl/ of great price, the one
field that had/ the treasure in it' (LS, 60).

Buddiol yw aros am ennyd gyda'r gerdd 'Wales'. Anffodus braidd
yw'r disgrifiad hwwnw, 'The owl, the ousel, and the toad's carousal', yn
yr ystyr ei fod yn peri i Lyffant Cors Fochno ymddangos yn debycach i
Mr Toad Kenneth Grahame nag i greadur asgetig chwedl yr Anifeiliaid
Hynaf.[57] Ond buan yr adfera'r gerdd 'The Ancients of the World'
hygrededd y darlunio, oherwydd yma teimla Lyffant Cors Fochno 'the
cold skin sagging round his bones' (AL, 13). Denir ein sylw yn y cyd-

---

destun hwn hefyd gan ddisgrifiad awgrymog R. S. Thomas yn 'Wales' o Gors Fochno – 'of the old laws'. Tybed a ellir awgrymu bod yr ymadrodd i'w gyplysu â chywydd gan Gruffudd Llwyd, un o hoff feirdd Thomas, am yr Anifeiliaid Hynaf, lle y dywedir bod hanes y creaduriaid hyn yn 'Hen ddeddf . . ./ A hen gyf'rwyddyd'.[58] Yng ngoleuni hyn oll, rhaid dweud mai syniad ysbrydoledig oedd cynnwys 'The Ancients of the World' yn y gyfres lwyddiannus honno o bosteri, *Poems on the Underground*. Arddangosir gan hynny un o gerddi 'Cymreiciaf' R. S. Thomas ochr yn ochr â hysbysebion glamoraidd yn nhwnelau modern/Modernaidd rheilffordd danddaearol Llundain.

O ddychwelyd at 'The Poet's Voice', gwelir bod y sgwrs radio hon, felly, yn tystio'n huawdl i'r cymorth allweddol a gafodd R. S. Thomas, wrth fyfyrio ar ei hunaniaeth a'i ymlyniadau fel llenor, gan Austin Clarke – bardd y dywedwyd amdano: 'His insistence upon tradition confirms the great obsession with identity among Irish poets from Yeats to the present; in Clarke's case, however, we sense a shift toward continuity, a desire not only to acknowledge but to link Gaelic poetic tradition with modern literature.'[59] Yn union wedi iddo nodi'r modd y dug dylanwad Clarke ffrwyth yn ei farddoniaeth, ehanga R. S. Thomas yn 'The Poet's Voice' gwmpas y drafodaeth drwy gydio ystyriaethau technegol penodol wrth ystyriaethau diwylliannol helaethach. Meddai: 'For it seems to me that if we are unwilling to be called English poets, while at the same time we are averse from the title Anglo-Welsh, we have only the other to fall back on. But if we are to be known as Welsh poets then our work must be a true expression of the life of our country in all its forms.'[60] Rhan bwysig yn y broses o feithrin a cheisio perffeithio'r mynegiant dilys a chyflawn hwnnw oedd y symbyliad a'r ysbrydoliaeth a gafodd R. S. Thomas yn sgil chwilio'r cyd-destun Celtaidd am batrymau y gellid eu hefelychu neu ddysgu ganddynt.

Diddorol yw gweld Austin Clarke yntau yn troi ei olygon at lenyddiaeth Gymraeg. Yn rhifyn Hydref 1939 y cylchgrawn *The Dublin Magazine* ceir ganddo, dan yr enw 'A.C.',[61] adolygiad ar rifynnau cyntaf *The Welsh Review*, ac nid yw'n syndod gweld y bardd yn mynd i'r afael ar ei union â materion mydryddol, gramadegol: 'Old scraps in translation indicate that Welsh bardic poetry outpassed our own in sheer glitter of style. To the Gaelic grammatical forms of eclipses and aspiration, the Welsh language adds a third form of consonantal mutation.' Ac ychwanega, 'But only a knowledge of Welsh could enable us to realise the poetic advantage of such grammatical richness'.[62] Eithr

mwy pwysig na hyn yw'r cyfatebiaethau a noda Clarke rhwng
llenyddiaeth Eingl-Gymreig a llenyddiaeth Eingl-Wyddelig:

> Welsh writers in English are rather in the same position as Irish and Scotch
> writers in English. Their work is liable to be lost sight of in the mass of
> English publications. We are liable only to hear of the more sensational
> satirists; and the writers themselves are faced with the strong temptation
> of writing expressly for an English public . . . If one may venture to read
> between the lines of the editorials by Mr Gwyn Jones, the position of the
> English-speaking Welshman is rather similar to our own. Welsh speakers
> are inclined to look askance and rather suspiciously on literature in an
> alien language. There are original poems, short stories of contemporary
> Welsh life, and translations from Welsh poetry . . . and among the other
> features there is a monthly commentary, watchful in tone, on B.B.C.
> broadcasts from the Welsh station.[63]

Canmola Clarke y cylchgrawn ar sail ei 'endeavour to conserve a
distinct culture', a thyn sylw penodol at erthygl gan H. Idris Bell ar y
traddodiad llenyddol Cymraeg, gan ddatgan y gallai cyfrol Bell, *The
Development of Welsh Poetry* (1936), osod esiampl 'to our revivalists
occupying their time in translating detective stories into Irish'.[64]

Y mae'n werth dychwelyd am ennyd, yng nghyswllt yr amrywiol
agweddau hyn ar ryngberthynas gwahanol ddiwylliannau Celtaidd, at
'Song' R. S. Thomas. Cofiwn iddo haeru yn ei ymdriniaeth â dylanwad
Austin Clarke arno ei bod 'little more than [an] experiment in prosody'.
Eithr y mae hon yn gerdd sydd, drwy gyfrwng ei chyfeiriadaeth len-
yddol, yn ychwanegu dimensiwn pellach at berthynas gwaith Thomas
â llenyddiaethau Celtaidd eraill. Sylwer yn benodol ar linell gyntaf y
pennill olaf, 'Tread softly, then, or slowly pass', sy'n adleisio cerdd
enwog W. B. Yeats, 'He Wishes for the Cloths of Heaven' – 'Tread softly
because you tread on my dreams'[65] – a hefyd 'The Solitary Reaper'
Wordsworth:

> Behold her, single in the field,
> Yon solitary Highland Lass!
> Reaping and singing by herself;
> Stop here, or gently pass.[66]

Brawddeg yng nghyfrol Thomas Wilkinson, *Tours to the British
Mountains* (1824), a ysbrydolodd gerdd Wordsworth, a thra pherthnasol
yn y cyd-destun Celtaidd hwn yw'r ffaith mai canu cân Aeleg y mae'r

fedelwraig yn nisgrifiad Wilkinson: 'Passed a female, who was reaping alone: she sung in Erse, as she bended over her sickle; the sweetest human voice I ever heard: her strains were tenderly melancholy, and felt delicious long after they were heard no more.'[67] At hyn, y mae'r sefyllfa a ddisgrifir yn 'The Solitary Reaper' a 'Song' yn un y gellid ei galw, o fathu gair, yn 'Brytherchaidd' – y bardd yn myfyrio ar ffigyrau dynol y deuir ar eu traws yn gweithio yn y caeau: 'Behold her, single in the field', 'Up in the high field's silence'. Yn wir, gellid ystyried 'Song' fel cerdd sy'n portreadu cymeriad Prytherchaidd ar lun medelwraig gyfareddol cerdd Wordsworth. 'Will no one tell me what she sings?', gofynna Wordsworth; ac yng ngoleuni'r cyfeiriad hwnnw yn 'Song' at feddwl llwm y llafurwr – 'The seamless garment of the wind/ That wraps the bareness of his mind' – hawdd yw dychmygu R. S. Thomas yn ateb drwy ofyn, 'Will no one tell me what he thinks?'.

Yn y gynhadledd honno ar lenyddiaethau Cymru ac Iwerddon yn 1995, pwysleisiodd R. S. Thomas mai'r dylanwad llenyddol mwyaf arhosol arno o du Iwerddon oedd yr arfer o bersonoli'r wlad honno fel morwyn hardd neu hen wraig.[68] Cysyniad yw hwn y cyfeiria Thomas ato yn aml iawn yn ei waith, a hynny o'r cychwyn cyntaf. Fe'i crybwyllir, er enghraifft, yn yr erthygl 'A Welsh View of the Scottish Renaissance', a hynny yn y cyd-destun Albanaidd a Chymraeg: 'The old nationalists tended to see their land as a rose or a lovely woman, the modern sees her as a slut or a harlot, as for instance in the work of MacDiarmid or Gwenallt.'[69] Yna dyfynna ddwy linell o soned Gwenallt, 'Cymru' – 'Er mor anheilwng [sic] ydwyt ti o'n serch,/ Di, butain fudr y stryd â'r taeog lais . . .' – gan ychwanegu, 'But we will never see her as Pound saw England, "an old bitch, gone in the teeth". We will rather love her more deeply as we see her with a mixture of Welsh imagination and Scottish intellectualism.'[70] Hawdd yn sgil y dyfyniad uniongyrchol hwnnw o un o gerddi mwyaf Ezra Pound, 'Hugh Selwyn Mauberley',[71] yw colli gwir ergyd yr hyn sy'n dilyn yn ysgrif Thomas. Aralleiriad creadigol ydyw mewn gwirionedd o dair llinell nesaf soned Gwenallt: 'Eto, ni allwn ni, bob mab a merch,/ Ddiffodd y cariad atat tan ein hais:/ Fe'th welwn di â llygaid pŵl ein ffydd . . .'[72] Dechreuwn weld, felly, y gellir dyfynnu'r hyn nas crybwyllir hyd yn oed. Cyfuniad yw hwn, ar lefel sylfaenol, sydd yn galluogi R. S. Thomas i asio bardd-oniaeth Gwenallt, a'r ddelwedd hon o Gymru yn benodol, â'i awydd i ddathlu ei ymlyniadau diwylliannol, cenedlaetholgar yn ei briod ddull ei hun. Manteisiol ar yr un pryd yw ystyried yr union broses y tu ôl i'r enghraifft arbennig hon o gyfeiriadaeth lenyddol – y modd y mabwysiedir geiriau Gwenallt yn dawel a hyderus gan R. S. Thomas ar ffurf aralleiriad rhyddiaith yn Saesneg, heb i'r ffynhonnell gael ei nodi – mewn termau ehangach, mwy emblemataidd, fel petai. Hynny yw, y mae'r dyfyniad anuniongyrchol hwn (ymatelir rhag dweud 'anymwybodol') yn fynegiant cryno o batrwm a oedd yn ymffurfio'n gyflym yn ystod y cyfnod cynnar hwn – y modd yr oedd deunyddiau barddoniaeth Gymraeg yn ymdreiddio i fêr esgyrn rhyddiaith a barddoniaeth Saesneg R. S. Thomas ac yn datblygu'n rhan naturiol o'r dweud.

Rhydd R. S. Thomas sylw penodol i gyd-destun Gwyddeleg a Gwyddelig y ddelwedd o'r wlad fel merch ifanc neu hen wraig mewn darlith anghyhoeddedig allweddol bwysig, 'Patriotism and Poetry', o ddiwedd y 1970au. Yno dywed: 'There are various ways of extolling a land in verse. It can be personified as man or maid, or it can be objectively praised for what it is, for its landscape, its climate, its history. When I think of personification, I think chiefly of Ireland. The figure of Cathleen ni Houlihan is a moving and lovely symbol.'[73] Â Thomas rhagddo i gyfeirio at gerdd Yeats, 'Red Hanrahan's Song about Ireland', lle'r ymddengys y ddelwedd draddodiadol o ysbryd y genedl, Cathleen ni Houlihan: 'Our courage breaks like an old tree in a black wind and dies,/ But we have hidden in our hearts the flame out of the eyes/ Of Cathleen, the daughter of Houlihan.'[74] (Nid amherthnasol yma yw'r ffaith fod cerdd Yeats wedi ei seilio'n rhannol ar gyfieithiad o gerdd Wyddeleg, 'Caitilín Ní Uallacháin'.[75]) Ochr yn ochr â 'Red Hanrahan's Song about Ireland' dyfynna R. S. Thomas yn 'Patriotism and Poetry' gyfieithiad Saesneg gan Thomas MacDonagh o un o gerddi Gwyddeleg Padraic Pearse – cerdd y dychwel y Cymro ati yn ei bamffled 'Gwladgarwch', lle y cynigia ei gyfieithiad Cymraeg ei hun o'r pennill cyntaf: '"Fe'th welais yn noethlymun, yn harddach na harddwch, a diffoddais fy llygaid rhag ofn imi fethu."'[76]

Yn y cyd-destun hwn fe dâl inni oedi am ennyd gyda chyfeiriad gan R. S. Thomas yn 'Patriotism and Poetry' at ddrama Yeats, *Cathleen ni Houlihan* (1902):

> I can never read the end of Yeats' play 'Cathleen ni Houlihan' without a thrilling of the flesh. You remember Michael was to marry Brigid;[77] but an old woman calls at the cabin before the wedding and persuades him to follow her. Patrick comes in and Peter asks: 'Did you see an old woman going down the path?' And Patrick replies: 'I did not; but I saw a young girl and she had the walk of a queen.' Not, be it noted, Gwenallt's 'Di, butain fudr y stryd â'r taeog lais'.[78]

Symbol o Iwerddon yw'r forwyn hardd/yr hen wraig, wrth gwrs, a phwnc y ddrama, yng ngeiriau Yeats ei hun, yw 'Ireland and its struggle for independence'.[79] Meddai Yeats ymhellach:

> I have described a household preparing for the wedding of the son of the house. Everyone expects some good thing from the wedding. The bridegroom is thinking of his bride, the father of the fortune which will make them all more prosperous, and the mother of a plan of turning this prosperity to account by making her youngest son a priest . . . Into this household comes Kathleen Ni Houlihan herself, and the bridegroom leaves his bride, and all the hopes come to nothing. It is the perpetual struggle of the cause of Ireland and every other ideal cause against private hopes and dreams, against all that we mean when we say the world.[80]

Bu i Yeats wadu yn 1904 fod *Cathleen ni Houlihan* yn ddrama wleidyddol 'of a propagandist kind',[81] ond esgorodd y gwaith ar deimladau tanllyd, fel y tystia geiriau Stephen Gwynn: 'The effect of *Cathleen ni Houlihan* on me was that I went home asking myself if such plays should be produced unless one was prepared for people to go out to shoot and be shot.'[82] Yn wir, gwelir Yeats ei hun erbyn 1938, yn un o'i gerddi olaf, yn holi'n ingol – 'Did that play of mine send out/ Certain men the English shot?'[83] – cyfeiriad at arweinwyr Gwrthryfel y Pasg, 1916.

Y mae'n bwysig nodi hyn oll er mwyn pwysleisio'r grym politicaidd aruthrol sydd i bersonoli o'r fath, ynghyd ag aruthredd goblygiadau ceisio ymgyrraedd at y delfryd. Nid ar chwarae bach, felly, y crybwylla R. S. Thomas yn 'Patriotism and Poetry', ar yr un gwynt â symbol Yeats, un o gerddi Cymraeg enwocaf yr ugeinfed ganrif: 'T. H. Parry-Williams has sung of Wales as feminine in his well-known "Hon". "Duw a'm gwaredo, ni allaf ddianc rhag hon." It is a positive image, and used in the right way could awaken the devotion implicit in Yeats' "Cathleen".'[84] Dyfnheir ymhellach arwyddocâd cyfeiriad R. S. Thomas yn y ddarlith anghyhoeddedig hon at ddiwedd drama Yeats drwy ei osod ochr yn ochr â chyfeiriad gan Saunders Lewis at yr un ffynhonnell yn union. Mewn erthygl ar Ddafydd ab Edmwnd a ymddangosodd yn 1977, ceir gan Lewis ymdriniaeth â chywydd nodedig gan y bardd o'r bymthegfed ganrif i'w noddwr o Fôn, Rhys Wyn ap Llywelyn – cerdd sy'n ei siarsio i beidio â phriodi Saesnes.[85] Yn sicr, buasai pwnc cywydd Dafydd ab Edmwnd yn un arwyddocaol i R. S. Thomas (fe gofir iddo ddyfynnu a chyfieithu, yn yr erthygl 'Some Contemporary Scottish Writing' yn 1946, ddarn o gywydd gan Huw Dafi a gyfansoddwyd er ceisio rhwystro ei noddwr yntau, Harri Mil, rhag priodi Saesnes).

Arwyddocaol hefyd i R. S. Thomas fuasai'r ddelweddaeth drawiadol a ddefnyddia Dafydd ab Edmwnd i gyfleu canlyniadau priodas o'r fath: caiff y Saesnes ei huniaethu â Môr Iwerydd, sy'n erydu ac yn llyncu arfordir Cymru, sef noddwr y bardd (darlun a ddisgrifir gan Saunders Lewis yn ei erthygl fel 'un o bethau mwyaf y bymthegfed ganrif'[86]). Yn ei ysgrif dyfynna Lewis ail ran cerdd Dafydd ab Edmwnd, lle y pwysleisir na all Rhys Wyn briodi'r Saesnes hon – a hynny am ei fod eisoes yn 'briod' â'r hyn a eilw'r bardd 'Y Glod'. Dywed Saunders Lewis:

> 'Hen wraig a ludd hon (h.y., a rwystra'r Saesnes yma) yw'r Glod'; mae dyn yn dychryn weithiau wrth ddarllen a chofio rhyw debygrwydd od. Y peth cyffelyb sy wedi glynu yn fy meddwl i er pan gyntaf y darllenais gywydd ab Edmwnd yw'r dialog terfynol yn nrama W. B. Yeats, *Cathleen ni Houlihan*:

> > – Did you meet an old woman and you coming up the road?
> > – No, but I met a young woman and she had the walk of a queen.

> Pwy yw'r hen wraig hon a'i henw y Glod a beth yw ei gafael hi ar Rys Wyn o Fôn? Wel, fe fu hi gydag Urien yn Rheged, bu hi yn Aberffraw gydag Owain Fawr, bu ei chadair yn Sycharth a Harlech. Hi yw traddodiad llenyddol Cymru, traddodiad Taliesin.[87]

Trawiadol yw gweld R. S. Thomas a Saunders Lewis ill dau'n troi gyda'i gilydd ar ddiwedd y 1970au at ddelwedd Yeats am ysbrydoliaeth ac eglurhad. Tynnwyd sylw uchod at ddimensiwn politicaidd y ddelwedd yng nghyd-destun Iwerddon; gwelir Saunders Lewis yn ei erthygl yn mynd rhagddo i ddehongli 'Hen wraig . . . y Glod' cywydd Dafydd ab Edmwnd fel ffigwr gwleidyddol pwerus:

> Ond i ni heddiw hawsaf peth yw syrthio i amryfusedd enbyd, gan dybio mai peth llenyddol yn unig yw hyn. Nid felly; holl bwynt Dafydd ab Edmwnd yw mai dyma draddodiad *politicaidd* Cymru, traddodiad amddiffyn y genedl, a phrydyddion y Glod, cerddi moliant yr amddiffyn, yw datgeiniaid a chynheiliaid polisi oesol yr amddiffyn. Ie, Hen Wraig, ond mae ganddi gerdded brenhines, ac wele hi'n galw ar Rys Wyn a holl uchelwyr Cymru, yn awr cychwyn rhyfeloedd rhaib y Rhos, i ddal baner Cymreigrwydd ac annibyniaeth teuluoedd Cymru hyd y terfyn.[88]

Yng ngoleuni hyn, dadlennol yw craffu ar ddefnydd R. S. Thomas ei hun o symbolau tebyg o Gymru. O wneud hynny, fe amlygir natur gyfnewidiol ac amwysedd agwedd y bardd tuag at ei wlad. Fe'n trewir yn syth gan amrywiaeth y portreadu. Ceir un o ddarluniau mwyaf diddorol Thomas o'r 'Glod', chwedl Dafydd ab Edmwnd, yn y gerdd anghasgledig 'The Two Sisters', a gyhoeddwyd yn 1950. Ynddi dramateiddir hawliau dwy chwaer, y naill yn symbol o Loegr a'r llall o Gymru, ar serch a ffyddlondeb y sawl sy'n llefaru:

> I know two sisters, dark and fair,
>> So to compare them must be vain;
> One is rich and shares the sunlight,
>> And one the spleen of the grey rain.
>
> The lands of one are sleek and green
>> And wean men from their natural love;
> The other tills a few lean acres
>> Littered on the hills above.[89]

O gofio sut y bu i Ddafydd ab Edmwnd bwysleisio mai i hen wraig Cymru, ac nid i ddarpar wraig o Saesnes, y dylai ei noddwr addo ei deyrngarwch, diau fod defnyddio'r term hwnnw, 'Y Glod', yn arbennig o addas yn y cyd-destun hwn, oherwydd ym mhennill olaf 'The Two Sisters' gwelir mai at y chwaer Gymraeg dlawd y try'r llefarydd:

> She that is fair is soft of speech,
>> Yet each smooth word conceals a lie;
> From her I turn to where the other
>> Keeps her cold vigil, proud but shy.[90]

Y mae'r ymwrthodiad yn 'The Two Sisters' â thiroedd breision a chyfoeth materol yn peri cofio am y modd y dewisodd Michael yn *Cathleen ni Houlihan* ganlyn yr hen wraig ac felly hepgor y cyfle i brynu tir a'i stocio â gwaddol ei ddyweddi.[91] Yn yr un modd, cymar i chwaer Gymraeg cerdd R. S. Thomas – 'The other tills a few lean acres/ Littered on the hills above' – yw'r gŵr hwnnw a fu farw wrth wasanaethu Cathleen ni Houlihan ac a gofféir ganddi yn y ddrama: 'I remember him ploughing his field/ Turning up the red side of the ground.// And building his barn on the hill.'[92] Cerdd yw 'The Two Sisters' sydd – ac aralleirio disgrifiad Yeats o thema gynhaliol *Cathleen ni Houlihan* – yn fynegiant o 'the perpetual struggle of the cause of Wales and every other ideal cause against private hopes and dreams, against all that we mean when we say the world'. Rhan bwysig o'r ymdrech lafurus honno yn achos R. S. Thomas, wrth gwrs, yw'r tensiwn ingol rhwng atyniad naturiol ac anorfod ei famiaith, Saesneg, a hawl y Gymraeg ar ei deyrngarwch barddonol: 'She that is fair is soft of speech,/ But each smooth word conceals a lie.'

Er hyn, yn 'Patriotism and Poetry' medd Thomas, 'I have tended to see Wales in masculine terms, and as an old man at that'[93] – sylw sy'n peri inni weld yr hen ddynion hynny sy'n britho'r farddoniaeth gynnar mewn goleuni newydd. Dyna henwyr y cerddi 'Man and Tree' (*SF*, 19), 'Age' (*PS*, 21), 'An Old Man' (*SF*, 36) a'r gerdd arall o'r un enw yn *Tares* (*T*, 27), ynghyd ag 'old Llywarch' (enw awgrymog, fel y nodwyd) yn *The Minister*, a Job Davies, 'eighty-five/ Winters old, and still alive/ After the slow poison/ And treachery of the seasons' ('Lore', *T*, 35), i enwi ond ychydig. Nac anghofier ychwaith am gwestiwn R. S. Thomas yn 'Lament For Prytherch': 'Were you ever young, Prytherch . . .?' (*SYT*, 99). Beth, felly, am Prytherch ei hun fel symbol yn y cyswllt hwn? Yn dynn ar sodlau sylw R. S. Thomas yn 'Patriotism and Poetry' mai mewn termau gwrywaidd y bu iddo ef bortreadu Cymru, ceir y frawddeg ganlynol: 'And Iago Prydderch [*sic*] has a certain ambivalence varying between being a symbol of endurance and of the dumb and tragic suffering of a people destined to disappear from history.'[94] Yn sicr ddigon, y mae i'r Prytherch di-Gymraeg yntau le allweddol yn eiconograffeg genedlaethol R. S. Thomas. 'Were it not for the threat of a nuclear war's destroying most of the earth,' â'r bardd rhagddo, 'I feel that Prydderch [*sic*] in his small fields, in a world of limited resources, could well be a symbol of sanity and hope, a sign that small is beautiful'.[95] Dramateiddia Thomas yr ystyriaethau hyn yn 'Patriotism and Poetry' drwy ddyfynnu cerdd anghasgledig o'i eiddo. At 'sister Wales' y gerdd 'The Two Sisters', gellir yn awr ychwanegu dau ffigwr arall:

> Father Wales? Protestant
> I laugh. Mother
> Wales? the laugh turns
> to a grimace: an old
> crone with England
> on her back, paddling
> in the shallows of
> a bi-lingual sea.
>
> We are weaned from
> our past. The present is
> skimmed milk. Little

people, can we keep the nation
alive on the social
security of the future?[96]

Chwaraeir yn y fan hon unwaith eto â'r termau 'gwlad fy nhadau' a 'mamiaith', a hynny mewn agoriad y mae ei goegni delwddrylliol yn dwyn i gof linellau cyntaf y gerdd 'Credo' yn y gyfres 'Mass for Hard Times', 'I believe in God/ the Father (Is he married?)' (*MHT*, 12). Ond mwy pwysig na hynny yn y cyd-destun, fe ddichon, yw arwyddocâd y ddelwedd honno o ddiddyfnu plentyn. Darlun ydyw sy'n fersiwn wedi ei dymheru o ddiweddglo cerdd arall o'r un cyfnod, 'It hurts him to think', o'r gyfrol *What is a Welshman?* (1974).

> The
> industrialists came, burrowing
> in the corpse of a nation
> for its congealed blood. I was
> born into the squalor of
> their feeding and sucked their speech
> in with my mother's
> infected milk, so that whatever
> I throw up now is still theirs. (*WW?*, 12)

Yma, megis yn y cerddi 'Welsh Landscape' (*AL*, 26) ac 'A Country' (*BT*, 30), y mae'r genedl eisoes yn gelain, a cherddi Saesneg y bardd ('whatever/ I throw up') o'r herwydd wedi eu heintio. Y mae presenoldeb Saunders Lewis i'w deimlo'n gryf yn y portread digyfaddawd hwn gan Thomas o'r De diwydiannol. Trawiadol iawn, er enghraifft, yw'r tebygrwydd rhwng y ddwy ddelwedd honno – 'my mother's/ infected milk' a 'congealed blood' – a'r hyn a geir yng ngherdd Lewis, 'Y Dilyw 1939': 'Claddodd ein mamau nyni'n ddifeddwl wrth roi inni laeth o Lethe,/ Ni allwn waedu megis y gwŷr a fu gynt.'[97]

Y mae'r rôl a chwaraea Saunders Lewis yn narluniau R. S. Thomas o'r Gymru gyfoes yn werth ei harchwilio ymhellach. Diwedda darlith Thomas, 'Y Baich ar Ein Gwar', er enghraifft, â siars gyfoethog ei harwyddocâd: 'Dengys map Prydain Gymru'n hen wraig wargrwm oherwydd baich Lloegr ar ei chefn. Ac eto nid dros hen wraig yr ydym i ymladd, ond dros yr eneth landeg a allai hi fod, ond iddi ennill ei rhyddid. O flodyn y dyffryn deffro.'[98] Grymusir y portread mewn sawl ffordd gan y gorchymyn allweddol hwnnw ar ddiwedd y ddarlith. Ymdeimlir yma unwaith eto â phresenoldeb Saunders Lewis. Fel y sylwodd Grahame Davies, yr hyn a wna Thomas yn y fan hon yw mabwysiadu 'ieithwedd . . . ei arwr'.[99] Caiff y cysylltiad ei esbonio gan ddarn allweddol bwysig yn *Neb*:

> Darllenodd yn *Y Faner* erthygl gan Saunders Lewis a orffennai gyda'r geiriau: 'O flodyn y dyffryn, deffro.' Fe'i cynhyrfwyd trwyddo. Aeth i Lanfarian i ymweld â Saunders heb air o gyflwyniad. Derbyniwyd ef yn garedig a dechreuodd sgyrsio yn Saesneg am ei ddelfrydau a'i gynlluniau, ond cyn pen dim fe'i harweiniwyd gan Saunders i ddal ymlaen yn ei Gymraeg bratiog. (*Neb*, 44–5)

Nododd Tony Brown mai'r erthygl y cyfeiria Thomas ati yma yw 'Ymgeiswyr yn yr Etholiad', a ymddangosodd yn y gyfres 'Cwrs y Byd' yn *Baner ac Amserau Cymru* ar 27 Mehefin 1945.[100] Ynddi cais Saunders Lewis 'gynhyrfu gwladgarwch Cymreig a chyfrifoldeb Cymreig', a disgrifia ymgyrch y Blaid Genedlaethol yn yr etholiad cyffredinol fel 'Brwydr i gadw enaid Cymru'.[101] Tystia defnydd R. S. Thomas ei hun o'r dyfyniad 'O flodyn y dyffryn, deffro' yn 'Y Baich ar Ein Gwar' fod y frwydr honno'n parhau. Ond ni ddylid bodloni ar nodi arwyddocâd politicaidd a hunangofiannol y dyfyniad pwysig hwn gan Thomas. Hollbwysig yw rhoi'r sylw dyledus i'w arwyddocâd llenyddol yn ogystal. Digwydd 'O flodyn y dyffryn, deffro' fel amrywiad ar bedwaredd linell yr hen bennill canlynol:

> Titrwm, tatrwm, Gwen lliw'r wy,
>   Ni alla' i'n hwy mo'r curo;
> Mae'r gwynt yn oer oddi ar y llyn;
>   Lliw blodau'r dyffryn, deffro.
> Chwyth y tân i gynnau toc, –
>   Mae hi'n ddrycinog heno.[102]

Ysbrydoledig, ar ddiwedd darlith a gais ennyn cariad gwladgarol tuag at 'eneth landeg' y genedl, chwedl R. S. Thomas, yw'r defnydd yma o hen bennill sy'n darlunio carwr ar noson stormus yn taflu cerrig mân at ffenestr ei gariad yn y gobaith o'i deffro a chael mynediad i'w chartref.

Dyma ddelwedd sydd hefyd yn hynod o berthnasol yng nghyswllt cerdd anghasgledig arall o'i eiddo a ddyfynna Thomas yn 'Patriotism and Poetry' – cerdd sy'n canolbwyntio ar y gwrthgyferbyniad rhwng yr 'hen wraig wargrwm' a'r 'eneth landeg'. Dwg y modd y darlunia 'Feminine Gender'[103] ymchwil R. S. Thomas am y Gymru ddelfrydol

---

berthynas ddiddorol â sawl un o'i gerddi eraill. Ystyrier yr agoriad, er enghraifft, 'remembering that "Cymru" is the feminine gender', chwedl y bardd:[104]

It has the elusiveness
of great art, the poem
so near, unwilling to be written.
I have knocked all these years
at the door of a supposed house
with somebody inside
(the movement of a curtain)
who refuses to answer.
                    Sometimes
as a face in chapel
it has appeared, raven-haired,
sallow of cheek, staring
through locked fingers.
                    I waited
to have speech with it after
and it was gone.[105]

Dyma gerdd y tâl inni ei gosod ochr yn ochr â 'Folk Tale' R. S. Thomas, lle'r uniaethir yr ymchwil am Dduw ag ymdrech gŵr i gael mynediad i dŷ ei gariad. Ymddengys y ddelwedd o'r llen yn symud ('the movement of a curtain') ac o'r ddwy law yn erfyn ('locked fingers') yn y gerdd hon hefyd, a sylwn yn ogystal ar y ddelwedd agoriadol, sy'n cyd-daro'n union â'r darlun yn yr hen bennill, 'Titrwm, tatrwm':

Prayers like gravel
          flung at the sky's
window, hoping to attract
          the loved one's
attention. But without
          visible plaits to let
down for the believer
          to climb up,
to what purpose open
          that far casement?
                    I would
have refrained long since
          but that peering once
through my locked fingers
I thought that I detected
          the movement of a curtain. (EA, 53)

Y mae ystyried 'Feminine Gender' ar y cyd â 'Folk Tale' yn tystio i undod y weledigaeth yng ngwaith R. S. Thomas. Yr un yn eu hanfod yw'r ymchwil am y gerdd fawr ('the poem/ so near, unwilling to be written'), yr ymchwil am y Gymru ddelfrydol a hefyd yr ymchwil am Dduw. At hyn, grymusir uniongyrchedd dramatig y personoli yn 'Feminine Gender' o gydio darlun y bardd o'r ferch yn y capel – 'raven-haired,/ sallow of cheek' – wrth ei bortread o wragedd fferm mewn cerdd anghasgledig a ymddangosodd yn *The Dublin Magazine* yn 1955: 'Sallow of cheek, a crow's wing/ Of hair over the brow's smudged/ Vellum.'[106]

Ond fel y tystia Thomas yn 'Feminine Gender', yr hyn a wêl yn amlach na heb yng nghwrs yr ymchwil hon yw 'the shadow of a bent/ woman, too old to believe in, disfiguring/ my sunlight'.[107] Gellid ystyried yr awgrym sy'n dilyn – mai bywyd yng nghymoedd de Cymru a fu'n gyfrifol am droi'r 'eneth landeg' yn wrach anffurfiedig – fel y mynegiant eithaf o elyniaeth ddigymrodedd Thomas tuag at y gyfundrefn ddiwydiannol yng Nghymru:

> Was she ever
> a young girl, as innocent
> as compelling, before history submerged
> her in the anonymity
> of the valleys?[108]

Eithr cerdd yw hon a gyfansoddwyd, chwedl R. S. Thomas ei hun, 'In one of my more optimistic moods',[109] a cheir tro yng nghynffon y gerdd wrth i'r bardd wrthweithio grym y darlun blaenorol drwy uniaethu'r iaith Gymraeg â byd natur ei hun:

> Some must have known
> her so, giving her a name
> to live for, to die for, and a language
> like seed corn, coming to harvest
> again as often as it is cut down.[110]

Dylid cofio yma fod hau'r gronyn yn symbol traddodiadol o gladdu ac atgyfodi. Goleua'r ddelweddaeth hon, a hynny mewn mwy nag un ystyr, ddisgrifiad Thomas yn y gerdd 'Drowning' o gymynrodd yr olaf o Gymry Cymraeg ei blwyf: 'Their immortality was what they hoped for/ by being kind. Their smiles were such as,/ exercised so often, became perennial/ as flowers, blossoming where they had been cut down' (*WA*, 38). A grymusir y darlun hwn yn 'Feminine Gender' o gydymdreiddiad llythrennol bron rhwng y tir a'r iaith gan adleisiau o bennill serch Cymraeg yr oedd gan R. S. Thomas, fel y gwelsom, feddwl mawr ohono – 'Blodau'r flwyddyn yw f'anwylyd'. Y mae'r ddelwedd 'a language/ like seed corn' yn dwyn i gof y trosiad ar ddiwedd y pennill, 'A gwenithen y genethod', a chaiff y darlun o Gymru fel hen wraig fusgrell yn gynharach yng ngherdd Thomas – 'the shadow of a bent/ woman, too old to believe in, disfiguring/ my sunlight' – ei ddisodli wrth i'r darllenydd ddwyn i gof hefyd drydedd linell yr hen bennill, 'Llewyrch haul yn twnnu ar gysgod'. Dyma achos lle y cyfeiria Thomas y darllenydd yn uniongyrchol at ei ffynhonnell, oherwydd wedi iddo ddyfynnu 'Feminine Gender' â rhagddo i ddweud:

> But after all that is in the language of another nation and is the weakness of the Anglo-Welsh position. I wish someone would write a better poem in Welsh. Perhaps they have?
>
> What I am thinking of is something with the warmth and celebration of this old stanza. Think, as I recite it, that what it is really referring to is Cymru, and you will see what I mean.

> Blodau'r flwyddyn yw f'anwylyd,
> Ebrill, Mai, Mehefin hefyd;
> Llewyrch haul yn tywynnu ar gysgod
> A gwenithen y genethod.[111]

Eithr deil y symbol hwnnw o'r 'hen wraig wargrwm' ei afael yn dynn ar feddwl a dychymyg R. S. Thomas. Enghraifft dda yw'r gerdd anghasgledig 'Symbols' (1969), sy'n agor â'r bardd yn holi – 'An introduction to/ Welsh history – what/ Out of its packed happenings shall/ I select?'.[112] Â rhagddo i restru digwyddiadau hanesyddol sy'n ymrannu'n ddwy garfan – y naill yn cynnwys symbolau o drasiedi'r genedl a'r llall o'i buddugoliaethau. Ymwrthyd y bardd â phob un o'r rhain – 'Llywelyn's head/ On its spear, that sightless/ Lantern', 'The Archdeacon triumphant/ Among the yews, the bishop/ In flight',[113] 'Rebecca's daughters/ At play', 'Penderyn's body/ Tolling above the dark/ Pits' – a dewisa yn hytrach, a hynny ym mlwyddyn yr Arwisgo, y ddelwedd ganlynol o Gymru:

> that map
> Of an old woman with England

Upon her back, weary of
Her lot, and punishing her children's
Rejection of the privilege of it.

Buddiol yw cydio'r ddelwedd gofiadwy hon wrth fersiwn tra arbennig o'r mapiau hynny a ddarluniai Gymru fel hen wraig yn cario Lloegr ar ei chefn. Yr enghraifft berthnasol yma yw cartŵn Hugh Hughes, 'Dame Venodotia Sousing the Spies' (1848) – rhan o'r gyfres nodedig honno o faenargraffiadau, *Pictures for the Million of Wales*, a luniwyd fel ymosodiad ar adroddiadau'r Llyfrau Gleision ac a ddisgrifiwyd fel yr 'amddiffyniad cenedlgarol pwysicaf o Gymru trwy gyfrwng delweddau i'w gyhoeddi yn ystod rhan gyntaf y bedwaredd ganrif ar bymtheg'.[114] Yn y cartŵn dan sylw darlunnir Cymru fel hen wraig yn dowcio yn y môr y tri arolygydd a gasglodd dystiolaeth ar gyfer yr adroddiadau.[115] Yng ngeiriau'r artist ei hun: 'The very *land* – the *country literally*, which has long *worn the face of humanity*, seems on this occasion, in sympathy with its inhabitants, to have assumed human passion, and threaten to drown the detested slanderers in Cardigan Bay!'[116] Gellid gweld delwedd R. S. Thomas o'r hen wraig honno yn cosbi ei phlant ei hun, felly, fel darlun sy'n gwrth-droi ymosodiad Hugh Hughes yn 'Dame Venodotia Sousing the Spies' ar Frad y Llyfrau Gleision drwy gyfeirio ein golygon yn benodol at ddifrawder dinistriol y Cymry eu hunain. Symbol ydyw sy'n fynegiant nid yn unig o gyflwr truenus Cymru ac o ymddygiad cywilyddus y Cymry eu hunain, ond hefyd o'r argyhoeddiad diwyro hwnnw sy'n esgor ar gosb yn y gobaith o sicrhau adferiad. Yng ngoleuni natur ddeublyg y symbol hwn y mae'n ddiddorol nodi cymaint o ddelweddau R. S. Thomas sy'n cyfuno aflwydd a methiant â gallu cudd a gobaith am ddadebriad ac adfywiad. Gosodir delweddau o'r fath yn aml iawn ar ddiwedd cerddi:

> When we have finished quarrelling for crumbs
> Under the table, or gnawing the bones
> Of a dead culture, we will arise,
> Armed, but not in the old way. ('Welsh History', *SYT*, 61)[117]

> She will
> grow old and her lovers will not
> pardon her for it. I have made
> her songs in the laboratory
> of my understanding, explosives timed
> to go off in the blandness of time's face. ('Bravo!', *F*, 22)

but in what thicket cowers
Gwernabwy's eagle with the sharp claws? ('Wales', *AL*, 8)

Pam y dylai eryr â chrafangau bygythiol gyrcydu fel hyn oni bai ei fod ar fin taro?

Yng ngoleuni hyn y mae'n gymwys fod R. S. Thomas ei hun bellach wedi ennill ei le yn eiconograffeg Cymru, ac yn wir, wedi disodli hen wraig y mapiau. Mewn braslun ysbrydoledig gan y cartwnydd Peter Brookes, darlunnir y bardd wedi ei arosod ar fap o Gymru. Cofleidia Thomas y wlad ac edrycha'n gilwgus dros ei ysgwydd ar Loegr. Yn arwyddocaol, ffurfir Pen Llŷn gan ei law dde a'r ysgrifbin sydd ynddi, ac Ynys Môn gan ei botel inc. Pan gyhoeddwyd y cartŵn fel rhan o galendar gan y *Times Literary Supplement*, gosodwyd islaw'r ddelwedd ddyfyniad o erthygl Thomas, 'Some Contemporary Scottish Writing': 'For it is England, the home of the industrial revolution, and the consequent twentieth-century rationalism, that have been the winter on our native pastures, and we must break their grip, and the grip of all the quislings and yes-men before we can strike that authentic note.'[118] Tra chofiadwy yw'r olwg guchiog ar wyneb y bardd wrth iddo amddiffyn Cymru rhag Lloegr yng nghartŵn Brookes. Yng ngoleuni disgrifiad Thomas o Ddafydd ap Gwilym yn 'Poets' Meeting' – 'frowned on/ by the English' – dichon y gellid dweud bod delwedd Brookes yn troi'r byrddau ar y cuchwyr canoloesol hynny a'u cymheiriaid.

* * * *

(ii) *Mydryddiaeth*

Y mae'r cyfeiriadau edmygus hynny gan feirdd pwysig o'r tu allan i Gymru at y canu caeth – 'sheer glitter of syle', chwedl Austin Clarke, 'A poetry full of *cynghanedd* and hair-trigger relationships', chwedl Hugh MacDiarmid – yn ein hatgoffa o bwysigrwydd arddull a chrefftwaith y traddodiad hwnnw. Ar lawer ystyr, wrth gwrs, allanolyn oedd R. S. Thomas ei hun yn y cyswllt hwn – fel dysgwr yn y lle cyntaf, ac yna fel un y bu'n rhaid iddo dderbyn na allai lunio barddoniaeth o safon yn Gymraeg. Ond nid oes amheuaeth nad oedd esiampl crefftwaith y canu caeth yn dra phwysig i Thomas drwy gydol ei yrfa, a hynny ar sawl lefel. Ar ddechrau ei erthygl 'Llenyddiaeth Eingl-Gymreig', a gyhoeddwyd yn *Y Fflam* yn 1952, dyfynna R. S. Thomas ddiffiniad H. Idris Bell o nodweddion arddull y traddodiad llenyddol Cymraeg: '"a feeling for discipline; a love of clear, concise and elegant phrasing; a force and precision of utterance"' (*PMI*, 50). Diwedda Thomas drwy annog yr Eingl-Gymry i 'greu llenyddiaeth sy'n fwy cydnaws â'r traddodiad llenyddol Cymraeg, trwy roi rhagor o sylw i'r teithi y sylwodd Syr Idris Bell arnynt fel rhai nodweddiadol o'r awen Gymraeg', ac ychwanega: 'Byddai astudio mwy ar y gynghanedd, er enghraifft, yn dod â disgyblaeth i mewn i'w gwaith, a byddai'r eglurder a ganmolodd Bell yn dysgu iddynt fod yn fwy onest yn eu darluniau o Gymru' (*PMI*, 52). Chwarter canrif yn ddiweddarach, yn *Abercuawg* (1976), y mae'r pwyslais ar gofnodi methiant yn hytrach na chynnig anogaeth: 'yn sicr ddigon iaith gynganeddol wrth natur ydyw'r Gymraeg. A dyma golled y beirdd Eingl-Gymraeg [*sic*] fel y'u gelwir. Ni fedrant hwy ddyfod ag enwau lleoedd Cymraeg i'w cerddi mewn modd hanner mor naturiol ac effeithiol ag a wna'r beirdd Cymraeg, yn enwedig yr hen gywyddwyr' (*PMI*, 84). Dyfynna R. S. Thomas dair enghraifft (gan Lywelyn Goch ap Meurig Hen, Ieuan Deulwyn ac Iolo Goch) o ymgorffori enwau lleoedd mewn llinellau o gynghanedd cyn mynd rhagddo i alaru: 'I un sy'n gwybod rhywbeth am harddwch cefn gwlad Cymru ac sy'n ei garu yn angerddol, anfantais yn wir ydyw bod heb yr adnoddau ieithyddol i roi mynegiant iddo' (*PMI*, 84). Sylwadau yw'r rhain sy'n codi'r cwestiwn diddorol i ba raddau ac ym mha ffyrdd y dylanwadodd y gynghanedd ar farddoniaeth R. S. Thomas ei hun.

Gwelir y bardd dro ar ôl tro yn pwysleisio ei hoffter o'r gynghanedd a'r canu caeth – a hynny yn aml iawn ar y cyd â sylw sy'n amlygu'r ffaith nad da ganddo farddoniaeth Gymraeg yn y wers rydd. Meddai mewn cyfweliad yn 1983: 'Dydw i ddim yn cael unrhyw fath o bleser o farddoniaeth *vers libre* gan bobl ifainc Cymru – mae mor herciog. Ni allaf ddeall pam mae beirdd yn cefnu ar y gynghanedd. Mae'r Gymraeg yn gweddu i'r gynghanedd, a'r gynghanedd yn gweddu i'r Gymraeg.'[119] Ac mewn cyfweliad arall yn 1994, haerodd Thomas: 'Dwi ddim yn hoff iawn o *vers libre* yn Gymraeg, mae'n well gen i y mesurau caeth, a taswn i wedi ysgrifennu yn Gymraeg mi faswn wedi hoffi bod yn gynganeddwr, yn sgwennu awdlau a chywyddau.'[120] Y mae'r sylw olaf hwn yn un dadlennol yn yr ystyr ei fod yn ychwanegu dimensiynau eraill, mydryddol ac arddulliol, at y gwrthgyferbyniad ingol hwnnw rhwng barddoniaeth Saesneg R. S. Thomas a'r nod anghyraeddadwy honno a barai gymaint o anniddigrwydd iddo, barddoni yn Gymraeg. Cymwys yn y fan hon yw cyfeirio at ddadl Donald Davie fod R. S. Thomas yn ei gerddi o'r 1970au ymlaen yn mynegi ei atgasedd tuag at ddiwylliant

Saesneg yn rhannol drwy gyfrwng y modd y treisia ffurfiau mydryddol y traddodiad Saesneg. 'Thomas', medd Davie, 'says nothing to suggest that he regards English other than grudgingly, even resentfully. This is surely a very uncommon way for an artist to feel toward the medium that he is working in.'[121] Ac â rhagddo fel hyn:

> And the oddity is highlighted by the way in which, when Thomas speaks of the poetic tradition in Welsh, he dwells admiringly on its formal intricacies. For . . . his way with such elegances inherited fom the *English* tradition – for instance, those of the English sonnet – is quite brutally rough-and-ready.[122]

Tra pherthnasol yma yw ymateb y bardd mewn cyfweliad yn y cylchgrawn *Ffenics* yn 1972 pan holodd y golygydd, William R. Lewis, ynghylch dylanwad y Cywyddwyr arno:

> Mae'r cywyddwyr yn gallu creu syniad o gymdeithas drefnus. Mae rhyw urddas i'w weld yn eu gweithiau nhw. Dwi'n credu mai'r gynghanedd, y ddwy linell yn canlyn ei gilydd mor drefnus, sy'n apelio rywsut ata i – sydd yn ddyn anhrefnus, yn fardd sydd yn sgwennu *vers libre* yn Saesneg. Mae iaith a ffurf y cywyddwyr yn dipyn o ddisgyblaeth dwi'n credu.[123]

Y mae ystyried perthynas R. S. Thomas â'r mesurau caeth, felly, yn amlygu'n ddramatig, a hynny megis o'r newydd, y tyndra gwaelodol, creadigol hwnnw yng nghyfansoddiad y bardd. Ac ymhellach, ystyrier y darn canlynol o lythyr gan Thomas at Raymond Garlick yn 1982:

> I shall be a septuagenarian next March, so Macmillan are bringing out a selection of later poems to balance the earlier selection. I wish they were in Welsh. Awake in bed at night, I try to get back to sleep by composing englynion. I generally get back to sleep, but without the englyn! I don't know how. Yr hen Saesneg ddiawledig yn yr isymwybod.[124]

Gwelwn R. S. Thomas fan arall yn cyfaddef mai aflwyddiannus gan mwyaf yw ei ymdrechion i lunio englynion gan fod yr 'acen yn y lle anghywir yn aml iawn'.[125] Fe'n hatgoffir gan sylwadau o'r fath o'r siom a fynegir yng ngherddi Cymraeg Idris Davies, 'Rhywle yng Nghymru' a 'Cân Cymro Bach', lle y dywed y bardd fod y 'ferf yn methu chwareu' a'i fod ef 'Yn methu'n llwyr a [*sic*] chipio'r gân'.[126] Wrth wraidd rhwystredigaeth R. S. Thomas yn y cyswllt hwn y mae'r ffaith fod y gynghanedd iddo ef yn llawer mwy nag addurn barddonol – y mae'n un o nodweddion diffiniol Cymreictod. Yn ei adolygiad pwysig ar *The Oxford Book of Welsh Verse* yn *The Listener* yn 1962 gwelir ef yn tynnu sylw penodol at fawredd awdl Dafydd Nanmor i Syr Dafydd ap Tomas, Offeiriad y Faenor, a chywydd yr un bardd, 'Marwnad Merch', ac yn uniaethu'r gynghanedd, drwy gyfrwng dyfyniad o 'Ymadawiad Arthur' T. Gwynn Jones, ag 'anadl einioes y genedl'.[127]

O ran ei farddoniaeth ei hun, serch hynny, mater anorfod o 'I admire, but do otherwise', chwedl Hopkins, oedd hi. Ond ni ellir gwadu nad oes rhyfaint o ôl y gynghanedd a mesurau cerdd dafod i'w weld o bryd i'w gilydd ar farddoniaeth Thomas. Canolog yma yw'r clwstwr hwnnw o gerddi lle y mae'r defnydd o dechnegau neu ffurfiau cerdd dafod yn mynd law yn llaw â phynciau 'barddol'. Enghraifft amlwg yw'r llinellau hynny o'r gerdd 'Poets' Meeting' sy'n disgrifio Dafydd ap Gwilym yn cystadlu yn yr ymryson barddol: 'The consonants/ clicked as ap Gwilym/ countered, a turnstile/ too fast for Catullus/ to get through.'[128] Y mae ffurf y gerdd 'The Tree: Owain Glyn Dŵr Speaks' yn esiampl arall ddiddorol. Awgryma'r ffaith mai dramateiddiad ydyw o ymateb Owain Glyndŵr i waith dau o gywyddwyr amlycaf y bedwaredd ganrif ar ddeg, Iolo Goch a Gruffudd Llwyd, nad damweiniol yw'r ffaith fod rhai o linellau'r gerdd yn ymdebygu i gypledau o gywydd:

> As though he plucked with each string
> The taut fibres of my being . . .
>
> And days were fair under those boughs;
> The dawn foray, the dusk carouse . . .
>
> One by one from the gaunt boughs;
> They fell, some in a gold shower . . .
>
> But here at its roots I watch and wait
> For the new spring so long delayed. (*AL*, 18, 19)

Cerdd nodedig arall yn y cyswllt hwn yw 'Those Others' – cerdd y rhoddwyd fel epigraff iddi, fe gofir, esgyll un o'r englynion yn awdl eisteddfodol Dewi Emrys, 'Yr Alltud' (cwpled o gywydd yn y bôn, wrth gwrs) – 'A gofid gwerin gyfan/ Yn fy nghri fel taerni tân'. Ystyrier yn y cyd-destun hwn, felly, bennill cyntaf 'Those Others':

I have looked long at this land,
Trying to understand
My place in it – why,
With each fertile country
So free of its room,
This was the cramped womb
At last took me in
From the void of unbeing. (*T*, 31)

Ceir enghreifftiau tebyg drwy gydol y gerdd: 'That is strong here and clean/ And plain in its meaning', 'Of heart with head, leaving/ The wild birds to sing', 'Over their thin navel/ To learn what to sell' (*T*, 31). Gwelsom eisoes sut y bu i awdl eisteddfodol Dewi Emrys ddylanwadu'n drwm ar 'Those Others' o ran thema a delweddaeth. Tystia tebygrwydd trawiadol y llinellau a ddyfynnwyd i gypledau o gywydd y gall fod dimensiwn mydryddol i'r dylanwad yn ogystal. Ac o symud i ddiwedd gyrfa Thomas, diddorol yw holi i ba raddau y mae a wnelo'r gynghanedd – a'r dechneg 'cymeriad' yn benodol – ag arddull 'Anybody's Alphabet', y *jeu d'esprit* chwerw-felys sy'n cloi'r gyfrol *No Truce With the Furies* (1995).[129] Patrymwyd penillion y gerdd yn ôl trefn yr wyddor, a cheir ynddynt ddefnydd bwriadol afradlon o gyflythreniad a chyseinedd: 'Where is sincerity's sanction?/ Six times out of seven/ the slippery tongue is successful./ Blake's saying is a sure/ stumbling block for simpletons/ on their way to salvation' (*NTF*, 91).

Ym marddoniaeth gynnar R. S. Thomas y trewir ar y mwyafrif helaeth o enghreifftiau o ddylanwad cerdd dafod – fel y gellid disgwyl, efallai, o ystyried diriaetholdeb testun y farddoniaeth yn y cyfnod hwn ac o gofio ein bod yma yn ymdrin ag ieuenctid awchus diddordeb y bardd yn y Gymraeg. Ceir gan R. S. Thomas ei hun yn y sgript radio honno, 'The Poet's Voice', ochr yn ochr â'i ymdriniaeth â dylanwad Austin Clarke ar ei farddoniaeth gynnar, sylwadau dadlennol ar y dylanwad arni o du'r traddodiad Cymraeg. Medd y bardd am 'The Welsh Hill Country' (*AL*, 7):[130] 'I endeavoured to convey the tragedy of the decay of Welsh rural life, whilst at the same time employing a certain amount of characteristically Welsh internal rhyme and alliteration.'[131] Ceir yn y gerdd enghreifftiau megis 'The fluke and the foot-rot and the fat maggot/ Gnawing the skin from the small bones', 'The moss and the mould on the cold chimneys', 'The set of his eyes and the slow pthisis'. Ac wrth drafod 'The Ancients of the World', cerdd a ysbrydolwyd gan chwedl yr Anifeiliaid Hynaf, fe gofir, tystia Thomas:

'the poem . . . by using a theme out of the Mabinogion was an attempt to introduce a more native subject matter. This poem, too, has some internal assonances, although I must confess that they are achieved rather dishonestly by rhyming English vowel sounds with Welsh ones.'[132] (Meddylier, er enghraifft, am y llinellau, 'Is not so old as the owl of Cwm Cawlyd',[133] 'The ousel singing in the woods of Cilgwri,/ Tirelessly as a stream over the mossed stones'.) Megis yn ei drafodaeth ar Austin Clarke, gesyd R. S. Thomas y pwyntiau technegol a thematig hyn mewn cyd-destun ehangach, gan nodi mai'r cymhelliad y tu ôl i'r enghreifftiau hyn o arbrofi yw: 'a growing realization of the plight of my country, plus long pondering over the question of Anglo-Welsh writing, together with the desire to live up to the reputation for difference implied by the terms Welsh and Anglo-Welsh.'[134] Gwelir sut y caiff yr arddull ei hun ei symbylu a'i moldio yma gan ymwybyddiaeth gynyddol y bardd o'r diwylliant Cymraeg, nes datblygu ynddi'i hun yn llw teyrngarwch. Yn wir, rhagfynega'r ymadrodd 'plight of my country', a hynny mor gynnar â 1947, y themâu politicaidd a ddaeth mor amlwg yn ystod y 1960au wedi i'r bardd symud i Eglwys-fach. Tra dadlennol hefyd yw gweld Thomas yn 'The Poet's Voice' yn gosod yr arbrofi arddulliol yn 'The Welsh Hill Country' a 'The Ancients of the World' mewn gwrthgyferbyniad â cherdd megis 'A Peasant' – a gyhoeddwyd am y tro cyntaf gwta bedair blynedd ynghynt[135] – ac i bob pwrpas yn diarddel ac yn dibrisio'r gerdd honno drwy ei disgrifio fel 'early work, as can be seen from the rather prosy style imitated from the younger English poets'.[136]

Arwyddocaol ynddo'i hun yw'r modd y mae R. S. Thomas yn 'The Poet's Voice' yn cyfosod dwy drafodaeth bwysig – y naill ar y dylanwad o du'r traddodiad Cymraeg a'r llall ar ddylanwad y traddodiad Gwyddeleg drwy gyfrwng gwaith Austin Clarke. Ceir yr argraff wrth ddarllen y sgript radio hon ac o ystyried yn benodol gyfeiriadau Thomas at y defnydd o gyseinedd ac odl fewnol yn ei gerddi cynnar, mai dylanwadau yw'r rhain sydd ar brydiau'n ymdoddi i'w gilydd – argraff sydd efallai'n gymwys o gofio am bwyslais y Cymro yn gynnar yn ei yrfa ar fanteision magu rhyngberthynas fywiol rhwng y gwahanol ddiwylliannau Celtaidd.

Gellid nodi sawl llinell ym marddoniaeth gynnar R. S. Thomas sydd ar yr olwg gyntaf yn amlygu dylanwad o du cerdd dafod. Meddylier, er enghraifft, am weadwaith y canlynol: 'The brimming tides of fescue for its sake' (SF, 24), 'To his long grave under the wave of wind' (SF, 27), 'Listen, listen! Where the river fastens' (AL, 8), 'Quietly as snow on the bare boughs of bone' (*AL*, 9). Eithr rhaid bod yn dra gofalus wrth ymdrin ag enghreifftiau fel y rhain. Tystiodd R. S. Thomas mai anfwriadol oedd y defnydd o gyffyrddiadau cynganeddol yn y llinell honno, 'The brimming tides of fescue for its sake', ac meddai ymhellach: 'Byddai'n ddigon hawdd tybio mai dylanwad y gynghanedd sydd i'w weld ar linell fel "Listen, listen! Where the river fastens". Ond dylanwad defnydd Austin Clarke o fydryddiaeth yw hyn mewn gwirionedd.'[137] Daw'r llinell a ddyfynna R. S. Thomas yn y fan hon o'r gerdd 'Wales' y cofiwn iddo dynnu sylw arbennig ati yng nghydddestun ei drafodaeth ar Austin Clarke yn 'The Poet's Voice': 'Listen, listen! Where the river fastens/ The trees together with a blue thread,/ I hear the ousel of Cilgwri telling/ The mournful story of the long dead' (*AL*, 8).

Priodol yn sŵn y rhybudd hwn na ddylem fod yn rhy chwannog i ganfod dylanwad y gynghanedd ar waith R. S. Thomas yw nodi bod craffu ar sut y camddyfynna'r bardd linellau cynganeddol yn medru dweud cryn dipyn wrthym am natur ei berthynas â chardd dafod ac am weadwaith ei farddoniaeth ef ei hun. Wrth reswm, nid yw'r gwallau hyn yn rhai difrifol ynddynt eu hunain, ond y maent yn arwyddocaol yn yr ystyr eu bod yn brawf nad yw ymwybyddiaeth farddonol R. S. Thomas – er gwaethaf ei hoffter o'r canu caeth ac, yn benodol, ei edmygedd mawr o waith penceirddiaid yr Oesoedd Canol – wedi ei manwl gyweirio ar gyfer gofynion y gynghanedd (ffaith y buasai'r bardd ei hun yn dra pharod i'w derbyn). Er enghraifft, gwelir R. S. Thomas wrth ddyfynnu llinellau o gynghanedd weithiau'n ychwanegu sillafau ('Dyred i'r fedwen gadeiriog' (*Neb*, 44)),[138] ac weithiau'n eu dileu ('Y ferch wen o Bennal' (*PMI*, 84)).[139] Yn ddiddorol, gwelir bod camddyfyniadau'r bardd yn aml iawn yn teneuo ansawdd y gwreiddiol drwy gael gwared â chytseiniaid o'r llinell gynganeddol – nodwedd sydd, fe ddichon, yn adlewyrchu'r ffaith nad yw barddoniaeth Thomas at ei gilydd yn glywedol, weadol drymlwythog. Ac felly, yn *Blwyddyn yn Llŷn*, caiff y cwpled o'r cywydd canoloesol, 'I'r Llwyn Banadl' – 'Pan ddêl Mai â'i lifrai las/ Ar irddail i roi'r urddas'[140] – ei gamddyfynnu fel 'Pan ddaw Mai a'i lifrai las/ ar irddail i roi urddas' (*BLl*, 38). Caiff cywirdeb, yn sicr ddigon, ei aberthu yn y fan hon, ond collir hefyd apêl glywedol y llinellau gwreiddiol. Eithr yn yr enghraifft arbennig hon, diolch i natur y gynghanedd, nid yw'r niwed a wneir gan y camddyfynnu i wead y llinell yn gwbl andwyol, ac yn wir, diddorol yw gweld bod y math o gynghanedd a geir yn y llinellau a gamddyfynnir gan Thomas yn ei waith – cynghanedd draws a sain gan mwyaf – i raddau'n gwrthweithio ei duedd i hepgor cytseiniaid. Anffodus, er hyn, yw'r ffaith fod y bardd yn *Blwyddyn yn Llŷn* yn camddyfynnu'r llinell 'Yn Abercuawc yt ganant gogeu' fel 'Yn Abercuawg yt ganant cogeu' (*BLl*, 32). Gall protestio y dylai goddrych lluosog, 'cogeu', dreiglo ar ôl berf luosog, 'yt ganant', ymddangos yn llawdrwm a phedantig,[141] ond wedi'r cyfan, R. S. Thomas ei hun, mewn darlith a seiliwyd ar yr union linell hon, a honnodd ein bod yma 'â'n troed ar drothwy'r gynghanedd' (*PMI*, 83).

Ac eto, er na ellir honni bod Thomas yn feistr ar reolau'r gynghanedd, amlyga ei farddoniaeth ymwybyddiaeth gref o arwyddocâd diwylliannol cerdd dafod. Cofiwn i'r bardd, yn yr adolygiad hwnnw ar *The Oxford Book of Welsh Verse*, uniaethu'r gynghanedd ag 'anadl einioes y genedl'. Dadlennir agwedd bwysig ar hyn gan y delweddau hynny sy'n cyplysu bygythiadau i Gymreictod â dirywiad yn hoen a chrefft y gynghanedd. Yn 'He has the vote' caiff trasiedi Tryweryn ei chyfleu'n bwerus gan ddelwedd gyfoethog:

> Every drop
> > of water is worth its weight
> > in tears, but they are running
> > out now like the variations on
> > the cynghanedd. (*WW?*, 4)

Y brif ystyr yma yw bod amrywiol ffurfiau'r gynghanedd yn prinhau ac yn dihoeni – darlun sy'n rhan o'r weledigaeth hunllefus o farwolaeth cenedl a gofnodir mor ysgytwol yn 'Reservoirs' (*NHBF*, 26). Ond chwaraea'r llinellau hefyd â'r ystyr bellach fod dŵr Cymru a dagrau'r Cymry hefyd yn llifo allan ('running out' yn yr ystyr 'tripping out') fel amrywiol ffurfiau'r gynghanedd – yn gywrain ac yn gofiadwy o drist. Cymheiriaid i ddelwedd o'r fath yw'r darlun prudd ar ddiwedd y gerdd anghasgledig 'Retrospect' o ddechrau'r 1970au –

> I remembered silence
> Is best, as the rain says in its falling
> On the plastic flowers and the chiselled englynion
> Of the poets in the graveyard that is called Wales[142]

– ynghyd â'r portread cynnil o R. Williams Parry yn 'Dead Worthies', 'quarrying// his cynghanedd among/ Bethesda slate in/ the twilight of the language' (*WA*, 47). Ac ychwanegir at natur ddwysbigol y portread o gofio bod R. S. Thomas yma yn 'Dead Worthies' yn coffáu bardd sy'n adnabyddus fel awdur englynion beddargraff a cherddi coffa.

Teilynga defnydd R. S. Thomas o ddelwedd yn ymwneud â'r gynghanedd yn y gerdd 'Barn Owl' sylw arbennig. Yma uniaethir y duwdod, megis yn y cerddi 'The Indians and the Elephant' a 'Raptor' o'r un gyfrol, *No Truce With the Furies*, ag aderyn ysglyfaethus bygythiol. Ar ddechrau 'Barn Owl' cyfesyd Thomas ddau gyfeiriad llenyddol, y naill at gerdd Saesneg a'r llall at ddarn o ryddiaith Gymraeg:

> The owl calls.
> It is not Yeats'
> owl; it moves
> not in circles
>
> but direct through
> the ear to the heart,
> refrigerating it. (*NTF*, 7?)

Fe'n tywysir yn y lle cyntaf yn ôl at gyfeiriad Yeats at '[the] dark betwixt the polecat and the owl' yn ei ddathliad o rymoedd dychrynllyd hanes yn y gerdd 'The Gyres'.[143] Gosodir mewn gwrthgyferbyniad â'r dylluan hon Dduw ysglyfaethus y caiff effaith uniongyrchol-frawychol ei sgrech ar yr unigolyn ei chyfleu, yn eironig ddigon, drwy gyfrwng adlais o'r disgrifiad yn y *Pum Llyfr Cerddwriaeth* (*c*.1570) o effaith perseinedd y gynghanedd ar glust a chalon y gwrandäwr – 'kans ni wnaed kerdd ond er melyster i'r glvst, ac o'r glvst i'r galonn'.[144] Yn 'Barn Owl' eir i'r afael â methiant llenyddiaeth a'r celfyddydau eraill i fynegi'r anhraethadwy:

> As a poet I am
> dumb; as painter
>
> my brush would shrivel
> in its acetylene
> eyes. What, as composer,
> could I do but mimic
>
> its deciduous notes
> flaking from it
> with a feather's softness
> but as frigidly as snow? (*NTF*, 72)

Wrth gwestiynu pŵer iaith yn y cyswllt hwn, gellid dweud bod cerdd Thomas yn trawsffurfio ymhellach y dyfyniad o'r *Pum Llyfr Cerddwriaeth* yn yr ystyr ei bod yn bwrw amheuaeth ar hyder di-gwestiwn y datganiad Cymraeg yn effeithlonrwydd barddoniaeth fel modd o gyfathrebu.[145]

Y mae sawl beirniad wedi cydio cynildeb trawiadol cerddi R. S. Thomas wrth grynoder cofiadwy canu caeth y traddodiad Cymraeg. Dywed M. Wynn Thomas, er enghraifft:

> Underlying this spare syntax of unsparing honesty is . . . perhaps, a memory of the qualities of the Welsh-language poetry of the great, medieval period, as identified by Saunders Lewis and others. These qualities were not the supposedly 'bardic' ones of visionary rapture and torrential eloquence, but were rather those that Saunders Lewis liked to characterize as 'classical' and 'aristocratic,' namely the epigrammatic terseness of crafted expression.[146]

A noda'r un beirniad, mewn teyrnged i R. S. Thomas: 'Mae cynildeb athrylithgar ei arddull . . . yn gweddu i awdur a edmygai gamp-weithiau rhai o feistri mawr y canu caeth, ac nid yw'n syndod mai cywydd Siôn Cent "I Wagedd ac Oferedd y Byd" oedd un o'r cerddi a oedd orau ganddo.'[147]

Er hyn, erys un llinyn cyswllt arddulliol tra phwysig rhwng bardd-oniaeth R. S. Thomas a llenyddiaeth Gymraeg heb ei archwilio. Mwy buddiol o lawer na gosod cynildeb cerddi Thomas yng nghyd-destun arddull eurwe'r canu caeth yw ei ystyried yng ngoleuni crynoder digynghanedd ac eglurder crefftus y canu englynol cynnar. Gellid dweud bod y bardd ei hun o bryd i'w gilydd yn nodi ambell ben llinyn inni yn hyn o beth. Er enghraifft, yn ei adolygiad ar *The Oxford Book of Welsh Verse* yn 1962, gresyna na fu i'r golygydd, Thomas Parry, gynnwys yn y flodeugerdd honno ddetholiad o Englynion y Beddau.[148] Ac mewn darlith ym Mhrifysgol Cymru, Bangor yn 1993 bu i'r bardd, yn nhraddodiad englynion Canu Llywarch Hen, fabwysiadu persona'r henwr hwnnw: 'Wyf hen, wyf unic wyf annelwic oer.'[149] Ac ymhellach, dyna ddylanwad pellgyrhaeddol y gyfres honno o englynion, 'Claf Abercuawg', ar waith Thomas, a'i ddefnydd o adleisiau o'r canu englynol cynnar mewn cerddi megis 'Border Blues' a 'Cynddylan on a Tractor'. Yn sicr, byddai nodweddion cyffredinol y canu hwn – ei gynildeb awgrymog (disgrifiodd Ernest Rhys arddull 'Cân yr Henwr' yn nhermau 'superb half-barbaric simplicity'[150]), ei gysylltiad â Phowys, ei naws farwnadol, er enghraifft – wedi apelio'n gryf at R. S. Thomas.

Ac o ddiddordeb arbennig iddo, wrth gwrs, fuasai'r modd y cyplysir mor gofiadwy yn Englynion y Beddau enwau arwyr y genedl ag enwau eu mannau claddu: 'Bed Gwell yn y Riw Velen./ Bed Sawyl yn Llan Gollen./ Gwercheidw llam yr bwch Lloryen.'[151] Diau y byddai'r ffaith fod Yeats wedi cynnwys cyfieithiadau gan Ernest Rhys o rai o'r englynion hyn yn *The Oxford Book of Modern Verse 1892–1935* (1936) wedi dwysáu siom R. S. Thomas.

Y mae'n werth craffu, felly, ar yr hyn a ddywedir yn y broliant ar siaced lwch cyfrol gyntaf R. S. Thomas, *The Stones of the Field*:

> *The Stones of the Field* is a collection of verse which seeks to reaffirm man's affinity with the age-old realities of stone, field, and tree. These are essentially nature poems, but they are not written in the English tradition. Their imagery is more akin to that of those early Welsh writers, whose clarity of vision was born out of an almost mystical attachment to their environment.[152]

Er mor amhendant yw'r disgrifiad hwnnw, 'early Welsh writers', rhyw deimlo'r ydys mai awduron anhysbys y canu englynol cynnar sydd dan sylw yn y fan hon. Ffuantus, wrth reswm, yw'r haeriad bod eglurder gweledigaeth y beirdd hyn yn deillio o berthynas 'gyfriniol' â'u ham-gylchedd, ond y mae perthynas tir a daear Cymru â'r syniad hwn o 'eglurder' yn un y mae'n werth ei harchwilio ar lefel arddulliol yng nghyd-destun gwaith Thomas. Canolog yn hyn o beth yw ateb y bardd mewn cyfweliad yn 1969 i gwestiwn Bedwyr Lewis Jones, 'Ydach chi'n ymwybodol iawn o stripio, o noethi geiriau at yr asgwrn?':

> Ydw, ydw. Rydw i'n ceisio gwneud hynny o fwriad. Ond mae'n debyg mai dyna fy natur i. Wrth gwrs, mae yna rywbeth yng nghefn gwlad Cymru, ei moelni, ei llymdra, sy'n apelio ata i, ac mae'n debyg fy mod i'n ceisio cyfleu hynny trwy fy ngherddi ac felly yn anelu yn uniongyrchol at yr effaith honno.[153]

Cymwys iawn, felly, yw sylw Bedwyr Lewis Jones, 'Mae'r cerddi yma . . . yn peri i mi feddwl yn syth am beth o'r canu natur englynol cynnar Cymraeg'.[154]

Y mae ambell enghraifft benodol o berthynas barddoniaeth R. S. Thomas â'r canu englynol cynnar yn mynnu sylw. Ystyrier i ddechrau y paragraff hwnnw yn *Blwyddyn yn Llŷn* sy'n disgrifio'r bardd yn dychwelyd i'w fwthyn gwag yn Y Rhiw pan oedd ei wraig yn yr ysbyty: 'Dychwelais i dŷ heb dân, heb gannwyll. Cysgodion o'r hyn a ddaw?

Mae'r wraig yn hŷn na mi. Os digwydd fel yna, bydd yn anodd dysgu dychwelyd i dŷ lle na fydd golau yn y ffenestr' (*BLl*, 76). Hyglyw yw'r adlais o un o englynion y gyfres 'Stafell Gynddylan': 'Stauell Gyndylan ys tywyll heno,/ Heb dan, heb gannwyll./ Namyn Duw, pwy a'm dyry pwyll?'[155] Cryfheir yr ymuniaethiad hwn â'r canu englynol cynnar gan y ffaith mai trallodion teuluol sydd wrth wraidd y myfyrio yn y ddau achos, a hefyd gan y cyfeiriadau llenyddol pellach ym mrawddeg glo paragraff R. S. Thomas yn *Blwyddyn yn Llŷn*: 'Heno, yn lle ymhyfrydu yn sŵn y môr odanaf, fe'i clywais yn ddigon garw a digysur am unwaith' (*BLl*, 76). Y mae'r darlun o'r bardd yn ei dŷ ar graig uwchlaw'r môr yn dwyn i gof yr olygfa honno yn 'Stafell Gynddylan' o'r neuadd dywyll 'Ar benn carrec hytwyth'.[156] Yn ogystal, pwysig yw sylwi ar ddefnydd Thomas o'r gair 'heno' – adferf a geir yn gyffredin fel gair cyrch yn y canu englynol cynnar ac sy'n fynegiant cynnil o'r cyferbyniad rhwng gofid y presennol a gogoniant y gorffennol.

Yn ei astudiaeth ar 'R. S. Thomas a'r Mudiad', honna Bobi Jones fod y 'nifer o linellau unsill yng ngwaith R.S. yn bur anghyffredin', ac â rhagddo i nodi:

> Gwedd arddulliol ar y duedd hon yw'r arfer o gyfuno ansoddeiriau unsill, weithiau'n gydbwysol gyferbyniol yn nwy ran llinell; a byddaf fi yn clywed y pryd hynny adlais rhythmig o un o linellau mwyaf dylanwadol yr iaith Saesneg, sef llinell Tennyson:
>
> On the bald street breaks the blank day.
>
> Ni allai R.S. ddianc rhag y llinell hon. Roedd yn fwgan yn ei glustiau.[157]

Fel enghraifft o'r 'adleisio rhythmig' hwn yng ngwaith R. S. Thomas cynigia Bobi Jones y llinell ganlynol, o'r gerdd 'Genealogy' – 'The white house at the wood's heart'. Ni ellir amau, wrth gwrs, na fu Tennyson, ar un adeg, yn ddylanwad ar R. S. Thomas. Y mae gennym yn y cyswllt hwn dystiolaeth y bardd ei hun:

> my favourite poet, I suppose, in my middle teens was Tennyson. Which shows first of all, of course, that he was a nature poet to me and I was always an out-of-door person. Tennyson said something to me obviously. I mean later I came to see that he was such an exquisite technician that it was obviously his vowel music that was appealing to me subconsciously.[158]

Ond diau mai dylanwad penodol o du llenyddiaeth Gymraeg, ac nid o du *In Memoriam* Tennyson, sydd i'w weld ar y llinell honno o 'Genealogy'. Edrycher arni yn ei chyd-destun:

> I marched to Bosworth with the Welsh lords
> To victory, but regretted after
> The white house at the wood's heart. (*T*, 16)

Yn y cyd-destun hwn – buddugoliaeth Harri Tudur dros Risiart III ar faes Bosworth yn 1485 – naturiol yw dehongli'r llinell olaf honno fel cyfeiriad cynnil at 'Dŷ Gwyn' Iorc yn Rhyfeloedd y Rhosynnau. Yr hyn sydd y tu ôl i 'ofid' y sawl sy'n llefaru – defnyddir 'regret' yma yn yr ystyr 'lament the loss of' – yw'r sylweddoliad mai ofer oedd y gobeithion y byddai Harri Tudur yn waredwr a fyddai'n sicrhau rhyddid i'r Cymry.[159] Ond y mae'r ymadrodd hwnnw, 'The white house at the wood's heart', hefyd yn bwrw'n ôl ymhellach, at y gerdd bwerus honno yn y canu englynol cynnar, 'Y Dref Wen', lle y disgrifir effaith ddinistriol y rhyfela rhwng y Cymry a'r Saeson – a lle y gresynir bod y rheini a fu gynt yn amaethwyr heddychlon bellach yn rhyfelwyr (pwnc a fyddai wedi apelio at R. S. Thomas). Daw'r ymadrodd a adleisia Thomas yn y gerdd 'Genealogy' o linell gyntaf y gyfres hon o englynion:

> Y dref wenn ym bronn y coet,
> Ysef *yw* y hefras eiryoet,
> Ar wyneb y gwellt y gwaet.[160]

Yn gymwys, olrheinia cerdd R. S. Thomas 'esblygiad' y Cymry o gam i gam, gan ddarlunio sut y troes cyntefigrwydd creadigol yn barodrwydd i dderbyn arwriaeth trais, a hwnnw yn ei dro yn wewyr yn wyneb echryslonderau hanes. Penllanw hyn oll yw diwylliant cyfalafol y byd modern: 'I was the stranger in the new town,/ Whose purse of tears was soon spent;/ I filled it with a solider coin// At the dark sources' (*T*, 16). Ar ddiwedd y gerdd saif y Cymro modern 'Without roots, but with many branches', megis un o reolwyr banciau'r stryd fawr.

Crynoder crefftus y canu englynol, felly, a adlewyrchir yn llinell R. S. Thomas, 'The white house at the wood's heart'. Sylwn hefyd sut y cyd-dery'r llinell o 'Genealogy' â honno o 'Y Dref Wen' nid yn unig o ran y defnydd o eiriau unsillafog ond hefyd o ran nifer y sillafau. Gellid awgrymu ymhellach fod ôl y llinell 'Y dref wenn ym bronn y coet' i'w weld hefyd ar y gerdd 'The Return', lle y dychwelir i dŷ a ddisgrifir fel 'The white house in the cool grass' (*SYT*, 111). Yn wir, onid yw llinellau megis, 'Waking from a dark dream to find/ The white loaf on the white snow' ('Bread', *PS*, 46) neu 'I choose white, but with/ Red on it, like the snow/ In winter with its few/ Holly berries' (*H'm*, 8), yn ein hatgoffa o hoffter beirdd y canu englynol cynnar o gyfosod a chyferbynnu lliwiau a chyflyrau meddwl: 'Y gelein veinwen a oloir hediw/ A dan brid a mein glas', 'Ac ar y vronn wenn vran du'?[161] Cwestiwn hynod o ddiddorol yw i ba raddau y dylanwadodd y cyfresi o englynion tair llinell yn y canu englynol cynnar ar ddefnydd cyson R. S. Thomas ar hyd yr yrfa o benillion bachog o dair llinell.[162] Cymwys gan hynny yw gorffen drwy ddyfynnu 'Gwalia' – cerdd sydd, o ran ei ffurf, ei darbodaeth arddulliol, ei thema wleidyddol, ei naws elegeiog a'i hail-adrodd cynyddol, yn cynnal traddodiad y canu englynol cynnar:

> Here there is holy water,
> old stone and a sky
> that is timeless. Let them be.
>
> Here are a slow people
> with drained hearts, offering
> a welcome to those who can pay.
>
> Here is the glass peace
> the pilgrims once travelled toward
> that the aircraft make brittle.
>
> Here the last Welshman's cry
> has shrunk to an echo indistinguishable
> from silence: Stranger, go home. (*WA*, 39)

Nodiadau

[1] Gw. y disgrifiad pellach yn *ABC Neb*, 98–9.
[2] Cf. y llinellau yn y gerdd 'Traeth Maelgwn', lle y disgrifir y Cymry 'Holding our caps out/ Beside a framed view/ We never painted' (*NHBF*, 20).
[3] *Wales*, 8, 30 (1948), 604.
[4] *Hugh MacDiarmid*, 3.
[5] T. S. Eliot, *The Complete Poems and Plays*, 75.
[6] *Hugh MacDiarmid*, 3.
[7] Gw. hefyd linellau olaf 'Dead Worthies': 'Lloyd George, not David,// William, who in defence/ of what his brother/ had abandoned, made a case/ out of staying at home' (*WA*, 47).
[8] *The University of Wales Review*, Haf 1964, 26. Ymddengys 'Frontiers' gyda dwy gerdd arall gan R. S. Thomas, 'A Welshman at St. James' Park' (a gyhoeddwyd

---

ddwy flynedd yn ddiweddarach yn *Pietà*) a cherdd anghasgledig arall, 'Brochure': 'And the guide book?/ Too wordy;/ Cut it down a bit, say:/ An area of high land,/ Longitude 3° W./ Ordovician./ The people with dark hair,/ Small in the thigh,/ A large proportion/ Dolichocephalic./ English the prevailing speech,/ With periods of Welsh,/ Mostly on Sundays./ Imports, strontium in bulk;/ Exports, H_2O, free.'

9 Gw. Gwyn Thomas, *Eisteddfodau Caerwys/The Caerwys Eisteddfodau* (Caerdydd, 1968).

10 *Hugh MacDiarmid*, 4.

11 Gw. *Cerddi Eryri* (Dinbych, 1927), 37–9. Codwyd dyddiadau a man geni Dewi Glan Dulas o'r bywgraffiad byr a geir gan Garneddog yn y gyfrol hon.

12 Ibid., 37.

13 *Blodau'r Gynghanedd: Gemau'r Awen Gymreig*, Llyfr 1 (Caernarfon, 1920), 182.

14 *The Company I've Kept: Essays in Autobiography* (London, 1966), 16.

15 *Wales*, 8&9 (1939), 233.

16 Ibid. Ar ddefnydd Alun Lewis ac Alun Llywelyn-Williams o'r *Gododdin*, ynghyd â thrafodaeth fer ar gerdd Hugh MacDiarmid, gw. M. Wynn Thomas, 'The Two Aluns', *Internal Difference*, 54–7.

17 *Wales*, 8&9 (1939), 234.

18 Gw. Roderick Watson, *MacDiarmid* (Milton Keynes, 1985), 93.

19 Gw. *The Collected Stories of Glyn Jones*, gol. Tony Brown (Cardiff, 1999), 85–90, ynghyd â nodiadau'r golygydd, 365–6.

20 Nid dyma ddiwedd yr helynt; gw. Meic Stephens, 'Sad Case of a "Perfect" Welsh Skull in a Scottish Cupboard', *New Welsh Review*, 23 (1993–4), 37–42, lle y tynnir sylw at lythyr gan Keidrych Rhys i'r *Times Literary Supplement* yn honni mai ef a adluniodd ddarn rhyddiaith Glyn Jones fel cerdd a'i hanfon at MacDiarmid.

21 'A Welsh View of the Scottish Renaissance', 604.

22 Cf. y cyfeiriad yng ngherdd Vernon Watkins, 'Yeats in Dublin: In Memory of W. B. Yeats': 'The work of Péguy he had known,/ Claudel and Valéry,/ The sacred tapestry of Joan/ And Christian charity,/ Mallarmé's pupil's master-piece,/ The Graveyard by the Sea.' Gw. *The Collected Poems of Vernon Watkins* (Ipswich, 1986), 66.

23 *The Works of Robert Louis Stevenson: Skerryvore Edition*, 30 cyfrol (London, 1924–6), XXIII, 161–2. Awgryma Robert Crawford yn *Devolving English Literature* (Oxford, 1992), 246, mai dan ddylanwad Stevenson yr aeth Ezra Pound yntau ati i gymharu Burns â Villon yn *The Spirit of Romance*.

24 'Poets' Meeting', cerdd a gyhoeddwyd ffel pamffled gan The Celandine Press, Stratford-upon-Avon, yn 1983. Y mae'r enw William yn llinyn cyswllt diddorol yma rhwng y gwahanol feirdd: William Wordsworth, William Shakespeare, William Dunbar, Dafydd ap Gwilym, William Butler Yeats.

25 Defnyddir y ddelwedd o lidiart tro mewn cyd-destun gwahanol, ond tra pherthnasol, fan arall yng ngwaith R. S. Thomas. Sylwer, er enghraifft, ar linellau olaf 'Taste': 'And coming to my own century/ with its critics' compulsive hurry// to place a poet, I must smile/ at the congestion at the turnstile// of fame, the faceless, formless amoeba/ with the secretion of its *vers libre*' (*LS*, 35). A noder sylw'r bardd yn 'Language, Exile, a Writer and the Future', 32–3: 'think of the contribution of people like Dylan Thomas and

David Jones and Vernon Watkins . . . If it had been in Welsh, it would have been an acquisition to Welsh literature. But as it is it's swallowed up in the English literary tradition. Fighting for its place along with those thousands of others that I pictured as queuing at the turnstiles of time.'

26. Cf. diweddglo cerdd forwrol arall gan Thomas, 'Schoonermen': 'From long years/ In a salt school, caned by brine,/ They came landward/ With the eyes of boys,/ The Welsh accent/ Thick in their sails' (*P*, 43).

27. Hugh MacDiarmid, *Selected Poems*, gol. Alan Riach a Michael Grieve (Harmondsworth, 1994), 244–5.

28. Gw. *Gwaith Dafydd ap Gwilym*, 388–413.

29. W. B. Yeats, *The Poems*, 340. Ar arwyddocâd y ddelwedd yng nghanu Yeats, gw. sylwadau'r golygydd, 771.

30. *Love's Labour's Lost*, V.2.406–8, 413. Tybed ai darlun enwog Benjamin Robert Haydon, 'Wordsworth on Helvellyn', yw'r ysbrydoliaeth y tu ôl i'r disgrifiad hwnnw yn 'Poets' Meeting' o Wordsworth, 'shining behind his thought's/ cloud'?

31. *Gwaith Dafydd ap Gwilym*, 328, llau. 51–6.

32. Ibid., 328–9, llau. 57–62.

33. Cf. cyfieithiad ardderchog Gwyn Thomas, 'They frowned their way around me'; gw. *Dafydd ap Gwilym: His Poems* (Cardiff, 2001), 242, ll. 59.

34. Gw. D. J. Bowen, 'Dafydd ap Gwilym a'r Trefydd Drwg', *Ysgrifau Beirniadol X*, gol. J. E. Caerwyn Williams (Dinbych, 1977), 190–220. Dylid cymharu'r hyn a ddywed yr Athro Bowen, 192–3, â sylwadau Anthony Conran, *The Penguin Book of Welsh Verse* (Harmondsworth, 1967), 60–1.

35. *Beti a'i Phobol*, BBC Radio Cymru, 29 Chwefror 1996. Gw. *Beti a'i Phobol – 1*, 75.

36. Gw. Richard Burnham, '*The Dublin Magazine's* Welsh Poets', *Anglo-Welsh Review*, 27, 60 (1978), 49–63.

37. *Neb*, 32–3, 35.

38. Gw. J. E. Caerwyn Williams, *Traddodiad Llenyddol Iwerddon* (Caerdydd, 1958), 51. Ymhlith llyfrau personol R. S. Thomas yn archif CYRST ceir copi o astudiaeth Caerwyn Williams, *Y Storïwr Gwyddeleg a'i Chwedlau* (1972).

39. Diddorol yw nodi'r tebygrwydd rhwng y disgrifiad yn 'The Green Isle' o un o'r cyfarwyddiaid hyn – 'poaching his words/ From the rich, but feasting on them/ In that stale parlour with the zest/ And freedom of a great poet' (*NHBF*, 17) – a'r portread o Shakespeare yn 'Poets' Meeting', 'poaching [his] dappled language/ without protocol on the plain'.

40. *Credaf: Llyfr o Dystiolaeth Gristionogol*, gol. J. E. Meredith (Dinbych, 1943), 64–5. Gw. hefyd y ffotograff o'r bardd yn Iwerddon yn y gyfrol *Bro a Bywyd Gwenallt (David James Jones) 1899–1968*, gol. Dafydd Rowlands (Cyngor Celfyddydau Cymru, 1982), 34, ynghyd â'r cerddi 'Breuddwyd y Bardd' ac 'Iwerddon', *Cerddi Gwenallt*, 47–58 a 100.

41. *Dail Pren*, 100.

42. Gw. *Neb*, 39–40.

43. Ibid., 33.

44. 'A Welsh View of the Scottish Renaissance', 602.

45. 'The Poet's Voice', 3 (teipysgrif yn archif CYRST. Ar dudalen cyntaf y copi hwn nodwyd, 'Not Broadcast').

[46] 'The Poet's Voice', 3.

[47] *The Dublin Magazine*, 23, 1 (1948), 3–4.

[48] 'The Poet's Voice', 4.

[49] Gw. Austin Clarke, *Selected Poems*, gol. Hugh Maxton (Dublin, 1991), 22.

[50] Cyfweliad â'r awdur presennol, 28 Gorffennaf 1999.

[51] Austin Clarke, *Selected Poems*, 82. Noder hefyd sylwadau pwysig Clarke yn *Pilgrimage and Other Poems*, 21–2: 'Assonance . . . takes the clapper from the bell of rhyme. In simple patterns, the tonic word at the end of the line is supported by a vowel-rhyme in the middle of the next line . . . The natural lack of double rhymes in English leads to an avoidance of words of more than one syllable at the end of the lyric line, except in blank alternation with rhyme. A movement constant in Continental languages is absent. But by cross-rhymes or vowel-rhyming, separately, one or more of the syllables of longer words, on or off accent, the difficulty may be turned: lovely and neglected words are advanced to the tonic place and divide their echoes'; gw. *Selected Poems*, 21–2. Gw. yn ogystal Robert F. Garratt, *Modern Irish Poetry: Tradition and Continuity from Yeats to Heaney* (Berkeley, 1986), 109–13.

[52] 'The Poet's Voice', 3.

[53] Ibid., 4.

[54] *Wales*, 7, 26 (1947), 286. Fe'i cyhoeddwyd bum mlynedd yn ddiweddarach yn *An Acre of Land*, ar y cyd â 'The Ancients of the World', cerdd fwy adnabyddus y bardd ar yr un testun (*AL*, 8, 13). Ymddangosodd 'The Ancients of the World' am y tro cyntaf yr un flwyddyn â 'Wales', a hynny yn *Life and Letters Today*, 52, 115 (1947), 160.

[55] 'The Poet's Voice', 4. Yn *An Acre of Land* a *Song at the Year's Turning* ceir 'with' yn lle 'of' yn y llinell olaf hon (*AL*, 8; *SYT*, 47).

[56] 'The Poet's Voice', 4.

[57] Yn *An Acre of Land*, disodlwyd 'toad's carousal' gan 'toad carousing', (*AL*, 8), ond adferwyd y fersiwn cyntaf yn *Song at the Year's Turning* (*SYT*, 47).

[58] 'Ymestyn Einioes', *Gwaith Gruffudd Llwyd a'r Llygliwiaid Eraill*, gol. Rhiannon Ifans (Aberystwyth, 2000), 100, llau. 29–30. Dylid nodi mai 'arfer' yw ystyr 'deddf' yng nghyd-destun y cywydd canoloesol.

[59] Robert F. Garratt, *Modern Irish Poetry*, 126.

[60] 'The Poet's Voice', 4.

[61] Gw. Richard Burnham, '*The Dublin Magazine's* Welsh Poets', 57.

[62] *The Dublin Magazine*, 14, 4 (1939), 104.

[63] Ibid.

[64] Ibid.

[65] W. B. Yeats, *The Poems*, 90.

[66] Gw. *A Choice of Wordsworth's Verse*, gol. R. S. Thomas (London, 1971), 98.

[67] *Tours to the British Mountains* (London, 1824), 12. Darllenodd Wordsworth y gyfrol hon mewn llawysgrif.

[68] Ar y ddelwedd hon yng ngherddi *aisling* Iwerddon, gw. *Traddodiad Llenyddol Iwerddon*, 179–81.

[69] 'A Welsh View of the Scottish Renaissance', 603.

[70] Ibid., 603–4.

[71] Ezra Pound, *Selected Poems 1908–1969*, 101.

[72] *Cerddi Gwenallt*, 98. Cyhoeddodd H. Idris Bell gyfieithiad o'r soned hon gan

Gwenallt yn *Wales*, 5, 7 (1945), 19. Cf. llinellau agoriadol cerdd arall gan Gwenallt dan yr un teitl: 'Do, fe fuom ni yn dy regi di ac yn dy chwipio;/ Yn dy alw yn boen, yn bitsh ac yn butain,/ A dal fod dy gorff yn gancr ac yn grach:/ Maddau inni os buom ni yn rhy lawdrwm arnat'; gw. *Cerddi Gwenallt*, 225.

[73] 'Patriotism and Poetry', 3–4 (teipysgrif yn archif CYRST (d.d.)).

[74] Ibid., 4. Gw. ymhellach W. B. Yeats, *The Poems*, 107, a *CorW?*, 8–9.

[75] Gw. W. B. Yeats, *The Poems*, 488.

[76] 'Gwladgarwch' (1989). Ni nodwyd rhifau tudalen. Ceir cyfieithiad Cymraeg o gerdd Pearse dan y teitl 'Y Dynged' gan T. Gwynn Jones yn *Awen y Gwyddyl* (Caerdydd, 1923), 72–3. Gw. hefyd 'A Welsh View of the Scottish Renaissance', 601.

[77] Y mae R. S. Thomas yn camgymryd yma. Yn y ddrama, mam Michael yw Bridget (noder y sillafiad); ei ddarpar wraig yw Delia Cahel. Gw. W. B. Yeats, *Selected Plays*, gol. A. Norman Jeffares (London, 1964; adargraffiad 1970), 245–56.

[78] 'Patriotism and Poetry', 4. Gw. hefyd *Neb*, 123.

[79] Dyfynnir yn A. Norman Jeffares ac A. S. Knowland, *A Commentary on the Collected Plays of W. B. Yeats* (London, 1975), 27.

[80] Ibid.

[81] Ibid., 36, a gw. hefyd sylwadau Yeats, 31.

[82] *Irish Literature and Drama in the English Language: A Short History* (London, 1936), 158.

[83] 'Man and the Echo', W. B. Yeats, *The Poems*, 392.

[84] 'Patriotism and Poetry', 4.

[85] 'Dafydd ab Edmwnd', *Ysgrifau Beirniadol X*, gol. J. E. Caerwyn Williams (Dinbych, 1977), 221–9.

[86] Ibid., 225.

[87] Ibid., 226.

[88] Ibid., 226–7.

[89] *The Welsh Nation*, 19, 3 (1950), 1.

[90] Ibid. Yng ngoleuni sylwadau R. S. Thomas ar ddylanwad Austin Clarke arno yn ystod y cyfnod hwn, dylid nodi'n arbennig ei ddefnydd o odlau mewnol yn y gerdd hon.

[91] W. B. Yeats, *Selected Plays*, 247–8.

[92] Ibid., 251. Ar ffynhonnell y gân, gw. *A Commentary on the Collected Plays of W. B. Yeats*, 35.

[93] 'Patriotism and Poetry', 4.

[94] Ibid.

[95] Ibid., 5.

[96] Ibid.

[97] *Cerddi Saunders Lewis*, 10.

[98] 'Y Baich ar Ein Gwar', *Y Faner*, 30 Mehefin 1989, 14.

[99] *Sefyll yn y Bwlch*, 154.

[100] '"On the Screen of Eternity": Some Aspects of R. S. Thomas's Prose', *Miraculous Simplicity*, 192, 198. Trafodir cynnwys erthygl Saunders Lewis gan Grahame Davies yn *Sefyll yn y Bwlch*, 148–54.

[101] *Baner ac Amserau Cymru*, 27 Mehefin 1945, 1. Mewn llythyr at Raymond Garlick, dyddiedig '1973', ceir y sylwadau diddorol hyn gan Thomas: 'I secretly rejoice that the Tories have got themselves into such a mess, but regret that a Labour government is the only alternative. Will the people of Wales never have enough of these two lying, incompetent giants? The things that Saunders was saying in Cwrs y Byd during the war are coming true, but later than he predicted. I suppose the money boys can still get together to make it all right for themselves' (llythyr mewn casgliad preifat).

[102] *Hen Benillion*, 114; gw. hefyd nodyn y golygydd, 180.

[103] Ni roddir teitl i'r gerdd yn 'Patriotism and Poetry', ond ymddangosodd fel 'Feminine Gender' yn *Poetry Wales*, 18, 3 (1983), 30.

[104] 'Patriotism and Poetry', 5.

[105] Ibid., 5–6.

[106] 'Farm Wives', *The Dublin Magazine*, 30, 4 (1955), 1.

[107] 'Patriotism and Poetry', 6.

[108] Ibid.

[109] Ibid., 5.

[110] Ibid., 6.

[111] Ibid. Gw. *BLl*, 95, lle'r uniaethir 'gwenithen y genethod' â Phen Llŷn yn benodol.

[112] 'Symbols', *Poetry Wales*, 5, 2 (1969), 36.

[113] Cyfeiriad at y modd y llwyddodd Gerallt Gymro i rwystro Esgob Llanelwy rhag hawlio meddiant ar eglwys Ceri. Ceir crynodeb hwylus o'r hanes yn Charles Kightly, *A Mirror of Medieval Wales: Gerald of Wales and His Journey of 1188* (Cardiff, 1988), 13.

[114] Peter Lord, *Delweddu'r Genedl* (Caerdydd, 2000), 227.

[115] Gw. hefyd Peter Lord, *Words With Pictures: Welsh Images and Images of Wales in the Popular Press, 1640–1860* (Aberystwyth, 1995), 144–5, lle'r atgynhyrchir y lithograff.

[116] Ibid., 144. Gw. yn ogystal ymdriniaeth Peter Lord â'r cartŵn hwn yn *Hugh Hughes: Arlunydd Gwlad* (Llandysul, 1995), 271–3, ac eiddo Prys Morgan yn 'Pictures for the Million of Wales, 1848: The Political Cartoons of Hugh Hughes', *Transactions of the Honourable Society of Cymmrodorion, 1994*, Cyfres newydd, 1 (1995), 77–9.

[117] Cf. ffurf wreiddiol y llinell olaf yn *An Acre of Land*: 'And greet each other in a new dawn' (*AL*, 23).

[118] Gw. *SP*, 29.

[119] '*Pais* yn Sgwrsio â [*sic*] R. S. Thomas', *Pais*, Medi 1983, 20.

[120] 'Not That He Brought Flowers', *Sothach*, 57 (1994), 16. Gw. hefyd 'R. S. Thomas in Conversation with Molly Price-Owen', *The David Jones Journal*, 3, 1&2 (2001), 96: 'I would have written Cynghanedd. I would have written in the strict metres. I haven't much use for free verse in Welsh. I'm not sure that it comes off all that well in English.'

[121] 'R. S. Thomas's Poetry of the Church in Wales', *Miraculous Simplicity*, 135.

[122] Ibid.

[123] 'Sgwrs efo R. S. Thomas', *Ffenics*, 2, 2 (1972), 9.

[124] Llythyr dyddiedig 16 Rhagfyr 1982 mewn casgliad preifat. Y gyfrol y cyfeirir ati, wrth gwrs, yw *Later Poems 1972–1982* (1983).

[125] 'Not That He Brought Flowers', *Sothach*, 57 (1994), 16. Mewn cyfweliad â'r awdur presennol, 28 Gorffennaf 1999, tystiodd R. S. Thomas: 'Pan oeddwn i yn Y Rhiw mi fyddwn i'n ceisio cynganeddu, gan blagio Emrys Edwards drwy anfon ambell "englyn" ato. I mi roedd y pethau'n englynion, ond, wrth gwrs, roedd y gynghanedd ynddyn nhw'n wallus. Roedd Emrys yn rhy garedig i'w hanfon yn ôl a dweud wrtha' i am roi'r gorau iddi.'

[126] Gw. Dafydd Johnston, 'Idris Davies a'r Gymraeg', *DiFfinio Dwy Lenyddiaeth Cymru*, 101, 102.

[127] *The Listener*, 26 Ebrill 1962, 740, 743.

[128] 'Poets' Meeting' (Stratford-upon-Avon, 1983).

[129] Cf. teitl cyfrol Gymraeg olaf y bardd, *ABC Neb*. Priodol yw nodi sylw ffraeth R. S. Thomas mewn llythyr at Gwyn Thomas, dyddiedig 17 Medi 1968. Ynddo ysgrifennodd, 'Amgaeaf ddau gini fel tâl aelodaeth ~~Taliesin~~ Yr Academi', gan ychwanegu, 'Mi welwch uchod fod y gynghanedd wedi achub y blaen arnaf!'; gw. Papurau'r Academi Gymreig, A11/188, yn Llyfrgell Genedlaethol Cymru.

[130] 'The Hill Country, Montgomeryshire' yw'r teitl a roddir iddi yn 'The Poet's Voice', 2. Dyma oedd teitl y gerdd pan ymddangosodd am y tro cyntaf, yn *The Welsh Nationalist*, 16, 1 (1947), 4.

[131] 'The Poet's Voice', 2.

[132] Ibid., 3. Dylid nodi nad ar y fersiwn o chwedl yr Anifeiliaid Hynaf a geir yn *Culhwch ac Olwen* y seiliwyd 'The Ancients of the World' ond ar un o'r ffurfiau annibynnol arni. Gw. ymhellach *Culhwch ac Olwen* (1988), lii–liii.

[133] Newidiwyd y sillafiad i 'Cowlyd' yn *AL*, 13 ac yn *SYT*, 51.

[134] 'The Poet's Voice', 2.

[135] *Life and Letters Today*, 36, 67 (1943), 154.

[136] Diddorol fyddai gwybod pa 'feirdd Saesneg iau' sydd dan sylw yma.

[137] Cyfweliad â'r awdur presennol, 28 Gorffennaf 1999.

[138] Gw. *Cywyddau Dafydd ap Gwilym a'i Gyfoeswyr*, gol. Ifor Williams a Thomas Roberts (Caerdydd, 1935), 6, ll. 21: 'Dyred i'r fedw gadeiriog' ('I'r Lleian').

[139] Gw. *Gwaith Llywelyn Goch ap Meurig Hen*, gol. Dafydd Johnston (Aberystwyth, 1998), 65, ll. 97: 'Gwae fi'r ferch wen o Bennal' ('Marwnad Lleucu Llwyd').

[140] Gw. *Cywyddau Dafydd ap Gwilym a'i Gyfoeswyr*, 75, llau. 31–2; *The Oxford Book of Welsh Verse*, 111.

[141] Gw. D. Simon Evans, *A Grammar of Middle Welsh* (Dublin, 1964), 18.

[142] *Anglo-Welsh Review*, 19, 44 (1971), 73.

[143] W. B. Yeats, *The Poems*, 340.

[144] *Gramadegau'r Penceirddiaid*, gol. G. J. Williams ac E. J. Jones (Caerdydd, 1934), 124.

[145] Adleisia Thomas ddisgrifiad y *Pum Llyfr Cerddwriaeth* ar sawl achlysur yn ei farddoniaeth a'i ryddiaith. Gw., er enghraifft, yr erthygl 'Miwsig yn fy Mywyd', lle y'i dyfynnir yn uniongyrchol (*PMI*, 111), ynghyd â datganiad y bardd yn *Abercuawg*: 'Trwy arfer gair fel Abercuawg y mae Llywarch Hen wedi peri i rywbeth ganu fel cloch yn fy nghlust a'm calon byth bythoedd' (*PMI*, 84). Gw. hefyd y gerdd 'Don't ask me . . .', sy'n diweddu â'r llinellau: 'Poetry is that/ which arrives at the intellect/ by way of the heart' (*R*, 69). Cerdd yw hon y dylid ei hystyried ochr yn ochr â sylwadau Waldo Williams yn ei anerchiad 'The Function of Literature' (1953): '"No literature", says

Herbert Read, "can arise out of a schematic understanding of the phenomena of life, though art itself is a schematic construction, an order imposed on the chaos of life." *Cynghanedd* at its best can be taken as a type of this order becoming organic. However simple and direct the line –

> *Yn fedrus cariodd ef dros y cerrig*

or

> *A chodwyd ef yn barchedig*

– does not its form introduce a deeper relation between its parts, than would otherwise be? This deepening of meaning was spoken of in the old bardic schools as the "sweetness to the heart" derived from the "sweetness to the ear". Some positivists would maintain that this sweetness is either illusory or fortuitous. But the embrace of form and meaning always lies a little beyond our ken. We can never tell how far our life is lived for us by the unconscious, nor how far meaning is meant for us. When literature approaches "the condition of music", the perfect fusion of form and content, its meaning is beyond translation. "Lear" means "Lear" and "Antigone" "Antigone". There may be there, as in great music, intimations of human destiny which we cannot grasp, and we accept our failure'; gw. *Waldo Williams: Rhyddiaith*, 154–5.

[146] 'Keeping His Pen Clean: R. S. Thomas and Wales', *Miraculous Simplicity*, 65.

[147] 'R.S.: Teyrnged gan M. Wynn Thomas', *Barddas*, 260 (2000–2001), 19.

[148] *The Listener*, 26 Ebrill 1962, 740.

[149] Darlith i Gymdeithas Gymraeg Prifysgol Cymru, Bangor, Mawrth 1993. (Gw. *Canu Llywarch Hen*, 10.)

[150] *Welsh Ballads* (London, 1898), 172.

[151] *Canu Llywarch Hen*, 7.

[152] Ni nodir pwy yw awdur y disgrifiad hwn.

[153] Sgwrs rhwng Bedwyr Lewis Jones ac R. S. Thomas; gw. *Barn*, 76 (1969), Atodiad 'O'r Stiwdio'.

[154] Ibid.

[155] *Canu Llywarch Hen*, 35.

[156] Ibid., 36. Ar ystyron posibl 'hytwyth', gw. Jenny Rowland, *Early Welsh Saga Poetry*, 585.

[157] 'R. S. Thomas a'r Mudiad', *Barddas*, 200–1 (1993–4), 20. Yn yr erthygl hon gwêl Bobi Jones 'symlder' arddulliol Thomas fel 'rhan o'i weledigaeth ysbrydol dreiddgar ddychrynus': 'Y braw o ddod yn dlawd, o fod megis plentyn bach, gerbron yr Un sy'n gwybod y cwbl, a'r darganfyddiad wedi'r holl niwlio hunandybus fod yna ddu a gwyn ar gael . . . [P]rofiad dinoethus mewn gweledigaeth yw arddull R. S. Thomas'; ibid.

[158] 'R. S. Thomas in Conversation with Molly Price-Owen', *The David Jones Journal*, 3, 1&2 (2001), 93. Gw. hefyd *Neb*, 14: 'Sut y daeth Tennyson yn hoff fardd ganddo? Wedi ennill gwobr dosbarth a gorfod dewis llyfr, gofynnodd am fywgraffiad hwnnw.'

[159] Cf. 'A Welshman at St. James' Park' (*P*, 23): 'I think of a Welsh hill/ That is without fencing, and the men,/ Bosworth blind, who left the heather/ And the high pastures of the heart.'

[160] *Canu Llywarch Hen*, 39. 'Llethr' yw ystyr 'bron' yn y llinell hon. Diddorol yw gweld R. S. Thomas yn ei 'chyfieithu' drwy ddefnyddio un o ystyron eraill 'bron', 'mynwes/calon'.

[161] *Canu Llywarch Hen*, 15, 12. Ar y 'studied contrast' hwn, gw. Ifor Williams, *Lectures on Early Welsh Poetry* (Dublin, 1970), 32–3. Sylwer hefyd ar rediad llinell olaf 'Bread', 'The live bread for the starved folk' (*PS*, 46).

[162] Ceir llu o enghreifftiau ('Genealogy' a 'Bread' yn eu plith), ond digon yw nodi'r detholiad canlynol sy'n cynrychioli'r cyfnod 1958–1995: 'Ap Huw's Testament' (*PS*, 29), 'Here' (*T*, 43), 'So' (*BT*, 22), 'Amen' (*P*, 15), 'God's Story' (*LS*, 7), 'Waiting' (*BHN*, 83), 'Perspectives: *Mediaeval*' (*LP*, 168), 'Gallery' (*EA*, 35), 'Gwalia' (*WA*, 39), 'Come Down' (*MHT*, 39), 'Sequences' (*Frieze*, 9) a 'Still' (*NTF*, 27).

4

'The catalyst of my conversions': Delweddau a Thrawsffurfiadau

(i) *Delweddau*

Un o nodweddion diffiniol delweddaeth R. S. Thomas yw'r berthynas fywiol y mae'n ei dwyn, ar hyd yr yrfa, â'r traddodiad llenyddol Cymraeg. 'What I've always tried to produce is imagery', meddai R. S. Thomas yn 1975, gan ychwanegu'n ddigalon, 'People don't give two hoots for it today'.[1] Fel y cawn weld, fe fydd 'two hoots' bron yn llythrennol berthnasol pan ddown maes o law i ystyried y corff helaeth o ddelweddau adaregol-lenyddol yng ngwaith y bardd. Cyn gwneud hynny, fodd bynnag, priodol yw tynnu sylw at rai enghreifftiau, o blith y cannoedd yn y farddoniaeth ar ei hyd, o ddelweddau a ysbrydolwyd gan wrthrychau, sefyllfaoedd ac ymadroddion o'r traddodiad Cymraeg.

Man cychwyn cymwys yw dylanwad Gwenallt, a delweddaeth y gerdd 'Rhydcymerau' yn benodol, ar R. S. Thomas. Cyfeirir at y gerdd yn gyson yng ngwaith Thomas, a diddorol yw sylwi sut yr amrywir ym mhob achos yr union ddelwedd a adleisir. Cymerer i ddechrau y darn canlynol o'r bryddest (term Thomas ei hun[2]) *The Minister*, a ddarlledwyd fel pryddest radio yn 1952, flwyddyn wedi ymddangosiad 'Rhydcymerau' yn y gyfrol *Eples*:

> There were people here before these,
> Measuring truth according to the moor's
> Pitiless commentary and the wind's veto.
> Out in the moor there is a bone whitening,
> Worn smooth by the long dialectic
> Of rain and sunlight. (*M*, 11–12)

Hydreiddir y disgrifiad hwn ag adleisiau o ddelweddau hunllefus y darlun ar ddiwedd cerdd Gwenallt o farwolaeth y diwylliant Cymraeg gwledig yn yr ardal hon yn Sir Gaerfyrddin:

> Ac ar golfenni, fel ar groesau,
> Ysgerbydau beirdd, blaenoriaid, gweinidogion ac athrawon Ysgol Sul
> Yn gwynnu yn yr haul,
> Ac yn cael eu golchi gan y glaw a'u sychu gan y gwynt.[3]

Delwedd arall a ddefnyddir yng ngherdd Gwenallt i gyfleu'r difodiant llenyddol a chrefyddol hwn yw'r fforest fygythiol o goed sy'n sugno'r maeth o 'hen bridd' yr ardal.[4] Fel y dywedir yn llinellau agoriadol y gerdd: 'Plannwyd egin coed y Trydydd Rhyfel/ Ar dir Esgeir-ceir a meysydd Tir-bach/ Ger Rhydcymerau.'[5] Diau mai'r ddelwedd agoriadol gofiadwy hon a ysbrydolodd y darlun ysgytwol o gysegredigrwydd wedi'i halogi yn llinellau clo un o gerddi'r gyfrol *Counterpoint*:

> Only
> Satan beams down,
> poisoning with fertilizers
> the place where the child
> lay, harrowing the ground
> for the drumming of the machine-
> gun tears of the rich that are
> seed of the next war. (C, 29)[6]

Fe gofir mai yng nghanol y fforest ger Rhydcymerau y lleola Gwenallt 'ffau'r Minotawros Seisnig'[7] – delwedd gyfoethog a ddefnyddiwyd gan R. S. Thomas yn y gerdd 'Negative' o'r gyfrol *No Truce With the Furies* i gyfleu goruchafiaeth greulon y diwydiannol ar y gwledig: 'Trees that were once green/ had turned into chimneys/ and the Minotaur's breath// soured the land' (*NTF*, 50). A chaiff y ddwy linell olaf hynny eu cyfoethogi yn eu tro gan adlais o'r disgrifiad hwnnw o fyd 'that has gone sour/ With spruce' o un arall o gerddi Thomas, 'Afforestation' (*BT*, 17) – cerdd a ysbrydolwyd, yn gymwys iawn, gan ddelwedd Gwenallt yn 'Rhydcymerau' o '[G]oed lle y bu cymdogaeth':[8] 'It's a population of trees/ Colonising the old/ Haunts of men' (*BT*, 17). Adleisiau yw'r rhain sy'n cadarnhau'n ddramatig haeriad Glyn Jones, mewn trafodaeth ar y weledigaeth a fynegir yn 'Rhydcymerau' yng nghyd-destun gwaith rhai o gyfranwyr y cylchgrawn *Wales*, mai 'the Anglo-Welsh poet who later most fully in his poems expressed the attitude of "Rhydcymerau" is surely R. S. Thomas'.[9] Ailymddengys y Minotawros dieflig mewn cerdd arall yn *No Truce With the Furies*, 'Hallowe'en' – ac yma, yn arwyddocaol, fe'i huniaethir â'r anghenfil arall hwnnw, Y Peiriant:

> The well that you took your pails
> to is polluted. At the centre
> of the mind's labyrinth the machine howls
> for the sacrifice of the affections. (*NTF*, 63)

Eithr y mae'r darlun y tro hwn yn ein tywys yn ôl, nid at Gwenallt, ond at Waldo Williams, ac at uchafbwynt y gerdd 'Preseli', lle y ceir yr un cyfuniad o ddelweddau yn union – y ffynnon a lygrwyd a'r bwystfil bygythiol: 'Mae rhu, mae rhaib drwy'r fforest ddiffenestr./ Cadwn y mur rhag y bwystfil, cadwn y ffynnon rhag y baw.'[10] Y mae cyfeiriadaeth lenyddol o'r math hwn yn brawf o'r rôl ganolog a chwaraewyd gan farddoniaeth Gymraeg yn y broses o foldio gweledigaeth ddiwylliannol R. S. Thomas.

Y mae'r llinellau o *The Minister* a ddyfynnwyd uchod yn fodd i'n hatgoffa o'r gwynt aflonyddol sy'n chwythu'n barhaus yn y gerdd honno.[11] Gwynt hollbresennol yw hwn – 'The rhythm of the seasons: wind and rain,/ Dryness and heat, and then the wind again,/ Always the wind' (*M*, 22) – pŵer bygythiol sy'n ymdreiddio i'r capel, '"Beloved, let us love one another," the words are blown/ To pieces by the unchristened wind/ In the chapel rafters' (*M*, 9), ac i'r 'bare manse/ That smelled of mould', cartref y Parchedig Elias Morgan, BA: 'there is no tune to the song/ Of the thin wind at the door' (*M*, 17). Diddorol o ystyried y defnydd o'r ddelwedd hon yw nodi bod cerdd J. Kitchener Davies, 'Sŵn y Gwynt sy'n Chwythu', megis *The Minister*, hithau'n bryddest radio a gynhyrchwyd gan Aneirin Talfan Davies, a'i bod wedi ei darlledu ddwywaith – ar 23 Ionawr 1952, ac ar 20 Awst yr un flwyddyn – cyn i gerdd Thomas gael ei pherfformio am y tro cyntaf ar 18 Medi 1952.[12] Ond mwy perthnasol o lawer yng nghyd-destun y ddelwedd o'r gwynt ym mhortread Thomas yn *The Minister* o ddifodiant ysbrydol yw'r modd yr ailadroddir drwy gydol cerdd W. J. Gruffydd, 'Gwladys Rhys' (1921) – portread clasurol arall o farweidd-dra Anghydffurfiol – y sôn am gwyn y gwynt 'drwy'r dydd a'r nos ym mrigau'r pîn/ O amgylch tŷ'r gweinidog'.[13] Ac y mae yma linynnau cyswllt pellach. Dyna'r goeden bîn y tu allan i'r capel yn *The Minister* – 'Out in the fir-tree an owl cried/ Derision on a God of love' (*M*, 16) – ynghyd â'r cyfeiriad yn y ddwy gerdd at y llenni yn y mans yn cael eu tynnu er mwyn cau'r byd mawr allan: 'the blinds all down/ For fear of the moon's bum rubbing the window' (*M*, 19); 'A'r gaeaf, ô [*sic*] fy Nuw, wrth dynnu'r llen/ Dros y ffenestri bedwar yn y pnawn.'[14] Y mae'r cysylltiadau hyn â disgrifiadau Gwladys Rhys o gulni andwyol ei bywyd fel 'Merch hynaf Y Parchedig Thomas Rhys,/ Gweinidog Horeb ar y Rhos',[15] yn eu tro yn ein harwain at bortread W. J. Gruffydd, mewn cerdd a gyhoeddodd yn *Y Llenor* bron chwarter canrif yn ddiweddarach, o'r tad truenus hwnnw. Ar lawer ystyr, *The Minister* ar raddfa fechan yw 'Er Cof am Y Parch. Thomas Rhys, Gweinidog Horeb, 1860– 1924' (1944).[16] Yn y gerdd ceir gan Gruffydd ddarlun o weinidog arall a chanddo ofalaeth ddiffaith ar y rhostir ac sydd, fel Morgan, wedi ei gondemnio 'to wither and starve in the cramped cell/ Of thought their fathers made them' (*M*, 23):

> A deugain mlynedd o foreau Llun
> yn wrymiau llychlyd gras, hen dipiau glo
> yn tonni draw yn tonni draw at ddwyrain
> dyddiau fy hir fugeiliaeth; Thomas Rhys
> o Horeb ar y Rhos. A pha rigolau
> o wacter anial rhyngddynt, Duw a'i gŵyr, –
> y Suliau chwyslyd hyd a lled y sir
> a'r llaes wythnosau'n cerdded yn yr ardd,
> pan gefais fod pob dydd yn fore Llun,
>   yn fore Llun.[17]

Diwedda *The Minister* ac 'Er Cof am Y Parch. Thomas Rhys . . .' ill dwy â darlun o feddau dau weinidog a gollodd eu brwydrau 'unig chwerw ddi-goffâd'[18] yn eu gofalaethau: 'In the chapel acre there is a grave,/. . . And on the stone words; but never mind them:/ Their formal praise is a vain gesture/ Against the moor's encroaching tide' (*M*, 24); 'Ymdeith-ydd, wrth it grwydro rhwng y beddau/ a chanfod enw Thomas Rhys, os daw/ i'th feddwl holi pwy oedd hwn, a beth/ a wnâi . . . / ni chei un ateb, – nid oes neb a'i gŵyr.'[19] Ar ddechrau *The Minister* disgrifir y bryndir ger y rhos lle y lleolir capel y Parchedig Elias Morgan fel 'The marginal land where flesh meets spirit/ Only on Sundays' (*M*, 9) – adlais, fel y dangoswyd, o *The Great Hunger* Patrick Kavanagh. Prawf y cysylltiadau a nodwyd bod cerdd R. S. Thomas ei hun yn dir ymylol sy'n cyffinio nid yn unig â llenyddiaeth Eingl-Wyddelig, ond â llen-yddiaeth Gymraeg yn ogystal.

Hanfodol, serch hynny, yw pwysleisio nad yw ffynonellau Cymraeg delweddaeth R. S. Thomas wedi eu cyfyngu i farddoniaeth Gymraeg fodern. Daw Dafydd ap Gwilym, yn naturiol, i'r amlwg yn y cyswllt hwn. Craffer, er enghraifft, ar y galarnadu yn 'On a diet of warmed-up music' ynghylch ffawd telyn symbolaidd a fwriwyd o'r neilltu –

He once
had the harp, the goddess

with gold ribs; but long
ago now her feathers
were plucked. By an old hearth's
ashes she sits and shivers (WW?, 7)

– delwedd sy'n ailymddangos yn 'Deprivation': 'God, in this light this/ country is a brittle/ instrument laid on one side' (WA, 49). Y ffynhonnell a adleisir yn gelfydd yn y ddau achos yw cywydd cyntaf Dafydd ap Gwilym yn ei ymryson â Gruffudd Gryg:

Telyn ni roddid dwylaw
Ar ei llorf, glaeargorf glaw,
Ni warafun bun o bydd
Ei chyfedd gyda chywydd.
Traethawl yw o cheir trithant,
Traethawr cerdd, truthiwr a'i cant.
Yn nhafarn cwrw anhyful
Tincer a'i cân wrth foly tancr cul.
Hwn a'i teifl, hyn *neud* diflas,
Hen faw ci, hwnnw fo cas.[20]

Haeru y mae Dafydd ap Gwilym yma y byddai hen delyn doredig, ddi-werth, a fyddai fel arall yn cael ei bwrw o'r neilltu, yn cael ei hystyried yn dra derbyniol pes defnyddid i ganu cyfeiliant i'w gywyddau gwych-ion ef. Yn nwy gerdd R. S. Thomas, serch hynny, yr awgrym yw mai ofer yn y Gymru fodern yw disgwyl adferiad o'r fath ym myd celfydd-yd. Fel y dywedir yn 'On a diet of warmed-up music': 'His favourite instrument/ the harmonium – such breathless/ music! When asthma/ afflicts the arts, what// hope for the prosaic/ millions, whose search is for strings to pull?' (WW?, 7). Rhynna telyn Cymru ger yr aelwyd oer yn y gerdd hon, ac yn 'Deprivation', er iddi gael ei hachub o'r domen, ei ffawd bellach, yn nwylo cenedl arall, yw chwarae 'twanged/ accompani-ment' amhersain, 'to which/ the birds of Rhiannon/ are refusing to sing' (WA, 49).

Dygir Dafydd ap Gwilym i gof hefyd mewn myfyrdod arall gan R. S.

Thomas ar brydferthwch coll, y tro hwn yng nghyd-destun ei gerddi serch. Dyma ddiweddglo 'Bravo!':

> There is a woman
> I know, who is the catalyst
> of my conversions, who is
> a mineral to dazzle. She will
> grow old and her lovers will not
> pardon her for it. I have made
> her songs in the laboratory
> of my understanding, explosives timed
> to go off in the blandness of time's face. (*F*, 22)

Y mae yma, yng ngeiriau Gwyn Thomas, '[d]eimlad mor ddinacâd dan gysgod amser â hwnnw a geir yng ngherdd fawr Dafydd ap Gwilym, "Morfudd yn Hen"'.[21] Yn sicr ddigon, y mae 'She will/ grow old and her lovers will not/ pardon her for it' yn ein hatgoffa o adran olaf y cywydd hwnnw, ac o linellau megis y canlynol: 'Weithion, cyhudd-eidion cawdd,/ Y Creawdr a'i hacraawdd,/ Hyd nad oes o iawnfoes iach/ Un lyweth las anloywach,/ Brad arlwy, ar bryd erlyn;/ Nid â fal aur da liw'r dyn.'[22] A diau fod modd mynd ymhellach na hyn, a nodi sut y mae delwedd glo R. S. Thomas – 'explosives timed/ to go off' – yn moderneiddio potensial catapwltaidd osgo crwm yr hen wraig ar ddiwedd cerdd Dafydd ap Gwilym, lle y cyffelybir Morfudd yn hen i 'Henllath mangnel Wyddeleg' – hen bren-taflu peiriant rhyfel.[23]

Diau mai dyma'r lle hefyd i dynnu sylw at ddefnydd Thomas o ffynhonnell ganoloesol adnabyddus arall – testun rhyddiaith y tro hwn – yn y disgrifiad hwnnw o'r gerdd 'Farm Wives':

> Sallow of cheek, a crow's wing
> Of hair over the brow's smudged
> Vellum; their legs all red and scarred
> With brambles and the bites of flies.[24]

Llinellau yw'r rhain y gellir eu darllen fel parodi ar y ddelwedd enwog yn *Historia Peredur vab Efrawc* o'r gigfran ddu ar yr eira gwyn yn bwyta cig coch hwyaden a laddwyd gan heboges: 'Sef a oruc Peredur, sefyll a chyffelybu duhet y vran a gwynder yr eira a chochter y gwaet, y wallt y wreic uwyhaf a garei, a oed kyn duhet a'r muchyd, a'e chnawt y wynder yr eira, a chochter y gwaet yn yr eira gwyn y'r deu van gochyon yg grudyeu y wreic uwyhaf a garei.'[25] Cyffyrddiad ysbrydoledig yn wir, o ystyried mai testun canoloesol a adleisir yma, oedd uniaethu croen y gwragedd fferm â memrwn – 'the brow's smudged/ Vellum', chwedl Thomas. Byddai'r disgrifiad o'r heboges a'r gigfran yn y rhamant yn sicr wedi denu sylw R. S. Thomas fel adaryddwr, ac yn wir, fe'i gwelir mewn sawl man yn ei ryddiaith Gymraeg yn disgrifio lladdfa megis honno yn *Historia Peredur*. Dyna'r darn canlynol, er enghraifft, o un o'i erthyglau Cymraeg cynharaf, 'Adar y Gaeaf' (1945):

> Y mae'r adar ymfudol wedi ymadael i gyd . . . ond cymerir eu lle gan ymwelwyr o ogledd Ewrob fel y sogiar a'r adain goch. Deuthum ar draws un o'r rhai hyn beth amser yn ôl, a'i phen wedi ei dorri allan gan ryw aderyn ysglyfaeth. Peth i fyfyrio arno oedd hynny. Wedi ei chymell gan reddf i ymadael â'r Gogledd pell gyda'i chymdeithion cyn dyfod o'r ddrycin yno, yr oedd hi wedi mynd yn ysglyfaeth i walch neu foncath ar y rhosydd Cymreig, yn union fel rhyw filwr o Gymro a fu farw mewn gwlad estron.[26]

Y mae'r cyfeiriad olaf hwn mewn erthygl a gyhoeddwyd drannoeth yr Ail Ryfel Byd yn fan cychwyn addas ar gyfer archwilio'r modd yr ymatebodd R. S. Thomas i'r rhyfel hwnnw, ac i ryfel yn gyffredinol, drwy gyfrwng delweddau o'r traddodiad llenyddol Cymraeg. Nac anghofier bod penderfyniad Thomas, yn ystod ei gyfnod yn Hanmer, Sir y Fflint, i fynd ati i ddysgu Cymraeg yn annatod gysylltiedig ag erchyllterau rhyfel 1939–1945. Yn *Neb*, er enghraifft, wedi iddo ddisgrifio sut y bu i awyrennau'r Almaenwyr a'r Eidalwyr ollwng bomiau lu ar yr ardal un noson, meddai'r bardd: 'Mor gas oedd hi gan y ciwrad feddwl am y difrod a fyddai'n digwydd bron bob nos, ac mor hiraethus oedd o am y bryniau yn y pellter . . . nes penderfynodd ddysgu Cymraeg' – a hynny, fel y noda, er mwyn 'cael dod yn ôl i'r wir Gymru' (*Neb*, 39–40). Ymhen amser daeth llenyddiaeth Gymraeg yn rhan o ymateb Thomas i farbareiddiwch yr Ail Ryfel Byd, ac y mae'n werth oedi yma i ystyried ambell enghraifft o hyn yng nghyfrol gyntaf y bardd, *The Stones of the Field*, a ymddangosodd, fe gofir, yn 1946. Egyr y gerdd gynnar 'Winter Retreat' – a gyhoeddwyd am y tro cyntaf, dylid nodi, yn 1944[27] – â'r ddelwedd hon: 'death like a wild boar/ Running amok, eyes red, great jaws/ Slavering horribly with their mad lust for blood' (*SF*, 28).[28] Delwedd ydyw, wrth gwrs, sy'n cyfleu'r dinistr enbyd a achosir gan Dwrch Trwyth ar ddiwedd y chwedl *Culhwch ac Olwen*. Da y gesyd M. Wynn Thomas, yn ei astudiaeth ar R. S. Thomas fel bardd rhyfel, y defnydd o'r ddelwedd arbennig hon yn erbyn cefndir yr Ail Ryfel Byd: 'One wonders to what extent the lurid nightscape of burning Merseyside influenced those opening lines.'[29]

Yn yr un erthygl, â M. Wynn Thomas i'r afael â dylanwad posibl y rhyfel ar y portread o fyd natur yng ngherddi *The Stones of the Field*, gan wrthgyferbynnu'r darlun anesmwythol yn 'Country Church (*Manafon*)' – 'no friendly God has cautioned/ The brimming tides of fescue for its sake' (*SF*, 24) – â'r hyn a gyfleir yn y gerdd ddilynol, 'Birch Tree', a ddehonglir yn nhermau 'rapturous wonder at the world's powers of self-transfiguration'.[30] Dyfynnir y gerdd yma yn ei chyfanrwydd:

> When the cloud left you, you smiled and sang
> With day's brightness, o birch tree among
> The envious moors, sullen and frowning;
> Your long veins were filled with light,
> And broke in showers on the night,
> Your dark head with silver crowning. (*SF*, 25)

Cyplysa M. Wynn Thomas ddelweddaeth y gerdd hon ag eiconograffeg Gristnogol – 'the Virgin Mary is traditionally represented in icon-ographic tradition as crowned with stars, in accordance with the famous passage from the Book of Revelation [Datguddiad 12:1]'[31] – a hefyd â'r traddodiadau Celtaidd sy'n cysylltu'r fedwen â serch: 'So R. S. Thomas has here combined Christian with pagan elements, to produce what might be loosely called a sacramental image, finding a sacred, celebratory joy in the sensuous and even the sensual life of nature.'[32] Y mae'r awgrym ynghylch eiconograffeg y Forwyn Fair yn un pur atyniadol, ond mwy perthnasol i gerdd R. S. Thomas o ran y cefndir Celtaidd neu Gymraeg yw'r disgrifiadau o'r coed bedw yn y gerdd enigmatig honno o *Lyfr Du Caerfyrddin*, 'Y Bedwenni'. Yr oedd y gerdd ar gael i Thomas, gyda chyfieithiad, yng nghasgliad Skene, *The Four Ancient Books of Wales*,[33] a chynhwyswyd dyfyniadau helaeth ohoni yn astudiaeth Margaret Enid Griffiths, *Early Vaticination in Welsh* (1937), lle y ceir trafodaeth esboniadol arni.[34] Cymhares i fedwen Thomas a saif 'among/ The envious moors' ac y disgrifir ei changhennau fel hyn – 'Your long veins were filled with light,/ And broke in showers on the night' – yw'r fedwen honno a saif yn nyffryn Gwy, coeden 'y mae ei changhennau'n cwympo fesul un, fesul dwy': 'Gwin y bid hi y vedwen in diffrin guy./ A sirth y chegev pop vn. pop dvy.'[35] Amgylchynir bedwen wyrthiol R. S. Thomas yn 'Birch Tree' gan rostiroedd bygythiol – 'The envious moors, sullen and frowning'. Dadlennol yng nghyd-destun ymateb Thomas yng ngherddi *The Stones of the Field* i'r Ail Ryfel Byd yw tynnu sylw at dirwedd waedlyd 'Y Bedwenni', a'r modd y darogenir y bydd y fedwen 'ym pimlumon', er enghraifft, yn dyst i frwydro ffyrnig:

> Gwin y bid hi y vedwen. ym pimlumon.
> a wil ban vit ban baran eilon.
> Ac a wil. y. freigc in lluricogion.
> ac am gewin ir aeluid bvid balawon.
> a mineich in vynich in varchogion.[36]

'Light's peculiar grace/ In cold splendour robes this tortured place': y mae'r llinellau hyn o un arall o gerddi Thomas[37] yn ddisgrifiad da o'r profiad a ddethlir, am ennyd, yn 'Birch Tree'. Y mae archwilio cyfeiriadaeth lenyddol y gerdd hon a gyhoeddodd Thomas drannoeth yr Ail Ryfel Byd, felly, a sylwi'n arbennig ar gyd-destun rhyfelgar ei chynsail, yn ein cymell i ddehongli 'Birch Tree' yn rhannol fel ymateb i alanastra'r rhyfel hwnnw.

Cymer yr adleisiau Cymraeg a nodwyd eu lle yn naturiol yn *The Stones of the Field* ochr yn ochr â'r cyfeiriadau at lên rhyfel yn y Saesneg, megis yr adlais hwnnw y tynnodd M. Wynn Thomas sylw ato yn llinell agoriadol 'Homo Sapiens 1941', 'Murmuration of engines in the cold caves of air' (*SF*, 12): 'Is Thomas recalling and rewriting the famous lines about the First World War in *The Waste Land*?: "What is that sound high in the air/ Murmur of maternal lamentation."'[38] A da y nododd Jeremy Hooker, wrth drafod barddoniaeth gynnar Thomas:

> What he . . . perceived . . . in the land of Wales, as well as its beauty, was the result of past conflict, wars other than the Second World War: sacrificial blood, blood of the Welsh 'tribes'. He had seen that, in a sense, this still flows.[39]

Â Hooker rhagddo i ddyfynnu agoriad enwog 'Welsh Landscape' â'i sôn am 'the spilled blood/ That went to the making of the wild sky' (*AL*, 26). Y mae'r ddelwedd hon i'w chysylltu yn y lle cyntaf, wrth gwrs, â phrofiad R. S. Thomas o deithio ar y trên ar hyd y gororau wrth ddychwelyd adref i Gaergybi o Gaerdydd. Fel y dywedir yn 'Y Llwybrau Gynt': 'Weithiau byddai'n dechrau nosi arnom cyn inni gyrraedd Llwydlo. Tua'r gorllewin byddai'r nen ar dân, gan atgoffa rhywun am y brwydrau a fu. Yn erbyn y gwawl hwnnw, codai'r bryniau'n dywyll ac yn fygythiol fel petaent yn llawn o wŷr arfog yn disgwyl am gyfle i ymosod' (*PMI*, 67). Ond dylid bod yn effro hefyd i'r posibilrwydd fod cerdd A. E. Housman, 'The Welsh Marches', yn chwarae rhan yn y broses o grisialu'r profiad cynhyrfus hwn yn ddelwedd gofiadwy:

> The flag of morn in conqueror's state
> Enters at the English gate:
> The vanquished eve, as night prevails,
> Bleeds upon the road to Wales.[40]

Arweinia'r ystyriaethau hyn yn naturiol at y portread o'r gwladwr Iago Prytherch, a ddechreuodd ymffurfio yn ystod blynyddoedd y rhyfel ac sydd, fel y nododd M. Wynn Thomas, 'in certain of its features, partly the product of a wartime imagination'.[41] Ac wrth nodi'r disgrifiad o Iago Prytherch yn 'A Peasant' fel 'your prototype' (SF, 14), dylem ar yr un pryd gofio bod gan Brytherch yntau ei gynddelwau, a hynny mewn amryw draddodiadau a llenyddiaethau. Un o'r cyn-ddelwau clasurol ar yr ochr Gymraeg yw llafurwr enwog Iolo Goch. Myn ambell ddelwedd ein sylw yn syth yn y fan hon. Y mae'r disgrifiadau o Iago Prytherch yn 'Which?' – 'Could I have said he was the scholar/ Of the fields' pages he turned more slowly/ Season by season . . .?' (T, 42) – ac yn 'Memories' – 'Your secret learning, innocent of books' (AL, 38) – o'u cyplysu â'r disgrifiad yn 'Hafod Lom' o ddyddynwyr a wêl 'learning/ Ready to reap' (P, 11), yn dadlennu llinyn cyswllt pwysig â'r datganiad ar ddiwedd cywydd enwog Iolo Goch i'r llafurwr, 'Aredig, dysgedig yw'.[42] Mynych y sonia R. S. Thomas am gaeau Iago Prytherch yn nhermau cylchfa ryfel, a'r llafurwr hwnnw ei hun yn nhermau rhyfelwr o fri. Ond rhyfel yw hwn 'with weather and dirt and boredom', chwedl Thomas.[43] Daw i'r meddwl bortreadau megis 'To The Farmer' – 'you waited till the ground was cool,/ The enemy gone, and led your cattle/ To the black fields, where slow but surely/ Green blades were brandished' (T, 10) – ac wrth gwrs, ddiweddglo adnabyddus 'A Peasant', lle'r ymddengys Prytherch fel arwr rhyfel sydd, 'season by season/ Against siege of rain and the wind's attrition,/ Preserves his stock, an impregnable fortress/ Not to be stormed even in death's confusion'. Cynigir inni ddarlun o'r gwladwr 'Enduring like a tree under the curious stars' (SF, 14) – llinell sydd, yn enwedig o gofio mai un o ystyron 'curious' yma yw 'o wneuthuriad cywrain', yn ddyledus, fe ddichon, i'r ddelwedd yn soned R. Williams Parry, 'Diddanwch': 'A'r pinwydd llonydd dan y perffaith sêr.'[44] Agwedd bwysig ar y portread o Iago Prytherch yw'r mawl a enynnir yn aml yn y cerddi yn sgil y gwrthgyferbyniad rhwng llafur y gwladwr a rhaib rhyfel.[45] 'The war was far away,' meddai'r bardd wrth drafod ei gyfnod ym Manafon mewn ysgrif hunangofiannol, 'and being farmers the men had not been called up. I preached about farming as an innocent vocation'.[46] Ac yn 'For The Record', cyferchir, a dethlir, Prytherch fel hyn:

> Yet in your acres,
> With no medals to be won,
> You were on the old side of life,
> Helping it in through the dark door
> Of earth and beast, quietly repairing
> The rents of history with your hands. (*P*, 22)

Cydwedd yw'r darlun hwn â'r mawl a geir gan Iolo Goch i'r llafurwr heddychlon a'i alwedigaeth fywhaol:

> Ni rydd farn eithr ar arnawdd,
> Ni châr yn ei gyfar gawdd;
> Ni ddeily ryfel, ni ddilyn,
> Ni threisia am ei dda ddyn;
> Ni bydd ry gadarn arnam,
> Ni yrr hawl, gymedrawl gam;
> Nid addas, myn dioddef,
> Nid bywyd, nid byd heb ef.[47]

Yn wir, ymddengys fod R. S. Thomas yn hyn o beth yn fwy canmoliaethus na'r cywyddwr mawr o'r bedwaredd ganrif ar ddeg – bardd yr oedd ei fawl ef i'r llafurwr, fe ellid dadlau, yn ffrwyth sawl agenda gudd.[48]

Cerdd arall sy'n teilyngu sylw ar sail ei delweddau rhyfel yw honno yn *The Echoes Return Slow* lle'r â'r bardd i'r afael â'i yrfa farddonol drwy gyfrwng delweddaeth sy'n olrhain datblygiad arfau rhyfel ar hyd y canrifoedd, o'r bwa hyd at y bom atomig (*ERS*, 75). Yng ngoleuni'r pwylsais yn y gerdd ar ymateb y gelfyddyd farddol i ddatblygiadau technolegol ('So I refine/ my weapons: beams, gases;// composer of the first/ radio-active verses'), gellir darllen y ddelwedd agoriadol drawiadol – '"Not done yet," mutters/ the old man, fitting a bent/ poem to his broken bow.// "Of all the Middle Ages . . ." / said Byron' – fel addasiad o ddelwedd gynhaliol y cywydd hwnnw i Rys ap Dafydd ap Rhys a briodolir i Guto ap Siancyn, lle y disgrifir anfon cerdd foliant yn nhermau saethu saeth at darged:

Y tafawd, arawd eiriau,
Yw bwa'r gerdd heb air gau.
A'r llwybr, brig urddedig ddadl,
A'r llinyn yw'r holl anadl.
Saethu a wnaf, bennaf bill,
Yr unnod lle ceir ennill.
Rhys roddiad, rhoes y rhuddaur,
Ydiw'r nod, ederyn aur.[49]

Ar yr un pryd, dwg 'old man' a 'broken bow' R. S. Thomas i gof
ddelwedd agoriadol 'Y Bwa Melyn' Morgan Llwyd. Dyma gerdd sydd,
yn gymwys iawn o ystyried darlun Thomas yma yn *The Echoes Return
Slow* o ddatblygiadau chwyldroadol y byd modern, yn myfyrio ar
rymoedd cymdeithasol ac ysbrydol newydd yr ail ganrif ar bymtheg.
Symbol yw bwa toredig yr henwyr yng ngherdd Morgan Llwyd o
gredoau crin y gorffennol:

Hawdd iw torri bwa'r tadau
Sychu wnaeth er-s talm o ddyddiau.
Iraidd oeddynt rai'n ei hamser
Sych iw pob peth wrth i arfer.[50]

Nid amherthnasol yw'r ffaith fod ymhlith llyfrau personol R. S. Thomas
gopi o astudiaeth E. Lewis Evans, *Morgan Llwyd: Ymchwil i Rai o'r Prif
Ddylanwadau a Fu Arno* (1930), lle y cyfeirir at 'Y Bwa Melyn' mewn
trafodaeth ar fesurau barddoniaeth Morgan Llwyd.[51] Ni ellir honni bod
Morgan Llwyd ymhlith y prif ddylanwadau a fu ar R. S. Thomas, ac eto,
nid oes amheuaeth nad oes i rethreg Thomas o bryd i'w gilydd dinc
Morgan Llwydaidd digamsyniol. 'Beth ydym am ei wneud ynghylch
ein tir, fy nghyd-Gymry annwyl?', gofynna Thomas ar ddechrau'r
ysgrif 'O'n Cwmpas': 'Ac ystyried mor fach ydyw, mae Cymru'n un o
wledydd harddaf y byd. A ninnau'n ddi-hid am [*sic*] hyn ac felly'n
anghymwys i ofalu amdani' (*PMI*, 98). Yng ngeiriau Morgan Llwyd yn
Gwaedd yng Nghymru yn Wyneb Pob Cydwybod: 'O Gymro, fy mrawd a'm
cymydog, rhan ohonot ti dy hunan yw'r gelyn gwaethaf.'[52] A daw
llythyr Thomas i'r wasg, 'Cau ceg er mwyn chwe chant?', i ben â'r
erfyniad, 'Pa hyd, Gymru? Och, ba hyd?'[53] 'Ac och, och, och fod llawer-
oedd o'r Cymry hefyd, doethion cystal ag annoethion, yn byw yng
ngogr oferedd', chwedl Morgan Llwyd yn y *Llythyr i'r Cymry Cariadus*.[54]
Yn wir, y mae'r frawddeg enwog honno o eiddo'r Llwyd – 'Cymer

dithau, O Gymro caredig, air byr mewn gwirionedd i'th annerch yn dy iaith dy hun'[55] – yn ddiffiniad da ynddi'i hun o ryddiaith Gymraeg bolemig R. S. Thomas.

Yn y gerdd 'The Lost' ceir gan Thomas yr asesiad diobaith canlynol o gyflwr ei genedl:

> We are the lost people.
> Tracing us by our language
> you will not arrive where we are
> which is nowhere. The wind
> blows through our castles; the chair
> of poetry is without a tenant. (*NTF*, 14)

Y mae'r ddelwedd olaf honno'n un amlweddog. Yn y lle cyntaf, diau fod yma gyfeiriad at farwolaeth Hedd Wyn yn y Rhyfel Mawr ac at gadair wag Eisteddfod Genedlaethol 1917 – Cadair Ddu Penbedw. Y mae i'r ddelwedd arwyddocâd pellach yn sgil y berthynas a ddwg yr ymadrodd 'without a tenant' â'r cyfeiriadau hynny ym marddoniaeth Thomas at yr 'untenanted cross'. Yn y gerdd 'In Church' dywedir:

> There is no other sound
> In the darkness but the sound of a man
> Breathing, testing his faith
> On emptiness, nailing his questions
> One by one to an untenanted cross. (*P*, 44)[56]

Drwy gyfrwng yr ymadrodd 'without a tenant', grymusir y ddelwedd o'r gadair wag, ac o golled ddiwylliannol, gan ddelwedd o wacter ysbrydol. At hyn dyfnheir arwyddocâd y gadair farddol wag hon o'i hystyried yng nghyd-destun y ffaith na all Thomas farddoni yn Gymraeg. Cadair yw hon, felly, sy'n symbol o'r ing a'r tensiwn poenus wrth wraidd bywyd a barddoniaeth R. S. Thomas.[57] A diddorol yw nodi sut y dygir ynghyd y llenyddol a'r crefyddol mewn dull yr un mor ddramatig mewn cyfeiriad arall gan Thomas at Hedd Wyn. Yn 'Ystrad Fflur (Strata Florida)' cais y bardd wrando ar 'a mossed voice/ beyond our dimensions' (*EA*, 54). Delwedd yw hon sy'n sicr o ddwyn i gof gwpled enwog Hedd Wyn, 'A daw o'r hesg gyda'r hwyr/ Hanes tu hwnt i synnwyr', a ymddengys, yn arwyddocaol, yn ei awdl 'Ystrad Fflur'.[58] Sicrhawyd enwogrwydd cwpled Hedd Wyn gan T. H. Parry-Williams, a'i canmolodd yn hael, fel y nododd Alan Llwyd, yn *Elfennau*

Barddoniaeth (1935) fel enghraifft o 'eiriau sydd fel petaent wedi bod gyda'i gilydd erioed'.[59] Yn wir, aeth Parry-Williams mor bell â chynnig y llinellau fel esiampl o '[g]readigaeth lenyddol wir fawr ac athrylithgar'.[60] Cryfheir y cysylltiad rhwng cerdd R. S. Thomas ac awdl Hedd Wyn gan y ffaith fod y bardd yn y ddau achos yn Ystrad Fflur yng nghwmni ffigwr rhithiol ac enigmatig (diau fod ffigwr Thomas i'w gyplysu hefyd â'r 'familiar compound ghost' yn 'Little Gidding' T. S. Eliot[61]).

Y mae'r adlais o gwpled Hedd Wyn yn 'Ystrad Fflur (Strata Florida)' yn enghraifft dda o gyfeiriadaeth lenyddol Gymraeg a phrofiadau crefyddol y bardd yn dod ynghyd yn ddramatig. Y mae hon yn fan cyfarfod hollbwysig yng ngwaith R. S. Thomas ar ei hyd. Ceir yn y ddau gyd-destun ymdrech i groesi ffiniau, i sefydlu perthynas â dimensiynau eraill, i ymgydnabod ag arallrwydd pwerus ac i 'ym-wrando â lleisiau/ Ar ddisberod', chwedl Waldo Williams.[62] Yn wir, ni ellid wrth well diffiniad o natur cyfeiriadaeth lenyddol na'r llinellau hynny o 'Ystrad Fflur (Strata Florida)' – 'when/ to listen to a mossed voice/ beyond our dimensions'. A diddorol yn y fan hon yw holi i ba raddau y gellir gweld 'The Message' o'r gyfrol *Destinations* – 'A message from God/ delivered by a bird/ at my window, offering friendship' – fel cerdd sy'n chwarae â chonfensiwn a nodweddion y cywydd llatai:

> Listen. Such language!
> Who said God was without
> speech? Every word an injection
> to make me smile. Meet me,
> it says, to-morrow, here
> at the same time and you will remember
> how wonderful to-day
> was. (*D*, 7)

Pwyntiau yw'r rhain sy'n ategu haeriad M. Wynn Thomas fod 'y cerddi crefyddol yn mynegi Cymreictod y bardd ar hytraws'.[63] Wrth asesu fel hyn y rôl a chwaraea llenyddiaeth Gymraeg yng ngherddi crefyddol R. S. Thomas, pwysig yw tynnu sylw yn ogystal at gerdd megis 'Ffynon [*sic*] Fair (St Mary's Well)', sy'n enghraifft drawiadol o'r cyfuniad ar lefel strwythur neu *genre*:

> They did not divine it, but
> they bequeathed it to us:
> clear water, brackish at times,
> complicated by the white frosts
> of the sea, but thawing quickly.

Ignoring my image, I peer down
to the quiet roots of it, where
the coins lie, the tarnished offerings
of the people to the pure spirit
that lives there, that has lived there
always, giving itself up
to the thirsty, withholding
itself from the superstition
of others, who ask for more. (*LS*, 45)

Y mae'n bur debyg mai'r ffynnon a ddisgrifir yma yw honno islaw Mynydd Mawr, Aberdaron – ffynnon y byddai pererinion yn ymweld â hi cyn croesi i Ynys Enlli.[64] Goleuir y llinellau 'clear water, brackish at times,/ complicated by the white frosts/ of the sea, but thawing quickly' gan yr hyn a ddywedir gan Francis Jones yn ei astudiaeth ar ffynhonnau Cymru ynghylch hynodrwydd y ffynnon hon: 'The tide covers it at the flow, but it is uncovered at the ebb when its waters are clear and pure.'[65] (Fe'n hatgoffir yma o ddisgrifiad David Jones o'i ymweliad cyntaf â Chymru, a'r modd y'i cyfareddwyd yn Llandrillo-yn-Rhos gan gapel y sant, 'with its well of fresh water springing so near the salt sea-margin'.[66]) Ac yng nghyd-destun cyfeiriad R. S. Thomas at 'ofergoeliaeth' diau ei bod yn werth nodi'r chwedl a gysylltir â'r ffynnon:

A folk-tale concerning its origin relates that a beautiful lady once desired to obtain a very important 'wish': after sunset she was visited by 'a strange lady' who told her that her wish would be gratified if she descended to the well, ascended the steps carrying the water, and walked around the church once without losing a single drop.[67]

Cerdd yw 'Ffynon [*sic*] Fair (St Mary's Well)' sy'n dychwelyd *ad fontes*, at y ffynonellau a'r gwreiddiau, mewn sawl ffordd – yn hanesyddol a thrwy lên gwerin, fel y gwelsom, yn ogystal ag yn eirdarddol, yn llenyddol, a hyd yn oed yn llythrennol. Ar lefel etymolegol, dichon fod peth o arlliw tarddiad Lladin y gair 'complicate' (com- + *plicare*, 'plygu') ar y darlun o batrymau'r iâ yn y ffynnon – 'complicated by the white frosts/ of the sea'. 'I peer down/ to the quiet roots of it', medd Thomas. Ar lefel lythrennol dwg y llinellau hyn i gof 'Personal Helicon' Seamus Heaney ('As a child, they could not keep me from wells'), a'i delweddau cofiadwy – 'When you dragged out long roots from the soft mulch/ A white face hovered over the bottom', 'to pry into roots .../ To stare, big eyed Narcissus, into some spring'.[68] Y mae cymryd dwy linell R. S. Thomas ar lefel drosiadol, a'u cyplysu â'r pwyslais ar y ffynnon fel cymynrodd ('they bequeathed it to us'), ac â'r cyfeiriad hwnnw at edrych y tu hwnt i'r hunan ('Ignoring my image'), yn ein cymell i ystyried y gerdd fel rhan o'r traddodiad hwnnw sy'n ymestyn yn ôl i'r Oesoedd Canol ac at y cerddi hynny gan y Cywyddwyr i ffynhonnau a saint.[69] Gan hynny cymer cerdd R. S. Thomas ei lle yn naturiol ochr yn ochr â cherddi modern eraill sy'n ddatblygiad ar y traddodiad hwn, megis 'Ffynnon Bryn Refail' a 'Ffynnon Grandis' Einir Jones (lle y sonnir am 'y sbring fyw/ yno o hyd,// yn barddoni'n feddal/ dan y gwymon/ ac yn creu llinynnau/ o eiriau anynganedig')[70] a 'St. Winefride's Well' Gillian Clarke.[71] Y mae'r olaf yn ei thro yn ein hatgoffa o le Gerard Manley Hopkins a gweithiau megis ei gerdd, 'The Leaden Echo and the Golden Echo', a'i ddrama fydryddol, 'St. Winefred's Well', yn yr olyniaeth farddol hon.[72] (Gwyddys bod Hopkins, ym mis Mehefin 1875, wedi torri allan o rifyn o'r *Montgomery Mercury* gopi o gywydd Tudur Aled i Wenfrewi a'i ffynnon, ynghyd â chyfieithiad a sylwebaeth arno.[73]) Ac y mae disgrifiad Hopkins o'r gysegrfan wyrthiol yn ei ddyddlyfr (8 Hydref 1874) yntau yn gychwyn taith *ad fontes*:

> The strong unfailing flow of the water and the chain of cures from year to year all these centuries took hold of my mind with wonder at the bounty of God in one of His saints, the sensible thing so naturally and gracefully uttering the spiritual reason of its being (which is all in true keeping with the story of St. Winefred's death and recovery) and the spring in place leading back the thoughts by its spring in time to its spring in eternity: even now the stress and buoyancy and abundance of the water is before my eyes.[74]

Agwedd bellach ar gydberthynas y llenyddol a'r crefyddol ym marddoniaeth R. S. Thomas yw'r enghreifftiau hynny o gyfuno adlais o'r traddodiad llenyddol Cymraeg â chyfeiriad beiblaidd. Y mae'r gerdd 'Zero' yn enghraifft dda:

> What time is it? . . .
>
>   Is it
> that time when Aneirin
>   fetched the poem out of his side
> and laid it upon the year's altar
>   for the appeasement of envious
> gods? (*EA*, 20)

Fel y nododd Brian Morris ac Elaine Shepherd, y mae'r archoll yn yr ystlys yn ddelwedd y dychwel R. S. Thomas ati droeon yn ei waith,[75] a cheir clwstwr pwysig o enghreifftiau yn y cyfrolau a gyhoeddodd Thomas yn ystod y 1970au.[76] Drwy amrywio'r pwyslais a'r cyd-destun ym mhob achos, dygir ynghyd adleisiau o hanes creu Efa yn Genesis, hanes y milwr yn gwanu ystlys Crist ar y groes a hanes Didymus/ Thomas yn rhoi ei law yn ystlys y Crist atgyfodedig. Yn 'Zero' gosodir y ddelwedd mewn cyd-destun llenyddol, ac esgorir ar linynnau cyswllt ychwanegol sy'n ein tywys o'r Hengerdd a'r *Gododdin* at eiriau Pantycelyn yn ei gyflwyniad i *Bywyd a Marwolaeth Theomemphus* – 'Fe redodd y llyfr hwn allan o'm hysbryd fel dwfr o ffynnon, neu we'r pryf copyn o'i fol ei hun'[77] – a hefyd at hoff linellau R. S. Thomas o waith Yeats:[78] 'Locke sank into a swoon;/ The Garden died;/ God took the spinning-jenny/ Out of his side.'[79]

Y mae hyn yn ein harwain at bwynt hollbwysig ynghylch ffurf a phatrwm cyfeiriadaeth R. S. Thomas. Gwelir nifer yr adleisiau llenyddol Cymraeg yn gostwng yn y cyfrolau sy'n dilyn *Not That He Brought Flowers* (1968) – fel y byddid yn disgwyl, efallai, o ystyried y symudiad yn y farddoniaeth tuag at yr haniaethol-grefyddol yn ystod y cyfnod hwn. Ond dychwela'r cyfeiriadau yn dew ac yn aml yn y farddoniaeth ddiweddarach, yn rhannol yn sgil ysgogiad hunangofiannol y 1980au. Dylid pwysleisio, serch hynny, nad yw'r gyfeiriadaeth Gymraeg yn darfod o bell ffordd ym marddoniaeth y cyfnod 'canol' (hynny yw yn fras, yn y cyswllt hwn, y 1970au); er nad yw cerddi'r cyfnod hwnnw'n frith o adleisiau megis cynt, erys llenyddiaeth Gymraeg yn rym creadigol anwadadwy ynddynt. Ond yn hytrach na llu o gyfeiriadau Cymraeg penodol, yr hyn a welir ym marddoniaeth grefyddol y 1970au a dechrau'r 1980au yw pwyslais cynyddol ar adlais fel delwedd ynddi'i hun. Yn wir, daw'n drosiad canolog yn y cerddi a gais 'olrhain ymylon mudandod', chwedl Saunders Lewis,[80] y *deus absconditus*. Ystyrier, er enghraifft, 'Echoes' – 'Where are you?/ He called, and riding the echo/ The shapes came' (*H'm*, 4); 'The Tool' – 'So there was nothing?/ Nothing. An echo?/ Who spoke?' (*LS*, 11); ac yn arbennig 'Waiting':

> Young
> I pronounced you. Older
> I still do, but seldomer
> now, leaning far out
> over an immense depth, letting

> your name go and waiting,
> somewhere between faith and doubt,
> for the echoes of its arrival. (*F*, 32)[81]

Eir gam ymhellach yn 'Questions': 'The message is . . . Wait./ Are you sure? An echo?/ An echo of an echo?' (*LP*, 193) – ac fe'n temtir i ofyn a yw delweddaeth cerdd Williams Parry, 'Mae Hiraeth yn y Môr' – 'cwyna'r gwynt,/ Gan ddeffro adlais adlais yn y brwyn,/ Ac yn y galon atgof atgof gynt' – yn bresenoldeb yn y cefndir yn y fan hon.[82] Priodol yn y cyd-destun adleisiol hwn, felly, yw tynnu sylw at ddisgrifiad Thomas, mewn cyfweliad yn 1990, o fardd fel '*antennae* y bobl'[83] – delwedd a ddefnyddiodd hefyd mewn cerdd anghasgledig, 'Question', a gyhoeddwyd yn 1961: 'I have stood lonely,/ But not alone./ The long antennae/ Were always busy/ Sifting the air;/ The brain's small cells/ Filled with honey/ Of flowers not mine.'[84]

Ni ddylid anghofio bod i'r berthynas hon rhwng y llenyddol a'r crefyddol ddimensiwn politicaidd grymus. Y mae cyfeiriadaeth Gymraeg R. S. Thomas yn fodd i grisialu'r ymdeimlad o argyfwng sy'n ym-dreiddio drwy waith y bardd, a hynny drwy ganolbwyntio sylw ar ffaith benodol – fod gan Gymru lenyddiaeth wironeddol fawr nad oes iddi lais yn y deyrnas 'unedig' sydd ohoni. (Yn ei adolygiad ar *The Oxford Book of Welsh Verse*, meddai'r bardd: 'Let it be said on the basis of this book that those who know no Welsh are missing something; they are culturally deprived.'[85]) Mynych y crybwylla R. S. Thomas gysyniad crefyddol Eliot, 'the intersection of the timeless with time', ond diau mai trosiad mwyaf llwyddiannus Thomas ar ei gyfer yw'r ffaith hon mai yn anaml, os o gwbl, y llwydda llenyddiaeth Gymraeg i groesi trothwy'r ymwybyddiaeth Brydeinig fodern:

> O, but God is in the throat of a bird;
> Ann heard Him speak, and Pantycelyn.
> God is in the sound of the white water
> Falling at Cynfal. God is in the flowers
> Sprung at the feet of Olwen, and Melangell
> Felt His heart beating in the wild hare. (*M*, 10)

I ddarllenwyr o'r tu allan i'r traddodiad Cymraeg, miwsig geiriol yn unig yw 'Cynfal', 'Melangell', ac, i raddau llai, Olwen. (Yn yr adolygiad hwnnw ar *The Oxford Book of Welsh Verse* gresyna Thomas: 'to the non-Welsh speaker, names such as Tudur Aled and Dafydd Nanmor merely give the impression of whistling to keep our courage up.'[86]) Ac mewn corff o waith sydd mor aml yn ymwneud, megis gwaith Eliot, ag 'eiliadau diamser', y mae'r miwsig geiriol hwnnw, yn rhyfedd ddigon, yn dra addas. Y mae methiant i ddeall iaith yn drosiad ardderchog ar gyfer colli ymwybyddiaeth o'r duwdod. Cyfeiriodd Gwenallt yn 'Ar Gyfeiliorn' (gan adleisio Eliot) at 'wybod y geiriau heb adnabod y Gair',[87] ond yma fe'n hwynebir â methiant i 'wybod y geiriau' hyd yn oed. Y mae hyn yn un o strategaethau cyfeiriadau llenyddol amlieithog Eliot yn *The Waste Land* – ac, megis Eliot, dichon y gellid dweud bod R. S. Thomas yn euog yn y cyswllt hwn o uniaethu'n hunangyfiawn iechyd diwylliannol neu grefyddol â gallu i adnabod a dehongli adleisiau llenyddol. Ond y mae methiant i ddwyn i gof y darlun trawiadol hwnnw o Olwen yn y chwedl ganoloesol, er enghraifft, yn sicr yn gyfle a gollwyd. Neu meddylier am gyfoeth y cyfeiriad hwnnw at 'the white water/ Falling at Cynfal'. Yr hyn a ddaw i'r meddwl yn gyntaf yw Rhaeadr Cynfal, a'r modd y mae'n creu olwyn chwyrlïol o ewyn yn y rhan hon o'r afon.[88] Gellir ychwanegu at hyn gysylltiadau llenyddol yr enw Cynfal – â Huw Llwyd (y mae ei 'bulpud' enwog nid nepell o'r rhaeadr), â Morgan Llwyd, a hefyd â'r Bedwaredd Gainc. Ar lan yr afon hon, fe gofir, y trywanwyd Lleu Llaw Gyffes gan waywffon Gronw Pebr ('"A reit oed uot blwydyn yn gwneuthur y par . . . a heb gwneuthur dim o honaw, namyn pan uythit ar yr aberth duw Sul"'[89]), ac y lladdwyd Gronw gan Leu ar ddiwedd y chwedl. Diddorol yw gweld bod Thomas yn 'Eheu! Fugaces', o'r gyfrol *The Way of It* (1977), yn cyfeirio'n uniongyrchol at y rhan hon o'r chwedl: 'One year for Llew the spear/ was in the making, for us/ how many the viruses/ that will finish us off?' (*WI*, 15). Heb amheuaeth, y mae anallu i glywed llais cuddiedig o unrhyw fath yn yr ymadrodd 'the white water/ Falling at Cynfal' yn golled bur ddifrifol.

* * * *

(ii) *Trawsffurfiadau*

Gellir ehangu'r drafodaeth yn y fan hon drwy graffu ar y modd dramatig a dadlennol y mae rhai adleisiau llenyddol yng ngwaith R. S. Thomas yn trawsffurfio, yn ailddehongli a hyd yn oed yn cyfuno eu ffynonellau, gan adlewyrchu gwirionedd diffiniad Coleridge o'r dychymyg barddonol – 'it dissolves, diffuses, dissipates, in order to re-create'.[90] Cymerwn i ddechrau yr enghraifft gynnil hon yn 'On Hearing a Welshman Speak':

> Dafydd reproves his eyes'
> Impetuous falconry
> About the kneeling girl. (*PS*, 16)

Ceir cymhares i'r ddelwedd hon yn 'Chapel Deacon', a ymddengys ochr yn ochr â'r gerdd 'On Hearing a Welshman Speak' yn y gyfrol *Poetry for Supper* – 'Who put that crease in your soul,/ Davies . . .?/ . . . Who taught you to pray/ And scheme at once . . .?' (*PS*, 17). Ond y mae'r cyfeiriad at Ddafydd ap Gwilym yn llygadu'r ferch wrth iddi weddïo yn gyfoethocach delwedd o lawer. Disgrifiad ydyw sy'n gryptig ac eto'n gynhwysfawr. Cyfunir ynddo'n sionc nifer o gerddi – un gan Ddafydd ap Gwilym ei hun, ynghyd â'r marwnadau a ganwyd i Ddafydd gan dri o feirdd amlycaf ei oes. Adleisia llinell gyntaf ac olaf R. S. Thomas gerdd Dafydd i ferched Llanbadarn –

> Ni bu Sul yn Llanbadarn
> Na bewn, ac eraill a'i barn,
> Â'm wyneb at y ferch goeth
> A'm gwegil at Dduw gwiwgoeth.
> A gwedy'r hir edrychwyf
> Dros fy mhlu ar draws fy mhlwyf . . . [91]

– gyda'r gair 'reproves' yn adleisio'r llinellau hynny ar ddiwedd y gerdd lle y mae Dafydd ap Gwilym yn ei geryddu ei hun yn ysmala:

> Rhaid oedd ym fedru peidiaw
> Â'r foes hon, breuddwydion braw.
> Ys dir ym fyned fal gŵr
> Yn feudwy, swydd anfadwr.
> O dra disgwyl, dysgiad certh,
> Drach 'y nghefn, drych anghyfnerth,
> Neur dderyw ym, gerddrym gâr,
> Bengamu heb un gymar.[92]

Ond y mae ail linell y dyfyniad o 'On Hearing a Welshman Speak' – 'Impetuous falconry' – yn dwyn ynghyd ddisgrifiadau Iolo Goch, Madog Benfras a Gruffudd Gryg o Ddafydd ap Gwilym yn eu marwnadau iddo: 'Hebog merched Deheubarth', 'Da hebog doeth . . ./ Deheubarth', 'penceirddwalch'.[93] Ac felly, rhwng dau adlais o gerdd

---

serch enwog Dafydd fe ddaw, fel hebog i ganol y colomennod, gyfeiriad at farwolaeth – angau'r bardd ei hun. Yng ngeiriau Dafydd ap Gwilym – 'Gwae ni . . ./ . . . fyrred yr haf'.[94]

Ceir thema debyg mewn cerdd arall gan R. S. Thomas sy'n ymateb yn greadigol i ffynhonnell Gymraeg – cerdd i'w fab ei hun, 'Song for Gwydion':

> When I was a child and the soft flesh was forming
> Quietly as snow on the bare boughs of bone,
> My father brought me trout from the green river
> From whose chill lips the water song had flown.
>
> Dull grew their eyes, the beautiful, blithe garland
> Of stipples faded, as light shocked the brain;
> They were the first sweet sacrifice I tasted,
> A young god, ignorant of the blood's stain. (*AL*, 9)

Dyma gerdd a ganwyd i fab y bardd, ac sy'n rhwym o ddwyn i gof y darllenydd Cymraeg ddisgrîfiad yr 'hwîangerdd' enigmatig honno yn *Llyfr Aneirin*, 'Pais Dinogad', o dad y plentyn ifanc yn hela ar y mynydd ac ar yr afon:

> Peis dinogat e vreith vreith.
> o grwyn balaot ban wreith . . .
> pan elei dy dat ty e helya;
> llath ar y ysgwyd llory eny law.
> ef gelwi gwn gogyhwc.
> giff gaff. dhaly dhaly dhwc dhwc.
> ef lledi bysg yng corwc.
> mal ban llad. llew llywywc.
> pan elei dy dat ty e vynyd.
> dydygei ef penn ywrch penn gwythwch penn hyd.
> penn grugyar vreith o venyd.
> penn pysc o rayadyr derwennydd.[95]

Bu i'r rheithor ifanc ym Manafon, a arferai bysgota am y brithyllod niferus yn afon Rhiw (*Neb*, 42), gofio'r hwiangerdd, y mae'n amlwg. Yn wir, cyfeiria Thomas ati'n uniongyrchol yn ei ddarlith, *Wales: A Problem of Translation*: 'Is poetry translatable? I wouldn't undertake lightly to translate Jaberwocky [*sic*] into Welsh any more than I would Pais Dinogad into English' (*WPT*, 12).[96] Fe'n trewir yn syth wrth gyfosod 'Song for Gwydion' â 'Pais Dinogad' gan y tebygrwydd o ran naws –

nid yn unig o ystyried tynerwch prydferth y ddisgrifiadaeth ond hefyd o ran yr elfen dywyll, fygythiol o dan yr wyneb. Meddylier yn arbennig am ail bennill 'Song for Gwydion' ac am y cyfeiriad gwaetgar ar ddiwedd yr hwiangerdd at y ffaith mai'r unig greaduriaid a chanddynt unrhyw obaith o ddianc rhag tad Dinogad oedd y rhai adeiniog:

> or sawl yt gyrhaedei dy dat ty ae gicwein
> o wythwch a llewyn a llwyuein.
> nyt anghei oll ny uei oradein.[97]

Megis Gwydion, yr oedd Dinogad yntau'n 'ignorant of the blood's stain'. Dichon fod yn yr hwiangerdd hefyd awgrym nad gwaed anifeiliaid yn unig a gollwyd. Perthnasol yw crybwyll yn y fan hon ddehongliad R. L. Thomson o 'Pais Dinogad', a seiliwyd ar ddefnydd y gerdd o'r amser amherffaith: 'ymhlygiad yr amherffaith yw na wna [y tad], neu na all wneud bellach, yr hyn a arferai ei wneud . . . [T]rewir nod tristach yma na'r "delightful cradle song", neu'r "gerdd hyfryd iawn" a "luniwyd . . . gan fardd llys i ryngu bodd ei arglwyddes".'[98] Ac fel y dywed Marged Haycock wrth drafod y sawl sy'n llefaru yn y gerdd:

> 'Hi' a ddewisodd beidio â chyfeirio'n uniongyrchol at farwolaeth y tad, er bod y defnydd cynyddol o'r amser amherffaith yn arwain at y casgliad anochel na ddaw'r heliwr fyth yn ei ôl. 'Hi' a ddarparodd elfen ddeniadol o naratif ar gyfer y crwt, a mynegi'r cwbl yn iaith y feithrinfa – y dynwared synau, a'r mynych ailadrodd geiriol a chystrawennol.[99]

Yng ngherdd R. S. Thomas y mae cyfuniad crefftus o'r cartrefol a'r cythryblus, y tyner a'r treisiol, yn ein cyrraedd drwy gyfrwng peth o'r farddoniaeth Gymraeg gynharaf.[100] Dwyséir yn y modd hwn ddarlun Thomas yn 'Song for Gwydion' o ddiniweidrwydd a chwelir.[101] Wrth wraidd y ddrama yn y ddwy gerdd, wrth gwrs, y mae'r ffaith fod y beirdd yn mabwysiadu personae arbennig – y fam neu'r nyrs yn 'Pais Dinogad' ac, er gwaethaf y teitl 'Song *for* Gwydion', y mab bychan ei hun yng ngherdd R. S. Thomas.

Cerdd yw 'Song for Gwydion' sydd wedi apelio'n gryf at y beirniad Barbara Hardy. Ni chrybwyllir 'Pais Dinogad' o gwbl ganddi, ond tra diddorol yw ei gweld yn gosod 'Song for Gwydion' yng nghyd-destun perthynas R. S. Thomas â llenyddiaeth Gymraeg: 'It has a marked balance and antithetical structure, and a delighted natural imagery, which link it with some of R. S. Thomas's beautiful translations from

Welsh, like "Night and Morning" and "The Cry of Elisha after Elijah".[102] Y mae pwynt dilynol Hardy yn un allweddol: 'I suggest that he may be most Welsh when he is least nationalist. "Song for Gwydion" is a regional poem – historically, culturally, even geographically – of a most subtle kind.'[103] Gellid ychwanegu 'allusively' at y rhestr honno, bid sicr, a hefyd nodi bod gwreiddiau 'Pais Dinogad' yn yr Hen Ogledd yn ychwanegu dimensiwn pellach at 'Gymreigrwydd' 'Song for Gwydion'.[104] Y mae sylwadau Hardy (Cymraes nad yw'n medru'r Gymraeg) yn codi sawl pwynt creiddiol ynghylch ymateb darllenwyr di-Gymraeg i Gymreictod R. S. Thomas fel y'i mynegir drwy gyfrwng ei gyfeiriadaeth lenyddol – pwnc y cawn ddychwelyd ato maes o law.

Enghraifft arall dda o ymateb creadigol i ffynhonnell lenyddol yw'r gerdd 'Taliesin 1952'. Ynddi y mae'r bardd chwedlonol yn datgan –

> I have been all men known to history,
> Wondering at the world and at time passing;
> I have seen evil, and the light blessing
> Innocent love under a spring sky.

Ac fe honna: 'I have been Merlin wandering in the woods/ Of a far country', 'I have been Glyn Dŵr set in the vast night,/ Scanning the stars for the propitious omen', 'I have been Goronwy, forced from my own land/ To taste the bitterness of the salt ocean' (*SYT*, 105). Er bod hyn oll, fe ddichon, yn ein hatgoffa o Tiresias T. S. Eliot ('And I Tiresias have foresuffered all'[105]) – ac o sawl enghraifft arall mewn llenyddiaeth Fodernaidd yn gyffredinol sy'n cyfuno'r presennol a'r gorffennol, myth a realiti – y mae'n amlwg, er hyn, mai o ffynonellau Cymraeg tra phenodol y tardd thema gynhaliol cerdd R. S. Thomas. Y mae'r 'I have been . . . I have been . . .' fformwläig, a'r mwysair gwych 'by turns' ar ddiwedd y gerdd, yn adleisio'r testunau Cymraeg hynny sy'n sôn am drawsffurfiadau gwyrthiol y Taliesin chwedlonol. Cymerer, er enghraifft, ran o'r gerdd 'Angar Kyfyndawt' o *Lyfr Taliesin*:

> Eil gweith ym rithat. bum glas gleissat.
> bum ki bum hyd. bum iwrch ymynyd.
> bum kyff bum raw. bum bwell yn llaw.
> bum ebill yg gefel. blwydyn a hanner.
> bum keilyawc . . . bum amws . . . bum tarw . . . bum bwch.[106]

Yng ngherdd R. S. Thomas cydir hyn wrth bwyslais ar ymrithiadau

Taliesin ar hyd y canrifoedd – dimensiwn sy'n dwyn i gof rai o honiadau ymffrostgar y cymeriad yn *Llyfr Taliesin* ac yn yr hyn a ddywed wrth Maelgwn Gwynedd yn *Ystoria Taliesin*:

> Myui a uum gida'm Neer
> ynn y goruchelder
> Pan gwympiodd Luwshiffer
> i vfern ddyuynder.
> Myui a vu[m] yn arwain manner
> ymlaen Alexsander . . .
> Myui a vum ar vann krog
> Mab Duw Duw drugarog;
> Myui a vum dri chyuynod
> mewn karchar Arianhrod;
> Myui a vu[m] ynn yr arka
> gida Noe ac Alffa;
> A myui a welais ddiua
> Sodom a Gomora . . .[107]

Haedda rhai o fanylion cerdd R. S. Thomas sylw penodol. Er enghraifft, nid ar hap y cysylltir Taliesin a Myrddin yn y fan hon. Fel y cyhoedda'r Taliesin chwedlonol ei hun – 'Johannes Ddewin a'm gelwis i Merddin./ Bellach pob brenin a'm geilw Taliesin.'[108] Y mae'r darlun o Owain Glyndŵr, 'Scanning the stars for the propitious omen', yn ein hatgoffa o gyfeiriadau'r beirdd at 'seren Owain' – y seren gynffon a welwyd yn 1402 ac a ddehonglwyd fel rhagfynegiant o lwyddiant gwrthryfel Glyndŵr.[109] A chan mai Taliesin sy'n siarad yng ngherdd Thomas, diau nad amherthnasol yma yw gwybodaeth gosmolegol helaeth y cymeriad chwedlonol hwn, a haera yn *Ystoria Taliesin*, er enghraifft: 'A myui a wn hennwau'r seer/ o ogleedd hyd awsder.'[110] (Daw i gof haeriad Taliesin yng ngherdd Vernon Watkins, 'Taliesin and the Mockers': 'I saw black night/ Flung wide like a curtain./ I looked up/ At the making of stars.'[111]) At hyn sylwn fod ailddehongliad R. S. Thomas yn modern-eiddio'r darlun ac yn ystyried brolio'r Taliesin chwedlonol o bersbectif yr ugeinfed ganrif, gan alluogi'r cymeriad i ymrithio'n ffigyrau o'r Oesoedd Canol a'r cyfnod modern. Sylwn hefyd mai *dioddefaint* y ffigyrau hynny o'r gorffennol a bwysleisir yn 'Taliesin 1952'. Crwydra Myrddin 'in the woods/ Of a far country', ei feddwl wedi ei chwalu 'By sudden acquaintance with man's rage' (cyfeiriad, wrth gwrs, at wall-gofrwydd Myrddin yng Nghoed Celyddon wedi brwydr Arfderydd); caiff Owain Glyndŵr ei felltithio gan 'the crazed women/ Mourning their dead'; profa Goronwy Owen 'exile and a wild passion/ Of longing changing to a cold ache' (*SYT*, 105). Yr un yw'r darlun, a'r dechneg, ym mhennill cyntaf y gerdd arall gan R. S. Thomas a ddatgenir gan y Taliesin chwedlonol, 'Lines for Taliesin' (1949): 'I was at Catraeth, dazed with the grey mead/ Like my lean countrymen. I saw them bleed/ On the broad English plain, and heard their prayers/ Falling unanswered on the indifferent air.'[112] Ond y mae'r cywair yn newid wrth i'r gerdd anghasgledig hon fynd rhagddi:

> I was with Owain at Bryn Glas and knew
> The frenzy of the victor. Swift winds blew
> The storm clouds eastward, and my country lay
> Chaste as a maid, asleep in the moon's ray.

Y mae'r ysbryd cenedlaethol yn dal ynghwsg, dywed Taliesin ar ddiwedd y gerdd – 'But dawn approaches, and Rhiannon's birds/ Are busy in the woods. Hush! She has heard' – llinellau sydd i'w cydio wrth ddiweddglo'r gerdd 'Welsh History' fel y'i ceir yn *An Acre of Land*: 'we will arise/ And greet each other in a new dawn' (*AL*, 23).[113] Eir gam ymhellach ar ddiwedd 'Taliesin 1952', wrth i ddisgrifiadau'r Taliesin chwedlonol o ddioddefaint Myrddin, Glyndŵr a Goronwy Owen droi yn weledigaeth o ddadeni diwylliannol ac yn sialens fodern bwerus:

> King, beggar and fool, I have been all by turns,
> Knowing the body's sweetness, the mind's treason;
> Taliesin still, I show you a new world, risen,
> Stubborn with beauty, out of the heart's need. (*SYT*, 105)

Diddorol iawn yng ngoleuni cyfoesedd y darlun hwn o'r Taliesin chwedlonol, felly, yw nodi sut y bu i R. S. Thomas, mewn adolygiad yn 1947 ar *Break in Harvest and Other Poems* Roland Mathias, dynnu sylw at gerdd yn y gyfrol honno sy'n ymwneud â'r Taliesin chwedlonol (yn ei ymgnawdoliad fel Gwion Bach):

Mr Mathias is eclectic in that he has incorporated much of the style, phraseology, and imagery of his contemporaries; at the same time he shows signs of striving after individuality. The result, as with many other young poets of the day, is a misty or blurred effect, which only succeeds with certain themes that are themselves clouded by their remoteness in time, as for instance, 'The Lament of Little Gwion' . . . Let [Mathias] give more play to his national consciousness . . . If, then, Mr Mathias will give us more poems on subjects such as 'The Bearers,' or even 'Gwion Bach,' and less about those dusty English villages and hills where no kites are to be heard 'mewing,' we shall look forward with pleasure to another volume at a later date.[114]

Eithr nid ffigwr 'clouded by . . . remoteness in time' yw Taliesin R. S. Thomas. Y mae i'r modd yr eir ati i 'ddiweddaru' ei ymrithiadau, a'r pwylsais ar ddioddefaint y ffigyrau a ddewiswyd yn y cyswllt hwn – Myrddin, Owain Glyndŵr, Goronwy Owen – rym politicaidd cyfoes. Dyma ymrithiadau sy'n fynegiant dramatig o ymwybyddiaeth ddiwyll-iannol ysig. Er nad yw arwyddocâd y dyddiad yn nheitl cerdd R. S. Thomas mor benodol-wleidyddol ag yn achos 'Easter 1916' Yeats neu 'Spain 1937' Auden, eto i gyd y mae'r defnydd o deitl o'r fath yn sicr yn fodd i gadarnhau'r cyd-destun politicaidd. Perthnasol ar yr ochr Gymraeg, wrth gwrs, yw cerdd megis 'Cymru 1937' R. Williams Parry – a ymetyb, megis 'Taliesin 1952', i ddioddefaint arweinwyr y genedl (carchariad Saunders Lewis, Lewis Valentine a D. J. Williams yn sgil llosgi'r ysgol fomio ym Mhenyberth yn y cyswllt hwn) ac sydd hithau'n cynnig gwelediagaeth o fyd newydd, 'risen,/ . . . out of the heart's need', chwedl Thomas: 'Cymer i fyny dy wely a rhodia, O Wynt,/ . . . Dyneiddia drachefn y cnawd a wnaethpwyd yn ddur,/ Bedyddia'r dihiraeth â'th ddagrau, a'r doeth ail-gristia.'[115]

Agwedd arall ar arwyddocâd cyfoes portread R. S. Thomas o'r Taliesin chwedlonol yw'r dylanwad posibl o du llenorion modern eraill arno yn y cyswllt hwn. Y mae'n annhebygol y byddai Thomas, ar ddechrau ei yrfa, wedi cywain pob un o'i ffynonellau Cymraeg yn uniongyrchol o'r testunau gwreiddiol. Pwysig felly yw ystyried rôl gyfryngol awduron Eingl-Gymreig eraill – a *chyfoesedd* dramatig eu dehongliad o anfarwoldeb a hollbresenoldeb y Taliesin chwedlonol yn arbennig. Er enghraifft, diau y buasai R. S. Thomas yn gyfarwydd â'r darn hwnnw o *In Parenthesis* David Jones lle'r ymrithia Dai yn ei 'Fost' enwog yn Daliesin modern sy'n haeru:

> I was with Abel when his brother found him,
> under the green tree.
> I built a shit-house for Artaxerxes.
> I was the spear in Balin's hand
> that made waste King Pellam's land.
> I took the smooth stones of the brook,

I was with Saul
playing before him.
I saw him armed like Derfel Gatheren.[116]

Neu dyna ddefnydd diddorol Edward Thomas o'r Taliesin chwedlonol yn ei gyfrol *Beautiful Wales* (1905). Mewn llythyr at gyfeilles yn 1969, meddai R. S. Thomas: 'I used to read a lot of Edward Thomas' prose, when I was younger, but somehow no longer read it now, only his poetry.'[117] Priodol felly yw cyfeirio at y portread yn *Beautiful Wales* (cyfrol y byddir maes o law yn archwilio'n fanylach ei dylanwad diymwad ar feddwl a dychymyg R. S. Thomas) o'r ysgolfeistr ifanc, Azariah John Pugh – 'He is mainly English and partly Spanish . . . but having a Welsh name, he boasts much of his country, as he has elected to call Wales'.[118] Dyma ŵr sy'n mabwysiadu persona'r Taliesin chwedlonol gan ddatgan, 'as if he were a reincarnation of the bard', ran o gyfieithiad Charlotte Guest o'r gerdd honno lle y cyhoedda Taliesin, yn llys Maelgwn Gwynedd, 'Myui a uum gida'm Neer/ ynn y goruchelder/ Pan gwympiodd Luwshiffer/ i vfern ddyuynder.'[119] 'And it falls strangely', medd Edward Thomas, 'from this wandering voice that calls itself a man . . . Truly, all that has passed, is'.[120] Crybwyllir y Taliesin chwedlonol gan Edward Thomas yn *The South Country* (1909) yn ogystal, lle y cymer ei le yn naturiol ym myfyrdod Thomas ar gyfoesedd y gorffennol. Y mae'n werth dyfynnu'r darn perthnasol yn ei gyfanrwydd:

But because we are imperfectly versed in history, we are not therefore blind to the past. The eye that sees the things of to-day, and the ear that hears, the mind that contemplates or dreams, is itself an instrument of antiquity equal to whatever it is called upon to apprehend. We are not merely twentieth-century Londoners or Kentish men or Welshmen. We belong to the days of Wordsworth, of Elizabeth, of Richard Plantagenet, of Harold, of the earliest bards. We, too, like Taliesin, have borne a banner before Alexander, have been with our Lord in the manger of the ass, have been in India, and with the 'remnant of Troia,' and with Noah in the ark, and our original country is 'the region of the summer stars'. And of these many folds in our nature the face of the earth reminds us, and perhaps, even where there are no more marks visible upon the land than there were in Eden, we are aware of the passing of time in ways too difficult and strange for the explanation of historian and zoologist and philosopher. It is this manifold nature that responds with such indescribable depth and variety to the appeals of many landscapes.[121]

Cymharer hyn â disgrifiad R. S. Thomas yn 'Dau Gapel' (1948) o'r profiad a gafodd wrth ymweld â chapel Maesyronnen:

> Yr oedd yn fore braf ym mis Awst pan euthum yno, a gwynt y dwyrain yn gyrru'r cymylau dros yr wybren las . . . Safai'r capel yn y caeau yng nghanol y glaswellt tonnog, a haenen o gen melyn ar ei do. Yr oedd wedi ei ymylu hefyd â danadl poethion tal, ac wrth ei ochr siglai hen goeden fawr fel un yn plygu i wrando ar y bregeth. Hawdd . . . oedd credu fy mod yn byw ganrifoedd yn gynharach. Gallasai fod yn ddiwrnod cyntaf y cread, a minnau'n un o'r dynion cyntaf . . . Wrth feddwl am y gorffennol paham, tybed, y byddwn mor barod i edrych arno fel pe baem yn syllu ar hyd coridor ac yn cael felly yr argraff o dywyllwch? . . . Ie, yr oedd heulwen a haf ar y wlad pan gerddodd Branwen wrth ochr afon Alaw ym Môn. Fe welodd Glyn Dŵr yntau gysgodion y cymylau yn ffoi o flaen y dwyreinwynt; a chlywodd yr addolwyr cyntaf ym Maesyronnen gri y boncath uwch eu pennau, fel y'i cylwais innau dros ddwy ganrif yn ddiweddarach. Ofer, mi dybiaf, felly, mewn mwy nag un ystyr yw sôn am yr oesoedd tywyll . . . (*PMI*, 39–40)

'Wrth feddwl am y gorffennol paham, tybed, y byddwn mor barod i edrych arno fel pe baem yn syllu ar hyd coridor ac yn cael felly yr argraff o dywyllwch?': diddorol yw perthynas cwestiwn R. S. Thomas â llinell olaf cerdd enwog Edward Thomas, 'Old Man' – 'Only an avenue, dark, nameless, without end'.[122] Y mae'r ddau hyn yn feirdd sy'n myfyrio'n gyson ar y gwahaniaeth rhwng y cof personol a chof y llwyth. O ran cof y llwyth a'r genedl, y mae'n gymwys fod y darn o 'Dau Gapel' â'i ddelwedd o Owain Glyndŵr yn gwylio '[c]ysgodion y cymylau yn ffoi o flaen y dwyreinwynt', yn ein tywys yn ôl yn benodol at Daliesin, ac at y llinellau hynny a ddyfynnwyd eisoes o gerdd Thomas, 'Lines for Taliesin' (a gyhoeddwyd y flwyddyn ddilynol): 'I was with Owain at Bryn Glas and knew/ The frenzy of the victor. Swift winds blew/ The storm clouds eastward.' Ac yng nghyd-destun y pwyslais hwn ar gyfoesedd y gorffennol cenedlaethol fel y'i mynegir drwy gyfrwng ffigwr y Taliesin chwedlonol, nac anghofiwn ychwaith am y gerdd gynnar honno gan R. S. Thomas, 'Hiraeth'. Arwyddocaol mewn cerdd sy'n ail-greu'n fyw blentyndod y bardd yng Nghaergybi yw'r cyfeiriad at bair Ceridwen o Chwedl Taliesin: 'And in the glitter of stars, shoal upon shoal,/ Thicker than bubbles in Ceridwen's bowl,/ The running of the sea under the wind,/ Rough with silver, comes before my mind' (*SF*, 34). Er hyn, o gofio mai dyma'r crochan a roes i Daliesin ei ddoniau barddonol, dichon mai braidd yn *rhy* gyfoes a ffwrdd-â-hi yw'r disgrifiad hwnnw – 'Ceridwen's bowl'. Y mae galw'r pair hwn yn 'bowl' megis gofyn inni ddychmygu cerdd gan Keats 'On a Grecian Vase'.

Ymhlith yr enghreifftiau mwyaf trawiadol o gyfeiriadaeth lenyddol Gymraeg yng ngwaith R. S. Thomas y mae'r gweithiau hynny sydd wedi eu patrymu'n bur fanwl ar fodelau Cymraeg ac sydd ar yr un pryd yn eu haddasu a'u hailddehongli. Gellid gweld y rhain fel darnau lle'r aeth y bardd ati i dalu teyrnged i'r testunau gwreiddiol drwy lunio ei fersiynau ei hun ohonynt. Craffer unwaith eto ar yr ysgrif 'Dau Gapel', a ymddangosodd, fel y gwelsom, yn 1948. Dyma ddarn a seiliwyd ar ysgrif gan T. H. Parry-Williams – 'Dau Le' – a luniwyd yn 1935, ac a gyhoeddwyd yn y gyfrol *Synfyfyrion* yn 1937. Yn 'Dau Le' gwrthgyferbynnir y siom a gafodd Parry-Williams ar ei ymweliad â chapel Soar-y-mynydd â'r profiad ysgytwol o weld y Grand Canyon. '[N]id oedd dim yno', meddir am Soar-y-mynydd, 'ond capel gwag, a thŷ-capel gwacach, ac ystablau gwacach fyth, heb enaid byw yn agos, a mynwent fach o feddau llawn, fel arfer. Yr oedd aroglau ac awyrgylch diwedd-Sul wedi-oedfa capel-gwlad dros bopeth, fel dylanwad anghysegredig bore Llun cyn ei amser yn gweithio'n ôl dros ffin nos Sul.'[123] Cyfosodir y marweidd-dra hwn â'r olygfa ryfeddol yn Arizona: 'Yr oedd aruthredd ac ardderchowgrwydd sydyn yr agen anhygoel hon yn ddieflig o gyfareddol.'[124] Y mae atyniad 'yr enwau pell', dywed Parry-Williams ar ddechrau ei ysgrif, 'Ambell dro . . . yn gryfach rywfodd na galw'r mannau bach diarffordd nes-i-gartref',[125] a haera na chafodd Soar-y-mynydd siawns deg arno –

> a hynny oherwydd fy mod ar y pryd wedi ateb, yn fy mryd a'm penderfyniad a'm paratoadau, alwad arall, a honno gan le gwahanol iawn. Un lle sydd i lywodraethu ar y tro, i gael chwarae teg. Yn gymysg â galwad ddistaw, fain ac anaeddfed Soar-y-Mynydd arnaf, yr oedd un arall haerllug, annistaw ac aeddfed – galwad y Grand Canyon . . . Y mae'n rhaid mai mynd i Soar-y-Mynydd yng nghysgod y Grand Canyon a wneuthum o ddyletswydd, fel petai, yn hytrach nag o orfodaeth.[126]

Ysgrif sy'n gwrthgyferbynnu atyniadau dau le yw'r hyn a geir gan R. S. Thomas yntau. Yn wir, un o'r rheini yw capel Soar-y-mynydd ei hun, a gyfosodir ganddo â chapel Maesyronnen. Diffinnir Maesyronnen yn 'Dau Gapel' fel 'capel yr ysbryd' yn dilyn y profiad cyfriniol a gafodd y bardd ar ei ymweliad â'r fan. Gwêl Thomas yr addolwyr cyntaf 'yn dyfod dros y caeau . . . yn mynd o'r heulwen i dywyllwch y capel', a chlyw 'siffrwd tudalennau'r Beibl a murmur y lleisiau lleddf yn gymysg â'r gwynt' – golygfa sy'n esgor ar weledigaeth: 'Digon yw dweud imi weld nad oes y cyfryw beth ag amser, na dechrau na diwedd, ond bod pob peth yn ffynnon yn tarddu'n ddidor o'r anfeidrol Dduw. Yn ddiamau yr oedd rhywbeth yn y lle a barodd imi deimlo fel yna' (*PMI*, 39). Caiff R. S. Thomas weledigaeth ar ei ymweliad â'r ail gapel, Soar-y-mynydd, yn ogystal, ond fel y pwysleisia, 'Ym Maesyronnen cael cipdrem ar ysbryd dyn; yma gweld enaid math neilltuol ar ddyn, sef enaid y Cymro. Canys dyma, yng nghanol gweundir diarffordd Ceredigion, ffynhonnell y bywyd Cymraeg fel y mae heddiw; ac mewn mannau o'r fath y llunir enaid y gwir Gymro. Os rhaid dewis rhwng y ddau gapel yma, diau fod yn well gennyf yr ail' (*PMI*, 40–1).

Y mae'r cyfatebiaethau rhwng 'Dau Gapel' R. S. Thomas a 'Dau Le' Parry-Williams yn drawiadol. Yn gyntaf, dyna'r modd yr adleisir geiriad 'Dau Le' yn fanwl yn ysgrif Thomas. 'Dau le, dau awyrgylch',[127] medd y naill; 'yr oedd awyrgylch y ddau yn hollol wahanol i'w gilydd', etyb y llall (*PMI*, 38). Ac wrth ddisgrifio Maesyronnen, 'capel yr ysbryd', dywed Thomas – 'Fel Ioan ar Ynys Patmos "yr oeddwn yn yr ysbryd", a chefais weledigaeth, fel y gallwn amgyffred lled a hyd a dyfnder ac uchder dirgelwch y cread' (*PMI*, 39) – darn sy'n adleisio disgrifiad Parry-Williams o'i brofiad ysbrydol ef wrth syllu ar y Grand Canyon: 'Bod yno ar ymyl y dyfnderoedd distaw . . . syllu trwy gydol y dydd heb weld fel y gwelir pethau allanol arferol, ond rhyw weld mewnol, ysbrydol.'[128] '[N]id oes modd disgrifio'r lle', dywed Parry-Williams;[129] 'nid wyf am geisio disgrifio'r profiad mewn geiriau. Ni ellir hynny', medd R. S. Thomas (*PMI*, 39). Y mae dyddiad 'Dau Gapel', 1948, yn arwyddocaol o ystyried y dylanwad digamsyniol hwn. Fel y nododd T. Robin Chapman ynghylch poblogrwydd ffurf yr ysgrif yn y 1940au:

> For eisteddfod committees in search of prose competitions, the form had the virtues of brevity and an endless supply of subject matter. By early in the following decade [y 1940au] competitors were being asked openly to produce volumes *in the style of T. H. Parry-Williams*, literary magazines were filling their pages with the thoughts and fancies of unknown one-work wonders gazing wistfully at teacups and country buses, and the form was rapidly becoming derivative, codified and stale.[130]

Dylid pwysleisio, serch hynny, nad atgynhyrchu 'Dau Le' Parry-Williams, neu ei dynwared yn slafaidd, a wneir yn 'Dau Gapel'. Yn hytrach, gwelir R. S. Thomas yn mynd ati i'w hateb a'i thrawsffurfio. Daw 'Dau Le' i ben wrth i'r awdur ddatgan, 'Bydd, bydd raid imi fynd i Soar-y-Mynydd y tro cyntaf eto, pan fwyf yn fyfi fy hun iawn a phan na bwyf dan hud unlle arall; ac odid na chaf yr adeg honno "brofi o'r gwirionedd sy'n y grug"'.[131] Yn hyn o beth achubir y blaen ar Parry-Williams gan R. S. Thomas yn 'Dau Gapel', ac wrth wneud hynny, achubir hefyd 'gam' Soar-y-mynydd – ac, am y tro, Anghydffurfiaeth yn ogystal. Hud 'yr enwau pell' a gyfareddodd Parry-Williams; etyb R. S. Thomas drwy bwysleisio hud y 'mannau bach diarffordd nes-i-gartref'. Fel y dywedodd Thomas yn ei drafodaeth ar waith Hugh MacDiarmid, 'There are world-wide truths to be learned from staying at home'.[132] Egyr darlun R. S. Thomas o gapel Soar-y-mynydd â disgrifiad sy'n cyfleu'r un gwacter oeraidd ag a brofodd Parry-Williams ar ei ymweliad ef â'r fan: 'Os ebychodd y gwynt o gwbl, yna tewi a wnaeth ar unwaith fel pe [sic] ofnai ei lais ei hun. Nid oedd neb yn y capel, neb yn y tŷ capel ychwaith; yn wir, nid oedd arwydd o fywyd o gwbl, oddi eithr ambell ddafad ar borfa lom y bryniau gerllaw' (PMI, 40). Ond buan y trawsffurfir yr awyrgylch hwn, ynghyd â darlun Parry-Williams yn 'Dau Le' o gapelyddiaeth ferfaidd y lle, gan yr hyn sy'n dilyn yn 'Dau Gapel':

> Ac eto yr oedd cryn ofal am y lle i'w weld ymhobman. Yr oedd y ffenestri'n lân, a lliw dymunol ar y muriau, heb sôn am res o gerrig gwynion o gylch pob gwely blodau. Capel, felly, i bobl wasgaredig y fro a deithiai unwaith yr wythnos o'u cartrefi cudd, anhygyrch i gydaddoli a chydweddïo ennyd, ac adref â hwy wedyn, pob un ar hyd ei lwybr neilltuol ei hun, ac ar ei ferlyn nwyfus, gan fyfyrio'n hir a dwys. (PMI, 40)

O'i gymharu â'r argraff a wnaeth Arucheledd Americanaidd y Grand Canyon ar T. H. Parry-Williams, digynnwrf a di-fflach i'r bardd Cymraeg hwn o agnostig oedd y profiad o ymweld â Soar-y-mynydd: 'treiais ddrws y capel yn hy, a neidio ar ben y wal i edrych trwy'r ffenestr a darllen "Duw Cariad Yw" ar y pared uwchben y pulpud heb gynhyrfu dim, a mynd oddi yno yn ddigon talog.'[133] Ac meddai, 'Yn agen gribog, hud-a-lledrith y Grand Canyon, "temlau" sydd; ond capel yw Soar-y-Mynydd'[134] – datganiad crafog yr ymatebir iddo'n uniongyrchol gan R. S. Thomas yn 'Dau Gapel' wrth iddo geisio esbonio atyniad arbennig Soar-y-mynydd: 'yr wyf yn gwybod hyn: yr oeddwn yn Iwerddon yr haf diwethaf . . . a digwyddais fynd i wasanaeth yr Offeren mewn eglwys Babyddol yno, ac yn y fan honno yr hiraeth a ddaeth drosof oedd hiraeth am ryw gapel bychan fel hwn yn ucheldiroedd Cymru, a'i ddyrnaid o bobl sobr a daearol' (*PMI*, 41). Yn wir, erbyn diwedd ysgrif Thomas caiff y capel ei uniaethu â'r hyn a elwir yn 'wir enaid fy mhobl', ac â hunaniaeth y Cymry:

> Nid oes a wnelwyf lawer â chyfriniaeth ac arallfydolrwydd; mae hynny'n amlwg o'r ffaith imi ddewis Soar y Mynydd yn hytrach na Maesyronnen. Nid wyf o'r farn fod y pethau hyn yn taro'r Cymry fel cenedl ychwaith. Cydnabyddaf werth yr ysbryd bob amser, ond mor fynych y sonir [*sic*] heddiw am yr ysbrydol fel rhywbeth sy'n groes i syniadau am genedlaetholdeb ac yn y blaen! Y gwir yw na all cenedl sy'n ymladd am ei heinioes fforddio cyfnewid ei henaid am ryw ysbrydolrwydd annelwig, ni waeth pa mor rhagorol yw hynny o safbwynt yr unigolyn. Profodd y neb a ymglyw â bywyd cefn gwlad Cymru rywbeth rhy gryf, rhy ddwfn i'w gymhwyso at fyd arall, neu fywyd arall. Yma, yng nghanol y pridd a'r baw a'r mawn, y mae bywyd a nef ac uffern, ac yn y fath awyrgylch y dylai'r Cymro lunio ei enaid. (*PMI*, 41)

Y mae hon yn foment bwysig, a hynny yn 1948, yn gynnar iawn yng ngyrfa lenyddol R. S. Thomas. Fe'i gwelir yma yn cadarnhau ei hunaniaeth ddiwylliannol ei hun drwy fynd ati i adlunio ysgrif gan un o brif lenorion Cymraeg ei gyfnod. Dadlennol yw cydio hyn wrth gyfeiriad cryno ac awgrymog Parry-Williams ar ddiwedd ei ysgrif ef at y berthynas rhwng enwau a lleoedd ag identiti'r unigolyn – 'Dau le, dau awyrgylch, dau fyfinnau'.[135] Yn 'Dau Gapel' ailysgrifennir portread Parry-Williams o Soar-y-mynydd drwy drawsnewid y capel yn ymgorfforiad o hunaniaeth grefyddol, genedlaetholgar, wledig – darlun sydd ar yr un pryd yn fynegiant o'r hunan newydd, Cymraeg, yr oedd R. S. Thomas wrthi'n ei gadarnhau ym Manafon yn ystod y 1940au.

Bu barddoniaeth T. H. Parry-Williams hithau'n ddylanwad pwysig ar waith R. S. Thomas ar hyd yr yrfa. Cyfeiriwyd eisoes at berthynas cerdd Thomas, 'Dic Aberdaron', â cherdd enwog Parry-Williams am y crwydryn hwnnw yn ei gyfrol *Ugain o Gerddi* (1949). Yn *Neb* crisiala R. S. Thomas ei ymateb i'r rheini sy'n gwrthod defnyddio'r Gymraeg ym myd busnes drwy ddyfynnu cerdd arall o'r gyfrol honno gan Parry-Williams, 'Cyngor': 'Cei ganmol hon fel canmol jẁg ar seld;/ Ond gwna hi'n hanfod – ac fe gei di weld' (*Neb*, 108).[136] Rhigwm enwocaf *Ugain o Gerddi*, wrth gwrs, yw 'Hon' – cerdd yr arferai Thomas ddyfynnu ei chwpled clo yn gyson mewn cwmni: 'Ac mi glywaf grafangau Cymru'n dirdynnu fy mron,/ Duw a'm gwaredo, ni allaf ddianc rhag hon.'[137] Mewn llythyr yn 1961 at Raymond Garlick, a oedd newydd symud i fyw i'r Iseldiroedd, dywed Thomas: 'It's an awful thing this blood and soil, so against reason. Many's the time I start up and say why should I stay in this one-eyed country? Yet, I'm still here.'[138] Bum mlynedd yn ddiweddarach, ar drothwy dychweliad Garlick i Gymru, ysgrifennodd Thomas ato gan ddweud: 'I was delighted to hear that you will be returning to Wales. I am sure it is your rightful place, despite the kicks and disappointments it entails. "Duw a'm gwaredo, ni allaf ddianc rhag hon." Parry-Williams sums it up for all of us really.'[139] Nid yw'n syndod, felly, mai 'Hon' yw man cychwyn myfyrdod Thomas ar y gair 'ots' yn *ABC Neb*, ei gyfrol Gymraeg olaf (*ABC Neb*, 64).

Ond mwy cyffrous o lawer na'r cyfeiriadau niferus at gerdd Parry-Williams yn rhyddiaith R. S. Thomas yw'r defnydd crefftus ohoni yn y cerddi – ac yn 'A Welsh Testament' o'r gyfrol *Tares* (1961) yn arbennig. Egyr ag adlais digamsyniol o linellau agoriadol 'Hon', 'Beth yw'r ots gennyf i am Gymru? Damwain a hap/ Yw fy mod yn ei libart yn byw':[140]

> All right, I was Welsh. Does it matter
> I spoke the tongue that was passed on
> To me in the place I happened to be . . . (*T*, 39)

Parheir â'r adleisio yn y llinellau dilynol wrth i ddisgrifiad Parry-Williams o Gymru – 'Nid yw hon ar fap// Yn ddim byd ond cilcyn o ddaear mewn cilfach gefn'[141] – esgor ar ddarlun Thomas o wlad 'huddled between grey walls/ Of cloud for at least half the year' (*T*, 39). Hysbys ddigon yw rhediad cerdd Parry-Williams a'r modd y caiff yr ymagweddu sinigaidd yn yr hanner cyntaf ('Peidiwch, da chwi,// Â chlegar am uned a chenedl a gwlad o hyd:/ Mae digon o'r rhain, heb Gymru, i'w cael yn y byd'[142]) ei ddisodli gan y sylweddoliad ysgytwol fod i genedligrwydd ddyfnder anocheladwy. Yn yr un ffordd, yn 'A Welsh Testament' try'r dihidrwydd ymddangosiadol ynghylch iaith a thras, a'r modd y cwestiynir gwerth ac arwyddocâd yr ymlyniad wrth y gorffennol – 'Nothing that Glyn Dŵr/ Knew was armour against the rain's/ Missiles. What was descent from him?' (*T*, 39) – erbyn diwedd y gerdd yn ddeffroad diwylliannol o fath o ganlyniad i dwf twristiaeth fas sydd am droi Cymru'n amgueddfa o wlad. Craffa'r ymwelwyr ar bersona'r gerdd yn gweithio yn y caeau –

> And always there was their eyes' strong
> Pressure on me: You are Welsh, they said;
> Speak to us so; keep your fields free

Of the smell of petrol, the loud roar
Of hot tractors; we must have peace
And quietness (*T*, 40)

– agwedd sy'n esgor ar gwestiynu o fath newydd: 'Is a museum/ Peace?
I asked. Am I the keeper/ Of the heart's relics, blowing the dust/ In my
own eyes?' (*T*, 40). '[Ll]eisiau a drychiolaethau' ei gynefin sy'n peri i
Parry-Williams gydnabod ei ymlyniad anorfod wrth ei wlad ar ddiwedd
'Hon'. Lleisiau'r twristiaid a glywir ar ddiwedd 'A Welsh Testament' –
lleisiau sy'n deffro ymwybyddiaeth y sawl sy'n llefaru yn y gerdd o
fygythiad eu mewnlifiad. Amwys, serch hynny, yw canlyniadau'r
'testament Cymraeg' hwn: 'I was in prison/ Until you came; your voice
was a key/ Turning in the enormous lock/ Of hopelessness. Did the
door open/ To let me out or yourselves in?' (*T*, 40).

Y mae 'The Signpost', o'r gyfrol *Frequencies* (1978), yn enghraifft
nodedig arall o gerdd a batrymwyd ar destun Cymraeg:

Casgob, it said, 2
miles. But I never went
there; left it like an ornament
on the mind's shelf, covered

with the dust of
its summers; a place on a diet
of the echoes of stopped
bells and children's

voices; white the architecture
of its clouds, stationary
its sunlight. It was best
so. I need a museum

for storing the dream's
brittler particles in. Time
is a main road, eternity
the turning that we don't take. (*F*, 28)

Dylid nodi yn y lle cyntaf fod hwn yn un o blith nifer o arwyddbyst
ym marddoniaeth R. S. Thomas. Egyr 'Directions', er enghraifft, â'r
ddelwedd, 'In this desert of language/ we find ourselves in,/ with the
sign-post with the word "God"/ worn away/ and the distance . . .?'
(*BHN*, 81), ac yn yr adran '*Benedictus*' yn y gerdd 'Mass for Hard Times',

datgenir: 'Blessed the cross warning: No through road,/ and that other Cross with its arms out pointing both ways' (*MHT*, 14). Ar ddiwedd *Abercuawg* (testun tra pherthnasol yn y cyd-destun hwn, fel y cawn weld) dywed Thomas – 'nid trwy gyfaddawdu y cyrhaeddwn ni Abercuawg. Ac y mae dwyieithedd . . . yn gyfaddawd. Os caiff caredigion dwyieithedd eu ffordd, bydd rhaid cael fersiwn Saesneg ar y mynegbost sy'n cyfeirio at Abercuawg, a hwnnw uwchben y Gymraeg wrth reswm!' – eithr ychwanega fod yr enw hwnnw ar yr arwyddbost mewn gwirionedd mor anghyfieithadwy â'r gynghanedd (*PMI*, 96). Wrth gwrs, gellir gweld 'The Signpost' fel rhan o linach o gerddi i arwyddbyst a chroesffyrdd – gweithiau megis 'The Sign-post' Edward Thomas, 'Y Garreg Filltir' Crwys, a 'The Road Not Taken' Robert Frost.[143] Ond mwy uniongyrchol berthnasol i gerdd R. S. Thomas yw 'Cwm Berllan' Waldo Williams, a gyhoeddwyd am y tro cyntaf yn *Y Ford Gron* yn 1931, ac a gynhwyswyd yn ddiweddarach yn *Dail Pren* (1956). Cerdd yw hon a ysbrydolwyd gan yr arwyddbost sy'n dynodi pentref Rhos yn ne Sir Benfro:[144]

'Cwm Berllan, Un filltir' yw geiriau testun
   Yr hen gennad fudan ar fin y ffordd fawr;
Ac yno mae'r feidir fach gul yn ymestyn
   Rhwng cloddiau mieri i lawr ac i lawr.
A allwn i fentro ei dilyn mewn *Austin*?
   Mor droellog, mor arw, mor serth ydyw hi;
'Cwm Berllan, un filltir,' sy lan ar y postyn –
   A beth sydd i lawr yng Nghwm Berllan, 'wn-i?

Mae yno afalau na wybu'r un seidir
   Yn llys Cantre'r Gwaelod felysed eu sudd,
A phan ddelo'r adar yn ôl o'u deheudir
   Mae lliwiau Paradwys ar gangau y gwŷdd.
Mae'r mwyeilch yn canu. Ac yno fel neidir
   Mae'r afon yn llithro yn fas ac yn ddofn,
   Mae pob rhyw hyfrydwch i lawr yng Nghwm Berllan,
Mae hendre fy nghalon ar waelod y feidir –
   Na, gwell imi beidio mynd yno, rhag ofn.[145]

Y mae llinellau agoriadol 'The Signpost' R. S. Thomas – 'Casgob, it said, 2/ miles' – hwythau'n arwyddbost sy'n ein cyfeirio'n ôl at linellau agoriadol cerdd Waldo Williams, '"Cwm Berllan, Un filltir"'. Traws-ffurfiwyd Cwm Berllan yn nychymyg Waldo Williams yn ddelfryd a fyddai, yn anorfod, yn cael ei chwalu pe bai'r bardd yn mentro yno:

'Na, gwell imi beidio mynd yno, rhag ofn'. 'I never went/ there', medd Thomas, ac yntau'n ceisio diogelu'r 'freuddwyd', ei Gwm Berllan ei hun. Dyma 'amgueddfa' y mae'n rhaid wrthi. Mynegwyd yr un profiad gan D. H. Lawrence:

> To me the word Galilee has a wonderful sound. The Lake of Galilee! I don't want to know where it is. I never want to go to Palestine. Galilee is one of those lovely, glamorous worlds, not places, that exist in the golden haze of a child's half-formed imagination. And in my man's imagination it is just the same. It has been left untouched . . . there has been no crystallising out, no dwindling into actuality, no hardening into the commonplace.[146]

Yn yr un modd, yng ngherdd Wordsworth, 'Yarrow Unvisited', ym-atelir rhag ymweld â Dyffryn Yarrow:

> 'Be Yarrow stream unseen, unknown!
> It must, or we shall rue it:
> We have a vision of our own;
> Ah! why should we undo it?
> The treasured dreams of times long past,
> We'll keep them, winsome Marrow!
> For when we're there, although 'tis fair,
> 'Twill be another Yarrow.'[147]

Cwm Berllan, Casgob, Galilea, Yarrow: dwg y cysyniadau hyn oll berthynas fywiol â'r weledigaeth ganolog honno yng ngwaith R. S. Thomas – Abercuawg. 'Bydd gwir ddisgybl Platon yn dweud: Am harddwch yr wy'n chwilio, nid am bethau hardd', medd R. S. Thomas yn *Abercuawg*: "Rwyf finnau'n chwilio am y wir Abercuawg; ond mi wn, os af fi ar hyd ffordd sydd heb fod yn gywir, os ceisiaf ei dal hi a'i hamgyffred â'r ymennydd yn unig, fe â'n lludw yn fy nwylo. Yng ngeiriau hen bennill o'r Alban: "Ni ddymunaf gael, oblegid os caf, dim ond cofleidio'r gwynt a wnaf a chodi bwthyn eira"' (*PMI*, 93). Y mae a wnelom yma, felly, â'r hyn a ddiffinnir gan Thomas fel proses o 'chwilio . . . mewn amser am rywbeth sydd uwchlaw amser, ac eto ar fedr bod bob amser' (*PMI*, 93).

Chwaraea llenyddiaeth Gymraeg rôl hanfodol bwysig yn ymgais Thomas i gyfleu'r weledigaeth hon. At y canu englynol cynnar (ymhlith testunau eraill) y troes yn *Abercuawg*. Yn 'The Signpost' fe'i cawn yn rhoi llafar i'r dyhead drwy adleisio cerdd gan fardd Cymraeg o'i oes ei hun. Ac ychwanegir dimensiwn pellach at arwyddocâd yr ymgysylltu hwn â llenyddiaeth Gymraeg yn 'The Signpost' o gofio mai Casgob, Sir Faesyfed, oedd plwyf W. J. Rees (1772–1855), un o'r amlycaf o'r Hen Bersoniaid Llengar.[148] O ystyried hyn oll, gwelir nad damwain yw'r ffaith mai'r gerdd sy'n rhagflaenu 'The Signpost' yn *Frequencies* yw 'Abercuawg',[149] lle'r haerir, unwaith eto: 'I am a seeker/ in time for that which is/ beyond time, that is everywhere/ and nowhere; no more before/ than after, yet always/ about to be' (*F*, 27). Rhan o'r un patrwm o greu a gwarchod delfryd yw'r cofnod hwnnw yn *Blwyddyn yn Llŷn*:

> Heddiw gwelais hi eto ar ôl misoedd o absenoldeb. Aeth cerbyd heibio imi heb imi lawn sylweddoli pwy oedd wrth yr olwyn; ond prociwyd y cof. A thoc, ganllath i fyny'r stryd, dyna lle'r oedd hi'n diflannu i'r feddygfa. Gwae fi o'i hwyneb, yr un harddaf a welais er pan oedd fy ngwraig yn ifanc. Pwy ydi hi? Rwyf eisiau gwybod, ac eto, dydw i ddim. Gadawer iddi gadw'i dieithrwch, ac i finnau, fel Dante gyda'i Beatrice, gael cip arni o dro i dro, fel y caf yfed am foment o'i harddwch tan y tro nesaf. (*BLl*, 19–20)

Yn arwyddocaol, diwedda'r cofnod â chyfeiriad ingol at fardd serch mawr arall: 'Mor falch ydwyf fod hon yn Gymraes, gan feddu ar wyneb sy'n cymwys i'w roi hefo'r wynebau a ysbrydolodd y beirdd dros y canrifoedd. O na bawn innau'n fardd Cymraeg, er mwyn gwneud cerdd i'r Ddyddgu neu'r Forfudd hon a ddaeth eto i'n plith!' (*BLl*, 20). Yr un profiad a ysbrydolodd y gerdd 'The Elusive', lle'r haerir, 'I have said on my knees/ I want nothing of her/ but to behold her', a lle y dygir ynghyd yn yr un modd rai o feirdd serch mawr yr oesoedd – gan gynnwys Dafydd ap Gwilym: 'I will make many poems/ in her honour, all of them failures./ Dante, what would you have done?/ ap Gwilym, Catullus?' (*NTF*, 76).

Diddorol odiaeth yw gweld R. S. Thomas yn mynd i'r afael â chanlyniadau'r weithred o chwalu'r 'dieithrwch' hwn mewn cerdd a gyhoeddodd yn 1934 pan oedd yn fyfyriwr ym Mangor. Ymddangos-odd 'The Bend' yn *Omnibus*, cylchgrawn y Coleg, dan y ffugenw 'Curtis Langdon':[150]

> When I was young, I knew a stream
> Which ran hard by my home,
> And there I used to sit and dream
> And watch the running water gleam
> In the sun.

> But down the stream, a little way,
>   There was a sudden bend,
>   And oft I wondered what there lay
> Beyond, and hoped I'd see one day,
>   Just for fun.

Llwyddir i wrthsefyll y demtasiwn am ryw hyd, ond yna ildir iddi, a diweddir wrth resynu:

> Now, looking back, I wish that I
>   Had never passed that bend,
>   For when I'd glided swiftly by,
> All beauty seemed at once to die,
>   And part of me died too.[151]

Fel y digwyddodd hi, fe fu i Wordsworth ymweld ag Yarrow, fel y tystia'r cerddi 'Yarrow Visited' ac 'Yarrow Revisited'. Yn anorfod, caiff darlun y dychymyg ei chwalu, ond ar ddiwedd 'Yarrow Visited' gall y bardd dystio: 'I know, where'er I go,/ Thy genuine image, Yarrow!/ Will dwell with me, to heighten joy,/ And cheer my mind in sorrow.'[152] Ac ym mhennill olaf y gerdd 'Yarrow Revisited', cloriennir y ddau fyfyrdod a aeth o'i blaen â'r disgrifiad hwn o afon Yarrow – 'To dream-light dear while yet unseen,/ Dear to the common sunshine' – cyn diweddu â'r datganiad hyderus, 'And dearer still, as now I feel,/ To memory's shadowy moonshine!'.[153] Tystia'r erthygl fer 'Eglwys' yn *ABC Neb* fod R. S. Thomas wedi ymweld â'i Yarrow yntau, Casgob, ac awgrymir na fu i ddarlun y dychymyg ohoni gael ei ddinistrio'n gyfan gwbl yn sgil yr ymweliad: 'O'm rhan fy hun, ni fûm i erioed yn or-hoff o adeiladau mawr, gyda'r canlyniad mai'r eglwysi bychain sy'n apelio fwyaf – rhai megis Llananno a'r Mwnt, Casgob a Llanfihangel-y-Pennant – nid oherwydd eu pensaernïaeth yn gymaint â'u safle oddi ar y ffordd fawr brysur' (*ABC Neb*, 24).[154]

Nodweddiadol, wrth gwrs, yw'r cyfeiriad hwnnw at 'safle oddi ar y ffordd fawr brysur'. Fe'n cawn ein hunain unwaith yn rhagor ym myd 'The Bright Field' o'r gyfrol *Laboratories of the Spirit* â'i sôn am 'the turning/ aside like Moses to the miracle/ of the lit bush' (*LS*, 60). Ac fel y dywedir yn y gerdd 'Llananno', chwaer-ddarn i 'The Signpost' ar lawer ystyr, a cherdd arall a gynhwyswyd yng nghyfrol 1975 – 'as a gesture/ of independence of the speeding/ traffic I am part/ of, I stop the car,/ turn down the narrow path/ to the river, and enter/ the church with its clear reflection/ beside it' (*LS*, 62) – dargyfeiriad oddi ar y ffordd fawr sy'n esgor ar gymundeb annisgwyl rhwng y bardd a'r duwdod:

> the screen has nothing
> to hide. Face to face
> with no intermediary
> between me and God, and only the water's
> quiet insistence on a time
> older than man, I keep my eyes
> open and am not dazzled,
> so delicately does the light enter
> my soul from the serene presence
> that waits for me till I come next. (*LS*, 62)[155]

Nodwn hefyd arwyddocâd lleoliad Llanrhaeadr-ym-Mochnant yn 'R.I.P. *1588–1988*': 'It is off the main road/ even to market; nothing to induce/ the traveller to a digression/ but rumours of the tumbling/ of water out of the sky/ copiously as grace' (*MHT*, 35). Ac y mae'n weith cofnodi'r hanes a geir gan R. S. Thomas mewn llythyr at Raymond Garlick yn 1978, yn dilyn ymweliad byr â'i gyfaill yng Nghaerfyrddin. Egyr y llythyr hwnnw â darlun o'r bardd unwaith eto'n 'troi i'r naill du' – 'I turned aside to Llanpumsaint in an attempt to look at the East Window Elsie [M. E. Eldridge, gwraig y bardd] did years ago' – dargyfeiriad sy'n esgor ar siomedigaeth: 'The church was locked, I failed to get an answer at any of the hideous houses, it was like a village of the dead.'[156] Yn wir, y mae'r profiad fel petai'n cadarnhau rhesymau'r bardd yn 'The Signpost' dros beidio â galw yng Nghasgob. Ond newidia'r darlun hwn o Lanpumsaint ar amrantiad: 'Then suddenly a herd of cows appeared with four men and dogs. The cows stampeded, the dogs barked, the men shouted in Welsh and a resurrection of a sort occurred.'[157] (Y mae'r manylyn hwnnw, 'the men shouted *in Welsh*', yn allweddol, wrth gwrs.) Gellir cydio hyn wrth yr 'atgyfodiad' yn 'That Place' – cerdd arall, dylid nodi, o'r gyfrol *Laboratories of the Spirit* – lle y trawsffurfir darlun o bwyllgora diflas ('I served on a dozen committees;/ talked hard, said little . . ./ . . . Life became small, grey,/ the smell of interiors') yn sydyn yn weledigaeth adfywhaol sy'n ein dwyn yn ôl at yr ymchwil barhaus honno am yr anghyraeddadwy y myfyrir arni yn *Abercuawg*:

> One particular
> time after a harsh morning
> of rain, the clouds lifted, the wind

fell; there was a resurrection
of nature, and we there to emerge
with it into the anointed
air. I wanted to say to you: 'We
will remember this.' But tenses
were out of place on that green
island, ringed with the rain's
bow, that we had found and would spend
the rest of our lives looking for. (*LS*, 8)

Yr ynys y cyfeirir ati yma yw Ynys Enlli, a ddaeth, wrth gwrs, yn rhan o ofalaeth R. S. Thomas fel ficer Aberdaron. 'In mediaeval times', medd Thomas wrth Raymond Garlick mewn llythyr yn 1969, '. . . three pilgrimages to Enlli equalled one to Rome. Now in the jet age, I should reverse the figures . . . It's certainly a chancey place to get to'.[158] Diau nad yw Simon Barker ymhell o'i le pan awgryma, mewn trafodaeth ar yr ymchwil 'for something unnameable, a lost Eden' (*SP*, 82) yng ngwaith Thomas: 'the closest this comes to finding a local habitation and a name is Bardsey Island.'[159] Ac eto, tystia cerddi megis 'Ynys Enlli',[160] 'Insularities: For a Nun on Her Island'[161] a 'Pilgrimages' (*F*, 51–2), ynghyd â darnau rhyddiaith megis 'Yr Ynys Dawel' (*PMI*, 116–20) ac 'Ynys Enlli'[162] – o'u hystyried gyda'i gilydd – mai cymhleth a chyfnewidiol yw agwedd Thomas tuag at yr ynys hon. Hollbwysig hefyd yw gosod portreadau'r bardd o Ynys Enlli yng nghyd-destun ehangach ei ymdriniaethau â natur bywyd ar ynys yn gyffredinol.[163] Ar ddiwedd yr ysgrif 'Yr Ynys Dawel', tyn Thomas sylw at groes garreg ym mynwent abaty adfeiliedig Enlli 'ac arni yn Lladin ac yn Gymraeg ran o Alarnad Jeremeia: "Onid gwaeth gennych chwi, y fforddolion oll? Gwelwch ac edrychwch a oes y fath ofid a'm [*sic*] gofid i, yr hwn a wnaethpwyd i mi"' (*PMI*, 120). 'Hyn i atgoffa dyn, hyd yn oed yn yr ynys hyfryd hon,' ychwanega'r bardd, 'nad yw poen ac anghyfiawnder wedi cilio o'r byd eto'. Yn sicr, ni syrth Thomas yn ysglyfaeth, nac yn y cerddi nac yn y rhyddiaith, i'r dybiaeth fod 'Gwell Eden yno', a defnyddio ymadrodd Waldo Williams ar ddiwedd 'Cyrraedd yn Ôl'.[164] Ni cheir gwell mynegiant o ddeuoliaethau ymateb Thomas yn y cyswllt hwn na'r gyfrol *Between Sea and Sky: Images of Bardsey* (1998), lle y cyfunir dyfyniadau o'r farddoniaeth â ffotograffau o Enlli gan Peter Hope Jones. Canlyniad y penderfyniad i beidio â chyfyngu'r detholiad o ddyfyniadau i'r cerddi hynny gan R. S. Thomas sy'n sôn am Enlli a Phen Llŷn yw bod yr ynys yn y gyfrol hon yn cael ei dehongli o sawl persbectif newydd ac annisgwyl.[165]

Ni ellid wrth gyfoethocach enghraifft yng ngwaith R. S. Thomas o ymateb creadigol i destun Cymraeg nag *Abercuawg* ei hun. Yn wir, cyfunir yn ddramatig yn y ddarlith hon nifer helaeth o ffynonellau o'r traddodiad llenyddol Cymraeg. Fel y dywedir yn y ddarlith ei hun: 'Gelwch: DIM! Y mae'n gwbl ddiystyr. Ond gelwch: Abercuawg! ac y mae'r adleisiau'n dechrau dihuno' (*PMI*, 94). Ochr yn ochr â'r cyfeiriadau amlwg ac uniongyrchol hynny ar y dechrau at farwnad adnabyddus Llywelyn Goch i Leucu Llwyd, at gywydd moliant i abad Ystrad Fflur gan Ieuan Deulwyn ac at gerdd Iolo Goch i lys Owain Glyndŵr yn Sycharth (*PMI*, 84), ceir hefyd yn y ddarlith lu o gyfeiriadau anuniongyrchol a chuddiedig – rhai ohonynt yn bur annisgwyl. Cymer y ddarlith ei theitl, wrth gwrs, o'r gyfres ryfeddol honno o englynion, 'Claf Abercuawg': 'Yn Aber Cuawc yt ganant gogeu.'[166] Fel y byddir yn dangos maes o law, y mae'n bur debyg fod Edward Thomas yn chwarae rôl allweddol fel cyfryngwr llenyddol yn y cyswllt hwn. Eithr y mae'n bwysig nodi bod *Abercuawg*, a'r gerdd o'r un enw (*F*, 26–7), yn brawf fod R. S. Thomas yn bur gyfarwydd â'r testun gwreiddiol fel y'i ceir yn *Canu Llywarch Hen* Ifor Williams – cyfrol yr oedd y bardd yn meddu ar gopi personol ohoni.[167] Ac wrth ystyried ymateb Thomas i 'Claf Abercuawg', pwysig iawn yw cadw mewn cof gysylltiadau traddodiadol y gerdd ag ardal nad yw nepell o Eglwys-fach, ail brif blwyf y bardd. Anffodus, serch hynny, yw'r ffaith fod R. S. Thomas ar ddechrau *Abercuawg* yn priodoli 'Claf Abercuawg' i Lywarch Hen (*PMI*, 84).[168] Wrth wneud hynny caiff ei arwain ar gyfeiliorn gan yr hen gamargraff honno mai bardd oedd Llywarch Hen, yn hytrach na chymeriad mewn cylch o englynion chwedlonol y mae eu hawduraeth yn anhysbys. (A dylid nodi yn ogystal nad oes a wnelo 'Claf Abercuawg' â Chylch Llywarch Hen o gwbl.[169]) Yn wir, buasai tynnu sylw at y ffaith mai anhysbys yw bardd 'Claf Abercuawg' wedi cyd-daro'n dda â'r ymchwil Wordsworthaidd ac Eliotaidd honno 'mewn amser am rywbeth sydd uwchlaw amser, ac eto ar fedr bod bob amser' (*PMI*, 93). Ond pwysicach na hyn yw ystyried union natur defnydd Thomas o'r gyfres gymhleth hon o englynion yn ei ddarlith, ac yn y cyswllt hwn gwelir bod ymateb y bardd yn un tra chreadigol. Diffinnir Abercuawg gan Thomas fel man lle y ceir '[c]oed a chaeau a blodau a nentydd perloyw, dihalog, gyda'r cogau'n dal i ganu yno' (*PMI*, 87). Y mae'r darlun yn ein hatgoffa yn y lle cyntaf o ddisgrifiad R. S. Thomas ar ddechrau'r ddarlith o dirwedd bendigedig Abercywarch 'gyda'i nentydd crisialaidd, perloyw yn canu fel adar' (*PMI*, 84). Ond ni ddylid anghofio am goed a chaeau a blodau 'Claf Abercuawg' ei hun. Er enghraifft, cyfeirir yn y gerdd at goed yn gwisgo 'teglyw/ Haf', ac at gogau'n canu 'yn dolyd Cuawc' ac 'Ar gangheu blodeuawc'.[170] Y mae cân y gog, wrth gwrs, yn rhan o swyn Abercuawg ym mhortread R. S. Thomas. Yn hyn o beth gwelir bod y darlun yn cyd-daro ag ymateb croesawus y claf i gân yr aderyn ar ddechrau'r gyfres o englynion – 'Tra vo da gan goc, canet!', 'Coc lauar, canet yrawc'[171] – yn hytrach nag â'i ymateb mwy gofidus ac anniddig yn yr englynion dilynol: 'Gwae glaf a'e clyw yn vodawc', 'Coc uann, cof gan bawp a gar', 'Kethlyd kathyl uodawc hiraethawc y llef'.[172]

Darpara 'Claf Abercuawg' hefyd ddelweddau ar gyfer yr hyn a wêl Thomas fel y ffug Abercuawg, man 'y mae gormod o olion y presennol arni', chwedl y bardd (*PMI*, 95). Er enghraifft, yn y fath le, medd Thomas, boddir cân y cogau gan dwrw '[t]rafnidiaeth . . . y byd cyfoes' a chyfarth aflafar cŵn (*PMI*, 92). Y mae'r manylyn olaf hwn yn un diddorol, ac yn tystio ymhellach i fanylder a chreadigolrwydd ymateb R. S. Thomas i 'Claf Abercuawg'. Diau mai ei ffynhonnell yw cyfeiriad brawychus y claf yn ei wendid at sŵn hyglyw cŵn yn y tir diffaith – 'Bann llef cwn yn diffeith'.[173] Uniaethir yn gynnil yma sefyllfa druenus claf Abercuawg â gweledigaeth hunllefus o Gymru fel anialwch diwylliannol – yn wir, fel Y Tir Diffaith ei hun. 'Oni welsom ein pentrefi'n prysur fynd yn debyg i unrhyw bentref arall yn y wlad? . . . Oni chodwyd ein capeli a'r rhan fwyaf o'n heglwysi'n gofadeiliau i'n chwaeth lygredig a'n gwerthoedd pwdr?', gofynna'r bardd ar ddiwedd y ddarlith (*PMI*, 96). Yng ngoleuni hyn oll, perthnasol yn ddiau yw'r pwyslais yn 'Claf Abercuawg' nid yn unig ar ddioddefaint corfforol persona'r gerdd, ond hefyd ar ei gyflwr ysgymun a deoledig – ei alltudiaeth 'fewnol': 'Gordyar adar; gwlyb gro./ Deil cwydit; divryt divro./ Ny wadaf, wyf claf heno' ('digalon yw'r alltud', cyhoedda'r ail linell).[174] Daw i gof haeriad Thomas yn ei anerchiad 'Alltud': 'y mae gormod o'n cyd-Gymry'n prysur greu sefyllfa lle bydd Cymro Cymraeg nid yn unig yn alltud, ond yn ysgymunbeth . . . yn ei wlad ei hun' (*PMI*, 130). Dadlennol felly yw gosod hyn yng nghyd-destun stori a gofnododd Thomas mewn cyfweliad â'r awdur presennol – hanes sydd yn ei dro yn dwyn perthynas uniongyrchol ag *Abercuawg* ei hun:

> Mae 'na le tu draw i Gastellnewydd Emlyn – dwi ddim yn cofio enw'r fan – lle'r oedd dyn oedd yn gneud llwyau caru. Es i yno a chael cwrdd ag o, ac mi roddodd yn anrheg imi lwy garu ar hanner ei gneud. Ymhen rhai blynyddoedd wedyn es i yno eto i geisio prynu llwy yn anrheg i rywun. Dyma fynd i fyny'r cwm a churo ar ddrws y crefftwr, a dyma ddyn yn dod i'r drws ac yn deud, 'I don't speak Welsh'. Mi ddaeth y profiad yn rhan o'r cwestiwn yna, be' ydan ni am 'i gael yng Nghymru? Lle heb ei ddifetha,

yntê? 'Yn Abercuawg yt ganant gogau.' Wrth edrych 'nôl, dwi'n gweld yr elfen honno yn fy ngwaith – yr arfer o fynd ar ôl achosion coll.[175]

Camgymeriad, er hyn, fyddai meddwl bod ffynonellau llenyddol darlith R. S. Thomas wedi eu cyfyngu i destunau Cymraeg o'r gorffennol pell. Gwelir Thomas yn ymateb yn *Abercuawg* ei hun i'r cyhuddiad disgwyliedig ei fod yn ymagweddu fel *laudator temporis acti*: 'Y mae rhai ohonoch chi'n gwenu'n ddistaw bach, 'rwy'n gweld. "Aha", meddech, "y mae'r gath allan o'r cwd o'r diwedd. Y mae ar hwn eisiau troi bysedd y cloc yn ôl. Mae'n meddwl ein bod ni'n medru byw yn yr Oesoedd Canol." Tybed?' (*PMI*, 86). Ac meddai Thomas: 'beth am rywun fel Islwyn Ffowc Elis? Ni feiddiai neb ei gyhuddo ef o geisio byw yn yr Oesoedd Canol. Oni sgrifennodd nofel yn dwyn y teitl *Wythnos yng Nghymru Fydd*? A oedd cymeriadau ac awyrgylch y nofel honno mor anghydnaws ag Abercuawg ag y mae'r Gymru sydd ohoni heddiw?' (*PMI*, 86). Y mae'r cysylltiad hwn ag Islwyn Ffowc Elis yn un tra phwysig – nid yn unig o ran cyfeiriadaeth y bardd yn *Abercuawg*, fel y cawn weld, ond hefyd yn y cyd-destun bywgraffyddol. Daeth y ddau lenor i adnabod ei gilydd ddechrau'r 1950au, wrth gwrs, yn ystod cyfnod Islwyn Ffowc Elis fel gweinidog yn Llanfair Caereinion. Y mae'n werth cofnodi'r hyn a ddywed Elis mewn darn hunangofiannol anghyhoeddedig:

> Dydw i ddim yn cofio pryd y gwelais i R. S. Thomas gynta'. Offeiriad Manafon, dros y bryn o Lanfair Caereinion, oedd R.S., a byddai'n dod dros y 'Gibbet' (*Gibbet Hill* y gelwid y bryn rhwng Llanfair a'r Drenewydd yr ochr arall) i gyfarfodydd *Fraternal* gweinidogion Cymraeg Dyffryn Banw. R.S. oedd yr unig offeiriad Anglicanaidd a fyddai'n dod i gyfarfodydd y gweinidogion ymneilltuol, ac mi ddeellais yn y man mai dod i ymarfer ei Gymraeg yr oedd.
>
> Un o'r gweinidogion, H. D. Owen, oedd yn dysgu Cymraeg i R.S., ac roedd y ddau'n gyfeillion mawr. Mae'n siŵr mai 'H.D.' oedd wedi cymell R.S. i ymuno â'r *Fraternal*, er mwyn ymarfer deall a siarad yr iaith.
>
> Byddai'r *Fraternal* yn dod i gartre' pob un ohonom yn ei dro, a byddai'n gwragedd yn paratoi te i'r cwmni. Fe gawsom wahoddiad i gartref R.S. un waith, ac roedd ei wraig gyntaf, yr arlunydd Mildred Eldridge, yn gwneud te i ni. Roedd Mildred ar y pryd yn peintio'i murluniau ar gyfer Ysbyty Gobowen, a chawsom weld y murluniau enwog yn y tŷ, ar hanner eu cwblhau ...
>
> Pan fyddai'n galw i'n gweld gyda'r nos, sgwrs ddigalon fyddai ganddo gan amlaf. 'Mae hi ar ben ar Gymru,' yn fynych iawn. A mynd ymlaen

wedyn i aredig diwylliant di-chwaeth y werin Gymraeg, ein parodrwydd i blygu a chowtowio i'r Saeson yn ein mysg, cynnydd yr iaith Saesneg yn yr ardaloedd Cymraeg. Pethau felly. Ac i goroni'r cwbl fe ddôi'r datganiad hwn: 'Dydi'r Blaid yn gwneud dim byd.'[176]

Yn 1957 ymatebodd Islwyn Ffowc Elis ei hun yn uniongyrchol i'r argyfwng drwy gyfrwng ei nofel arloesol *Wythnos yng Nghymru Fydd*. Ugain mlynedd yn ddiweddarach gwelir R. S. Thomas yn gwneud defnydd helaeth ohoni wrth chwilio am ddelweddau addas ar gyfer Abercuawg. Y tu ôl i gyfeiriad cyflym R. S. Thomas yn *Abercuawg* at *Wythnos yng Nghymru Fydd* y mae llu o adleisiau tra phenodol o'r nofel hon o'r 1950au – adleisiau a gymer eu lle yn naturiol – yn annisgwyl felly, efallai – ochr yn ochr â defnydd Thomas o 'Claf Abercuawg'. Y mae natur *genre Wythnos yng Nghymru Fydd* – y nofel wyddonias – yn gweddu'n berffaith, wrth gwrs, i'r cysyniad o ymchwil barhaus yn y byd hwn am le, neu'n hytrach gyflwr, 'sydd uwchlaw amser' (*PMI*, 93). Gwir y dywedodd R. S. Thomas am Abercuawg: 'Nid perthyn i ryw oes euraid yn y gorffennol y mae' (*PMI*, 94).[177]

Seiliwyd *Abercuawg*, megis *Wythnos yng Nghymru Fydd*, ar ddewis tyngedfennol rhwng dau ddyfodol posibl i Gymru, y naill yn ffyniannus, y llall yn hunllefus. Y mae'n werth oedi yma i nodi ambell gyfatebiaeth benodol arwyddocaol. Er enghraifft, dyna gwestiwn R. S. Thomas, 'Pwy sy'n haeddu byw yn Abercuawg?', a'i ateb: 'Nid John a Mary a William a Margaret, ond Gwydion a Lleucu a Rheinallt a Rhiannon bid siŵr' (*PMI*, 86). Yn fuan wedi i Ifan Powell gyrraedd Cymru ddelfrydol y flwyddyn 2033 yn nofel Islwyn Ffowc Elis, caiff ar ddeall fod 'ambell Jones a Williams a Davies' i'w cael o hyd, ond bod y 'mwyafrif mawr erbyn hyn yn cario enw sir neu ardal eu hynafiaid neu ryw enw Cymraeg arall', a bod 'cyfenwau Cymreig wedi codi o'r hen ddinodedd'.[178] Cofiwn yma hefyd am y sylw sardonig hwnnw gan R. S. Thomas ar ddiwedd *Abercuawg*: 'Os caiff caredigion dwyieithedd eu ffordd, bydd rhaid cael fersiwn Saesneg ar y mynegbost sy'n cyfeirio at Abercuawg, a hwnnw uwchben y Gymraeg wrth reswm!' (*PMI*, 96). Ceir mynegbyst dwyieithog yng Nghymru lewyrchus nofel Islwyn Ffowc Elis hefyd – ond yma, y Gymraeg a gaiff y flaenoriaeth – ym Meddgelert, er enghraifft: 'Gwir bod yno fynegbost ac arno lythrennau cochion yn cyfarwyddo ymwelwyr *To Gelert's Grave*; ond uwchben y llythrennau cochion yr oedd llythrennau gwyrddion yn ein cymell i fynd *At Fedd Gelert*.'[179] Crybwyllwyd eisoes y llinyn cyswllt rhwng portread R. S. Thomas o Abercuawg wledig hardd a dolydd a changau blodeuog 'Claf Abercuawg', ond y mae'n bwysig nodi bod *Wythnos yng Nghymru Fydd* hithau'n chwarae rhan allweddol yn hyn o beth. Ystyrier, er esiampl, gyfeiriadau cyson Thomas yn *Abercuawg* at hagrwch peilonau a pholion telegraff – delweddau a ddefnyddir drwy gydol y ddarlith fel symbolau o fygythiad diwydiant a'r byd technolegol. Er enghraifft, gwelir y bardd yn ffieiddio'r rheini 'sydd, yn enw gwaith neu gynnydd, neu er mwyn elw mawr, yn barod i amgylchynu Abercuawg â pholion a gwifrau a pheilonau' (*PMI*, 90). Diddorol yw gweld bod disgrifiadau o'r fath wedi peri i D. Tecwyn Lloyd, mewn adolygiad ar y gyfrol *Pe Medrwn yr Iaith*, feddwl am un o sonedau R. Williams Parry, 'Y Peilon' (1940) – 'atgof', meddai Lloyd, 'a wnaeth imi feddwl nad yw pethau bob amser yn ddu'.[180] Fe'n hatgoffir ganddo fod Williams Parry ar ddechrau'r gerdd yn tybio y byddai codi 'ysgerbwd gwyn' y peilon yng nghanol cefn gwlad yn sicr o yrru ar ffo yr 'ysgyfarnog fach,/ Y brid sydd rhwng Llanllechid a Llanrwst', ond bod y bardd erbyn diwedd y soned yn datgan:

> Ba sentimentaleiddiwch! Heddiw'r pnawn,
> O'r eithin wrth ei fôn fe wibiodd pry'
> Ar garlam igam-ogam hyd y mawn,
> Ac wele, nid oedd undim ond lle bu;
> Fel petai'r llymbar llonydd yn y gwellt
> Wedi rhyddhau o'i afael un o'i fellt.[181]

Diwedda adolygiad Tecwyn Lloyd â'r geiriau, 'Wel, Duw biau'r fellten hefyd, fel yr "ysgyfarnog fach". Falle bod cymod yn bosibl wedi'r cwbl, – mewn *rhai* pethau.'[182] Er hyn, digamsyniol ddigyfaddawd yw'r agwedd tuag at dechnoleg yn narlith R. S. Thomas. Gorffennir â'r diffiniad hwn o Abercuawg: 'nid fforest o bolion a pheilonau a fydd yno, ond coed deiliog. A bydd y polion wedi'u gosod yn chwaethus o'r golwg, gan gofio mai ysbryd dyn sy'n dyfod yn gyntaf, nid elw, ac na bydd y cogau byth yn canu ar beilonau hagr ein gwareiddiad simsan ni' (*PMI*, 96–7). Delweddau yw'r rhain sy'n ein tywys yn ôl at nofel Islwyn Ffowc Elis ac at y darlun ynddi o'r modd y caiff harddwch gwledig Cymru'r delfryd ei warchod drwy fynd ati'n ddyfal i guddio pob arwydd o hyllter technolegol y byd modern. Dyma Mair ac Ifan yng nghanol gogoniant Dyffryn Mymbyr:

> 'Does dim hawl heddiw i godi placardiau a phosteri hyll ar wyneb y wlad, dim ond dan do ac mewn papurau a chylchgronau.'

'Felly wir . . . Dydw i ddim wedi gweld na pheilon na gwifren deleffon na dim – '

'Na. Mae popeth felly'n mynd dan ddaear, mewn "llwybrau dur" y gellir eu hagor yn ddidrafferth pan fo angen. 'Rydyn ni'n benboeth dros gadw harddwch y wlad . . . '[183]

Ac ymhellach, y mae'r pwyslais yn narlith R. S. Thomas ar Abercuawg fel llecyn coediog hardd (*PMI*, 87, 95, 97) yn cydgordio â'r weledigaeth yn *Wythnos yng Nghymru Fydd* o Gymru ddelfrydol 2033 fel gwlad y mae ei dinasoedd yn ogystal â'i hardaloedd gwledig yn llawn coed cysgodol. Dyna adeiladau newydd Bangor, er enghraifft, 'wedi'u lled-guddio mewn coed', a chyrion Caerdydd: 'Yr oedd coed wedi'u plannu ym mhobman, rhwng stryd a stryd a hyd yn oed rhwng tŷ a thŷ . . . yr oedd y coed yn hollbresennol.'[184] Ym Mlaenau Ffestiniog y mae 'pob gwaith a ffatri, hyd yn oed, mewn gwregys o dir glas a choed bychain'.[185] Ar ddiwedd *Wythnos yng Nghymru Fydd* cynigir i'r darllenydd ddarlun gwrthgyferbyniol o ail ddyfodol posibl – Cymru (a ailenwyd yn 'Lloegr Orllewinol') y trowyd rhannau helaeth ohoni yn fforest o binwydd a ffynidwydd. Bellach, er enghraifft, y mae Sir Gâr, 'sir emynwyr Cymraeg Cymru . . . yn ddim ond coedwig anferth' y ceir ynddi 'ambell dwr o siediau alwminiwm lle'r oedd nifer o wŷr digenedl yn dawnsio ac yn gamblo ac yn pydru'.[186] Dyma'r ddystopia yr arswydodd Gwenallt rhagddi yn 'Rhydcymerau', wrth gwrs – ac felly R. S. Thomas yntau, fe gofir, yn 'Afforestation':

> I see the cheap times
> Against which they grow:
> Thin houses for dupes,
> Pages of pale trash,
> A world that has gone sour
> With spruce. Cut them down,
> They won't take the weight
> Of any of the strong bodies
> For which the wind sighs. (*BT*, 17)

Agwedd amlwg ar y 'surni' hwn yn *Wythnos yng Nghymru Fydd* yw'r modd y disodlwyd yr enwau lleoedd Cymraeg yn 'Lloegr Orllewinol' gan enwau Saesneg marwaidd. Troes Tregaron yn 'Old Woodville', Ystrad-fflur yn 'New Woodville', a Llanegryn, Bryn-crug a Thal-y-llyn yn 'Ruin 14', 'Ruin 15' a 'Ruin 16'.[187] Fe'n hatgoffir gan R. S. Thomas yn *Abercuawg* nad ym myd dychmygol y nofel wyddonias yn unig y ceir llurgunio o'r fath. Dyna'r enghreifftiau hynny y cyfeiriwyd atynt eisoes o dranc enwau lleoedd Cymraeg yn y Gymru sydd ohoni: 'Oni welsom ni Rydlafar yn troi'n Red Lava, a Phenychain yn Penny Chain, a Chwm Einion yn Artists' Valley, a Phorthor yn Whistling Sands a'r Cymry'n fodlon arnynt?' (*PMI*, 95–6). Ergyd darlith R. S. Thomas yw bod 'Lloegr Orllewinol' nofel Islwyn Ffowc Elis – gwlad lle y mae'r Cymry 'wedi colli'u cefndir – wedi peidio â bod yn Gymry a heb lwyddo i fod yn Saeson' a lle y mae'r boblogaeth yn 'un gybolfa gymdeithasol ddi-wreiddiau, digefndir [*sic*] a diamcan'[188] – yn prysur ddod yn realiti oherwydd ein parodrwydd i '[dd]erbyn rhywbeth ail-law' yn lle 'posibilrwydd tragwyddol' yr Abercuawg wtopaidd (*PMI*, 95):

> Oni chlywir yr iaith fain ym mlaenau ein cymoedd bellach ac ar gopaon ein mynyddoedd? Oni werthwyd ein tir a'n tai ni fel nad oes gartrefi ar gyfer ein pobl ifainc? Oni phriodasom ni â phobl ddieithr a magu plant a anghofiodd am eu mamiaith hyd at ei dilorni? . . . Oni ellwch chi sefyll ynghanol llawer o'n pentrefi bellach a meddwl eich bod mewn treflan yn Lloegr? (*PMI*, 96)

Cofiwn sut y bu i R. S. Thomas ar ddechrau ei ddarlith sôn am fynd i chwilio am Abercuawg lle'r ymuna Dulas â Dyfi gerllaw tref Machynlleth – a sylweddoli nad oedd hi yno, yn wir, na allai hi fod yno (*PMI*, 84–5). Dychwel i'r fan yng nghanol y ddarlith a chael yno 'bont sy'n cario holl drafnidiaeth swnllyd y byd cyfoes . . . carafannau [*sic*] a pholion telegraff' (*PMI*, 92) – enghraifft arwyddocaol o'r Abercuawg 'a gynigiwyd i ni, a orfodwyd arnom, ei choed wedi'u cwympo i wneud ffordd fawr, ei lonydd prydferth wedi'u hunioni' (*PMI*, 95). Mentra Ifan Powell ar ddiwedd *Wythnos yng Nghymru Fydd* yntau i Fachynlleth, a noda, yn arwyddocaol, 'ni fuaswn byth yn nabod y dref, ei chloc mawr wedi mynd a'r coed ar y stryd fawr wedi diflannu'.[189] Yng ngeiriau R. S. Thomas: 'Wele dy Abercuawg!' (*PMI*, 92).

Un o nodweddion amlycaf portread Thomas o Abercuawg, felly, yw'r modd y'i llunnir drwy gyfuno adleisiau o ddau destun llenyddol tra gwahanol – y naill yn gyfres o englynion pruddglwyfus o'r nawfed ganrif a'r llall yn nofel wyddonias wleidyddol o'r 1950au. Agwedd hanfodol bwysig ar y cysyniad o Abercuawg yw ei wreiddiau cryfion yn y traddodiad llenyddol Cymraeg – ac yn nau ben y traddodiad hwnnw hefyd. I raddau helaeth, llenyddiaeth Gymraeg sy'n maethu dimensiyn-au cymdeithasol, politicaidd, athronyddol ac ysbrydol gweledigaeth R. S. Thomas yn y ddarlith. Yng ngoleuni helaethrwydd y gyfeiriadaeth lenyddol yn *Abercuawg* (ac yn arbennig y defnydd a wneir yma o nofel wyddonias Islwyn Ffowc Elis), gwelir mai cam gwag yn ddiau fyddai derbyn yn ddigwestiwn haeriad Grahame Davies mai'r hyn a wna R. S. Thomas yn *Abercuawg* yw 'Diffinio ei ddelfryd yn nhermau ei diffyg modernrwydd' ac mai 'Eilbeth iddo yw'r Cymreictod'.[190] Gellir cyplysu'r ffordd yr aethpwyd ati yn y ddarlith hon o 1976 i lunio datganiad daroganol drwy gyfuno'r hynafol a'r modern – 'Claf Abercuawg' ac *Wythnos yng Nghymru Fydd* – â diweddglo cerdd a gyhoeddodd R. S. Thomas dair blynedd yn ddiweddarach, 'Nowhere?' (sef ystyr lythrennol 'utopia', wrth gwrs). Yma dychwel Thomas at thema Abercuawg gan bortreadu lle rhiniol, anghyffwrdd sydd, serch hynny, fe awgrymir, 'ar fedr bod bob amser': 'It is nowhere/ and I am familiar/ with it as one is/ with a tune./ . . . No sun/ rises there, so there is no sun/ to set. It is the mind/ suffuses it with a light/ that is without/ shadows.'[191] Diweddir â llinellau sy'n dwyn ynghyd, megis cyfeir-iadaeth *Abercuawg* ei hun, y gorffennol, y presennol a'r dyfodol – y tro hwn mewn delwedd drawiadol o annisgwyl a chryno:

> And who lives there,
> you ask; who walks
> its unmetalled highways?
> It is a people
> who pay their taxes
> in poetry; who repair broken
> names; who wear the past
> as a button-hole at their children's
> wedding with what is to be.[192]

Nodiadau

[1] Byron Rogers, 'The Enigma of Aberdaron', *Sunday Telegraph Magazine*, 7 Tachwedd 1975, 29.

[2] Mewn llythyr at Raymond Garlick, dyddiedig 21 Medi 1952, medd Thomas: 'I was astonished at the B.B.C.'s rendering of my "pryddest". I thought they read it appallingly. Only the girl showed any intelligence in her approach to it . . . The B.B.C. read verse shockingly, I think' (llythyr mewn casgliad preifat).

[3] *Cerddi Gwenallt*, 149.

[4] Ibid.

[5] Ibid., 148.

[6] Gw. hefyd linellau clo 'Not Blonde' (*MHT*, 24), a sylwadau Katie Gramich yn *Poetry Wales*, 29, 1 (1993), 49.

[7] *Cerddi Gwenallt*, 149.

[8] Ibid.

[9] *The Dragon Has Two Tongues: Essays on Anglo-Welsh Writers and Writing*, gol. Tony Brown (Cardiff, 2001), 123.

[10] *Dail Pren*, 30.

[11] Eithriad yw'r gwynt a glyw'r Parchedig Elias Morgan un noson yn ei wely: 'the wind in the tree/ Outside soothed me with echoes of the sea' (*M*, 18).

[12] Ceir y cefndir yn Rhian Reynolds, 'Poetry for the Air: *The Minister*, *Sŵn y Gwynt Sy'n Chwythu* and *The Dream of Jake Hopkins* as Radio Odes', *Welsh Writing in English: A Yearbook of Critical Essays*, 7 (2001–2002), 78–105.

[13] *Ynys yr Hud a Chaneuon Eraill* (Wrecsam, 1923; trydydd argraffiad, 1930), 32.

[14] Ibid.

[15] Ibid.

[16] *Y Llenor*, 23 (1944), 1.

[17] *Detholiad o Gerddi W. J. Gruffydd*, gol. Bobi Jones (Caerdydd, 1991), 72–3.

[18] Ibid., 73.

[19] Ibid.

[20] *Gwaith Dafydd ap Gwilym*, 392, llau. 11–20.

[21] 'Barddoniaeth R. S. Thomas', *Y Cawr Awenydd*, 16.

[22] *Gwaith Dafydd ap Gwilym*, 368–9, llau. 27–32.

[23] Ibid., 369, ll. 45.

[24] *The Dublin Magazine*, 30, 4 (1955), 1.

[25] *Historia Peredur vab Efrawc*, gol. Glenys Witchard Goetinck (Caerdydd, 1976), 30–1.

[26] *Y Llan*, 28 Rhagfyr 1945, 8. Gw. hefyd *BLl*, 7.

[27] *Wales*, 4, 5 (1944), 7.

[28] Cf. y ddelwedd yn 'Coto Doñana': 'At night the wild/ Boars plough by their tusks'/ Moonlight, and fierce insects/ Sing, drilling for the blood/ Of the humans, whom time's sea/ Has left there to ride and dream' (*NHBF*, 35).

[29] 'R. S. Thomas: War Poet', *Welsh Writing in English: A Yearbook of Critical Essays*, 2 (1996), 93.

[30] Ibid., 91.

[31] Ibid., 91–2.

[32] Ibid., 92.

[33] *The Four Ancient Books of Wales*, gol. William F. Skene, 2 gyfrol (Edinburgh, 1868), I, 481–2.

[34] *Early Vaticination in Welsh With English Parallels*, gol. T. Gwynn Jones (Cardiff, 1937), 85–6.

[35] *Llyfr Du Caerfyrddin*, gol. A. O. H. Jarman (gydag adran ar y llawysgrif gan E. D. Jones) (Caerdydd, 1982), 25, llau. 1–2.

[36] Ibid., llau. 9–13.

[37] 'Song at the Year's Turning' (*SYT*, 101).

[38] 'R. S. Thomas: War Poet', 86. Yn ogystal, gw. sylwadau R. S. Thomas ar 'Y rhwyg o golli'r hogiau' yn 'Y Baich ar Ein Gwar', *Y Faner*, 30 Mehefin 1989, 12, ynghyd â '"Those Who Gave . . ."', stori fer y mae'r Rhyfel Byd Cyntaf yn gefndir iddi, a gyhoeddodd Thomas dan y ffugenw 'Curtis Langdon' yn *Omnibus*, 41, 3 (1933), 103–4.

[39] '"The True Wales of my Imagination": Welsh and English in the Poetry of

R. S. Thomas, David Jones and Gillian Clarke', *Imagining Wales: A View of Modern Welsh Writing in English* (Cardiff, 2001), 38.

[40] Cerdd XXVIII yn *A Shropshire Lad*; gw. A. E. Housman, *Collected Poems and Selected Prose*, 51.

[41] 'R. S. Thomas: War Poet', 87.

[42] *Gwaith Iolo Goch*, gol. D. R. Johnston (Caerdydd, 1988), 124, ll. 78. Ar arwyddocâd 'dysgedig' yng nghyd-destun y gerdd, gw. nodyn y golygydd, 341. Diddorol yw gweld Sabine Volk yn crybwyll y llinell hon o gywydd Iolo Goch, gan nodi, 'the phrase . . . is reminiscent of R. S. Thomas's Iago Prytherch poems'; gw. *Grenzpfähle der Wirklichkeit*, 159.

[43] *The Critical Forum: R. S. Thomas Discusses His Poetry*, Norwich Tapes, 1980.

[44] *Cerddi R. Williams Parry*, 14. Perthnasol iawn yng nghyswllt llinell enwog Thomas a'r darlun cyffredinol yn y farddoniaeth o berthynas Prytherch â byd natur yw sylw Caradoc Evans, 'The sense of the beautiful or the curious in Nature is slow to awake in the mind of the Welsh peasant'. Ar hyn, gw. Glyn Jones, *The Dragon Has Two Tongues*, 67.

[45] Rhaid cadw mewn cof ar yr un pryd sylw M. Wynn Thomas na ddylid ymfodloni ar weld Prytherch a'i debyg 'simply as the kind of figure of traditional endurance outlasting cataclysm that we famously get in Hardy's poem "In Time of 'The Breaking of Nations'"'; gw. 'R. S. Thomas: War Poet', 90.

[46] 'Autobiographical Essay', *Miraculous Simplicity*, 10.

[47] *Gwaith Iolo Goch*, 122, llau. 17–24.

[48] Ar hyn, gw., er enghraifft, sylwadau D. R. Johnston yn *Gwaith Iolo Goch*, 336–7, ac yn *Iolo Goch* (Caernarfon, 1989), 49–51; eiddo Rachel Bromwich yn *Aspects of the Poetry of Dafydd ap Gwilym* (Cardiff, 1986), 156–7; ac eiddo Andrew Breeze yn *Medieval Welsh Literature* (Dublin, 1997), 140–1.

[49] 'I Rys ap Dafydd ap Rhys o Uwch Aeron', *Gwaith Guto'r Glyn*, gol. Ifor Williams a J. Llywelyn Williams (Caerdydd, 1939; ail argraffiad, 1961), 235, llau. 9–16.

[50] *Gweithiau Morgan Llwyd o Wynedd*, gol. Thomas E. Ellis (Bangor and London, 1899), 40. Gw. hefyd Gwyn Thomas, 'Dau Lwyd o Gynfal', *Ysgrifau Beirniadol V*, gol. J. E. Caerwyn Williams (Dinbych, 1970), 77.

[51] Copi yn archif CYRST. Gw. *Morgan Llwyd: Ymchwil i Rai o'r Prif Ddylanwadau a Fu Arno* (Lerpwl, 1930; ail argraffiad, 1931), 20.

[52] *Ysgrifeniadau Byrion Morgan Llwyd*, gol. P. J. Donovan (Caerdydd, 1985), 13.

[53] *Y Faner*, 15 Ebrill 1983, 18.

[54] *Ysgrifeniadau Byrion Morgan Llwyd*, 1.

[55] Ibid., 7.

[56] Gw. hefyd Marie-Thérèse Castay, 'No Truce With the Furies?', *Agenda*, 36, 2 (1998), 78, lle y'n cyfeirir at y disgrifiad yn y gerdd 'Pietà', 'The tall Cross,/ Sombre, untenanted' (*P*, 14).

[57] Yn *Blwyddyn yn Llŷn* gofynna'r bardd: 'Pe buaswn wedi cael fy magu mewn cartref Cymraeg ac wedi cymysgu mwy hefo'r Cymry pan oeddwn yn ifanc, gan ddysgu cynganeddu ac ati, a fuaswn wedi cystadlu am y gadair a'r goron yr un fath â'r lleill? . . . Bydd rhai'n dal i synnu fy mod yn sgrifennu fy ngherddi yn Saesneg, fel petae'n fater o ddewis' (*BLl*, 64). Myfyrdodau yw'r rhain y dylid eu gosod ochr yn ochr â sylw brathog Gareth Miles mewn

adolygiad ar *Pe Medrwn yr Iaith*: 'Rwy'n amau a fyddai R.S.T. yn fardd petai'r Gymraeg yn famiaith iddo. Dichon y byddai'n Brifardd – ond creadur gwahanol iawn yw hwnnw, fel arfer'; gw. *Llais Llyfrau*, Hydref 1988, 10, a cf. sylwadau pellach R. S. Thomas, *BLl*, 65.

58 *Cerddi'r Bugail*, gol. Alan Llwyd (Caerdydd, 1994), 90. Ystyrier hefyd y cwpled, 'Yntau dlws gnwd o fwsog/ Melfed lle bu Gred y Grog' ar ddiwedd adran gyntaf yr awdl; ibid., 84.

59 *Elfennau Barddoniaeth* (Caerdydd, 1935), 83–4; Alan Llwyd, *Gwae Fi Fy Myw: Cofiant Hedd Wyn* (Llandybïe, 1991), 172.

60 *Elfennau Barddoniaeth*, 84.

61 T. S. Eliot, *The Complete Poems and Plays*, 193.

62 'Yr Heniaith', *Dail Pren*, 95.

63 Rhagymadrodd, *Y Cawr Awenydd*, xiv. Ceir ymdriniaeth nodweddiadol ddadlennol â'r berthynas rhwng gweledigaeth grefyddol a gweledigaeth ddiwylliannol R. S. Thomas gan Bobi Jones yn 'R. S. Thomas a'r Genedl' (Rhan I), *Barddas*, 198 (1993), 20–3, ac yn 'R. S. Thomas a'r Genedl' (Rhan II), *Barddas*, 199 (1993), 17–22.

64 Gw. Eirlys a Ken Lloyd Gruffydd, *Ffynhonnau Cymru: Cyfrol 2 – Ffynhonnau Caernarfon, Dinbych, Y Fflint a Môn* (Llanrwst, 1999), 29: 'Mae'r ffynnon arbennig hon yn un gwbl naturiol ac fe'i gwelir pan fo'r llanw allan ar y creigiau rhwng Mynydd Gwyddel a Mynydd Mawr . . . Gellir mynd at y ffynnon drwy ddilyn llwybr serth a charegog a elwir yn Ysgol Fair neu Risiau Mair.' Gw. hefyd Enid Roberts, *A'u Bryd ar Ynys Enlli* (Talybont, 1993), 77–8.

65 *The Holy Wells of Wales* (Cardiff, 1954), 149–50.

66 'Autobiographical Talk', *Epoch and Artist* (London, 1959), 27.

67 *The Holy Wells of Wales*, 150. Gw. hefyd sylwadau pellach Francis Jones, 47.

68 *Opened Ground: Poems 1966–1996* (London, 1998), 15.

69 Gw. R. Iestyn Daniel, 'Y Ffynhonnau yng Nghanu'r Cywyddwyr', *Dwned*, 7 (2001), 65–81, ac yn arbennig y rhestr o feirdd a cherddi, 66–8.

70 Einir Jones, *Gweld y Garreg Ateb* (Caernarfon, 1991), 38, 39.

71 Gillian Clarke, *Collected Poems* (Manchester, 1997), 166–7.

72 Gerard Manley Hopkins, *A Critical Edition of the Major Works*, 155–6, 161–5.

73 Gw. Bodleian Eng.Misc.a8/4, llawysgrif yn Llyfrgell Bodley, Rhydychen. Ceir cywydd Tudur Aled yn *Gwaith Tudur Aled*, II, 523–8.

74 Gerard Manley Hopkins, *A Critical Edition of the Major Works*, 221.

75 Brian Morris, 'Mr Thomas's Present Concerns', *Three Contemporary Poets*, 239–40; Elaine Shepherd, *Conceding an Absence*, 5–6.

76 Meddylier am gerddi megis 'Cain' (*H'm*, 15), 'Via Negativa' (*H'm*, 16), 'Repeat' (*H'm*, 26), 'The Prayer' (*LS*, 10), 'Rough' (*LS*, 36), 'The Interrogation' (*LS*, 63), 'Roger Bacon' (*F*, 40), 'The Woman' (*F*, 14).

77 *Gweithiau William Williams Pantycelyn*, 2 gyfrol, gol. Gomer Morgan Roberts (cyfrol 1) a Garfield H. Hughes (cyfrol 2) (Caerdydd, 1964–7), I, 193.

78 Gwybodaeth bersonol.

79 'Fragments', W. B. Yeats, *The Poems*, 260.

80 'Gweddi'r Terfyn', *Cerddi Saunders Lewis*, 53.

81 Y mae hon yn ddelwedd sy'n parhau'n bwerus yn y farddoniaeth ddiweddarach. Gw., er enghraifft, y cerddi canlynol: 'Pluperfect' (*BHN*, 89), 'Revision' (*EA*, 22), 'Fugue for Ann Griffiths' (*WA*, 53), 'Hark' (*MHT*, 38),

'Nuance' (*NTF*, 32). Gellid dweud bod y gerdd yn y gyfrol *The Echoes Return Slow* sy'n cynnwys yr ymadrodd hwnnw, 'the echoes return slow' (*ERS*, 63), ynddi'i hun yn adlais, a hynny yn yr ystyr mai ailddefnyddio cerdd a gyhoeddodd yn 1962 dan y teitl 'Sick Visits' a wnaeth Thomas yn y fan hon; gw. *Critical Quarterly*, 4, 2 (1962), 150.

[82] *Cerddi R. Williams Parry*, 15.

[83] 'Siarad Fel Bardd', *Y Cymro*, 26 Medi 1990, 14.

[84] 'Question', *New Statesman*, 29 Medi 1961, 434. Perthnasol i'r ystyriaethau a nodwyd yma yw'r cysyniad o adlais yng ngwaith Kierkegaard, a drafodir yng nghyd-destun gwaith R. S. Thomas gan M. Wynn Thomas, 'Irony in the Soul: The Religious Poetry of R. S[ocrates] Thomas', *Agenda*, 36, 2 (1998), 59–60.

[85] *The Listener*, 26 Ebrill 1962, 740.

[86] Ibid.

[87] *Cerddi Gwenallt*, 72. Ar yr adlais o linell Eliot, 'Knowledge of words, and ignorance of the Word', gw. Alan Llwyd, *Barddas*, 54 (1981), 6.

[88] Gw. disgrifiad John Llewelyn Jones, *The Waterfalls of Wales* (London, 1986), 149.

[89] *Pedeir Keinc y Mabinogi*, 86.

[90] S. T. Coleridge, *Biographia Literaria*, gol. George Watson (London, 1975), 167 (Pennod 13). Gw. hefyd sylwadau R. S. Thomas yn ei gyflwyniad i'w flodeugerdd, *The Penguin Book of Religious Verse* (Harmondsworth, 1963), 8.

[91] *Gwaith Dafydd ap Gwilym*, 130, llau. 19–24.

[92] Ibid., 131, llau. 37–44.

[93] Ibid., 422, 426 a 427.

[94] Ibid., 70, llau. 1–2.

[95] *Canu Aneirin*, gol. Ifor Williams (Caerdydd, 1938), 44, llau. 1101–2, 1105–14. Ceir copi o *Canu Aneirin* ymhlith llyfrau personol R. S. Thomas yn archif CYRST.

[96] Cf. cerdd Cyril Hodges, 'Dinogad', *Poetry Wales*, 7, 3 (1971), 71–2.

[97] *Canu Aneirin*, 44, llau. 1115–17.

[98] 'Amser ac Agwedd yn y Cynfeirdd', *Astudiaethau ar yr Hengerdd*, gol. Rachel Bromwich ac R. Brinley Jones (Caerdydd, 1978), 207.

[99] '"Defnydd Hyd Ddydd Brawd": Rhai Agweddau ar y Ferch ym Marddoniaeth yr Oesoedd Canol', *Cymru a'r Cymry 2000: Wales and the Welsh 2000*, gol. Geraint H. Jenkins (Aberystwyth, 2001), 44.

[100] Ceir yr un cyfuniad aflonyddol yn yr hwiangerdd Saesneg ysgytwol honno o'r bedwaredd ganrif ar ddeg: 'Lollay, lollay, little child, why wepestou so sore?/ Nedes mostou wepe – it was iyarked thee yore/ Ever to lib in sorrow, and sich and mourne evere,/ As thine eldren did er this, whil hi alives were'; gw. *Medieval English Lyrics*, gol. R. T. Davies (London, 1963), 106–7.

[101] Ar y thema hon yn 'Song for Gwydion', gw. M. Wynn Thomas, 'Songs of "Ignorance and Praise": R. S. Thomas's Poems About the Four People in His Life', *Internal Difference*, 144. Yno dywedir: 'the child selfishly exults in the gift: "the first sweet sacrifice I tasted,/ A young god, ignorant of the blood's stain" . . . Ignorant, may be, but no longer innocent. Father and son are united in a moment of sad communion, partners in sin. Thomas is always ready to see signs of the criminal cupidity of mankind in the gross appetitiveness of young

children.' Cf. yr hyn a ddywed Michael Parker am y gerdd yn *Seamus Heaney: The Making of the Poet* (London, 1993), 43: '[It] articulate[s] the doomed delights of pre-lapsarian innocence.' Gw. hefyd gerdd R. S. Thomas, 'The Un-born': 'Its hands/ opened delicately as flowers/ in innocency's garden, ignorant/ of the hands growing to gather them/ for innocency's grave' (*MHT*, 52).

[102] 'Region and Nation: R. S. Thomas and Dylan Thomas', *The Literature of Region and Nation*, 100.

[103] Ibid. Dychwel Hardy at y gerdd hon yn ei herthygl, 'Imagining R. S. Thomas's Amen', *Poetry Wales*, 29, 1 (1993), 21: 'I wish there were twenty poems like "Song for Gwydion", with its bitter-sweet articulation of innocence, the loss of innocence, violence, and dying, in a loving language.'

[104] Trafodir man cyfansoddi 'Pais Dinogad' gan Marged Haycock yn '"Defnydd Hyd Ddydd Brawd" . . .', 43–4. Uniaetha Geraint Gruffydd 'Raeadr Derwennydd' y gerdd Gymraeg â'r 'Lodore Cascade at the southeastern end of Derwentwater in Cumbria', a noda: 'It is a striking landmark, especially after heavy rain, and was celebrated as such by those who discovered the Lake District from the mid-eighteenth century onward . . . Samuel Lewis called it "a stupendous cataract" . . . and Robert Southey, who lived nearby, immortalized it in a delightful poem – also, incidentally, written for a child'; gw. 'Where was Rhaeadr Derwennydd (*Canu Aneirin*, Line 1114)?', *Celtic Language, Celtic Culture: A Festschrift for Eric P. Hamp*, gol. A. T. E. Matonis a Daniel F. Melia (Van Nuys, 1990), 262–3.

[105] Daw'r dyfyniad o 'The Fire Sermon' (ll. 243) yn *The Waste Land*; gw. T. S. Eliot, *The Complete Poems and Plays*, 69.

[106] Gw. Ifor Williams, *Chwedl Taliesin*, 19, a hefyd *Facsimile & Text of the Book of Taliesin*, gol. J. Gwenogvryn Evans, 2 gyfrol (Llanbedrog, 1910), II (y testun), 22.

[107] *Ystoria Taliesin*, gol. Patrick K. Ford (Cardiff, 1992), 77.

[108] Gw. *Chwedl Taliesin*, 9, a sylwadau Ifor Williams yno ar y cysylltiad rhwng chwedl Myrddin a hanes Taliesin. Gw. hefyd *Ystoria Taliesin*, 76: 'Shihannes ddewin/ a'm gelwis J Merd[d]in;/ Bellach poob prenin/ a'm geilw J Taliesin', a nodiadau'r golygydd, 114.

[109] Perthnasol hefyd, wrth gwrs, yw geiriau enwog Glyndŵr yn rhan gyntaf *King Henry IV* Shakespeare (III.1.12–16): 'At my nativity/ The front of heaven was full of fiery shapes,/ Of burning cressets; and at my birth/ The frame and huge foundation of the earth/ Shaked like a coward.'

[110] *Ystoria Taliesin*, 77. Gw. hefyd Marged Haycock, 'Taliesin's Questions', *Cambrian Medieval Celtic Studies*, 33 (1997), 35–9.

[111] *The Collected Poems of Vernon Watkins*, 318. Ceir ymdriniaeth fer gan M. Wynn Thomas â defnydd Vernon Watkins o'r cymeriad hwn yn 'Symbyliad y Symbol: Barddoniaeth Euros Bowen a Vernon Watkins', *DiFfinio Dwy Lenyddiaeth Cymru*, 178–9. Gw. hefyd sylwadau Leslie Norris ar 'Taliesin 1952' R. S. Thomas a 'Taliesin and the Spring of Vision' Vernon Watkins yn ei lythyr at y golygydd, *Poetry Wales*, 7, 4 (1972), 120.

[112] *The Welsh Nation*, 18, 3 (1949), 5. A oes awgrym o Frwydr Bosworth yn y sôn am Gymry'n cwympo 'On the broad English plain'?

[113] Cf. fersiwn *Song at the Year's Turning*: 'we will arise,/ Armed, but not in the old way' (*SYT*, 61).

[114] *Wales*, 7, 26 (1947), 323. Cofiwn hefyd am gysylltiad Gwion Bach â Llanfair Caereinion, nid nepell o Fanafon.

[115] *Cerddi R. Williams Parry*, 129.

[116] *In Parenthesis* (London, 1937; adargraffiad 1969), 79–80. Gw. hefyd nodyn esboniadol David Jones, 207: 'The long boast in these pages I associate with the boast of Taliessin at the court of Maelgwn . . .'

[117] Llythyr dyddiedig 13 Gorffennaf 1969 mewn casgliad preifat.

[118] *Beautiful Wales* (Oxford, 1905), 87.

[119] Gw. *The Mabinogion*, argraffiad 'Everyman' (London, 1932), 273–4.

[120] *Beautiful Wales*, 87.

[121] *The South Country* (London, 1909; adargraffiad 1993), 116.

[122] *Selected Poems of Edward Thomas*, gol. R. S. Thomas (London, 1964; adargraffiad 1989), 52.

[123] *Casgliad o Ysgrifau T. H. Parry-Williams*, 91.

[124] Ibid., 92. Gw. hefyd gerdd Parry-Williams, 'Grand Canyon', a gyhoeddwyd yn wreiddiol yn yr un gyfrol â 'Dau Le', *Synfyfyrion*; gw. *Casgliad o Gerddi T. H. Parry-Williams*, 80.

[125] *Casgliad o Ysgrifau T. H. Parry-Williams*, 90.

[126] Ibid., 91.

[127] Ibid., 92.

[128] Ibid.

[129] Ibid.

[130] *Islwyn Ffowc Elis* (Cardiff, 2000), 17–18.

[131] *Casgliad o Ysgrifau T. H. Parry-Williams*, 92.

[132] *Hugh MacDiarmid*, 3.

[133] *Casgliad o Ysgrifau T. H. Parry-Williams*, 92.

[134] Ibid.

[135] Ibid.

[136] Gw. *Casgliad o Gerddi T. H. Parry-Williams*, 136.

[137] Gwybodaeth bersonol. Gw. *Casgliad o Gerddi T. H. Parry-Williams*, 119.

[138] Llythyr dyddiedig 15 Rhagfyr 1961 mewn casgliad preifat.

[139] Llythyr dyddiedig 3 Hydref 1966 mewn casgliad preifat.

[140] *Casgliad o Gerddi T. H. Parry-Williams*, 119.

[141] Ibid.

[142] Ibid.

[143] Yn ei ysgrif 'R. S. Thomas a'r Genedl', *Barddas*, 198 (1993), 23, dyfynna Bobi Jones linell olaf 'The Signpost' gan nodi ei bod yn un 'sy'n ein hatgoffa, nid am yr unig dro, am Frost'.

[144] Gw. *Bro a Bywyd: Waldo Williams*, gol. James Nicholas (Llandybïe, 1996), 26.

[145] *Dail Pren*, 77.

[146] 'Hymns in a Man's Life'; gw. D. H. Lawrence, *Selected Literary Criticism*, gol. Anthony Beal (London, 1961), 6–7.

[147] William Wordsworth, *Poetical Works*, gol. Thomas Hutchinson ac Ernest de Selincourt (Oxford and New York, 1904; adargraffiad 1990), 233. Ceir amrywiad diddorol ar y thema yng ngherdd Gwyn Erfyl, 'Gethsemane (1969)', a egyr â'r llinellau – 'Nos Sadwrn o haf ar groesffordd rhwng Trefdraeth a Cheibwr/ "Gethsemane. Un filltir"' – ac sy'n diweddu wrth i'r bardd basio heibio: '"Gethsemane. Un filltir"./ Un filltir faith –/ a'i gadael/ gan fforffedu hefyd fy

nghyfran o'r daith/ ddi-adlam, ddolurus o'r ardd ymlaen'; gw. *Dyfroedd Byw a Cherrynt Croes: Bwrlwm Tri Chwarter Canrif* (Dinbych, 2000), 251.

[148] Arno, gw. Bedwyr Lewis Jones, *'Yr Hen Bersoniaid Llengar'* (Dinbych, 1963).

[149] Torrir ar y dilyniant allweddol hwn yn *CP*.

[150] Ar y cerddi a gyhoeddodd yr R. S. Thomas ifanc yn *Omnibus*, gw. *Neb*, 22.

[151] 'The Bend', *Omnibus*, 42, 3 (1934), 80. Cf. llinell gyntaf 'The Bend' â'r llinellau agoriadol canlynol gan Thomas: 'When I was a child and the soft flesh was forming' ('Song for Gwydion', *AL*, 9), 'When I was young, when I was young!' ('Lament for Prytherch', *SYT*, 99), 'When I was young and little' ('Growing Up', cerdd anghasgledig a ymddangosodd yn *The New Statesman*, 12 Mawrth 1955, 361).

[152] William Wordsworth, *Poetical Works*, 240.

[153] Ibid., 305.

[154] Gw. hefyd gerdd Roland Mathias, 'Cascob', *Burning Brambles: Selected Poems 1944–1979* (Llandysul, 1983), 69.

[155] Yng nghyswllt y cyfeiriad at yr ysgrîn yng ngherdd Thomas, dadlennol yw'r hyn a ddywed Ffransis G. Payne yn *Crwydro Sir Faesyfed*: 'dyma eglwys y dylid ar bob cyfrif ymweld â hi. Y tu mewn iddi ceir yr ysgrîn fwyaf gorchestol yn y sir ac un na cheir ei gwell yng Nghymru'; gw. *Crwydro Sir Faesyfed*, 2 gyfrol (Llandybïe, 1966–8), II, 70. Ceir llun da o'r ysgrîn a llofft y grog gyferbyn â thudalen 49.

[156] Llythyr dyddiedig 25 Tachwedd 1978 mewn casgliad preifat.

[157] Ibid.

[158] Llythyr dyddiedig '1969' mewn casgliad preifat.

[159] *Poetry Wales*, 20, 1 (1984), 74 (adolygiad ar *SP*).

[160] *Anglo-Welsh Review*, 18, 41 (1969), 17.

[161] *New Welsh Review*, 3, 1 (1990), 16. Ar y tair lleian o Gymuned Fairacres, Rhydychen a oedd yn byw fel meudwyesau ym Mhen Llŷn yn ystod cyfnod R. S. Thomas yn Aberdaron, gw. A. M. Allchin, 'R. S. Thomas, A Parish Priest', *The David Jones Journal*, 3, 1&2 (2001), 84–5. 'Insularities: For a Nun on Her Island' yw'r gerdd y trafodir ei genesis yn *BLl*, 83.

[162] *Barn*, 121 (1972), 16–17.

[163] Gw., er enghraifft, *Neb*, 33–5, yr ysgrif 'Ynys' yn *ABC Neb*, 96–100, ynghyd â cherddi megis 'The Island' (*H'm*, 20), 'Island' (*LP*, 200) ac 'Island' (*NTF*, 79).

[164] *Dail Pren*, 71.

[165] Gw. Jason Walford Davies, 'Gweld Llais a Chlywed Llun', *Taliesin*, 105/106 (1999), 180–93.

[166] *Canu Llywarch Hen*, 23.

[167] Fe'i cedwir yn archif CYRST.

[168] Ceir yr un camgymeriad yn rhagymadrodd y bardd i *Selected Poems of Edward Thomas*, 11.

[169] Ar hyn, gw. *Canu Llywarch Hen*, lvi, ynghyd â sylwadau Jenny Rowland yn *Early Welsh Saga Poetry*, 190, 617.

[170] *Canu Llywarch Hen*, 23.

[171] Ibid.

[172] Ibid., 23, 24. Ar arwyddocâd cân y gog yn y traddodiad Cymraeg, gw. *Early Welsh Saga Poetry*, 225, ynghyd â sylwadau Marged Haycock yn *Blodeugerdd Barddas o Ganu Crefyddol Cynnar* (Llandybïe, 1994), 141, 148.

[173] *Canu Llywarch Hen*, 25.

[174] Ibid., 24. Trafodir y dybiaeth gyffredin mai gŵr gwahanglwyfus yw claf Abercuawg gan Nicolas Jacobs yn 'Clefyd Abercuog', *Bwletin y Bwrdd Gwybodau Celtaidd*, 39 (1992), 56–70.

[175] Cyfweliad â'r awdur presennol, 28 Gorffennaf 1999.

[176] 'Cymeriadau Cenedlaethol', teipysgrif yn archif CYRST. Gw. hefyd *Neb*, 45.

[177] Diau mai dyma'r lle priodol ar gyfer tynnu sylw at hoffter R. S. Thomas o nofel Robin Llywelyn, *Seren Wen Ar Gefndir Gwyn* (1992). Yn wir, mewn llythyr at Robin Llywelyn yn fuan wedi i'r nofel ymddangos, canodd Thomas glodydd y gwaith, gan nodi'n arbennig ei hoffter o'i hieithwedd (gwybodaeth bersonol).

[178] *Wythnos yng Nghymru Fydd* (Caerdydd, 1957; argraffiad newydd, Llandysul, 1994), 31.

[179] Ibid., 119.

[180] 'Llithoedd i Amserau Drwg', *Y Faner*, 5–12 Awst 1988, 18.

[181] *Cerddi R. Williams Parry*, 138.

[182] 'Llithoedd i Amserau Drwg', 18.

[183] *Wythnos yng Nghymru Fydd*, 125.

[184] Ibid., 133, 158, 159.

[185] Ibid., 147.

[186] Ibid., 195.

[187] Ibid., 195, 212.

[188] Ibid., 192.

[189] Ibid., 207.

[190] *Sefyll yn y Bwlch*, 181.

[191] *Poetry Wales*, 14, 4 (1979), 9. Cf. y gerdd 'Somewhere' (*LS*, 46), ac yn arbennig y llinellau, 'Surely there exists somewhere,/ as the justification for our looking for it,/ the one light that can cast such shadows?'

[192] *Poetry Wales*, 14, 4 (1979), 9. Cynhwyswyd y gerdd saith mlynedd yn ddiweddarach yn y gyfrol *Experimenting With an Amen*, a hynny dan y teitl 'A Country' (*EA*, 62).

5

'The poet's rubric' – Themâu: Byd Natur, Hunangofiant, Y Traddodiad

Naturiol yw gofyn pa feini prawf a llinynnau mesur a fu'n gyfrifol am batrymu'r fath gyfoeth o gyfeiriadau llenyddol. Beth sy'n unigryw, ac o ganlyniad yn fwyaf grymus, ynghylch ymateb R. S. Thomas i lenyddiaeth Gymraeg? Y mae'r ateb i'w ganfod yn y gwahanol themâu a amlygir gan gyfeiriadaeth lenyddol y bardd, a buddiol felly fyddai craffu ar y tair thema amlycaf yn y cyswllt hwn.

(i) Byd Natur

Daw canu natur y traddodiad Cymraeg i'r blaen yn amlwg. Yn wir, pe byddid yn mynd ati i gasglu ynghyd yr holl gerddi a adleisir gan R. S. Thomas yn y cyd-destun hwn, diau y byddai gennym flodeugerdd Gymraeg sylweddol, a chwaer-gyfrol gyfoethog i'r flodeugerdd o ganu natur Saesneg a olygodd y bardd yn 1961, *The Batsford Book of Country Verse*. Y mae'r adleisiau Cymraeg hyn yn fynegiant digyfaddawd drwy gydol yr yrfa o ymlyniad R. S. Thomas wrth y cysyniad fod y dimensiwn gwledig yn nodwedd ddiffiniol ar Gymreictod. Yn ei ysgrif gynnar, 'A Welsh View of the Scottish Renaissance', dyfynna Thomas 'Paradwys y Bardd' Eifion Wyn, a'i mawl i brydferthwch gwledig Cymru.[1] Pa mor ystrydebol bynnag ydyw, y mae'n ategu ei gred ddiysgog fod '[y] wir Gymru i'w chael yn y wlad o hyd' (*PMI*, 52). Daw'r datganiad olaf hwn o'r ysgrif 'Llenyddiaeth Eingl-Gymreig' (1952), lle y gwelir Thomas yn beirniadu'r Eingl-Gymry am gyfleu darlun unllygeidiog o Gymru fel gwlad ddiwydiannol, ac yn haeru:

O'r tu allan y daeth y diwydiannau trymion, a rhywbeth newydd ydynt; ond ymestyn y traddodiad gwledig yn ôl trwy'r canrifoedd, fel rhywbeth hanfodol Gymreig, ac y mae ar bob sgrifennwr o Gymro, boed ei iaith fel y bo, gyfrifoldeb yn hyn o beth. Dylai ymorol na ddihoena'r traddodiad yma, canys pwy a ŵyr nad eiddo'r gwledydd bychain y dyfodol eto? (*PMI*, 52)

Ac ar ddiwedd ei ysgrif 'Dau Gapel', haera Thomas (gan ddilyn Saunders Lewis i raddau helaeth, fel y nododd Grahame Davies[2]) nad yw trefi 'yn nodweddiadol o Gymru: amlygiad o ddylanwad estron ydynt, a gorau po gyntaf y'u chwelir' (*PMI*, 42). Ar glustiau byddar yn achos Thomas, y mae'n amlwg, y syrthiai rhybuddion megis hwnnw gan R. T. Jenkins yn *Y Llenor* yn 1927:

> y mae credu mai rhywbeth hanfodol wledig (neu wladaidd) ydyw Cymreigrwydd nid yn unig yn gam-ymresymiad ond hefyd (fel y gwn trwy brofiad) yn gwneuthur drwg mawr i'r ymgyrch Gymraeg yn nhrefi'r Deheudir. Oni fagwn ni Gymreigrwydd *trefol*, y mae ar ben arnom – fel y mae rhediad bywyd yn ein cenhedlaeth ni.[3]

Yn erbyn y safbwynt a fynegwyd gan R. S. Thomas ar ddiwedd 'Dau Gapel' y bu Alun Llywelyn-Williams yn brwydro'n galed ar dudalennau *Tir Newydd*, wrth gwrs. Er enghraifft, yn ei erthygl 'Y Bywyd Dinesig a'r Gymraeg', cystwya'r Cymry hynny sy'n 'gwrthod wynebu problemau artistig ein hardaloedd diwydiannol' ac sy'n 'dianc rhagddynt trwy eu hystyried fel ffenomenau anghymreig'.[4] Diddorol yw gweld Llywelyn-Williams yn yr un erthygl yn cwyno ynghylch natur cyhoeddiadau Cymraeg y dydd, ac yn eu plith *Cwm Eithin* (1931), cofnod Hugh Evans o fywyd gwledig mewn oes a fu. Bron bymtheng mlynedd yn ddiweddarach bu i R. S. Thomas adolygu cyfieithiad E. Morgan Humphreys o'r gyfrol *Cwm Eithin*, gan gloi â'r geiriau canmoliaethus, 'y mae Mr Humphreys yn haeddu diolch pawb sy'n caru Cymru am ddwyn y llyfr pwysig ac annwyl yma i sylw'r rheini nad ydynt yn medru siarad Cymraeg'.[5] Diau y byddai llinellau Siôn Tudur, yn yr adran o'r cywydd 'I'r Usuriwr' y cymerwyd yr epigraff 'Nid câr da ond acer [*sic*] o dir' ohoni, wedi apelio'n gryf at reithor ifanc Manafon: 'Gwae'r dyn a garo dinas,/ Gwraig Lot aeth yn garreg las.'[6]

Yng ngherdd R. S. Thomas, 'Rhondda', cwynir ynghylch y ffaith fod cynefin coediog adar ac anifeiliaid wedi'i ddinistrio gan ddyfodiad diwydiant trwm:

Here where the squirrel leaped from leaf to leaf
Burning, a small, red firebrand in the sky . . .
Here where the trees resounded to the laugh
Of jay and yaffle . . .
                . . . there is now no room
For one diminutive spray of the wood-sorrel,
Because of the dirt of man's unnatural quarrel
With the chaste earth. (*AL,* 24)

Wrth reswm, ni raid mynnu bod i'r brotest hon yn erbyn rhaib diwydiant ffynhonnell lenyddol. Ac eto, yn y cyswllt hwn diau y dylid o leiaf nodi bod cyd-destun a delweddaeth 'Rhondda' R. S. Thomas yn ein hatgoffa'n gryf o gerdd megis 'Coed Glyn Cynon', lle y galara bardd anhysbys o'r unfed ganrif ar bymtheg wrth weld sut y bu i ddiwydiant ddigoedwigo'r ardal ac amddifadu'r bywyd gwyllt o'i gynefin naturiol. Yn ogystal, dwg cyfeiriad R. S. Thomas at y wiwer goch a'r adar eraill i gof y 'wiwer goch hen' a'r adar a bortreadwyd mor fywiog yng nghywydd Robin Clidro (*fl.* 1545–80) i Goed Marchan – cerdd sy'n brotest egnïol yn erbyn y modd yr 'anrheithi[wyd] holl goed Rhuthun', chwedl y bardd.[7] Yn 'Coed Glyn Cynon' â'r brotest wrth-ddiwydiannol law yn llaw ag agwedd wrth-Seisnig ddigymrodedd: 'Os am dorri a dwyn y bar,/ Lletty yr adar gwylltion,/ Boed yr anras yn eu plith,/ Holl blant Alys ffeilsion!'[8] Diddorol yw nodi sut yr ymatebodd Pennar Davies ar ddechrau ei gerdd 'Yr Efrydd o Lyn Cynon' (1961) i ddi-flaniad harddwch naturiol a Chymreictod ei ardal drwy adleisio ac atgynhyrchu ffurf a deunydd y gerdd Gymraeg hon o'r unfed ganrif ar bymtheg: 'Darfu'r wiwer goch a'r bardd/ A bywyd hardd Glyn Cynon/ A'r hiraeth am gymdeithas bur:/ Fe lygrwyd gwŷr a meibion.'[9] Y mae ffurf 'Rhondda' R. S. Thomas hithau'n arwyddocaol. Onid yw'n gymwys fod cerdd sy'n ymdrin â diflaniad ffurfiau naturiol y tir yn gwyrdroi ein disgwyliadau drwy docio llinell olaf ffurf y soned a'i gadael yn benfyr?

Dilornus iawn ar brydiau yw agwedd R. S. Thomas tuag at y De diwydiannol. Mewn fforwm yn 1987 ar ddylanwad 'Tynged yr Iaith' Saunders Lewis, meddai Thomas: 'What is there in industrial south Wales mostly but a corruption of place-names, ignorance of their history, impatience with the language and nonsense talk about a Welsh-language take-over from the north?'[10] (Ni ddylid anghofio ychwaith fod Thomas yn *Neb* yn datgan yn gwbl agored mai 'bendith' oedd y ffaith mai gŵr o Benrhosgarnedd, H. D. Owen, oedd ei athro Cymraeg ym Manafon, 'gan y golygai fod y dysgwr [y bardd ei hun] yn dod i siarad iaith y gogledd' (*Neb*, 40).) Ac mewn llythyr at Raymond Garlick adeg streic y glowyr yn 1984, meddai Thomas:

> I can't forgive the miners for their lack of interest in Welsh. There they are in a Welsh town like Caernarfon with their stall and collecting appeals entirely in English.
>
> I have always blamed them for setting the class struggle before the national one. If they had identified with the Welsh cause instead of the workers in England and the Labour party, we would have self-government by now. They are indignant at police treatment, but they didn't care a damn how the police treated Cymdeithas yr Iaith.[11]

Yng ngoleuni sylwadau difloesgni fel y rhain, nid yw'n syndod fod cyfeiriadau niferus R. S. Thomas at waith Gwenallt bron yn ddieithriad yn gyfeiriadau at Gwenallt Sir Gaerfyrddin wledig, ac nid at Gwenallt y De diwydiannol. Ond wrth gydnabod mai naturiol bob amser fydd holi i ba raddau y mae cof diwylliannol R. S. Thomas yn adlewyrchu realiti'r Gymru fodern, ni ddylid ychwaith anghofio bod y cwestiwn yn un a godir gan yr hyn sydd, yn y farddoniaeth a'r rhyddiaith, yn sialens ac nid yn ddihangfa.[12]

Tystia'r cyfeiriadau llenyddol y tynnwyd sylw atynt eisoes yn ystod yr astudiaeth hon mor reddfol bwerus oedd ymateb R. S. Thomas i'r canu natur Cymraeg. Fel y dywedir yn yr ysgrif 'Undod': 'Os oes unrhyw un yn credu y gallai brofi blas Cymreig heb yr iaith, mae'n ei dwyllo'i hun. Mae pob mynydd a nant, pob fferm a lôn fach yn cyhoeddi i'r byd mai rhywbeth amgenach ydi tirwedd yng Nghymru' (*PMI*, 156). Yn ei sgwrs ddadlennol yn y gyfres *The Critical Forum* yn 1980 aeth y bardd i'r afael â pherthynas ei waith â thir a daear Cymru, gan ddiffinio ei gerddi 'natur' drwy gyfrwng cyfeiriadaeth lenyddol Gymraeg:

> I would hardly qualify as a nature poet in the English tradition. My sights and sounds are Welsh ones, as expressed by the Welsh poet Hedd Wyn when he speaks of a '*lleuad borffor/ Ar fin y mynydd llwm*' – the 'purple moon at the bare mountain's rim'. They have little in common with English streams, woodlands and gardens. Coleridge had a glimpse of this atmosphere in the West Country, which was once linked to Wales: 'the rain poured down from one black cloud;/ The Moon was at its edge.' And in the North Country, where also the Welsh once were, Wordsworth experienced 'The single sheep, and the one blasted tree,/ And the bleak music from that old stone wall'.[13]

Â Thomas rhagddo yn y sgwrs hon i nodi bod y cyplysnodi yn y term Eingl-Gymreig yn un 'difficult of accomplishment', eithr haera fod dylanwad Cymru a'r Gymraeg i'w ganfod ar ei waith nid yn unig 'explicitly as a preoccupation with the political situation of my country, issuing in poems which mostly were not included by me in my *Selected Poems*, and which have not got into the anthologies', ond hefyd 'implicitly . . . as a line running from my earliest to my latest poems, which is the impression made by wind and light and water as they flow over this part of the earth'. Y mae bardd sy'n dyfynnu llinellau Dafydd Nanmor, 'Os marw yw hon Is Conwy/ Ni ddyly Mai ddeilio mwy'[14] (*BLl*, 37), neu sy'n datgan ei fod yn medru 'clywed cynghanedd y tymhorau' (*Neb*, 126), yn un y mae ei gof diwylliannol yn anwahanadwy oddi wrth ei gariad tuag at dir a daear (wledig) Cymru. Ac ni cheir gwell enghraifft o'r bardd yn dwysfyfyrio ar dir a daear ei wlad na'i adleisio mynych o'r cwpled hwnnw yng nghywydd Dafydd Nanmor i 'Wallt Llio', 'Mewn moled aur a melyn/ Mae'n un lliw â'r maen yn Llŷn'.[15] Cyfareddwyd Thomas, y mae'n amlwg, gan y cyfeiriad hwnnw at Faen Melyn Llŷn, ac y mae'r ddelwedd yn un y dychwel y bardd ati nifer o weithiau, a hynny yn null ffiwg, gan newid ychydig ar y pwyslais bob tro. Ac y mae amlder a chysondeb yr adleisio yn dra phriodol yng ngoleuni'r ffaith fod y cyfeiriad arbennig hwn yn ymwneud â'r hyn sy'n arhosol a safadwy mewn byd bas a chyfnewidiol. Yng nghyd-destun un o bynciau mawr y bardd yn ystod ei gyfnod ym Mhen Llŷn, sef creigiau cyn-Gambriaidd y penrhyn, y crybwyllir cwpled Dafydd Nanmor bob tro. Yn *Blwyddyn yn Llŷn* dywed Thomas: 'Gwyddom am oed ofnadwy ac anhygoel creigiau Aberdaron a gafodd eu diraddio braidd yn rhigymau Cynan, ond bydd cofio am y canrifoedd a aeth heibio ers amser Dafydd Nanmor yn ddigon i beri pendro' (*BLl*, 37). Ond yna pwysleisia Thomas ei ymuniaethiad â'r bardd canoloesol ar draws cyfnod o bum canrif a mwy: 'Ond braf hefyd ydi meddwl ei fod o wedi troedio'r glannau hyn a chofio wedyn am y maen melyn tra'n chwilio am gymhariaeth â'r ferch felynwallt' (*BLl*, 37). Cyfleir yr ystumdro amser hwn yn gelfydd yn un o'r darnau cryptig hynny o ryddiaith yn *The Echoes Return Slow*: 'There is a rock on the headland mentioned by Dafydd Nanmor in a *cywydd* . . . The mind spun, vertigo not at the cliff's edge, but from the abyss of time' (*ERS*, 86). Yna crisiala'r gerdd gyfatebol y profiad ymhellach, fel nad oes angen crybwyll Dafydd Nanmor bellach:

> There is a rock pointing
> in no direction but its ability

> to hold hard. Time like an insect
> alights there a moment
> to astonish us with its wings'
> rainbow, and takes itself off. (*ERS*, 87)

Y mae'r gyfeiriadaeth gywasgedig yn y fan hon yn Imagistaidd ac yn Symbolaidd: yn Imagistaidd yn ei darbodaeth weledol rymus; yn Symbolaidd yn ei hymhyfrydu mewn cystrawen sydd fel petai yn ei llyncu ei hun ('a rock pointing/ in no direction but its ability . . .'). Yr ydym yn dod i weld mai drwy graffu ar y cyfeiriadau Cymraeg y mae mesur ac iawnbrisio perthynas R. S. Thomas â Moderniaeth farddonol. Ac yn y cyswllt hwn y mae'n werth tynnu sylw at sut y bu raid i Thomas yn ddiweddarach, yn *Mass For Hard Times* (1992), 'ddatod' ac ehangu dull ei gyfeiriadaeth drachefn, megis Yeats yn hwyr yn ei yrfa, gan wneud yn amlwg ac yn hunangofiannol – yn an-Fodernaidd – ffynonellau'r hyn y mae am ei fynegi:

> Dafydd looked out;
> I look out: five centuries
> without change? The same sea breaks
> on the same shore and is not
> broken. The stone in Llŷn
> is still there, honey-
> coloured for a girl's hair
> to resemble. It is time's
> smile on the cliff
> face at the childishness
> of my surprise. (*MHT*, 72)

Perthyn cyfeiriadau R. S. Thomas at gwpled Dafydd Nanmor i glwstwr o adleisiau sy'n nodedig ar sail amlder y defnydd ohonynt. Yn arwyddocaol, y maent oll yn ymwneud â byd natur. Enghraifft dda yw'r pennill gwerin hwnnw, 'I'r estron, os myn,/ Boed hawl tros y glyn;/ I ninnau boed byw/ Yn ymyl gwisg Duw/ Yn y grug, yn y grug', a gafwyd, fel yr awgrymodd M. Wynn Thomas, gan John Cowper Powys (a'i cynhwysodd yn ei ddarn, 'Welsh Aboriginals', yn y cylchgrawn *Wales* yn 1943).[16] Dyfynnir y rhigwm gan R. S. Thomas mewn tair ysgrif ('A Welsh View of the Scottish Renaissance', 'The Depopulation of the Welsh Hill Country', *The Mountains*[17]), a diddorol yw awgrym M. Wynn Thomas fod y bardd yn ei adleisio yn y gerdd 'A Welshman at St. James' Park', sy'n diweddu wrth bwysleisio camgymeriad y Cymry hynny

---

'who left the heather/ And the high pastures of the heart' (*P*, 23).[18] Y mae cyfeirio nifer o weithiau fel hyn at destun Cymraeg arbennig yn gwbl nodweddiadol o ddull y bardd, sy'n dychwelyd yn gyson yn ei waith at gysyniadau, delweddau, ymadroddion a hyd yn oed gystrawennau cyfarwydd. Yn hyn o beth gellid dweud bod i waith R. S. Thomas beth o rym yr 'ailadrodd cynyddol' hwnnw sy'n nodwedd mor amlwg ar y canu englynol cynnar.

Er hyn, gall amlhau adleisiau at destun penodol fod yn wrthgynhyrchiol os nad eir ati, yn null ymdriniaeth R. S. Thomas â chwpled Dafydd Nanmor, i amrywio dull y cyflwyno. Yr enghraifft amlycaf o adleisio cyson braidd yn ailadroddus yw'r cyfeiriadau niferus yn y rhyddiaith at linellau o gerdd Gwili, 'Natur a Duw': 'Nid yw Natur fawr yn mynd yn hen', 'Duw ieuanc ydyw Duw: Duw'r gwanwyn clir;/ Y Duw sy'n cyffro calon oer y tir/ I guro'n gyflym, ac yn galw cân/ Yn ôl i neuadd fawr y goedwig ir.'[19] O ystyried y cwpled agoriadol – 'Mewn byd heb swyn, gan dwrf peiriannau croes,/ Dolefais, lawer awr, dan ddycnaf gloes' – nid yw'n syndod fod y gerdd wedi apelio cymaint at R. S. Thomas. Y mae'n anffodus, felly, fod Thomas, yn yr ysgrif 'Gobaith' ac yn *Blwyddyn yn Llŷn*, yn camddyfynnu Gwili – 'Y Duw sy'n deffro calon oer y tir'.[20] Y mae gosod 'deffro' yn lle 'cyffro' yn andwyol am ddau reswm – gan mai 'cyffro' yw'r union beth y mae'r cyflythreniad yn 'cyffro calon' yn ei gyfleu, a chan fod y camddyfyniad yn dileu patrymau cytseiniol pennill Gwili ar ei hyd: '. . . ydyw Duw: Duw'r gwanwyn', 'cyffro calon', 'I guro'n gyflym', 'Yn ôl i neuadd'. Mwy awgrymog o lawer na'r hanner dwsin o enghreifftiau yn y rhyddiaith o ddyfynnu 'Natur a Duw' yn uniongyrchol yw'r berthynas bosibl rhwng darlun cerdd Gwili o Dduw ifanc a llinellau megis y rhain, o gerdd R. S. Thomas, 'Waiting', lle'r erys y bardd am adlais a fydd yn tystio i fodolaeth Duw:

> Young
> I pronounced you. Older
> I still do, but seldomer
> now, leaning far out
> over an immense depth, letting
> your name go and waiting,
> somewhere between faith and doubt,
> for the echoes of its arrival. (*F*, 32)

Y mae amwysedd y gystrawen yn y ddwy linell gyntaf yn esgor ar ddau bosibilrwydd. Y brif ystyr yma, wrth gwrs, yw, 'As a young man, I professed/expressed you' (cystrawen nodweddiadol Yeatsaidd –

'Young, we loved each other and were ignorant', er enghraifft[21]), ond am ennyd y mae ail ystyr – 'I called you a young God' – hefyd yn bosibl, ac yn dra arwyddocaol yng ngoleuni hoffter amlwg R. S. Thomas o linell Gwili, 'Duw ieuanc ydyw Duw'. Fel y dywed Thomas yn 'A Welsh View of the Scottish Renaissance': 'What form does God assume in the different countries? In Wales, as with Angus Og in Scotland, God is a young God. As Gwili has sung: "Duw ieuanc ydyw Duw, Duw'r gwanwyn clir . . .".'[22] At hyn, diddorol yw gweld bod y gerdd sy'n dilyn 'Natur a Duw' yn *Caniadau Gwili* (unig gyfrol y bardd o gerddi Cymraeg), yn ymwneud, megis 'Waiting' R. S. Thomas, â'r ymgiprys 'between faith and doubt'. Egyr 'Y Sicrwydd' â'r pennill:

> Paham, Amheuaeth oer, yr ymofynni
> Â mi am gadarn sail fy sicrwydd ffydd?
> Ysbryd di-dostur, erch, paham y mynni
> Ysigo'r ymddiriedaeth ynof sydd,
> A'm henaid, bellach, am fod byth yn rhydd
> O'i lym gaethiwed? Gollwng d'afael den,
> A gad im fyw mewn hyder llawn, di-len.[23]

Erbyn diwedd y gerdd gall Gwili ddatgan, 'Yr hyn sy gudd ohonof ydwyf i'. Y mae tinc R. S. Thomasaidd i'r llinell honno.

Ar ddiwedd y gerdd 'Rhondda' arswyda Thomas rhag 'birdless streets' y gymuned ddiwydiannol, 'Where the fan's heart mechanically beats' – strydoedd a amddifadwyd o fiwsig byd natur, 'soothing, personal, sweet' (*AL*, 24). Fel y cawn weld, nodwedd amlwg ar yr adleisiau llenyddol yng ngwaith yr offeiriad a ddaeth yn adaregwr amatur arbennig o dda yw presenoldeb parhaus adar y traddodiad llenyddol Cymraeg. Y mae cwyn Robert Minhinnick mai prin yw'r ddelweddaeth adaregol ym marddoniaeth R. S. Thomas – 'the bird-watcher refuses to share his rarities'[24] – yn diystyru'r ffyrdd amgen, diwylliannol, y gall diddordeb o'r fath frigo i'r wyneb. Wedi'r cyfan, R. S. Thomas ei hun, yn ei ddarlith *Words and the Poet* (1964), a'n hatgoffodd nad dan eu henwau adaregol-fanwl – *gylfinirod y cerrig*, *teloriaid yr eithin* a *chnocellau brith lleiaf*, er enghraifft – yr ymddengys adar mewn barddoniaeth fawr (*SP*, 65–6).[25] (Eithriad sy'n brawf ar y rheol yw cerdd Edward Thomas, 'Sedge-Warblers', a gynhwyswyd gan R. S. Thomas, dylid nodi, yn ei *Selected Poems of Edward Thomas* (1964).) Y mae'n werth dyfynnu yn y fan hon sylwadau dadlennol R. S. Thomas mewn llythyr at Roy Blackman yn 1987:

unfortunately the opposite of poetry is not prose, but science. I don't know why an ornithological description, describing a bird's primaries, secondaries and under-tail coverts, will never be poetry, but there it is. Compare it with two lines of real poetry:

> That hath the bugle eyes and ruddy breast,
> and is the yellow autumn's nightingale.

It is the language that does the work here and contributes to the success.[26]

Yn wir, hyd yn oed pan nad yw'n disgrifio adar fel y cyfryw, caiff delweddaeth adaregol le blaenllaw yn ymateb R. S. Thomas i fyd natur. Hoff iawn ganddo yw gwyrdroi disgwyliadau a disgrifio pysgod ac afonydd, er enghraifft, mewn termau adaregol. Yn 'The River' try'r pysgod yn fronfreithod – 'the fish, speckled like thrushes,/ Silently singing among the weed's/ Branches' (H'm, 23)[27] – ac yn 'Afon Rhiw' y mae brithyllod yr afon honno ym Manafon yn dianc rhag y pysgotwr yn rhith adar – 'Mostly the fish/ nibbled and were gone, singing/ mistily out of my reach' (MHT, 79).[28] Yn 'He is sometimes contrary' ceir y ddelwedd annisgwyl, 'office hours/ are the best time to pluck trout/ from the silver branches of the streams/ of Mawddwy' (WW?, 8) – darlun a wrth-droir mewn cerdd ddideitl gynnar iawn (o ddiwedd y 1930au, y mae'n bur debyg) sy'n disgrifio'r coed yn nhermau'r afon: 'Like slender waterweeds to my mind/ The poplars wave in the great wind,/ And shoals of fishes are the leaves/ Which the smooth, rain-blurred air receives/ Within its silken stream.'[29]

Un ffordd o osgoi disgrifiadau adaregol marwaidd ac o ddwyn adar yn llwyddiannus i fyd barddoniaeth yw drwy gyfeiriadaeth lenyddol. Yng ngwaith R. S. Thomas aethpwyd ati i wylio adar nifer o lenyddiaethau. Er enghraifft, seiliwyd yr olygfa yn 'Gospel' – 'And in the midst of the council/ a bittern called from the fen/ outside. A sparrow flew in/ and disappeared through the far doorway' (LP, 207) – ar ddisgrifiad enwog Beda o achlysur tröedigaeth y brenin Edwin yn ei Historia Ecclesiastica Gentis Anglorum, lle y cyffelybir oes dyn i aderyn y to yn hedfan allan o'r nos i mewn i neuadd oleuedig, ac allan i'r düwch drachefn[30] (hanes y cyfeirir ato gan Wordsworth yntau, yn un o'i Ecclesiastical Sonnets – 'Man's life is like a Sparrow, mighty King'[31]). Neu cymerer y gerdd 'The Place', lle y darlunia R. S. Thomas wenoliaid y bondo drwy gyfrwng delwedd sy'n adleisio A la Recherche du Temps Perdu Marcel Proust: 'Once more the house has its/ Spray of martins,

Proust's fountain/ Of small birds' (*NHBF*, 45). Mynych hefyd y cyfeirir yng ngwaith Thomas at adar barddoniaeth Yeats, Keats, a Shelley.[32] Eithr y mae i gyfeiriadau R. S. Thomas at adar llenyddiaeth Gymraeg arwyddocâd arbennig. Dylid eu hystyried oll yng ngoleuni'r hyn a ddywedodd y bardd mewn cyfweliad yn 1981 – mai mewn ymateb i ddadrithiad diwylliannol y troes at adarydda:

> It's part of my life. I think it's an interesting psychological form of behaviour. As I lost my dreams of having a kind of Wales that was pure, that was preserved from large caravan parks and candyfloss-eating tourists and television aerials on every house and tractors rushing down the lanes, I turned to birds as offering a kind of alternative . . . Here is a form of life that's been going on for 30–50 million years, long before man was here, which has evolved into a beautiful form of creation, and I just turned to it for consolation.[33]

Nid yw'n syndod, felly, mai Abercuawg – lle y cân cogau 'Ar gangheu blodeuawc', fel y gwelsom – oedd y ddelwedd a ddewisodd R. S. Thomas fel symbol o'r Gymru ddelfrydol, anghyraeddadwy (pwnc y cawn ddychwelyd ato), a bod adar llenyddiaeth Gymraeg yn cael lle blaenllaw ganddo yn y farddoniaeth Saesneg. Ac, fel y gellid disgwyl, nid yw'r rhyddiaith yn eithriad yn y cyswllt hwn. Yn wir, ni raid i'r rhyddiaith honno fod yn rhyddiaith greadigol. Y mae'n werth edrych yn fanwl yma ar union eiriau'r bardd yn y cyfweliad hwnnw yn 1981, er enghraifft. Dyna'r modd y gosodir adar mewn gwrthgyferbyniad â thechnoleg y byd modern – 'television aerials on every house'. Dygwyd y ddeubeth hyn ynghyd ryw ddegawd ynghynt mewn delwedd an-nisgwyl ar ddiwedd y gerdd 'He agrees with Henry Ford':

> Rising sixty, my post-war
> credits are due, my feet
> are towards the electric
> fire; my favourite programme
> begins. I have drawn the curtains
> on the raw sky where our history
> bleeds, where Cilgwri's ousel
> on my ramshackle aerial
> keeps the past's goal
> against the balls of to-morrow. (*WW?*, 11)

Ac nac anghofiwn y gwrthgyferbyniad arall hwnnw gan R. S. Thomas yn yr un man rhwng adar a'r tractor – y symbol hwnnw o dechnoleg yn

nwylo'r amaethwr cyffredin. Gellir ymdeimlo yn y fan hon â phresen-
oldeb Cynddylan cerdd adnabyddus R. S. Thomas – gŵr y mae ei
gampau ar y tractor, yn arwyddocaol, yn dychryn adar ei gynefin: 'he's
away/ Out of the farmyard, scattering hens', 'emptying the wood/ Of
foxes and squirrels and bright jays' (adlais o ddelweddaeth y gerdd
'Rhondda'), 'And all the birds are singing, bills wide in vain,/ As
Cynddylan passes proudly up the lane' (*AL*, 16). Ac nac anghofier, wrth
gwrs, fod y ddwy linell olaf hyn yn dwyn perthynas eironig â'r cerddi
brawychus hynny am eryrod Pengwern ac Eli yn y canu englynol
cynnar.

Yng nghyfeiriadau R. S. Thomas at adar y traddodiad llenyddol
Cymraeg y mae sawl agwedd ar ei weledigaeth farddol – ei Gymreic-
tod, ei wrthwynebiad i bŵer difaol technoleg, ei ddelfrydiaeth, ac, fel y
gwelwn maes o law, ei ymwybyddiaeth grefyddol – yn cael eu cyfuno'n
drawiadol. Diddorol yw sylwi mai cyhoeddiadau cyntaf R. S. Thomas
yn Gymraeg oedd dwy erthygl fer ar adar yn *Y Llan* yn 1945,[34] ac y
mae'n werth nodi'r frawddeg hollbwysig sy'n clo'i trafodaeth y bardd
yn ei 'Autobiographical Essay' ar waith Pwyllgor Amddiffyn y Barcud:
'There was for me the added attraction that Wales was their only
breeding area in Britain.'[35] Ac er mor fychanus yw sylwadau John Carey
ar y modd y portreadir pobl yng ngwaith R. S. Thomas, diau iddo daro
ar gyplysiad allweddol ym mywyd y bardd pan ddywedodd mewn
adolygiad yn 1996, 'It is the Welsh language, bubbling out of them like
birdsong, that [Thomas] venerates.'[36] Yn wir, mor llwyr yr ymuniaetha
R. S. Thomas â rhyfeddod byd adar fel y gall ddweud, wrth drafod eu
hymfudiadau: 'there are sections of the year when there's nothing doing
and I cease to exist. But by about the end of this month [Gorffennaf]
things will be beginning to move down a bit on the Autumn migrations
so I start to be active again.'[37] Ac fel y dywedodd y bardd am wenoliaid
y bondo yn 'The Place': 'my method is so/ To have them about myself/
Through the hours of this brief/ Season and to fill with their/
Movement, that it is I they build/ In' (*NHBF*, 45). Yn y gerdd hon
cymherir mynd a dod yr adar â theithi'r meddwl ei hunan – 'whose
light shadows/ Come and go in the sunshine/ Of the lawn as thoughts
do/ In the mind' (*NHBF*, 45) – fel y gwneir yn y gerdd serch
anghasgledig 'Pension' ac mewn sawl man arall: 'The tree/ we planted
shakes in the wind// of time. Our thoughts are birds/ that sit in the
boughs/ and remember; we call/ them down to the remains// of
poetry.'[38] Cymhares ddiddorol i'r ddelwedd hon ar yr ochr Gymraeg
yw darlun Gwyn Thomas ar ddechrau 'Yn Yr Hwyr': 'Yn yr hwyr daw

hen adar o ystyriaethau/ I glwydo yng nghanghennau'r ymennydd;/ Clywaf glecian duon eu hadennydd [*sic*] fel y deuant/ I'r coed ar derfyn dydd.'³⁹

Esgora'r llinyn cyswllt ideolegol hwn rhwng adar a Chymreictod ar densiwn a theimlad o rwystredigaeth yng ngwaith R. S. Thomas yn sgil yr hyn a wêl y bardd fel agwedd ddi-hid y Cymry Cymraeg tuag at eu gwlad eu hunain. 'The rift between us', meddai'r bardd mewn cyf-weliad yn 1990, 'arises from what I regard as an exaggerated social orientation among them with a corresponding disinterest [*sic*] in and ignorance of the natural world. *"Does gen i ddim byd i ddweud wrth adar"* is a remark far too common in Welsh circles.'⁴⁰ Dyma sefyllfa a ddrama-teiddir ym mhortread y gerdd 'Enigma' o wladwr na all ddarllen 'the flower-printed book/ Of nature' ac na all wahaniaethu rhwng

> the small songs
> The birds bring him, calling with wide bills,
> Out of the leaves and over the bare hills;
> The squealing curlew and the loud thrush
> Are both identical, just birds, birds. (*AL*, 31)

'Pa sawl gwaith y clywais i wladwr o Gymro'n cyfeirio gyda pheth dirmyg at y "Saeson" a fydd yn ymweld â'i ardal ddinod ef yn union er mwyn yr adar? Pa sawl gwaith y bûm yn holi Cymry ynghylch adar eu gwlad, ond yn ofer bob tro?', gofynna'r bardd yn ei erthygl 'Adaryddiaeth – Beth Amdani?' (*PMI*, 53). Gwelir y bardd dro ar ôl tro yn cymell y Cymry Cymraeg i ymddiddori yn eu hamgylchfyd, i ymgydnabod â'r enwau Cymraeg ar adar a phlanhigion ac i fagu'r eirfa dechnegol briodol. Dyma, wrth gwrs, sy'n gyfrifol am y rhestr deir-ieithog o dermau a gynhwyswyd ar ddiwedd y gyfrol *Blwyddyn yn Llŷn*.⁴¹ Yn ei erthygl Gymraeg gynharaf, 'Adar y Plwyfi', cyfeiria R. S. Thomas ei siars at ei gydoffeiriaid yn benodol: 'Offeiriaid Ystumaner ac Arllechwedd, a oes dotterel (Saes.) i'w gael yn eich plwyfi? . . . Offeiriaid Môn, a ydych chwi wedi sylwi ar wennol y môr ("Sandwich Tern") ar eich teithiau? Y maent yn bridio ar greigiau eich ynys.'⁴² Y mae siarsio o'r fath yn agwedd ar genedlaetholdeb a esyd bwyslais neilltuol ar bwysigrwydd 'tyfu'n genedl gyfoes' (*PMI*, 53). Fel y dywed Thomas: 'Gwn yn iawn nad oes le i genedlaetholdeb mewn gwyddoniaeth, ac eto trwy astudiaeth hir a manwl o natur fel yr ymddengys yn ei wlad ef y cyfrannodd llawer gwyddonydd at dwf ein gwybodaeth ohoni' (*PMI*, 54). Ochr yn ochr ag atgasedd R. S. Thomas tuag at fygythiad technoleg y mae'r sylweddoliad fod yn rhaid i Gymru, ar lefel ymarferol, 'groesawu a derbyn darganfyddiadau'r dydd, os ydyw am fyw' (*PMI*, 53), ynghyd â dilema lenyddol ar ffurf pryder y gallai ymwrthod â'r darganfyddiadau hyn amddifadu celfyddyd o adnoddau hanfodol. '[C]ould a society which had become largely de-mechanized produce a new vocabulary, new ways of thought, and consequently a new poetry?', gofynna'r bardd.[43] Ac fel y dywed John Barnie am erthygl Thomas, 'Adaryddiaeth – Beth Amdani?':

> So an essay on ornithology becomes an exploration of the meaning of culture and a contribution to the revival of a full Welsh life. Small beginnings – the teaching of Welsh names for birds, for example – will help regain the world of nature so that it is seen through Welsh eyes. For *Pe Medrwn yr Iaith* is insistent on one point: '*diwylliant yw iaith*', culture is language.[44]

Agwedd ar yr ymdrech hon i 'adennill byd natur' yn enw Cymru yw defnydd creadigol R. S. Thomas o adar y traddodiad llenyddol Cymraeg yn y farddoniaeth Saesneg. Yn hyn o beth y mae'r gyfeiriad-aeth lenyddol yn rhychwantu'r canrifoedd. Dyna gigfrain yr Hengerdd, er enghraifft – 'desultory flags/ Of darkness, saddening the sky/ At Catraeth' (*P*, 21); Eryr Pengwern a chogau 'Claf Abercuawg' o'r canu englynol cynnar (*PS*, 10; *PMI*, 83); Adar Rhiannon o Ail Gainc y Mabinogi (y cawn gyfle yn y man i graffu ar gyfeiriadau R. S. Thomas atynt); a'r adar sy'n britho cerddi natur y Cywyddwyr – 'Dyred i'r fedwen [*sic*] gadeiriog/ I grefydd y gwŷdd a'r gog' (*Neb*, 44). Dychwelir at rai adar llenyddol dro ar ôl tro. Er enghraifft, y mae'n amlwg fod yr adar hynny a restrir ymhlith yr Anifeiliaid Hynaf yn y chwedl Gymraeg yn apelio'n gryf at R. S. Thomas. Hawdd deall hynny, yn arbennig yng ngoleuni pwyslais cyson y bardd ar hynafolrwydd rhyfeddol adar fel creaduriaid.[45] Daw i'r meddwl yn syth y ddwy gerdd honno am yr Anifeiliaid Hynaf a ymddengys yn *An Acre of Land*, 'Wales' a 'The Ancients of the World'. Yn y gyntaf ymddengys Mwyalch Cilgwri ar lun marwnadwraig yr oesoedd: 'I hear the ousel of Cilgwri telling/ The mournful story of the long dead' (*AL*, 8). Er nad yw cerdd megis 'A Blackbird Singing' yn ymdrin yn uniongyrchol â'r Anifeiliaid Hynaf yn null y ddwy gerdd arall, diau y gellir synhwyro presenoldeb Mwyalch Cilgwri yn y disgrifiad o'r aderyn fel 'A slow singer, but loading each phrase/ With history's overtones, love, joy/ And grief learned by his dark tribe/ In other orchards' (*PS*, 33).[46] Y mae'r gair 'tribe' yma yn ein hatgoffa o'r disgrifiad hwnnw gan Thomas yn yr erthygl gynnar 'Adar y Gaeaf' (1945) o'r dylluan frech yng Nghymru, 'a fu wrthi'n gwdihwio yn eich coed ers llawer canrif, a hithau o'r un hil â'r dylluan o Gwm Cowlyd'.[47] Ac yn y gerdd anghasgledig 'Blackbird', un o gerddi olaf y bardd, dywedir: 'Do not despair/ at the stars' distance. Listening/ to blackbird music is/ to bridge in a moment chasms/ of space-time.'[48] Yn y cyswllt hwn y mae'n werth dychwelyd at y darn adnabyddus hwnnw yn chwedl *Culhwch ac Olwen* lle y daw Gwrhyr Gwalstawd Ieithoedd at Fwyalch Cilgwri i geisio gwybodaeth am Fabon fab Modron:

> Y Uwyalch a dywawt, 'Pan deuthum i yma gyntaf, eingon gof a oed yma, a minneu ederyn ieuanc oedwn. Ny wnaethpwyt gweith arnei, namyn tra uu uyg geluin arnei bob ucher. Hediw nyt oes kymmeint kneuen ohonei heb dreulaw. Dial Duw arnaf o chigleu i dim y wrth y gwr a ovynnwch chwi.'[49]

> (Dywedodd y Fwyalch, 'Pan ddeuthum i yma gyntaf yr oedd eingion gof yma, ac yr oeddwn innau'n aderyn ifanc. Ni naed gwaith arni ond tra bu fy mhig arni bob hwyrnos. Heddiw, nid oes cymaint â chneuen ohoni heb dreulio. Dial Duw arnaf os clywais i ddim am y gŵr y gofynnwch chwi amdano.')

Anfonir Gwrhyr Gwalstawd Ieithoedd ymlaen at yr Anifeiliaid Hynaf eraill, ac yn eu plith Dylluan Cwm Cawlwyd. Yn ngherdd R. S. Thomas, 'Bestiary', diddorol yw sylwi ar y modd y trosglwyddwyd y ddelwedd honno o'r eingion gof i'r portread o'r dylluan:

> The talons revolve
> and the beak strikes the
> twelve sharp notes that are
> neither midday nor midnight
>
> on the skull's anvil
> but links of a chain
> that thought forges and thought
> tries continually to break. ('Owl', *NTF*, 68)

Y mae'r chwarae ar y gair 'forge' yma yn ein tywys yn ôl hefyd at atgof am Fanafon a gofnodir gan R. S. Thomas yn 'Y Llwybrau Gynt': ''Roedd y ceffyl mewn bri o hyd. Yr oedd efail yno; 'rwy'n medru clywed tinc yr einion o hyd a gweld y gwreichion yn tasgu' (*PMI*, 68).

    Testun allweddol bwysig yn y cyd-destun adaregol hwn yw

cyflwyniad R. S. Thomas i'w ddetholiad, *Selected Poems of Edward Thomas* (1964), lle y dywed: 'Lines such as Llywarch Hen's "Yn Aber Cuawc yt ganant gogeu" – "At Aber Cuawg the cuckoos sing" seem to have fascinated Thomas . . . Somewhere beyond the borders of Thomas' mind, there was a world he never could quite come at.'[50] Os am ateg ddiymwad i honiadau R. S. Thomas, ni raid ond edrych ar *Beautiful Wales* Edward Thomas, sy'n orlawn o gogau. Yn wir, mewn pennod y rhoddwyd iddi, yn gymwys iawn, y teitl 'Entering Wales', bu i Edward Thomas ddyfynnu rhan o 'Claf Abercuawg' gan ddatgan: 'These little things are the opening cadences of a great music which I have heard, and which is Wales. But I have forgotten the whole and have echoes of it only.'[51] Y mae'n dra thebygol mai *Beautiful Wales* oedd y catalydd a barodd mai 'Abercuawg' oedd y ddelwedd a ddewisodd R. S. Thomas ei hun ar gyfer y Gymru ddelfrydol, anwireddadwy. Y mae un o ddelweddau Edward Thomas yn y gyfrol hon – 'the unseen cuckoo sang behind a veil'[52] – yn rhagfynegi'n berffaith yr hyn a ddaeth yn ddiweddarach yn gysyniad creiddiol yng ngwaith R. S. Thomas:

> Abercuawg! Where is it?
> Where is Abercuawg, that
> place where the cuckoos sing? . . .
>
> An absence is how we become surer
> of what we want. Abercuawg
> is not here now, but there . . .
> I am a seeker
> in time for that which is
> beyond time, that is everywhere
> and nowhere; no more before
> than after, yet always
> about to be; whose duration is
> of the mind, but free as
> Bergson would say of the mind's
> degradation of the eternal. (*F*, 26–7)

Y mae'n naturiol, felly, fod R. S. Thomas yn ei gyflwyniad i'w *Selected Poems of Edward Thomas* yn tynnu sylw'n syth at y cerddi hynny gan Edward Thomas – nodir yn arbennig 'The Unknown Bird' – yr oedd eu hawyrgylch pruddglwyfus ('the longing to make the glimpsed good place permanent', chwedl R. S. Thomas) yn ei atgoffa o beth o'r canu englynol cynnar.[53] Yr oedd hon yn foment arwyddocaol. Yn y cyflwyniad hollbwysig hwn yn 1964 yr oedd R. S. Thomas yn cofnodi gweledigaeth Gymraeg – wedi ei hetifeddu, yn rhannol o leiaf, gan Edward Thomas – a oedd i ddominyddu ei waith ei hun wedi 1975 (dyddiad ymddangosiad 'Abercuawg'[54]). Yr oedd ffynonellau nid yn unig yn cael eu cyfuno yn y fan hon, ond hefyd yn cael eu rhoi yng nghadw ar gyfer y dyfodol. Tystia hyn oll, felly, i bwysigrwydd y rhannau a chwaraeir gan gyfryngwyr mewn llinachau llenyddol o'r fath.

Fel cyfrol ac ynddi gyfoeth o gyfeiriadau at lenyddiaeth Gymraeg ar hyd y canrifoedd – soniwyd eisoes, wrth gwrs, am ddefnydd Edward Thomas o'r Taliesin chwedlonol – y mae'n sicr y buasai *Beautiful Wales* yn flodeugerdd dra atyniadol i R. S. Thomas, yn enwedig yn gynnar yn ei yrfa. Ynddi gallai R. S. Thomas fod wedi taro ar lu o ddyfyniadau helaeth o waith beirdd Cymraeg yn ogystal ag o'r chwedlau Cymraeg Canol. A phriodol yn y fan hon yw tynnu sylw at y ffaith fod Edward Thomas yntau'n fardd a ymdeimlodd â hynafolrwydd Mwyalch Cilwgri yn null R. S. Thomas yn ei gerddi 'A Blackbird Singing' a 'Blackbird'. Disgrifir y profiad yn *Beautiful Wales* fel hyn: 'When I came to the edge of [the] garden I heard a blackbird sing, and in the busy street how old and far away it sounded! as if it were true that "thrice the age of a man is that of a stag, and thrice that of a stag is that of a melodious blackbird".'[55]

Fel y nodwyd, bu i R. S. Thomas yn ei gyflwyniad i'w ddetholiad o gerddi Edward Thomas dynnu sylw arbennig at 'The Unknown Bird'. Dyma gerdd a oedd, yn ddiau, yn golygu llawer i R. S. Thomas. Bu iddo ei gosod fel cerdd gyntaf detholiad 1964, ac fe'i cynhwysodd fel un o'i hoff gerddi ar y rhaglen radio *With Great Pleasure* yn 2000 gan ddweud: 'I've never come across any anthology that includes this poem, which I think is one of the loveliest poems by Edward Thomas . . . It has all the pathos of what we mortals are continually on the edge of. We're always hoping that we can part the veil and break into this other world. It's a profound poem . . . and I love it.'[56] Egyr 'The Unknown Bird' â'r llinellau chwerw-felys:

> Three lovely notes he whistled, too soft to be heard
> If others sang; but others never sang
> In the great beech-wood all that May and June.
> No one saw him: I alone could hear him:
> Though many listened. Was it but four years
> Ago? or five? He never came again.[57]

Ai ôl y ddwy linell olaf hyn, tybed, sydd ar y darn hwnnw yn *Blwyddyn yn Llŷn* lle y myfyria R. S. Thomas ar alwad aderyn arall, y gwalch glas: 'Heddiw roedd y gwalch glas yn mewian yng nghoed Ty'n-y-Parc. Ai ddoe y'i clywais ddiwethaf, ynteu llynedd? Ys truan o ddyn ydwyf!' (*BLl*, 23). Ond yn y gerdd 'Abercuawg' yr ydym yn taro ar adlais mwy arwyddocaol o lawer o 'The Unknown Bird'. Egyr cerdd R. S. Thomas drwy bwysleisio nad yr Abercuawg ddaearyddol a nodwyd gan yr ysgolheigion yw Abercuawg y bardd. Yn hytrach, cysyniad ydyw, symbol sy'n ymwneud nid â ffeithiau daearyddol neu hanesyddol ond â phosibiliadau'r dychymyg:

> Where is Abercuawg, that
> place where the cuckoos sing?
> I asked the professors.
> Lo, here, lo, there: on the banks
> of a river they explained
> how Cuawg had become Dulas.
> There was the mansion, Dolguog,
> not far off to confirm them. I
> looked at the surface of the water,
> but the place that I was seeking
> was not reflected therein. (*F*, 26)[58]

Yn yr un modd yn union, y mae Edward Thomas yn 'The Unknown Bird' yn awgrymu nad mewn termau naturiaethol y dylid meddwl am yr aderyn hwn a'i cyfareddodd â'i gân hudolus. 'I asked the professors', medd R. S. Thomas; 'I told/ The naturalists', dywed y Thomas arall. Fel yn achos 'Abercuawg', ni ddeuir o hyd i'r ateb yma ychwaith:

> I never knew a voice,
> Man, beast, or bird, better than this. I told
> The naturalists; but neither had they heard
> Anything like the notes that did so haunt me,
> I had them clear by heart and have them still.[59]

Dyma ddwy enghraifft, felly, sy'n awgrymu'n gryf fod 'The Unknown Bird' wedi parhau'n ddylanwad cryf ar waith diweddarach R. S. Thomas. Ond beth am yrfa gynnar y bardd yn y cyswllt hwn? Y mae'n werth crybwyll hyn oherwydd ar y rhaglen radio honno, *With Great Pleasure*, bu i R. S. Thomas nodi mai yn ystod ei guradaeth yn Y Waun, o 1936 hyd 1940, y darganfu waith Edward Thomas. Yng ngoleuni hyn, y mae'n bosibl fod a wnelo 'The Unknown Bird' mewn rhyw ffordd â sawl cerdd gan Thomas sy'n dyddio, yn ôl pob tebyg, o ddiwedd y 1930au. I ba raddau, tybed, yr effeithiodd y disgrifiad yn 'The Unknown Bird' o ymhyfrydu yng nghân ryfeddol yr aderyn anghyffwrdd ar y gerdd ddideitl hon gan R. S. Thomas?

> The waters strive to wash away
>   The frail path of her melody,
> This little bird across the lake
>   That links her gentle soul with me.
>
> O wind and wave thou wilt not break,
>   Uncouth and lusty as thou art,
> The light thread of this golden song
>   That shines so deep into my heart.[60]

Neu ystyrier y gerdd ddideitl, anghyhoeddedig hon:

> Draw the curtain of his mind
> And you will find
> A shining land where a soft-throated bird
> Lifts up its voice against the hills
> In a clean spring that swells
> To rich floods of yellow and green and gold
> Till it hides away
> Ynys Enlli far out over the bay.[61]

Dichon fod grym 'The Unknown Bird' yno o'r cychwyn cyntaf. Trawiadol felly yw'r posibilrwydd fod dylanwad cerdd Edward Thomas i'w weld ar gerddi Saesneg gan R. S. Thomas sy'n deillio o gyfnod pan oedd y bardd yn ddi-Gymraeg, ar un o'i gerddi Saesneg 'Cymreiciaf' ac ar ddarn o'i ryddiaith Gymraeg.

Y mae gan Edward Thomas ran i'w chwarae hefyd yn nefnydd helaeth a thrawiadol R. S. Thomas o gyfeiriadau at adar eraill o'r traddodiad llenyddol Cymraeg, Adar Rhiannon. Ond cyn archwilio'r cysylltiad pellach hwn, fodd bynnag, dadlennol fyddai craffu ar swyddogaeth ac arwyddocâd yr adar hyn yng ngwaith R. S. Thomas. Fe'n trewir yn syth gan y ffaith fod Adar Rhiannon yng ngherddi Thomas yn aml iawn yn adlewyrchu'n glir gyflwr y genedl. Er enghraifft, yn 'The Tree: Owain Glyn Dŵr Speaks', cyd-dery gwrthryfel Glyndŵr â chanu Adar Rhiannon:

For one brief hour the summer came
To the tree's branches and we heard
In the green shade Rhiannon's birds
Singing tirelessly as the streams
That pluck glad tunes from the grey stones
Of Powys of the broken hills. (*AL*, 19)

(Fe dâl inni sylwi wrth fynd heibio nad y ddelwedd arferol o'r tymhorau fel adlewyrchiad o brofiad dynol a geir gan R. S. Thomas yma. Y mae i haf y gerdd hon *frisson* arbennig yng nghyd-destun y portread o wrthryfel Glyndŵr yn yr ystyr mai cyfeiriad ydyw at 'haf hirfelyn' daroganau'r beirdd Cymraeg ynghylch dyfodiad y Mab Darogan.) Cerdd arall yr ymddengys Owain Glyndŵr ynddi, fel y gwelsom, yw 'Lines for Taliesin'. Ochr yn ochr â'r defnydd o'r Taliesin chwedlonol yn y fan hon ceir adleisiau penodol iawn o gerdd fodern – 'Caer Arianrhod' Saunders Lewis, a ymddangosasai ddwy flynedd ynghynt, yn 1947. Y mae'r cyfuniad yn 'Lines for Taliesin' o gyfeiriadau at Owain Glyndŵr, y llwybr llaethog a breuddwydion ar gyfer dyfodol Cymru hefyd i'w weld yng ngherdd Lewis. Ynddi ceir Glyndŵr yn ymson fel hyn:

> Gwelais y nos yn cau ei haden dros y waun,
> Dros brin fythynnod brau, braenar, anfynych gŵys,
> A daeth y sêr a Chaer Arianrhod, firagl dwys,
> I dasgu plu'r ffurfafen â'u mil llygaid paun.
>
> Taenais aden fy mreuddwyd drosot ti, fy ngwlad;
> Codaswn it – O, pes mynasit – gaer fai bêr;
> Ond un â'r seren wib, deflir o blith y sêr
> I staenio'r gwyll â'i gwawr a diffodd, yw fy stad.[62]

Ond yr hyn sy'n ddiddorol yw bod agwedd Thomas yn ei gerdd ef, o'i chymharu ag eiddo Saunders Lewis yn 'Caer Arianrhod', yn bur optimistaidd. A sylwn sut y cyfleir y gobaith hwnnw drwy gyfrwng cyfeiriad at Adar Rhiannon:

> The years have passed, and she lies dreaming still,
> Where Caer Arianrhod gleams above the hill.
> But dawn approaches, and Rhiannon's birds
> Are busy in the woods. Hush! She has heard.[63]

Ac yn 'Maes-yr-Onnen' wedyn, uchafbwynt (llythrennol) y profiad ysbrydol a geir yn y capel unig yw canu persain Adar Rhiannon: 'You cannot hear as I, incredulous, heard/ Up in the rafters, where the bell should ring,/ The wild, sweet singing of Rhiannon's Birds' (AL, 10).

Dro arall, gwahanol iawn yw awyrgylch y portreadu. 'If I told you . . ./ that the birds of Rhiannon/ will never be heard in your/ suburban garden . . . / How would that have comforted you?', gofynnir yn 'He is sometimes contrary' (WW?, 8). Neu ystyrier y darlun ysgytwol o Gymru a'r Cymry yn 'Deprivation':

> Over their sour
> tea they talk of a time
> they thought they were alive.
> God, in this light this
> country is a brittle
> instrument laid on one side
> by one people, taken up
> by another to play their twanged
> accompaniment upon it, to which
> the birds of Rhiannon
> are refusing to sing. (WA, 49)

Er mwyn llawn werthfawrogi'r darn hwn dylid cofio fel y bu i Adar Rhiannon ymddangos i'r seithwyr a ddychwelodd o Iwerddon yn yr Ail Gainc, a'u diddanu yn ystod y wledd saith mlynedd yn Harlech:

Ac yna y kyrchyssant wynteu Hardlech, ac y dechreussant eisted, ac y dechreuwyt ymdiwallu o uwyt a llynn. Ac y [gyt ac y] dechreuyssant wynteu uwyta ac yuet, dyuot tri ederyn, a dechreu canu udunt ryw gerd, ac oc a glywssynt o gerd, diuwyn oed pob un iwrthi hi. A fell dremynt oed udunt y guelet uch benn y weilgi allan. A chyn amlyket oed udunt wy a chyn bydynt gyt ac wy. Ac ar hynny o ginyaw y buant seith mlyned.[64]

(Ac yna fe gyrchasant hwy i Harlech ac fe ddechreuasant eistedd ac fe ddechreuwyd eu digoni eu hunain o fwyd a diod. A chyn gynted ag y dechreuasant hwythau fwyta ac yfed, daeth tri aderyn a dechrau canu iddynt ryw gerdd, ac o'r cerddi a glywsent erioed yr oedd pob un yn amhrydferth o'i chymharu â hi. A rhaid oedd iddynt syllu ymhell allan uwch ben y môr i'w gweld. Ac yr oeddynt mor amlwg iddynt hwy â phe byddent gyda hwy. Ac ar y cinio hwnnw y buont am saith mlynedd.)

Yn y Gymru sydd ohoni, troes cyflawnder y wledd yn Harlech yn

---

Branwen Ferch Llŷr yn 'sour tea', a pherseinedd cân Adar Rhiannon yn brotest o dawelwch yn wyneb cyfeiliant chwerthinllyd ac ansoniarus. Nid amherthnasol yma yw disgrifiad D. J. Williams o fywyd Cymru fel 'te a diflastod'.[65] A chryfheir ergyd 'Deprivation' ymhellach o sylweddoli bod cyfeiriad R. S. Thomas at yr adar yn gwrthod canu yn y Gymru fodern yn cyfuno adlais o'r hanes am Adar Rhiannon yn yr Ail Gainc ag adlais o'r chwedl honno a gysylltir ag adar Llyn Syfaddan, Brycheiniog, ac a gofnodwyd gan Gerallt Gymro yn *Hanes y Daith Trwy Gymru*. Yno cyfeirir at 'hen ddywediad . . . a gadwyd ar gof er yr hen amser yng Nghymru, os digwydd i ddeddfol dywysog Cymru ddyfod at y llyn . . . ac erchi ohono i'w adar ganu, y canant i gyd ar unwaith'.[66] Edrydd Gerallt Gymro fod yr adar wedi gwrthod canu i ddau arglwydd Eingl-Normanaidd, ond ar orchymyn Gruffudd ap Rhys ap Tewdwr, Tywysog Deheubarth, 'dechreuodd yr holl adar, bob un yn ei ddull ei hun, gan ledu eu hadenydd a churo'r dyfroedd, ganu a datganu gyda'i gilydd'.[67] Dychwel yr aglwyddi Eingl-Normanaidd i lys y Brenin Harri I, a ymetyb i'r hanes rhyfeddol â'i geiriau.

> 'Myn angau Crist . . . ni ddylid rhyfeddu cymaint ychwaith. Oherwydd er ein bod ni, drwy ein galluoedd enfawr, yn dwyn cam a thrais ar y bobl hynny, eto i gyd cydnabyddir hwy, er hynny, yn y gwledydd acw, fel y rhai a ddeil yr hawl yn ôl etifeddiaeth.'[68]

Tystia tawelwch huawdl yr adar yn 'Deprivation' nid yn unig i'r ffaith nad oes i Gymru ei '[d]eddfol dywysog', ond hefyd i'r drasiedi fod y Cymry yn gyffredinol yn annheilwng ac yn ddi-hid o'u hetifeddiaeth: 'All this beauty,/ and all the pain/ of beholding it emptied/ of a people who were not worthy of it' (*WA*, 49). Cynrychioli'r delfryd, felly, y mae Adar Rhiannon R. S. Thomas yn y gerdd hon ac mewn cerddi megis 'The Tree: Owain Glyn Dŵr Speaks' a 'Lines For Taliesin', eithr y mae'n bwysig nodi nad rhyw ddihangfa ramantaidd a hunanfoddhaus yw'r delfryd hwnnw ond yn hytrach rym ac iddo ddimensiwn politicaidd cyfoes. Hyd yn oed mewn cerdd megis 'Maes-yr-Onnen', y mae i Adar Rhiannon bŵer sy'n medru cythryblu. Bardd arall a syniodd am yr adar hyn mewn termau politicaidd, wrth gwrs, oedd Euros Bowen, fel y tystia ei drafodaeth esboniadol ar ei gerdd 'Adar Rhiannon' yn y gyfrol *Trin Cerddi*.[69] Gobeithiol, serch hynny, yw'r darlun ar ddiwedd cerdd Euros Bowen, lle y cyplysir Adar Rhiannon, nid â 'brittle/ instrument' y chwaraeir 'twanged/ accompaniment' arno, megis yn 'Deprivation' R. S. Thomas, ond â thelyn ysbrydoliaeth: 'Adar Rhiannon yn daer eu hannerch/ A gâr enw gwroniaid:/ Diau i alwad y delyn/ Y daw'r haf eilwaith i dir afalau.'[70]

Tra annisgwyl yw'r ymdriniaeth ag Adar Rhiannon yng ngherdd anghasgledig R. S. Thomas, 'History of a Race', a ymddangosodd yn *The Dublin Magazine* yn 1957. Y mae'n werth dyfynnu hon yn llawn:

> It was not a retreat
> The historians say,
> This movement halted
> At the rough edge
> Of a salt bay.
>
> We were here already
> On the thin soil,
> Seeing our failure
> In the slow tide's
> Endless recoil.
>
> With the high mountains
> Turning our back
> On the sun's rising
> What could we ever know
> But its gold track
>
> Vanishing westward?
> The noon went by
> To the sweet music
> Of Rhiannon's birds
> That clogged our sky.[71]

Dyma gerdd sy'n mynd ati 'to explore the nostalgias', chwedl y bardd (*Frieze*, 29), ac i chwalu hen eiconau cenedlaethol. Er enghraifft, yn lle her a hyder yr ymadrodd disgwyliedig, 'We are here still' – 'Ry'n ni yma o hyd' – fe'n hwynebir yn 'History of a Race' â thruenusrwydd di-ymadferth y datganiad, 'We were here already'. A chadarnheir methiant cenedl y Cymry ymhellach gan ail ystyr 'endless' ('dibwrpas') yn y disgrifiad, 'the slow tide's/ Endless recoil'. Y mae i gystrawen y llinellau, 'With the high mountains/ Turning our back/ On the sun's rising', amwysedd celfydd. Ai'r mynyddoedd sy'n troi cefn y genedl, megis, yn erbyn codiad haul, neu a yw'r genedl ohoni'i hun – ac ar y cyd â'r mynyddoedd – yn troi ei chefn ar yr olygfa honno? Yma fe droes yr hyn sy'n bictiwrésg yn 'Deprivation' ('All this beauty') yn ddarlun grotésg ei baranoia anthropomorffaidd. Machludoedd, nid gwawriau, felly, a wêl y Cymry. Yn y cyswllt hwn y mae'r disgrifiad Browningaidd, 'gold track',[72] yn amrywiad diddorol ac annisgwyl ar yr hyn a geir gan amlaf gan R. S. Thomas pan ddisgrifia fachlud haul, sef pwyslais ar liw gwaetgoch, cenedlatholgar ei gynodiadau. Ond dichon mai'r enghraifft orau o wyrdroi ein disgwyliadau yw'r cyfeiriad hwnnw ar ddiwedd y gerdd – 'The noon went by/ To the sweet music/ Of Rhiannon's birds/ That clogged our sky' – llinellau y dylid eu cydio wrth y disgrifiad yn 'Deprivation' o ganol dydd fel cyfnod ar gyfer myfyrdod a all yn ei dro esgor ar weledigaeth: 'Noon is an absence of shadow,/ the stillness of contemplation,/ of a balance achieved/ between light and dark' (*WA*, 49). Yn 'History of a Race', felly, awgrymir bod y Cymry wedi gwastraffu'r cyfle hwn drwy ymgolli yng nghân Adar Rhiannon – cân y mae ei melyster yn fynegiant yma o'r hiraeth siwgraidd a hunanfaldodus sy'n llesteirio'r deall ac sy'n cymylu ymwybyddiaeth y genedl o'i chyflwr argyfyngus ('clogged our sky'). Ond fel y dywedir yn 'Deprivation' hithau – 'There was never any noon here'. Yn 'History of a Race' cawn R. S. Thomas, yn annisgwyl, yn cytuno â'r siars honno yng ngherdd Alun Llywelyn-Williams, 'Ave Atque Vale': 'rhaid torri hen gyfaredd cân adar Rhiannon.'[73] Tystia'r gerdd anghasgledig hon gan Thomas nid yn unig i amlochredd cyfeiriadaeth y bardd ond hefyd i'r deuoliaethau cyson sy'n nodweddu ei agwedd tuag at Gymru a'r Cymry.

Y mae'r pwyslais yn 'History of a Race' ar y nawnddydd yn diflannu yn sŵn Adar Rhiannon yn fodd i dynnu sylw at glwstwr o gyfeiriadau hynod o ddiddorol gan R. S. Thomas at yr adar hyn. Y mae'r naws wedi newid unwaith eto yn y fan hon. Er enghraifft, yn 'Afallon' o gyfrol olaf y bardd, *No Truce With the Furies*, dychymygir y Gymru ddelfrydol mewn termau sy'n dwyn i gof y darlun o Abercuawg. Yn y byd ansyrthiedig hwn ('It is Adam's other/ kingdom, what he might have/ inherited had he/ refused the apple'), gellir gwrando ar 'Rhiannon's birds high/ in the branches, calling to us/ to forget time' (*NTF*, 25). Ac yn y gerdd 'Negative', o'r un gyfrol, ceir y llinellau: 'Her name was Rhiannon./ Time ceased as I listened./ Yet when silence fell/ on her birds I was old' (*NTF*, 50). Ymddengys y ddelwedd hefyd yn rhyddiaith R. S. Thomas – yn *Neb*, er enghraifft, lle y myfyria'r bardd ar gân ehedydd y coed uwch ben ficerdy Eglwys-fach:

Dyma un o'r caneuon mwyaf hudolus sydd i'w chlywed ym Mhrydain, ac wrth wrando ar y nodau persain hyn dôi cof am Adar Rhiannon a'r hen chwedl am fel y byddai'r gwrandawydd yn anghofio am amser wrth wrando ar y rheiny. Yn ddiweddarach daeth o hyd i nyth y deryn hwn yn y cae cyfagos, ond, ysywaeth, mae'r canwr pêr hwn wedi mynd yn brin iawn ym Mhrydain erbyn hyn. (*Neb*, 59)

Cyfyd y ffaith fod R. S. Thomas yn yr enghreifftiau hyn yn cysylltu cân Adar Rhiannon ag anghofrwydd nifer o bwyntiau diddorol. Y mae fel petai'r bardd wedi cyfuno yma hanes y wledd yn Harlech â hanes y wledd yng Ngwales o Ail Gainc y Mabinogi. Dyfynnwyd eisoes y rhan honno o'r chwedl sy'n disgrifio'r wledd yn Harlech a sut y bu i'r seithwyr a ddaeth o Iwerddon wrando yno ar ganu persain Adar Rhiannon. Yn ystod y wledd ddilynol yng Ngwales y bu i'r seithwyr 'anghofio am amser', chwedl R. S. Thomas – digwyddiad nas cysylltir yn uniongyrchol yn yr Ail Gainc ei hun ag Adar Rhiannon. Y mae'n werth dyfynnu'r darn perthnasol o'r chwedl:

> Ae ym penn y seithuet ulwydyn, y kychwynyssant parth a Gualas ym Penuro. Ac yno yd oed udunt lle teg brenhineid uch benn y weilgi, ac yneuad uawr oed, ac y'r neuad y kyrchyssant . . . A'r nos honno y buant yno yn diwall, ac yn digrif ganthunt. Ac yr a welsynt o ouut yn y gwyd, ac yr a gewssynt e hun, ny doy gof udunt wy dim, nac o hynny, nac o alar yn y byt. Ac yno y treulyssant y pedwarugeint mlyned hyt na wybuant wy eiryoet dwyn yspeit digriuach na hyurydach no honno. Nyt oed an-esmwythach, nac adnabot o un ar y gilyd y uot yn hynny o amser, no fan doethan yno.[74]

> (Ac ymhen y seithfed flwyddyn y cychwynasant tua Gwales ym Mhenfro. Ac yno yr oedd iddynt le teg brenhinol uwch ben y môr, ac yr oedd neuadd fawr, a chyrchasant i'r neuadd . . . A'r nos honno y buont yno wedi eu diwallu, a bu'n bleserus ganddynt. Ac er a welsent o ofid yn eu gŵydd, ac er a gawsent eu hunain, ni ddôi cof iddynt hwy o gwbl, nac am hynny nac am alar yn y byd. Ac yno y treuliasant y pedwar ugain mlynedd fel na wyddent hwy erioed dreulio cyfnod mwy pleserus na hyfrytach na hwnnw. Nid oedd anesmwythach na phan ddaethant yno, na bod un yn adnabod wrth y llall ei fod yn hŷn yn hynny o amser.[75])

Y mae'r cyfuniad o wleddoedd a geir yng nghyfeiriadau R. S. Thomas hefyd yn nodwedd ar ymdriniaethau llenorion Eingl-Gymreig eraill â'r rhan hon o'r Ail Gainc. Yng nghyfrol Ernest Rhys, *Readings in Welsh Literature* (1924), er enghraifft, darllenwn sut y bu i'r seithwyr ufuddhau i orchymyn Brân: 'They did as he told them – cut off his head, and carried it over-sea, bearing it towards Harlech, where the three mysterious birds of Rhianon [*sic*] began to sing to them the song that makes time into nothing.'[76] Y mae Ernest Rhys hyd yn oed yn ychwanegu'r glòs hwn: '*The Birds of Rhianon* [*sic*]: the Magic Song is not given. A Modern Rhyme about it runs: "The birds of Rhianon [*sic*] – / They sing time away: /Seven years in their singing/ Are gone like a day".'[77]

Neu ystyrier rôl bosibl Edward Thomas yn hyn oll. Tybed ai ei ddylanwad ef a welir ar R. S. Thomas yn y cyswllt hwn? Yn ei fersiwn ef o'r wledd yn Harlech yn ei *Celtic Stories* (1911), dywedir: 'They were seven years sitting at this repast and listening to the birds of Rhiannon, and the seven years were no longer than a summer's day.'[78] Awgryma manylyn arall yn *Celtic Stories* yn gryf fod R. S. Thomas wedi darllen y gyfrol hon. Cofiwn fod y seithwyr yn y chwedl wreiddiol yn gwrando ar Adar Rhiannon yn canu ymhell allan dros y môr, 'A chyn amlyket oed udunt wy a chyn bydynt gyt ac wy'. Yn y fersiwn yn *Celtic Stories* cawn Edward Thomas yn dwyn yr adar hyn dan do: 'As they sat eating and drinking, the three birds of Rhiannon flitted up to the darkness of the rafters and began singing . . . The birds seemed to be very far away, as it were across a wide sea, yet their notes were distinct.'[79] Dadlennol yn y lle cyntaf yw gosod y frawddeg olaf honno yn adluniad Edward Thomas o'r chwedl ochr yn ochr â'r llinellau canlynol o 'The Unknown Bird' – yr union linellau a ddyfynna R. S. Thomas yn ei gyflwyniad i'w *Selected Poems of Edward Thomas*:

> La-la-la! he called, seeming far-off –
> As if a cock crowed past the edge of the world,
> As if the bird or I were in a dream.
> Yet that he travelled through the trees and sometimes
> Neared me, was plain, though somehow distant still
> He sounded.[80]

Ond pwysicach na hyn yw bod y distiau hynny a ddyfeisiwyd gan Edward Thomas yn ei fersiwn o'r wledd yn Harlech yn taflu goleuni ar ddelwedd R. S. Thomas ar ddiwedd 'Maes-yr-Onnen': 'You cannot hear as I, incredulous, heard/ Up in the rafters, where the bell should ring,/ The wild, sweet singing of Rhiannon's birds' (*AL*, 10).[81]

Er hyn, dylid nodi yn ogystal fod beirdd Cymraeg yr ugeinfed ganrif hwythau'n dwyn ynghyd y ddwy wledd yn yr Ail Gainc, a hynny'n gyson. Er enghraifft, diwedda cerdd Wil Ifan, 'Adar Rhiannon (Maes-y-Tannau)', â'r pennill, 'Ni wn pa hyd y bum [*sic*] yno/ Mewn llesmair ar lawr y cwm;/ Pan fo Adar Rhiannon i gyd ar ddihun,/ Mae Amser yn cysgu'n drwm.'[82] Y mae nodweddion y wledd ddiweddarach yng Ngwales yn amlwg iawn ym mhortread William Jones o ganu'r adar yn Harlech yn ei gerdd adnabyddus, 'Adar Rhiannon' – 'A dygai angof am bob cur,/ I ofid angau oedd,/ A dawnsiai'r dyddiau heibio'n chwim/ Gyda soniarus floedd'[83] – ac felly hefyd yn y gerdd o'r un enw o eiddo Tegfelyn: 'I ffwrdd yr â'i [sic] blynyddoedd/ Fel rhyw funudau mân,/ Yn hanes hil yr oesoedd,/ Tra'n gwrando ar eu cân.'[84] Ac yng ngherdd adnabyddus I. D. Hooson, dywedir bod y plant sy'n dilyn y band undyn 'Wedi anghofio'r ysgol/ A phob rhyw chwerw hynt/ 'R un fath â'r seithwyr hynny/ Yng Nghastell Harlech gynt'.[85] Ond dichon mai'r enghraifft fwyaf trawiadol o gyfuno o'r fath gan feirdd Cymraeg yw diweddglo 'Y Tlawd Hwn' W. J. Gruffydd. Awgrymog yw'r lluosog, 'gwleddoedd', mewn darn y mae ei ddelweddaeth yn dwyn ynghyd y wledd gyntaf ('anweledig gôr/ Adar Rhiannon') a'r ail wledd ('llesmair wrando', 'anghofus'):

> A chyn cael bedd, cadd eistedd wrth y gwleddoedd
> A llesmair wrando anweledig gôr
> Adar Rhiannon yn y perl gynteddoedd
> Sy'n agor ar yr hen anghofus fôr.[86]

Ni ellir ond dyfalu i ba raddau y mae'r cyfuno yng ngherdd Gruffydd yn fwriadol, ond perthnasol yw cofio mai'r un oedd bardd 'Y Tlawd Hwn' â'r ysgolhaig a gyhoeddodd yr astudiaethau *Math Vab Mathonwy* (1928) a *Rhiannon* (1953), a'r gŵr a awgrymodd ddiwygio'n destunol un o frawddegau'r darn yn yr Ail Gainc sy'n sôn am y wledd yng Ngwales. Priodol yw nodi hefyd mai mewn epigraff i'w gerdd 'Ynys yr Hud', ac nid mewn nodyn ysgolheigaidd, y gwnaeth hynny.[87]

Y mae gofyn inni yn y cyswllt hwn osod y disgrifiadau o'r ddwy wledd yn yr Ail Gainc mewn cyd-destun ehangach. Fel y dywed Glyn Jones:

> Disgrifiad o Annwfn a geir yma yn ddiau er bod y gwleddoedd wedi eu lleoli yn Harlech ac yng Ngwales. Y mae yma neuadd fawr deg i wledda ynddi; miwsig hyfryd; nid oes atgof o na gofid na galar; nid oes neb yn heneiddio. Darlun yw hwn a gyfetyb i'r darlun o Annwfn a geir mewn chwedlau Gwyddeleg megis *Immram Brain* (Mordaith Brân) ac *Echtra Conli* (Antur Conle) gyda'i bwyslais ar ragoriaeth Annwfn ar y byd meidrol. Miwsig Annwfn yw'r hyfrytaf a glywyd erioed ac ni bu erioed gyfnod mor ddymunol â'r cyfnod a dreuliwyd yn Annwfn.[88]

Y mae adar persain a hudolus eu cân yn fotiff cyffredin, wrth gwrs, mewn portreadau o'r Arallfyd Celtaidd.[89] Ac nid amherthnasol yw'r disgrifiad o Adar Rhiannon yn chwedl *Culhwch ac Olwen* – 'y rei a duhun y marw ac a huna y byw'[90] – disgrifiad a adawodd ei ôl, fe ddichon, ar y llinellau hynny gan Wil Ifan: 'Pan fo Adar Rhiannon i gyd ar ddihun,/ Mae Amser yn cysgu'n drwm.' Prawf y cyfeiriad hwn at yr adar hud yn *Culhwch ac Olwen*, 'that they were possessed of pre-existing traditions which a story-teller might expect to invoke by a mere allusion', chwedl Proinsias Mac Cana.[91] Fel y tystia cyfeiriadau R. S. Thomas a beirdd eraill at Adar Rhiannon – 'y mae yno ryw ystyr hut'.[92] Medd Thomas yn *Neb* wrth drafod natur y meddwl creadigol: 'Bydd yn anghofio'r pethau sydd ar wyneb bywyd, ond yn ddiarwybod iddo sudda pethau eraill i'w isymwybod i ffurfio yno *matrix* neu bwll y gall dynnu ohono rywdro yn y dyfodol. Fel hyn y daw cynifer o'r cerddi llwyddiannus i fod' (*Neb*, 77). Y mae'r modd yr asiwyd ynghyd yr hanes am y wledd yn Harlech a hwnnw am y wledd ẏng Ngwales yng ngwaith y beirdd ar un wedd yn gwbl briodol yng ngoleuni dadl Glyn Jones fod y ddau ddarn am y gwleddoedd yn yr Ail Gainc mewn gwirionedd yn ddau fersiwn gwahanol ar yr un stori (darlun o Annwfn), a bod 'awdur' yr Ail Gainc wedi defnyddio dau fersiwn llafar ar y chwedl:

> Rhoddodd gyfrif am yr anghysondeb a godai o gael dau fersiwn ar yr un chwedl yn lleoli'r wledd mewn mannau gwahanol [Harlech a Gwales], trwy beri i Fendigeidfran gyfarwyddo'r seithwyr i dreulio cyfnod yn gwledda yn y ddau fan. Clymodd y ddau fersiwn ymhellach trwy eu cysylltu â'r traddodiad am fedd Branwen ar lan afon Alaw ym Môn – hyn a gyfrif paham yr aethant i Harlech yn gyntaf ac wedyn i Wales. Gwelir yn awr hefyd paham y mae mwy nag un is-deitl ar gyfer hanes y wledd ym Mabinogi *Branwen*. Y maent yn amlwg yn adlewyrchu bodolaeth fersiynau gwahanol ar yr un chwedl, fersiynau y mae gennym yn yr achos yma dystiolaeth amdanynt y tu allan i'r gainc ei hun.[93]

Da y dywedodd John Davies wrth drafod diddordeb oes R. S. Thomas mewn adar: '[Thomas] is a poet of intense concerns. Unsurprising then that bird imagery has provided not incidental fluttering but a dynamic means of exploring those concerns, weaving patterns which help clarify the grand design.'[94] Y mae'r berthynas broblemus â Duw, wrth gwrs, yn un o'r prif bynciau a archwilir gan Thomas drwy gyfrwng delweddaeth adaregol. Y tu allan i'r farddoniaeth, gall y bardd fod yn bur ysmala yn hyn o beth. Tystiodd y naturiaethwr enwog William Condry mai'r ateb a gafodd pan ofynnodd i Thomas a oedd wedi dringo Mynydd Olympws yn ystod taith gwylio adar yng Ngwlad Groeg oedd, 'Yes – I looked for God on Mount Olympus, but all I saw was a crested tit'.[95] Ac wrth sôn am fel y gorfu iddo aros am deirawr cyn gweld aderyn prin ym Mhorth Meudwy un tro, meddai R. S. Thomas, 'I don't think I'd wait three hours for God'.[96] Arall yw hi yn y farddoniaeth, wrth reswm – er na ddylid colli golwg ar arabedd a hiwmor cynnil y bardd hyd yn oed yn ei gerddi crefyddol. Fel y nododd John Davies, wrth wraidd defnydd Thomas o ddelweddaeth adaregol yn ei ymchwil am y duwdod y mae'r gwrth-gyferbyniad sylfaenol rhwng hyfrydwch natur a'i chreulonder di-hid. Rhoddir mynegiant i'r mileindra dychrynllyd hwnnw yn gyson drwy uniaethu'r duwdod ag aderyn ysglyfaethus. (Yn hyn o beth, diau mai gwaith tra phroffidiol fyddai cymharu delweddaeth Thomas â defnydd y bardd Americanaidd Robinson Jeffers (1887–1962) o'r hebog fel symbol – yn enwedig o gofio fel y bu i Thomas ddatgan mewn cyfweliad yn 1999: 'I've been much influenced by the American poet Robinson Jeffers, who says somewhere, "the people who talk of God in human terms, think of that!".'[97])

Dychwel Thomas dro ar ôl tro at y ddelwedd o'r duwdod fel tylluan arswydus – aderyn a gyplysir â delweddau iasol-rewllyd, megis yn 'Raptor' – 'I think of him . . . / as an enormous owl/ abroad in the shadows,/ brushing me sometimes/ with his wing so the blood/ in my veins freezes' (*NTF*, 52) – ac yn 'Barn Owl': 'It is the breath/ of the churchyard, the forming/ of white frost in a believer,/ when he would pray' (*WI*, 25).[98] Awgrymog yw'r ffaith fod yr un cyfuniad yn union – y dylluan, y rhew, ac anallu'r credadun i weddïo – i'w weld hefyd yng nghywydd Dafydd ap Gwilym i'r dylluan, lle y dywedir am yr aderyn hwnnw, 'Ni ad ym ganu 'mhader', a lle y mae'r credadun 'yn aros rhew'.[99] Ac awgrymog yng ngoleuni hoffter R. S. Thomas o waith Dafydd ap Gwilym yw'r llinellau hyn o *The Minister*:

> Unlike the others my house had a gate
> And railings enclosing a tall bush
> Of stiff cypress, which the loud thrush
> Took as its pulpit early and late.
> Its singing troubled my young mind
> With strange theories, pagan but sweet,
> That made the Book's black letters dance
> To a tune John Calvin never heard. (*M*, 14)

Wrth gwrs, y mae darlunio adar fel offeiriaid yn arfer cyffredin yn llenyddiaeth Ewropeaidd yr Oesoedd Canol,[100] ond dadlennol yw ystyried y darn arbennig hwn o *The Minister* yn benodol yng ngoleuni'r defnydd o ddelweddaeth o'r fath yng ngwaith Dafydd ap Gwilym. Yng nghywyddau'r bardd hwnnw i'r ceiliog bronfraith disgrifir yr aderyn fel 'Pregethwr maith pob ieithoedd' ac fel 'Pregethwr a llȳwr [darllenydd] llên' y dywedir amdano: 'Plygain y darllain deirllith,/ Plu yw ei gasul i'n plith.'[101] Ac yn union fel y cymer bronfraith hyglyw R. S. Thomas lwyn fel pulpud ar doriad gwawr felly hefyd geiliog bronfraith cywydd Dafydd ap Gwilym, 'Offeren y Llwyn':

> Lle digrif y bûm heddiw
> Dan fentyll y gwyrddgyll gwiw,
> Yn gwarando ddechrau dydd
> Y ceiliog bronfraith celfydd . . .
> Mi a glywwn mewn gloywiaith
> Ddatganu, nid methu, maith,
> Darllain i'r plwyf, nid rhwyf rhus,
> Efengyl yn ddifyngus . . .
> Bodlon wyf i'r ganiadaeth,
> Bedwlwyn o'r coed mwyn a'i maeth.[102]

Pwysig yw cofio hefyd fod y ceiliog bronfraith yn y cywydd arbennig hwn yn llatai a anfonwyd gan Forfudd, ac mai 'caregl nwyf a chariad' ('cwpan cymun serch a chariad') a ddefnyddir yn yr offeren hon. Dichon y buasai R. S. Thomas yn gyfarwydd â sylwadau Saunders Lewis ar 'Offeren y Llwyn' yn *Braslun o Hanes Llenyddiaeth Gymraeg* (1932) ac â'r modd y dehonglodd Lewis ymagweddu Dafydd ap Gwilym yn y cywydd hwn yn nhermau 'sialens' i gyfundrefn eglwysig byd dyn.[103] Yn sicr ddigon, y mae'r adlais yn y fan hon o gywyddau sy'n dathlu gogoniannau cyfun serch, crefydd a natur yn crisialu'n drawiadol un o themâu creiddiol *The Minister*, sef y gwrthgyferbyniad rhwng grymoedd greddfol-ysbrydol byd natur a chyfyngiadau'r grefydd sefydliadol (anghydffurfiol Galfinaidd yn y cyswllt hwn) y mae'r gweinidog, y Parchedig Elias Morgan, yn ei chynrychioli. Tynghedwyd Morgan a'i debyg

> to wither and starve in the cramped cell
> Of thought their fathers made them.
> Protestantism – the adroit castrator
> Of art; the bitter negation
> Of song and dance and the heart's innocent joy –

You have botched our flesh and left us only the soul's
Terrible impotence in a warm world. (*M*, 23)

Ni ellid wrth well gwrthgyferbyniad i feddylfryd caethiwus o'r fath nag
ymateb amlweddog cywydd megis 'Offeren y Llwyn' i'r corfforol a'r
ysbrydol. Fel y dywed Huw Meirion Edwards: 'Dafydd's celebration of
love in terms of the sacrament is a challenge, not to religion as such, but
to the kind of extreme asceticism preached by the mendicant friars. His
answer to the doom-laden warnings of the Grey Friar – that "God is not
as cruel as old men claim" . . . is a terse reminder that the religion of self-
denial is not for everyone, and that the worship of God in and through
his Creation, of which feminine beauty and earthly sensuality are
essential parts, is equally valid.'[104]

* * * *

(ii) *Hunangofiant*

Yr ail brif thema sy'n patrymu cyfeiriadaeth R. S. Thomas at lenyddiaeth
Gymraeg yw'r thema hunangofiannol. Yma gwelir adleisiau llenyddol
yn ymblethu'n greadigol â ffeithiau hunangofiannol nes ei bod weithiau
yn anodd pennu'r ffin rhwng cof 'diwylliannol' a chof 'personol' y bardd
– ffaith sy'n brawf o drylwyredd y modd yr amsugnodd ac y cymathodd
yr etifeddiaeth a adenillasai. Y garreg filltir gyntaf yn y broses honno o
adennill iaith a thraddodiad llenyddol, wrth gwrs, oedd Manafon. Ond
y mae gofyn pwysleisio hefyd fod dyfodiad R. S. Thomas i'r plwyf yn
garreg filltir yr un mor arwyddocaol i Fanafon ei hun. Nid gor-ddweud
y mae'r bardd pan ddisgrifia'r plwyf fel 'ardal o fân dyddynnod a defaid
yn disgwyl am iddo'u darganfod' (*Neb*, 42). Mewn ystyr bwysig iawn, ac
yn sicr yn ein cyfnod ni, R. S. Thomas a *greodd* Fanafon. 'Will they say on
some future/ occasion, looking over the flogged acres/ of ploughland:
This was Prytherch country?' gofynnodd R. S. Thomas yn 1978 yn ei
gerdd 'Gone?' (*F*, 34). Eithr daethai gwaith Thomas yn rhan ddiffiniol
o dir a daear ardal Manafon ymhell cyn hynny, fel y tystia'r sylw a
roddir iddo yng nghyfrol daith T. I. Ellis, *Crwydro Maldwyn* – a hynny
mor gynnar â 1957.[105] Ac yma priodol yw dyfynnu sylwadau allweddol
Thomas yn ei erthygl 'The Welsh Parlour' yn 1958. '[W]ithout the
language', meddai, 'the visitor must wander in an anonymous land':

For there lies the difference between a travel book in English and one in the vernacular. There is in Welsh a series of county books, *Crwydro Cymru*, published by Llyfrau'r Dryw, Llandybïe, a comparison of which with the English ones is very revealing. Naturally, there are certain features in common, but the English books lack the frequent verse quotations of the Welsh ones. For to a Welsh writer almost every village has its connection with some poet, great or small, classical or hedge poet, as the case may be. The same principle decides the photographs. Ty[dd]yn Du; Las Ynys; Cynfal; Y Wybrnant: they are not always striking buildings; they have not given the British Empire a Stanley or a Lloyd George. But they were the homes of Edmund Prys, Ellis Wynne, Morgan Llwyd and Bishop Morgan, men who have helped to weave the cloth of the Welsh nation. As such they have an honourable and necessary place in any travel book in the vernacular, along with the princes and preachers, the sailors and teachers and all other members of the Welsh family circle.[106]

Ond wrth reswm, nid honni'n egotistaidd y mae Thomas yn 'Gone?' ac yn y darn hwnnw yn *Neb* mai ef a osododd Fanafon 'ar y map'. Yn wir, ef sy'n dweud wrthym fod Manafon yn 'hen blwyf . . . gyda'r cofrestri'n mynd yn ôl i'r bymthegfed ganrif' (*PMI*, 75), ac mai 'hwn oedd plwyf Ieuan Brydydd Hir, Gwallter Mechain a Phenfro, tri Chymro dawnus ac adnabyddus yn eu dydd' (*Neb*, 41). At y rhestr honno, wrth gwrs, gellid ychwanegu William Wynn (1709–1760), awdur 'Cywydd y Farn' ('Gwnïed a fyn a gwnaed fawl'), a dderbyniodd reithoriaeth Manafon yn 1747.[107] Yr oedd y cysylltiadau llenyddol Cymraeg yno o'r cychwyn.

Gwelsom eisoes sut y bu i R. S. Thomas ymgorffori englyn enwog Gwallter Mechain o'r 'Awdl ar Gwymp Llywelyn' yn ei bortread estyn-edig o Walter Davies. Ac fe gofir mai'r englyn hwn a ddefnyddiwyd gan Thomas fel uchafbwynt i'w ddarn hunangofiannol, 'Y Llwybrau Gynt' (*PMI*, 75). Ond dengys cyfeiriadau llai uniongyrchol etifeddiaethau gwirioneddol a'r rheini sy'n perthyn i fyd y dychymyg creadigol yn dod ynghyd ar lefel fwy isganfyddol. Dyna 'Welsh History', er enghraifft:

> Our kings died, or they were slain
> By the old treachery at the ford.
> Our bards perished, driven from the halls
> Of nobles by the thorn and bramble. (*AL*, 23)

Yn y cefndir yn y fan hon y mae darlun pennod 34 o Lyfr Eseia o 'ddiwrnod dial yr Arglwydd, blwyddyn taledigaeth yn achos Seion': 'Ei phendefigion hi a alwant i'r frenhiniaeth, ond ni bydd yr un yno, a'i holl dywysogion hi fyddant ddiddim. Cyfyd hefyd yn ei phalasau ddrain, danadl ac ysgall o fewn ei cheyrydd: a hi a fydd yn drigfa dreigiau, yn gyntedd i gywion yr estrys.'[108] Ond y mae'n bur debyg fod R. S. Thomas, yn ei ddelwedd o'r neuadd wag wedi tyfu'n wyllt, yn dwyn i gof yn benodol englynion enwog un arall o offeiriaid Manafon, Ieuan Brydydd Hir (bardd arall y buasai delweddaeth y bennod honno o Eseia yn dra chyfarwydd iddo):

> Llys Ifor Hael, gwael yw'r gwedd, – yn garnau
> Mewn gwerni mae'n gorwedd;
> Drain ac ysgall mall a'i medd,
> Mieri lle bu mawredd.

> Yno nid oes awenydd, – na beirddion,
> Na byrddau llawenydd,
> Nac aur yn ei magwyrydd,
> Na mael, na gŵr hael a'i rhydd.[109]

Cryfheir y cysylltiad rhwng y Prydydd Hir ac R. S. Thomas ymhellach o gofio am natur genedlaetholgar danllyd llawer o waith Evans Evans, ei daranu (yn y ddwy iaith) yn erbyn Seisnigrwydd yr Eglwys (sefyllfa a barai ofid mawr i Thomas ddwy ganrif yn ddiweddarach, yn arbennig yn ystod ei gyfnod yn Aberdaron),[110] ynghyd â'i ymwybod o alltudiaeth o sawl math.[111] Ond yn ogystal â gosod R. S. Thomas yn yr olyniaeth anrhydeddus honno o feirdd-offeiriaid Manafon, buddiol yng nghyd-destun ei awydd i Gymreigio'r Eglwys, i achlesu'r diwylliant Cymraeg ac i feithrin yr ymwybod cenedlaethol, yw ei osod hefyd yn olyniaeth yr Hen Bersoniaid Llengar – y cenedlgarwyr hynny o offeiriaid a wnaeth gymaint yn hanner cyntaf y bedwaredd ganrif ar bymtheg i hybu buddiannau'r Gymraeg.[112] A dylid cyfeirio'n benodol yn y fan hon at y triawd rhyfeddol hwnnw o bersoniaid – Gwallter Mechain, Ifor Ceri (John Jenkins) a W. J. Rees – a arferai gyfarfod yn ficerdy Ceri, lle y soniwyd gyntaf am sefydlu'r Cymdeithasau *Cambrian* Taleithiol.[113] Hyd yn oed wrth gydnabod mai methiannau fu llawer iawn o gynlluniau'r Hen Bersoniaid Llengar hyn, nid oes dadl nad ydynt yn esiamplau llachar i'w gwrthgyferbynnu â'r offeiriaid anghofiedig hynny a gofféir yng ngherdd Thomas, 'The Country Clergy': 'They left no books,/ Memorial to their lonely thought/ In grey parishes; rather they wrote/ On men's hearts and in the minds/ Of young children sublime words/ Too soon forgotten' (*PS*, 28).
Ffynhonnell arall dra pherthnasol yn y cyd-destun hunangofiannol

hwn yw Goronwy Owen, ffigwr y gwelir R. S. Thomas yn aml yn ymuniaethu'n gryf ag ef. Sail yr ymuniaethu hwn yw'r profiad o alltudiaeth, a diau y gellid dadlau bod ymateb Thomas i fywyd a gwaith Goronwy Owen yn sawru o'r fytholeg ramantus honno sydd ynghlwm wrth y ddelwedd o'r Bardd Du fel athrylith gwrthodedig.[114] Yn ei anerchiad 'Alltud', a draddodwyd yn yr Eisteddfod Genedlaethol yn Llangefni yn 1983, ac yntau'n Llywydd y Dydd, dyfynna Thomas o'r ddwy gerdd, 'Awdl y Gofuned' a 'Hiraeth am Fôn', cyn mynd rhagddo i ddatgan: 'Pwy na all glywed yr ing a'r dyhead am ei fro yn y fath linellau? . . . [Y]r ing, yr hiraeth, y dyhead am gael dod yn ôl i Gymru ac i Fôn yn anad dim, i blith y Cymry Cymraeg' (*PMI*, 128, 129). Ond miniogir yr ymwybod hwn o alltudiaeth gan y ffaith mai yn ôl tuag at Fôn ei blentyndod y cyfeiriwyd gyrfa R. S. Thomas. Alltudiaeth ieithyddol, wrth gwrs, fu alltudiaeth Thomas ei hun, ond cynorthwyodd Goronwy Owen ef i'w gweld hefyd yn nhermau ystumdro amser dramatig ac mewn cyd-destun daearyddol go iawn. Fel y dywed yn 'On Hearing a Welshman Speak':

> And as he speaks time turns,
> The swift years revolve
> Backwards. There Goronwy comes
> Again to his own shore. (*PS*, 16)

Gellir gweld y llinellau hyn fel gwrthbwynt i gerdd R. Williams Parry, 'Cymry Gŵyl Ddewi', sy'n cyfarch Goronwy Owen gan ofyn, 'Yr Ianci Bach, pe troet yn ôl/ I'th bau o'th bell ddisberod ffôl,/ Pa fyd fai arnat?', ac sy'n datgan: 'Aros lle'r wyt, yr Ianci Bach,/ Cyflwr dy henwlad nid yw iach./ Os caet y ciwdos a gadd Pope/ A gaet y cysur hefyd? *Nope*.'[115] Yn sicr, awgrymog iawn yw defnydd R. S. Thomas o'r gair 'shore' ar ddiwedd llinell olaf y dyfyniad uchod o 'On Hearing a Welshman Speak' o gofio am fwysair brathog Williams Parry ar ddiwedd 'Cymry Gŵyl Ddewi': 'Ond pe gogleisit glust y Sais/ Nes cael dy ganmol am dy gais,/ A 'mgrymai Cymro wrth bob dôr/ O'th ffordd i hedd a ffafr? *Shore*.'[116] Yng ngoleuni ymuniaethiad Thomas â Goronwy Owen, felly, buddiol yw ystyried 'Hiraeth', o'r gyfrol *The Stones of the Field*, fel cerdd yn nhraddodiad 'Hiraeth am Fôn' Goronwy Owen. Ac yn wir, nid amherthnasol yma yw cerdd megis 'Hiraeth y Bardd am ei Wlad' gan yr offeiriad arall hwnnw ym Manafon, Ieuan Fardd:

My dark thought upon that day
That brought me from Arfon's bay,
From the low shores of Malldraeth and its sand,
Far inland, far inland. (*SF*, 34)

'Cyflawnwyd fy nymuniad. 'Roeddwn yn fwy ffodus na Goronwy druan', meddai R. S. Thomas (*PMI*, 129). Ond y mae'r haeriad yn orwylaidd. Wedi'r cyfan, er mwyn dygymod â'i alltudiaeth ei hun bu'n rhaid i Thomas dramwyo a meistroli, nid yr Iwerydd, ond iaith a diwylliant newydd.

Y mae'r cydymdreiddiad hwn rhwng cyfeiriadaeth a hunangofiant y bardd yn amrywiol iawn ei ergyd a'i effaith. Ar y naill law ceir y fath beth â chyfatebiaeth gyffredinol. Er enghraifft, y mae agosrwydd daearyddol Manafon R. S. Thomas at Ddolwar Fach Ann Griffiths yn ei gwneud yn bosibl inni glywed yn nisgrifiadau'r gerdd 'Fugue for Ann Griffiths' (*WA*, 50) dinc sy'n ein hatgoffa o ymweliad clasurol O. M. Edwards â chartref yr emynyddes yn *Cartrefi Cymru*.[117] Ond ceir hefyd adlewyrchiadau eglurach, a chysylltiadau mwy penodol. Ystyrier, er enghraifft, yr atgof hwn, o un o'r disgrifiadau yn y gyfrol hunangofiannol *The Echoes Return Slow*, o harbwr Caergybi:

> Watching steamers was more exciting than watching trains, though sometimes the harbour was a forest of masts, where ships of sail sought shelter from the storm. (*ERS*, 8)

Dyma ddelwedd a apeliai at Thomas, y mae'n amlwg. Fe'i ceir hefyd yn ei hunangofiant Cymraeg, lle y disgrifir porthladd Caergybi fel hyn: 'cyn ystorm byddai'n llenwi gyda llongau hwylio o bob math, nes ei fod yn debycach i fforest' (*Neb*, 11). Ac yn 'Gone?', gwêl y bardd ym mryndir Maldwyn, 'a forest of aerials/ as though an invading fleet invisibly/ had come to anchor among these/ financed hills' (*F*, 34). Dwg y ddelwedd sylfaenol i gof yn gryf y fflyd oresgynnol honno o longau y mae meichiaid Matholwch yn ei gweld yn dynesu at Iwerddon yn yr Ail Gainc:

> 'Arglwydd,' heb wy, 'mae genhym ni chwedleu ryued; coet rywelsom ar y weilgi, yn y lle ny welsam eiryoet un prenn.' . . . Kennadeu a aeth at Uranwen. 'Arglwydes,' heb wy, 'beth dybygy di yw hynny?' 'Kyn ny bwyf Arglwydes,' heb hi, 'mi a wnn beth yw hynny. Gwyr Ynys y Kedyrn yn dyuot drwod o glybot uym poen a'm amharch.' 'Beth yw y coet a welat ar y mor?' heb wy. 'Gwernenni llongeu, a hwylbrenni,' heb hi.[118]

('Arglwydd,' ebe hwy, 'mae gennym ni newyddion rhyfedd; yr ydym wedi gweld coed ar y môr yn y lle na welsom erioed un pren.' . . . Aeth negeswyr at Branwen. 'Arglwyddes,' ebe hwy, 'beth a dybi di yw hynny?' 'Er nad wyf yn arglwyddes,' ebe hi, 'mi wn i beth yw hynny. Gwŷr Ynys y Cedyrn yn dod drosodd o glywed am fy nghosb a'm hamarch.' 'Beth yw'r coed a welwyd ar y môr?' ebe hwy. 'Mastiau a hwylbrennau llongau,' ebe hi.)

Yn wir, cryfhau a wna'r adleisiau o'r Ail Gainc yn y gerdd gyfatebol yn *The Echoes Return Slow*. Cyd-dery darlun agoriadol R. S. Thomas – 'There was this sea,/ and the children/ sat by it and said/ nothing. A ship passed,/ and they thought of it,/ each to himself, of how it was fine/ there or irksome' (*ERS*, 9) – â darlun agoriadol yr Ail Gainc ei hun o blant Llŷr yn eistedd 'uch penn y weilgi' ac yn gweld llongau Matholwch yn agosáu.[119] Cymwys, felly, yw'r adlais pellach ar ddiwedd yr un gerdd hunangofiannol: 'And three people looked/ over a slow surface at three people/ looking at them from a far shore' (*ERS*, 9).[120] Yng nghyd destun cyfeiriad R. S. Thomas at yr olygfa ryfedd a welodd y meichiaid, fe gofiwn yma am ddisgrifiad yr Ail Gainc o bobl yn syllu ar ei gilydd ar draws y dŵr:

> 'Och!' heb wy, 'beth oed y mynyd a welit gan ystlys y llongeu?' 'Bendigeiduran uym brawt,' heb hi, 'oed hwnnw, yn dyuot y ueis . . .' 'Beth oed yr eskeir aruchel a'r llynn o bop parth y'r eskeir?' 'Ef,' heb hi, 'yn edrych ar yr ynys honn, llidyawc yw. Y deu lygat ef o pop parth y drwyn yw y dwy lynn o bop parth y'r eskeir.'[121]

> ('Och!' ebe hwy, 'beth oedd y mynydd a welwyd wrth ochr y llongau?' 'Bendigeidfran fy mrawd,' ebe hi, 'oedd hwnnw, yn dod gan gerdded . . .' 'Beth oedd yr esgair uchel iawn a'r llyn o bob ochr i'r esgair?' 'Ef,' ebe hi, 'yn edrych ar yr ynys hon – y mae'n ddicllon. Ei ddau lygad ef o bob ochr i'w drwyn yw'r ddau lyn o bob ochr i'r esgair.')

Cydia cyfeiriadau R. S. Thomas fyth wrth realiti – proses a hybir yn yr achos hwn gan y ffaith fod ei dad yn forwr a arferai hwylio'n gyson rhwng Cymru ac Iwerddon yn ystod plentyndod y bardd. Yr oedd deunydd yr Ail Gainc, felly, yn arwyddocaol i Thomas – pwynt a ategir gan amlder ei gyfeiriadau ati (enghraifft amlwg yw'r llinellau hyn o'r gerdd 'Abercuawg': 'I have listened/ to the word "Branwen" and pictured/ the horses and the soil red/ with their blood, and the trouble/ in Ireland' (*F*, 26).[122]) Ac fel y dywed y bardd yn ei ddarlith *Abercuawg*: 'nid ffeithiau, o angenrheidrwydd, sy'n penderfynu cwrs bywyd dyn, ond geiriau. Ac un enghraifft o'r gallu rhyfedd yma ydyw myth, y ddawn sydd gan ddyn i greu ffigurau a sumbolau sy'n cyfleu'r gwir iddo mewn modd mwy uniongyrchol na ffeithiau plaen, di-liw' (*PMI*, 89). Dylid nodi hefyd sut y mae'r cerddi yn hyn o beth yn hydreiddio plentyndod cwbl Saesneg y bardd ag adleisiau o len-yddiaeth Gymraeg – ac yn adennill y cyfnod hwnnw ar gyfer y Gymru Gymraeg. Mewn erthygl fer yn trafod *Neb*, dywed R. S. Thomas: 'Doedd arnaf ddim eisiau ailadrodd fy llith yn *Y Llwybrau Gynt*; felly ychydig o sôn sydd ynddo am fy maboed yng Nghaergybi lle y datblygais fy nghariad at yr awyr agored. Ac eto rwy'n barod i gyfaddef y byddai sôn am hwnnw'n fwy diddorol oherwydd iddo gael ei wedd-newid gan y dychymyg yng nghwrs amser.'[123] Ac yn ei ragair i *The Batsford Book of Country Verse* (1961), haera Thomas: 'The country is still linked dearly and beautifully with us through our childhood memories. My first hope, therefore, in compiling this anthology has been to re-awaken those memories.'[124] Yn ei waith ei hun, atgofion mebyd ar eu newydd wedd a gyflwynir.

Y mae'r adlunio hunangofiannol hwn, wrth gwrs, ar ei fwyaf trawiadol yn y farddoniaeth, lle y dramateiddir y weithred o groesi ffin amseryddol (presennol/gorffennol) gan y *frisson* a ddaw yn sgil croesi ffin ieithyddol (Cymraeg/Saesneg) yn yr adleisiau. Ond y mae'n werth tynnu sylw at ambell enghraifft yn y rhyddiaith Gymraeg hefyd. Cymerer, er enghraifft, y disgrifiad yn 'Y Llwybrau Gynt' o'r R. S. Thomas ifanc yn cerdded adref i Gaergybi o Benrhos Feilw, 'gyda'r eithin yn gwichian o boptu'r lôn ac ambell i seren wib yn rhuthro'n dawel dros yr wybren a darfod, fel llwynog Williams Parry' (*PMI*, 60–1). Unwaith eto, gwelwn adlais llenyddol yn Cymreigio'r plentyn-dod Saesneg ac yn ei drawsnewid. Yr hyn sy'n drawiadol yn y fan hon yw'r ffaith fod y cyfeiriad hwn gan Thomas hefyd yn trawsffurfio'r gerdd Gymraeg wreiddiol. Yr hyn a wna R. Williams Parry ar ddiwedd ei soned adnabyddus, fe gofir, yw cyffelybu'r llwynog i seren wib: 'Llithrodd ei flewyn cringoch dros y grib;/ Digwyddodd, darfu, megis seren wib.'[125] Y mae Thomas yn gwrth-droi'r gyffelybiaeth – 'ambell i seren wib . . . fel llwynog Williams Parry' – gweithred sydd, yn rhinwedd y ffaith ei bod yn impio adlais Cymraeg ar orffennol di-Gymraeg y bardd, yn rhan o batrwm ehangach o wrth-droi amseryddol. Dwysbigol yw sylw Thomas mewn cyfweliad yn 1967 – 'Bachgen oeddwn i yng Nghaergybi . . . nid Cymro'[126] – ac yn *ABC Neb*, wrth gymharu'r myfyrwyr ar deras Coleg Bangor yn y 1930au â 'dinasyddion ar furiau Caer Droea', gresyna: 'Wyddwn i ddim ar y pryd am y rhyfel mwy erchyll a oedd yn y pair, ac fel Cymro di-Gymraeg wyddwn i ddim am y Pair Dadeni chwaith' (*ABC Neb*, 12). Ond hyd yn oed yma – lle y mae'r pwyslais ar anwybodaeth lwyr o'r Gymraeg a'i llenyddiaeth – caiff ffeithiau bywgraffyddol eu hadlunio, a realiti amgen ei chreu wrth inni synhwyro fel islais ddisgrifiad Alun Llywelyn-Williams yn 'Cofio'r Tridegau' o'r rhyfel a oedd ar y gorwel a'i ddefnydd yntau o ddelwedd y pair:

> Ar odre'r ddinas, disgynnai rhychau'r stryd
> anorffen i rwbel y nos, a diflannai'r cariadon
> cyfryngol yno bob yn ddau, fel cenhadon
> petrus i bair y barbariaid, i ludw'r byd.[127]

Tystia hyn oll yn huawdl i'r modd y mae llenyddiaeth, yn hwyr neu'n gynnar, yn achub cam treigl amser.[128] Yn yr enghreifftiau hyn o ryddiaith a barddoniaeth R. S. Thomas yr ydym yn taro ar yr hyn a ddisgrifiodd Walter Pater fel 'the finer sort of memory, bringing its object to mind with a great clearness, yet, as sometimes happens in dreams, raised a little above itself, and above ordinary retrospect'.[129]

Un atgof sy'n haeddu ystyriaeth fanwl mewn perthynas â chyfeiriad-aeth lenyddol R. S. Thomas yw hwnnw am yr onnen fawr ger rheithordy Manafon – atgof tra chynhyrchiol ac arwyddocaol yng ngwaith y bardd:

> byddai'n felyn i gyd erbyn mis Tachwedd. Daliodd y dail arni ryw hydref yn hwy nag arfer. Ond daeth rhew mawr ryw noson, a thrannoeth, fel y cododd yr haul, dechreuodd y dail gwympo. Dal i ddisgyn a wnaethant am oriau nes bod y goeden fel ffynnon aur yn chwarae'n ddistaw yn yr haul; anghofiaf i byth mohoni. (*PMI*, 73)

Atgof yw hwn y mae R. S. Thomas yn ei rannu, y mae'n ddiddorol gweld, â Gerard Manley Hopkins, a gofnododd olygfa drawiadol o debyg yn ei ddyddlyfr ar 17 Hydref 1873: 'Wonderful downpour of leaf: when the morning sun began to melt the frost they fell at one touch and in a few minutes a whole tree was flung of them; they lay masking and papering the ground at the foot.'[130] Y mae'n amlwg mai dwyn i gof y dail yn syrthio oddi ar yr onnen ym Manafon y mae R. S. Thomas ym mhennill olaf 'Match My Moments' –

> That time
> after the night's frost the tree

weeping, the miser in me
complaining: Why all this washing
the earth's feet in gold? And I,
my finger at my lips: Because
it is what we are made of (*MHT*, 44)

– a dichon fod a wnelo'r atgof hwn hefyd â'r disgrifiad yn y gerdd 'The Tree: Owain Glyn Dŵr Speaks' (1952) o fethiant gwrthryfel Glyndŵr:

the obnoxious wind
And frost of autumn picked the leaves
One by one from the gaunt boughs;
They fell, some in a gold shower
About its roots. (*AL*, 19)[131]

Ond mwy arwyddocaol na hyn yw amlder defnydd Thomas o ddelweddau sy'n dwyn ynghyd y goeden a'r ffynnon. Ceir clwstwr pwysig o enghreifftiau ym marddoniaeth y 1970au a'r 1980au. Er enghraifft, yn 'The Prayer' dywedir – 'Let leaves/ from the deciduous Cross/ fall on us, washing/ us clean, turning our autumn/ to gold by the affluence of their fountain' (*LS*, 10) – a diwedda 'A Thicket in Lleyn' â'r llinellau: 'Navigate by such stars as are not/ leaves falling from life's/ deciduous tree, but spray from the fountain/ of the imagination, endlessly/ replenishing itself out if its own waters' (*EA*, 45).[132] Ceir enghreifftiau trawiadol hefyd yn 'The Bush' (*LP*, 194), ac yn un o gerddi dideitl *The Echoes Return Slow*: 'Who can number/ the leaves on a tree? But are people/ deciduous? They burn more richly/ towards old age, leisurely fountains/ to which we can bring our desire/ to be refreshed' (*ERS*, 93). Wrth drafod y delweddau hyn yng ngwaith R. S. Thomas yr ydym yn ymwneud â phatrwm hynod gymhleth o linynnau cyswllt. Yn ei ragymadrodd i *R. S. Thomas: Selected Prose* â Ned Thomas i'r afael â defnydd y bardd o'r gwreiddyn, y goeden a'r ffynnon fel delweddau, gan nodi: 'They allow a multiplicity of comparisons, with Yeats, with the early Romantics in England and Germany, but perhaps most interestingly with the Welsh-language poet of his own generation, Waldo Williams, who also subscribed to the Coleridgean theory of the imagination and with similar unorthodox theological consequences' (*SP*, 11). Diddorol yw gweld Ned Thomas yn mynd rhagddo i gyplysu'r ddelwedd honno o'r goeden a'r ffynnon yng ngherddi R. S. Thomas â llinellau adnabyddus Waldo Williams yn 'Mewn Dau Gae' (*SP*, 12–13):

'Yr oedd rhyw ffynhonnau'n torri tua'r nefoedd/ Ac yn syrthio'n ôl a'u dagrau fel dail pren.'[133] (Ni ddylid anghofio, wrth gwrs, am y cyfieithiad hwnnw o 'Mewn Dau Gae' gan R. S. Thomas.) Crybwyllir yr adlais hwn gan A. M. Allchin yntau mewn trafodaeth ar yr erfyn am iachâd ysbrydol yn 'The Prayer', eithr tyn ef sylw hefyd at berthynas y llinell flaenorol yn 'Mewn Dau Gae' – 'Mawr oedd cydnaid calonnau wedi eu rhew rhyn' – â delweddaeth y gerdd 'The Belfry', lle y disodlir darlun o ddiymadferthedd ysbrydol – 'There are times/ When a black frost is upon/ One's whole being, and the heart/ In its bone belfry hangs and is dumb' – gan weledigaeth o bosibiliadau iachaol a rhyddhaol gweddi, a uniaethir â 'warm rain/ That brings the sun and afterwards flowers/ On the raw graves and throbbing of bells' (*P*, 28).[134]

Cymhlethir y *nexus* o gysylltiadau hunangofiannol a llenyddol ymhellach o gofio am wreiddiau beiblaidd delweddau megis ffynhonnau o ddaioni yn llifo trosodd,[135] a dylid cofio yn ogystal fod Waldo Williams ei hun yn *Dail Pren* yn tynnu sylw ei ddarllenwyr at yr adnod honno o Ddatguddiad Ioan sydd wrth wraidd ei ddelwedd o 'ddagrau' iachaol y ffynhonnau yn cwympo megis dail – 'o ddau tu'r afon, yr oedd pren y bywyd, yn dwyn deuddeg rhyw ffrwyth, bob mis yn rhoddi ei ffrwyth: a dail y pren oedd i iacháu'r cenhedloedd'.[136] Gwelir R. S. Thomas yn dyfynnu'r adnod hon yn Saesneg yn ei ddarlith *Wales: A Problem of Translation* wrth drafod camp lenyddol y cyfieithu ym Meibl y Brenin Iago, gan ychwanegu: 'One could quote passages of equal authority from the Welsh Bible' (*WPT*, 4). Diddorol iawn yng ngoleuni hyn oll, felly, yw'r ddelwedd a ddefnyddia Thomas yn y gerdd 'R.I.P. *1588–1988*', lle y disgrifir Llanrhaeadr-ym-Mochnant, a champwaith yr Esgob William Morgan, fel hyn:

> It is off the main road
> even to market; nothing to induce
> the traveller to a digression
> but rumours of the tumbling
> of water out of the sky
> copiously as grace pouring
>
> to irrigate the hearts
> of a people that had grown arid. (*MHT*, 35)

Y mae i'r ddelwedd o 'ffynhonnau'n torri tua'r nefoedd/ Ac yn syrthio'n ôl', chwedl Waldo, ddimensiwn topograffig yn y fan hon, oherwydd fe'i defnyddir yma fel disgrifiad o'r rhaeadr a roes i'r pentref ei enw – Pistyll

Rhaeadr, yr uchaf yng Nghymru. Goleuir darlun R. S. Thomas gan y manylion a nodir gan John Llewelyn Jones yn ei *Waterfalls of Wales*: 'The first near-vertical torrent of water is "broken" eighty feet from the base by a small band of rock, fronted by a natural arch through which the river then pours in a mass of white foam, for its final descent to the deep plunge pool at the base.'[137] Ac medd George Borrow am y rhaeadr hon yn *Wild Wales*: 'I never saw water falling so gracefully, so much like thin beautiful threads as here.'[138] Y mae'r gair hwnnw, 'gracefully', yn un arwyddocaol. Yng ngherdd R. S. Thomas nid ar osgeiddigrwydd dŵr y rhaeadr y mae'r pwyslais, ond ar ras dwyfol yr ymdywallt – 'the tumbling/ of water out of the sky/ copiously as grace'. Cofiwn am yr adnod honno yn ail bennod Ail Lyfr Esdras: 'medd yr Arglwydd Hollalluog . . . "Cofleidia dy blant nes i mi ddod, a chyhoedda iddynt drugaredd, am fod fy ffynhonnau yn llifo trosodd, heb ddim pall ar fy ngras i".'[139] Ac ymhellach, dwg delweddaeth y deyrnged hon gan R. S. Thomas i William Morgan i gof fel y bu i offeiriad arall o fardd, 'Syr' Thomas Jones, ficer Llandeilo Bertholau yn Sir Fynwy, yntau droi at ddelweddau beiblaidd o lifeiriant adfywhaol wrth foli campwaith Morgan yn ei 'Gerdd Ddiolch i Dduw am y Beibl Cymraeg':

> llymar fynnon brydd ddiffaig, ar dwr or graig a baro,
> trwy rym ffydd a chyffes cred, ddiffodi syched kymro.[140]

Prawf yr hyn a nodwyd fel y gall cysylltiadau hunangofiannol a llenyddol ymganghennu'n rhwydweithiau cymhleth yng ngwaith R. S. Thomas. Caiff yr adleisiau Cymraeg penodol eu goleuo a'u cyfoethogi o'u gosod yng nghyd-destun ehangach patrwm cyfeiriadol sy'n dwyn ynghyd gerddi Saesneg, y Beibl, yn ogystal â digwyddiadau hunan-gofiannol. Gwelir y patrwm hwn ar ei wedd fwyaf trawiadol pan ddygir llu o gyfeiriadau ynghyd o fewn cwmpas cerdd weddol fyr. Ni cheir gwell enghraifft o ddistyllu o'r fath na'r gerdd 'The Bush':

> I know that bush,
> Moses; there are many of them
> in Wales in the autumn, braziers
> where the imagination
> warms itself. I have put off
> pride and, knowing the ground
> holy, lingered to wonder
> how it is that I do not burn
> and yet am consumed.

And in this country
of failure, the rain
falling out of a black
cloud in gold pieces there
are none to gather,
I have thought often
of the fountain of my people
that played beautifully here
once in the sun's light
like a tree undressing. (*LP*, 194)

Egyr y gerdd drwy adleisio hanes 'y berth yn llosgi yn dân, a'r berth heb ei difa' yn Exodus 3, a thrwy wrth-droi'r wyrth honno: 'I do not burn/ and yet am consumed.' Unwaith eto, megis yn 'R.I.P. *1588–1988*', dramateiddir yr adlais drwy ei leoli yn nhir a daear Cymru: 'I know that bush,/ Moses; there are many of them/ in Wales in the autumn.' Cymar trawiadol i'r darlun hwn – o ran geiriad yn ogystal â lleoliad y ddelwedd ei hun – yw'r sylw hwn gan Stanley Spencer, artist a fu'n ddylanwad pwysig ar wraig R. S. Thomas, yr arlunydd M. E. Eldridge,[141] a gŵr y bu'r bardd a'i briod yn gohebu ag ef yn ystod y 1950au:[142] 'quite suddenly I became aware that everything was full of special meaning and this made everything holy. The instinct of Moses to take his shoes off, when he saw the burning bush was similar to my feelings. I saw many burning bushes in Cookham. I observed this sacred quality in the most unexpected quarters.'[143] Ond y mae i'r weithred o adleoli'r berth danllyd yng Nghymru yn benodol ei hadleisiau arbennig ei hun. Cofiwn, er enghraifft, am brofiad y Tad Ignatius yng Nghapel-y-ffin – hanes y bu i T. H. Parry-Williams yn ei ysgrif 'Ar Encil' wrthgyferbynnu ei brofiad ei hun ag ef:

mi hoffwn gyfeirio at Groes neu Galfaria sydd ar fin y ffordd sy'n arwain i fyny at y 'fynachlog'. Fe'i codwyd er cof am y Tad Ignatius gan ddwy nith iddo. Wrth ymyl y groes y mae mynegfys yn datgan – yn Saesneg – mai'r ochr arall i'r lôn y mae'r 'berth sy'n llosgi', '*To the Burning Bush*'. Yr oedd y Tad Ignatius, fel Moses gynt yn Horeb, wedi gweld perth yn llosgi a heb ei difa ryw dro; ond rhaid i mi gyfaddef na welais i wreichionen, er y buaswn i'n rhoddi unrhyw beth am weld un . . .
    Amdanaf fy hun, 'r wy'n hoffi coelio fod cyfnod wedi bod yn fy hanes pan fuaswn i, ar daith fel hon, yn meddu digon o ysbrydolrwydd am eiliad i ganfod y berth honno'n llosgi yng Nghapel-y-ffin, megis y gwnaeth y Tad Ignatius . . . Ond y mae'r golau a'r gwirionedd wedi mynd, a minnau bellach yn hyn o beth, y mae'n beryg, yn un o'r 'gymanfa anffyddloniaid' yr oedd y Proffwyd Jeremeia â'i làch arnynt gynt.[144]

Nid amherthnasol yng nghyd-destun pwyslais Thomas yn ail hanner 'The Bush' ar y Gymru fodern fel 'this country/ of failure' yw'r cyfeiriad hwnnw gan Parry-Williams at yr arwydd uniaith Saesneg, a'i ddisgrifiad o ardal Capel-y-ffin yn y termau hyn: 'Yr oedd elfen o dristwch yn y cyfan. Yn un peth, dyma'r fan, fel llawer man arall, lle y mae darfodedigaeth Cymru a Chymraeg, a malltod popeth a ystyriwn ni'n etifeddiaeth inni, wedi gweithio i mewn i'n cyfansoddiad.'[145] Dyma ragfynegi, felly, ddarlun melancolaidd a hiraethlon R. S. Thomas yn ail hanner y gerdd. Ac yma, troir at Edward Thomas yn benodol. Pan ddywed R. S. Thomas, 'the rain/ falling out of a black/ cloud in gold pieces there/ are none to gather', adleisio cerdd Edward Thomas, 'It Rains', y mae: 'The great diamonds/ Of rain on the grassblades there is none to break.'[146] Cadarnha'r tristwch a fynegir yn 'It Rains' yn sgil dwyn gorffennol coll i gof alar tawel R. S. Thomas ar ddiwedd 'The Bush' wrth fyfyrio ar ddiflaniad diwylliant Cymraeg cyfoethog a bywiol – darlun sy'n ein dwyn yn ôl at yr atgof creiddiol hwnnw yn 'Y Llwybrau Gynt' am y dail yn syrthio oddi ar y goeden ger rheithordy Manafon, ac ar yr un pryd at ddelwedd enwog Waldo Williams yn 'Mewn Dau Gae': 'I have thought often/ of the fountain of my people/ that played beautifully here/ once in the sun's light/ like a tree undressing.' (Diddorol yw gosod y gyffelybiaeth synhwyrus honno ochr yn ochr â disgrifiad dramatig Walter de la Mare o weld mellten yn taro coeden, a'r goeden yn 'taflu ymaith' ei rhisgl, 'Like a girl throwing off her clothes'.[147]) Sylwn yn arbennig ar y modd y troes naws ddathliadol cyd-destun y ddelwedd o ffynhonnau deiliog yn 'Mewn Dau Gae' yn y fan hon yn bruddglwyf dwysbigol.[148] 'The greater part of [a nation's] creative life,' meddai Yeats, '. . . should be the jet of a fountain that falls into the basin where it rose'.[149] Atgof yn unig, medd R. S. Thomas yn 'The Bush', a erys am y ffynnon fywiol honno.

Chwaraea gwaith Waldo Williams ran bwysig yn y berthynas gymhleth hon rhwng cof 'personol' a chof 'llenyddol' neu 'ddiwylliannol' R. S. Thomas. Mewn trafodaeth ar 'Mewn Dau Gae', medd Bobi Jones:

> Ni ellir llai na chasglu mai'r un weledigaeth (onid cerdd Waldo ei hun) a ysgogodd R. S. Thomas i ddweud mewn cyfweliad gyda John Ormond yn 1972: 'The half-glimpsed turrets, the glimpses of this eternal ultimate reality which one gets in Wales when the sun suddenly strikes through a gap in the clouds and falls on some small field and the trees around. There is a kind of timeless quality about this, one feels.' Troes y bardd hwnnw yntau'r weledigaeth hon yn gerdd, a'i chyhoeddi dair blynedd wedyn yn 'The Bright Field'.[150]

Â Bobi Jones rhagddo i ddyfynnu rhan agoriadol y gerdd honno:

> I have seen the sun break through
> to illuminate a small field
> for a while, and gone my way
> and forgotten it. But that was the pearl
> of great price, the one field that had
> the treasure in it. (*LS*, 60)

Cytras, y mae'n wir, yw'r sythwelediadau yn 'The Bright Field' ac yn 'Mewn Dau Gae', ac felly hefyd, yn fwy penodol, y 'môr goleuni/ Oedd â'i waelod ar Weun Parc y Blawd a Parc y Blawd' yng ngherdd Waldo Williams, a'r haul sy'n goleuo'r un cae hwnnw yng ngherdd R. S. Thomas. Ond tybed a ellir awgrymu llinyn cyswllt mwy penodol fyth yma? Ni ddylid diystyru'r posibilrwydd fod Thomas yn y gerdd hon yn dwyn i gof, ochr yn ochr â Mathew 13:44–6,[151] – ac, unwaith eto, hanes y berth yn llosgi yn Exodus 3 – linellau olaf cerdd Waldo Williams, 'Adnabod' – cerdd yr oedd gan Waldo ei hun gryn feddwl ohoni:[152]

> Ti yw'r eiliad o olau
> Sydd â'i naws yn cofleidio'r yrfa.
> Tyr yr Haul trwy'r cymylau –
> Ti yw Ei baladr ar y borfa.[153]

Y mae'r weledigaeth honno o'r golau 'yn cofleidio'r yrfa' mewn cytgord perffaith â gweledigaeth R. S. Thomas yn ail hanner 'The Bright Field', lle y ceir y datganiad enwog:

> Life is not hurrying
>
> on to a receding future, nor hankering after
> an imagined past. It is the turning
> aside like Moses to the miracle
> of the lit bush, to a brightness
> that seemed as transitory as your youth
> once, but is the eternity that awaits you. (*LS*, 60)

Y mae'n werth dyfynnu ymateb Terry Gifford i'r llinellau hyn yn ei astudiaeth ddiweddar, *Pastoral*:

The pastoral impulse to escapism as its weakest mode persists in the most surprising forms. R. S. Thomas's retreat into the fields of west Wales in search of God has produced a bleak, reluctant pastoral poetry with which the Welsh literary establishment identifies to the point of idolatry. Parallel to Mackay Brown's hatred of 'Progress' is Thomas's hatred of the capitalised 'Machine'. His preference is for 'turning aside' in the Georgian manner, even as he appears to be resisting a nostalgic pastoral in 'The Bright Field' . . . Thomas simply imposes 'miracle' ['the miracle/ of the lit bush'] upon what Marvell worked hard to evoke in all its ambiguous complexity. Ultimately, R. S. Thomas's poetry, for all his angst in the bleak Welsh fields and hills, is a pastoral escapsim from the complexities of relationships with the natural world as much as with the modern world. The simple discourse of 'The Bright Field' is one of imposed religious significance rather than earned insight such as Marvell's.[154]

Ceir yma fethiant sylfaenol i ddeall arwyddocâd y cysyniad o droi i'r naill ochr a geir yn fynych yng ngwaith Thomas. Nid dihangfa ydyw, eithr gweledigaeth sy'n disodli – a hynny, yn anorfod, am eiliad yn unig ('eiliad o olau' y gerdd 'Adnabod') – y cysyniad llinellol pur hwnnw o amser ('time's arrow') y mae'r gwyddonwyr eu hunain wedi ei hen danseilio. Y mae'r ffordd y mae 'naws' Waldo Williams 'yn cofleidio'r yrfa' yn rhan draddodiadol o sythwelediad bardd, ond nid yw allan o'i chynefin yng nghwmni cysyniadau gwyddonol modern, ychwaith.[155]

Priodol iawn yw'r ymadrodd 'cofleidio'r yrfa' yng nghyswllt y cerddi hwyr hynny gan R. S. Thomas sy'n myfyrio ar ddechreuadau'r daith farddonol ym Manafon. Yn *Blwyddyn yn Llŷn* disgrifia Thomas fel y bu iddo, wrth ddychwelyd o Gaer-grawnt rywbryd tua diwedd y 1980au, weld y troad am Fanafon, 'a chofio mor aml y'i cymerwn unwaith'. Eithr ychwanega'n syth, 'Dim hiraeth, o gwbl!' (*BLl*, 87). Anathema i R. S. Thomas, wrth gwrs, fuasai'r mawl digymysg i Fanafon a fynegwyd gan un o'i ragflaenwyr, Ieuan Fardd, mewn englyn i'r pentref: 'Manafon dirion diredd [–] gwiw ardal/ A'i gwyrda a'u gwragedd/ A folaf fwynaf annedd/ Bro da ei sut baradwys wedd.'[156] Pan wahoddwyd Thomas a'i briod yn ôl i'r pentref gan brifathro'r ysgol gynradd yn 1983 ar achlysur dathlu canmlwyddiant yr ysgol honno, ymatebodd y bardd yn ddi-flewyn-ar-dafod: 'I'm sorry we cannot attend. The truth is I have rather lost interest in those areas of Wales that have become so Anglicised.'[157] Nid amherthnasol o bell ffordd wrth ystyried yr ymddieithrio hwn yw'r ffaith mai gwrthun i Thomas oedd tuedd golygyddion blodeugerddi – ynghyd â charfan nid bychan o ddarllenwyr – i gyfyngu eu sylw i gerddi Iago Prytherchaidd cyfnod Manafon ac Eglwys-fach. Siom fawr iddo tua diwedd ei fywyd[158] oedd gweld mai'r pedair cerdd a ddewiswyd gan Christopher Ricks ar gyfer yr argraffiad newydd o *The Oxford Book of English Verse* yn 1999 oedd 'A Peasant' (*SF*, 14), 'January' (*SYT*, 107), 'Evans' (*PS*, 15) ac 'On The Farm' (*BT*, 45). Ond diddorol yw gweld bod sawl cerdd a ymddangosodd yn ystod y 1990au yn tystio i'r ffaith fod atyniad cymhleth Manafon yn dal yn rym creadigol yn nychymyg y bardd. 'Have I had to wait/ all this time to discover/ its meaning – that rectory,/ mahogany of a piano/ the light played on?', gofynna'r bardd ar ddechrau 'Manafon' (*R*, 35–6).[159] Yn y gerdd ryfeddol hon â'r bardd i'r afael â'r gwrthgyferbyniad rhwng twf ei ymwybyddiaeth genedlaetholgar ym Manafon a'r diwylliant aliwn – gelyniaethus ar lawer ystyr, yn wir – yr oedd y pentref ei hun (cofiwn fod y Gymraeg wedi diflannu ym Manafon pan aeth Thomas ati i'w hadennill yno), a hefyd ei wraig ddi-Gymraeg, M. E. Eldridge, yn ei ymgorffori: 'The woman tended/ a wood fire against my return/ from my wanderings, a silent entreaty/ to me to cease my bullying/ of the horizon' (*R*, 35). Cerdd yw hon sy'n archwilio o fewn cyd-destun teuluol y tensiynau gororol hynny yng ngwaith R. S. Thomas rhwng dwy genedl, dau ddiwylliant, dwy iaith:

> There was a dream
> she kept under her pillow
> that has become my nightmare.
> It was the unrecognised conflict
> between two nations; the one happy
> in the territory it had gained,
> determined to keep it; the other
> with the thought he could kiss the feet
> of the Welsh rainbow. (*R*, 35)

(Celfydd yw'r gwrthgyferbyniad rhwng yr amhersonol a'r personol, rhwng yr 'it' a'r 'he' yn y llinellau hyn.) Ond er bod hon yn gerdd sy'n diffinio Manafon yn nhermau'r tensiynau diwylliannol a fudlosgai yn ei fywyd personol a chyhoeddus ar y pryd (tensiynau a oedd i ffrwydro yn Eglwys-fach ac yn Aberdaron yn ddiweddarach), ac er ei bod yn pwysleisio mai digyfaddawd yw ymlyniadau cenedlaetholgar y bardd, y mae ar yr un pryd yn gerdd lle y gwelir Thomas, yn ei awydd i ddangos y parch dyledus tuag at y plwyf a'i drigolion, ac yn ei bortread o'i wraig, yn ymgodymu'n egnïol â'r gorffennol:

that nightmare is a steed I am
content to ride so it return
with me here among countrywomen
whose welcome is warm at the grave's edge.
It is a different truth, a different
love I have come to, but one
I share with that afflicted remnant
as we go down, inalienable to our defeat. (*R*, 36)

Gwelsom eisoes sut y bu i Thomas ddychwelyd i Fanafon ddechrau'r
1990au drwy gyfrwng y myfyrdod estynedig hwnnw ar ei ragflaenydd,
Gwallter Mechain, a'i berthynas ef â'r plwyf. Enghraifft arall lachar, ond
llai uniongyrchol, o ailymweld o'r fath yw'r gerdd 'Island Boatman', a
ymddangosodd yn y gyfrol *Between Sea and Sky: Images of Bardsey* yn 1998
– yr unig gerdd, yn arwyddocaol ddigon, a gynhwyswyd yn ei chyfan-
rwydd yn y gyfrol honno. Ynddi gofynna Thomas, 'Was he religious?',
cyn sylweddoli: 'He was member of an old/ congregation the white-/
surpliced island ministered/ to, warning of the crossing/ to a smiling
Aberdaron/ with tides at the spring.'[160] Daw'r gerdd i ben â darlun nid
anghyfarwydd o offeiriad a phlwyfolyn yn cydeistedd ger y tân:

Sitting with him over
a fire of salt wood,
spitting and purring, I
forgave him his clichés,
his attempt to live up
to his eyes' knowingness.
They had looked down so many
times without flinching
into a glass coffin
at the shipwreck of such
bones as might have been his.[161]

Y mae'r disgrifiad hwn o un o gychwyr Ynys Enlli yn dwyn perthynas
ddiddorol â barddoniaeth gynnar R. S. Thomas, ac yn arbennig felly â'r
darlun adnabyddus o'r cydeistedd wrth y tân yn 'A Peasant': 'And then
at night see him fixed in his chair/ Motionless, except when he leans to
gob in the fire./ There is something frightening in the vacancy of his
mind' (*SF*, 14). Dyma adfer y berthynas â Manafon. Ailysgrifennir yma
gerdd am y gwladwr ym mynydd-dir canolbarth Cymru yn nhermau
morwrol – a *Chymraeg* – plwyf olaf y bardd, Aberdaron:[162]

> That they should be braille
> to him on blind days
> of fog or drizzle
> he learned them by heart,
> murmuring them over:
> Pen Cristin, Briw Gerrig,
> Ogof y Morlas. I listened
> to them and they were music
> of a marine world
> where everybody wore ermine.[163]

Y mae cerdd o'r fath yn fodd i amlygu'r llinynnau cyswllt creadigol rhwng deupen yr yrfa. Cofiwn, er enghraifft, mai ym Manafon y dechreuodd cysylltiad R. S. Thomas ag Ynys Enlli (*Neb*, 53–6), a pherthnasol iawn wrth synio am y cychwr hwn fel rhyw Brytherch *Redivivus* yw nodi'r defnydd cyson hwnnw o ddelweddaeth forwrol yn y cerddi cynnar. Gwelir y gwladwr yn 'A Peasant' ei hun, er enghraifft, 'churning the crude earth/ To a stiff sea of clods that glint in the wind' (*SYT*, 21).[164] Y mae 'Island Boatman', felly, yn gerdd sydd, drwy gyfrwng cyfeiriadaeth lenyddol 'fewnol', yn adnewyddu perthynas â'r gorffennol, yn cwblhau'r cylch hunangofiannol ac yn 'cofleidio'r yrfa'.

* * * *

(iii) *Y Traddodiad*

Dengys y drydedd o'r themâu strwythurol fod R. S. Thomas yn cael ei ddenu'n gryf at *fath* arbennig o destun yn y traddodiad llenyddol Cymraeg. Y mae ystyried y testunau hyn yn fanwl yn dadlennu llawer iawn ynghylch ei agwedd tuag at yr etifeddiaeth Gymraeg y bu iddo ei hadennill mor hwyr yn ei fywyd. Mewn cyfweliad yn 1990 meddai Thomas: 'Rilke said that a poet's chief duty was to praise. This certainly was to the fore in the Welsh bardic tradition. To do so today is to be called "sloppy" by the trendy reviewers in London.'[165] Gwelir Thomas yn dychwelyd at sylw Rilke yn 1996 yn ei ddarlith *Wales: A Problem of Translation*, lle y gresyna: 'I regret that I came too late to the language to praise Wales in it; because according to Rilke praise is the chief duty of a poet' (*WPT*, 13–14). Ac meddai'r bardd mewn sgwrs â Bedwyr Lewis Jones yn 1969: 'Pan welwch chi rhyw [*sic*] wladwr yn ei gae bach ei hun, er mor fudur ac isel ydi o, eto mae'r haul yn taro ar ei gae o yn sydyn ddirybudd ac mae yna rhyw [*sic*] ogoniant yno hefyd – cystal gogoniant ag sydd ym mhlasty'r brenin, yntê?' Â rhagddo, mewn ymateb i gwestiwn Bedwyr Lewis Jones, 'Y bardd sydd yn gweld y gogoniant yn y fan yna?', i haeru:

> Dyna swydd y bardd, rwy'n credu; gogoneddu, dangos gwir ogoniant bywyd. Dydw i ddim yn credu mewn beirdd sydd yn gorddadansoddi ac yn iselu dynion. Swyddogaeth bardd ydi dyrchafu dyn hefyd, a bywyd, a'r ddaear.[166]

Yn sicr, y mae'r ysgogiad a'r awydd i foli yno'n wastadol yn y cefndir.[167] Yn 'Memories' cyferchir Iago Prytherch drwy ddatgan – 'I will sing/ The land's praises, making articulate/ Your strong feelings, your thoughts of no date,/ Your secret learning, innocent of books' (*AL*, 38) – ac yn *Neb* haerir: 'Iddo fo roedd y wlad a'i chyffiniau'n brydferth. Dymunai ddal i ganu cerddi o fawl iddynt' (*Neb*, 42). Eithr y mae'n amlwg na ellir gwneud hynny ar draul gwrthrychedd a gonestrwydd. Teg yw dweud bod y weithred o foli yn un y mae Thomas yn bur ddrwgdybus ohoni, a bod rhoi'r egwyddor ar arfer yn waith tra phroblemus iddo. Â'r bardd yn ei flaen yn y darn hwnnw a ddyfynnwyd o *Neb* i ofyn, 'Ond sut roedd cysoni bywyd ac agwedd y ffermwyr eu hunain â hyn?'. Caiff yr agwedd amheugar hon tuag at briodoldeb mawl ei chyfleu'n bwerus drwy gyfrwng cyfeiriadaeth lenyddol Gymraeg R. S. Thomas.

Yr hyn sy'n drawiadol yw bod y bardd yn ymwrthod bron yn gyfan gwbl â'r mawl sy'n asgwrn cefn i'r dreftadaeth lenyddol Gymraeg a adenillasai – y traddodiad Taliesinaidd. Ni cheir unrhyw gyfeiriad ganddo at waith y Taliesin hanesyddol – bwlch arwyddocaol, yn wir. Pan geir cyfeiriad yn y farddoniaeth at yr Hengerdd, trasiedi'r gwŷr a aeth Gatraeth sy'n mynd â'i sylw (gweler, er esiampl, 'He is sometimes contrary' (*WW?*, 8) a 'Ravens' (*P*, 21)). Y mae naws alarus cyfresi englynion Canu Heledd a phruddglwyf cerdd megis 'Claf Abercuawg' yn fwy cydnaws o lawer â golygwedd R. S. Thomas nag awyrgylch dathliadol y canu moliant. Arwyddocaol yw'r ffaith mai'r unig gerdd o waith y Gogynfeirdd y cyfeiria Thomas ati yw marwnad fawr Gruffudd ab yr Ynad Coch i Lywelyn ap Gruffudd. At hyn, gwelir mai canu serch a natur y Cywyddwyr – nid eu canu mawl a marwnad – sy'n tanio dychymyg y bardd. Enghraifft dda yn y cyswllt hwn yw ymateb R. S. Thomas i waith Dafydd Nanmor – bardd mawr perchentyaeth, yn ôl dehongliad enwog Saunders Lewis[168] – a'r ffaith mai'r hyn sy'n ei gyfareddu ef, fel y gwelsom, yw'r cywyddau serch, megis 'I Wallt Llio' a

'Marwnad Merch'.[169] Ac y mae'r adleisiau o waith Dafydd ap Gwilym yn rhan o'r un patrwm cyffredinol, wrth gwrs. Yn y gerdd 'Perspectives: *Mediaeval'* diffinnir y traddodiad Taliesinaidd fel hyn – 'I was my lord's bard,/ telling again sweetly/ what had been done bloodily' (*LP*, 168) – diffiniad y cryfheir ei ergyd gan y ffaith mai un o gynheiliaid dychmygol y traddodiad hwnnw sy'n ei gynnig inni. Daw i gof yma frawddegau agoriadol nofel Christopher Meredith, *Griffri*, a chyfaddefiad y bardd canoloesol:

> Listen, Idnerth. I've been called a paid arselicker and I'm proud enough of my job to consider that a kind of compliment. After all, who with any sense would do such a thing if they weren't getting paid? For a meal and the high regard of your household I can give your ancestry back to Brutus, obscurely sing your praises, fix with my craft your greatness, your generosity, your et cetera, and do it with words strong enough to make quiver the chin of your most cruel soldier.[170]

Ac ni ddylem adael i dôn ysgafn cerdd Thomas, 'He agrees with Henry Ford', guddio rhagom arwyddocâd y disgrifiad o'r berthynas rhwng y bardd canoloesol a'i noddwr: 'Glyndwr [*sic*]? A con man,/ Iolo licking his arse/ for a doublet, for his next/ meal' (*WW?*, 11). Cwbl nodwedd-iadol o R. S. Thomas yw ei gwestiwn yn *ABC Neb* wedi iddo ddyfynnu rhan o'r cywydd mawl enwog i lys Owain Glyndŵr yn Sycharth – 'A oedd Iolo Goch yn organmoliaethus?' (*ABC Neb*, 35).

Y mae felly'n naturiol fod R. S. Thomas yn cael ei ddenu at y cystwywyr, y lambastwyr a'r dychanwyr ymhlith y beirdd a'r llenorion. Yn yr ysgrif 'Pe Medrwn yr Iaith' dywedir:

> Y mae ein gwendidau'n dal, os nad yn gwaethygu. Nid ydym yr hyn fuom ni. Petai'r Gymraeg mor rymus ac mor hyblyg gennyf ag yr oedd hi yn nwylo Ellis Wynne, dyweder, byddwn yn ei harfer i ddatgelu rhagrith, diogi a thaeogrwydd y genedl heddiw, a'u fflangellu nes bod fy narllenwyr yn cochi o'u corun i'w sodlau, ac yn cymryd llw mawr i adennill trwy ddisgyblaeth a hunan-aberth yr hunaniaeth a'r urddas a berthynai i'w hynafiaid. (*PMI*, 124)[171]

Ac y mae'n werth dyfynnu hefyd sylwadau tebyg gan Thomas yng nghyd-destun llenyddiaeth Saesneg: 'Just look at the situation . . . the technological smugness, the awful atheism, the political sleaze. Pope or Dryden would have exposed it all mercilessly and Dante would have scourged these people. All we've got is Larkin putting in a little chip now and again with lines such as "bespectacled grins celebrating the latest takeover", but he wasn't a great poet. No, the spiritual element has gone out of contemporary English writing.'[172] Y mae'n arwydd-ocaol, felly, fod Thomas ar sawl achlysur yn ymuniaethu â'r arch-gystwywr hwnnw, Gildas. Er enghraifft, crybwyllir Gildas ganddo yn ei anerchiad 'Gwladgarwch' ('Y mae hadau gwendid i'w gweld yn gynnar yn hanes y genedl Gymreig. Tystiodd Gildas a Gerallt [Gymro] i'r gwendidau hyn . . .'[173]), ac mewn llythyr at Raymond Garlick yn 1954 meddai'r bardd, 'We are an uncourageous race. I always feel a certain sympathy with Gildas'.[174] Ac onid yw disgrifiad R. S. Thomas yn y gyfrol *Counterpoint* o drigolion uffern, 'foaming poetry at the mouth' (*C*, 60), yn dwyn i gof ddarlun brawychus Gildas yn ei *De Excidio Britanniae* o foliant y beirdd i Faelgwn Gwynedd?

> er i ni wrando'n astud, nid mawl i Dduw a glywir, a llais soniarus milwyr ieuainc Crist yn ei felus ganu, ac nid odlau cerddoriaeth yr Eglwys, ond dy foliant di dy hun, yr hwn nid yw ddim, yn cael ei oernadu, yn null addolwyr y duw Bacchus, gan eneuau dy ddilynwyr (praecones) safnrwth – geneuau gorlawn o gelwyddau, ïe, o lysnafedd ewynnog hefyd, yr hwn a ddifwyna bob un sy'n agos ato. Felly y llestr a baratowyd gynt i wasanaeth Duw a droir yn offeryn diafol, a'r hyn a ystyrrid [*sic*] yn deilwng o anrhydedd nefol a deflir allan yn ol [*sic*] ei haeddiant i bwll diwaelod uffern.[175]

Enghraifft arall dda yn y cyd-destun hwn yw'r goganwr Siôn Tudur, a gynrychiolir, fel y gwelsom, drwy gyfrwng yr epigraff i'r gyfrol *An Acre of Land*. Yn sicr, y mae R. S. Thomas yn fardd na all ddychmygu gwneud, chwedl Siôn Tudur, 'O'r arddwyr [llafurwyr] wŷr o urddas'.[176] Do, fe fu i R. S. Thomas gyfieithu rhan o gywydd moliant gan Hywel Dafi i'w noddwr Harri Mil, ond cofiwn nad canmol y noddwr a wneir yn y rhan honno ond cynnig cyngor iddo a'i gymell yn daer i beidio â phriodi Saesnes. (Cofiwn hefyd fel y bu i Hywel Dafi gyhuddo Guto'r Glyn o wenieithio 'O chwant cael ariant clera': 'Sôn am gael rhoddion rhuddaur,/ A chanu twyll o chwant aur.'[177]) Ac yn 'A Welsh Ballad Singer', fe'n rhybuddir gan Twm o'r Nant fel hyn: 'But take heed;/ Muck of the roads is on my boots,/ Dirt of the world clings to my tongue,/ The mind's pool is quickly stirred/ To bitterness.'[178] Rhybuddiol hefyd yw diwedd y portread o Saunders Lewis – 'the trigger of his mind/ Cocked, ready to let fly with his scorn' (*WA*, 44). Yn ogystal, y mae'n amlwg fod Thomas yn gyfarwydd â gwaith yr homilïwr athrylithgar hwnnw,

Emrys ap Iwan. Yn 'Some Contemporary Scottish Writing' yn 1946, meddai: 'the best thing that we younger poets can do is to follow Saunders Lewis's advice and read more of the typical Welsh writers like Emrys ap Iwan' (*SP*, 28).[179] Ymhlith llyfrau personol R. S. Thomas ceir copïau o dair cyfrol Y Clwb Llyfrau Cymreig, *Erthyglau Emrys ap Iwan* – y tair yn dwyn y dyddiad 29 Mawrth 1946 (pen-blwydd y bardd). Tra diddorol yw gweld bod Thomas wedi marcio'r testun mewn dau le, a bod y darnau hynny – yn 'Y Clasuron Cymraeg' a 'Llythyr Alltud' Emrys ap Iwan – yn ymdriniaethau â'r berthynas rhwng polemig a llenyddiaeth.[180] Hawdd, yn wir, fyddai amlhau enghreifftiau o gyfeiriadau gan Thomas at feirdd a llenorion y nodweddir eu gwaith â miniogrwydd dychanol, cystwyol.

Cerdd sylfaenol bwysig yn y cyswllt hwn yw 'The Tree: Owain Glyn Dŵr Speaks', lle y dramateiddir y gwrthgyferbyniad rhwng 'gweniaith' y traddodiad barddol ar y naill law, a'i sylwebaeth gymdeithasolboliticaidd ar y llall. Cynrychiolwyr y ddwy garfan yng ngherdd Thomas yw Iolo Goch a Gruffudd Llwyd:

> Accustomed to Iolo and his praise
> Of Sycharth with its brown beer,
> Meat from the chase, fish from the weir,
> Its proud women sipping wine,
> I had equated the glib bards
> With flattery and the expected phrase,
> Tedious concomitants of power.
> But Gruffudd Llwyd with his theme
> Of old princes in whose veins
> Swelled the same blood that sweetened mine
> Pierced my lethargy, I heard
> Above the tuneful consonants
> The sharp anguish, the despair
> Of men beyond my smooth domain
> Fretting under the barbed sting
> Of English law, starving among
> The sleek woods no longer theirs. (*AL*, 18)

Hyglyw yma yw'r adleisiau o gywydd enwog Iolo Goch i Sycharth, a'i sôn am weision y llys yn 'Dwyn blaendrwyth cwrw Amwythig,/ Gwirodau bragodau brig,/ Pob llyn, bara gwyn a gwin,/ A'i gig a'i dân i'w gegin', ynghyd â'r cyfeiriadau at y 'Pysgodlyn, cudduglyn cau,/ A fo rhaid i fwrw rhwydau;/ Amlaf lle, nid er ymliw,/ Penhwyaid a gwyniaid gwiw' ac at wraig Owain Glyndŵr, Margaret Hanmer (merch i'r barnwr Syr Dafydd Hanmer): 'A gwraig orau o'r gwragedd,/ Gwyn fy myd o'i gwin a'i medd!/ Merch eglur llin marchoglyw,/ Urddol hael anianol yw.'[181] Ac wrth gwrs, adlais o linellau enwog Iolo Goch ar ddiwedd y cywydd – 'Anfynych iawn fu yno/ Weled na chliced na chlo,/ Na phorthoriaeth ni wnaeth neb'[182] – yw'r disgrifiad hwnnw o lys Glyndŵr ar ddiwedd cerdd R. S. Thomas – 'Sycharth of the open gates' (AL, 19). Eithr llai cyfarwydd i'r darllenydd cyffredin, fe ddichon, yw'r cyfeiriadau yn 'The Tree: Owain Glyn Dŵr Speaks' at waith Gruffudd Llwyd – bardd y dylai Thomas Parry, ym marn R. S. Thomas, fod wedi ei gynnwys yn y flodeugerdd 'swyddogol' honno, The Oxford Book of Welsh Verse, yn 1962.[183] Yn erbyn canu perchentyaeth Iolo Goch a'i fynegiant o sefydlogrwydd cyfforddus yn ei gywydd i Sycharth, gesyd R. S. Thomas ddarlun Gruffudd Llwyd, yn un o'r ddau gywydd a ganodd y bardd hwnnw i Owain Glyndŵr, o sefyllfa druenus y Cymry darostyngedig. Y mae yma adleisiau penodol iawn. Er enghraifft, clywir y tu ôl i'r cyfeiriad hwnnw yn 'The Tree' at Gruffudd Llwyd yn pwysleisio tras Glyndŵr y llinellau hynny o'r cywydd 'Byd dudrist, bywyd hydraul' sy'n mawrygu Owain drwy dynnu sylw at ei linach anrhydeddus: 'Henyw, hen ei ryw erioed/ Er cyn cof a'r can cyfoed,/ O Gymro, fam dinam dad.'[184] Ac wrth ddarllen disgrifiad 'The Tree' o ddioddefaint y Cymry – 'The sharp anguish, the despair/ Of men beyond my smooth domain/ Fretting under the barbed sting/ Of English law' (AL, 18) – fe'n hatgoffir o bortread Gruffudd Llwyd o fyd llygredig a gwyrdroëdig:

> Cymry, rhag maint eu camrwysg,
> Cenedl druain fal brain brwysg . . .
> Myned yn weilch bob eilchwyl
> Mae'r berïon cylion cul;
> Hyn a wna, hen a newydd,
> Y drygfyd. Pa fyd a fydd?

> ([Y mae'r] Cymry, oherwydd maint [y] gormes sydd arnynt,
> [Yn] gymdeithas o bobl druain megis brain meddw . . .
> Mynd yn bendefigion bob cyfle / unwaith yn rhagor
> Y mae'r barcudiaid [sydd â] phigau main;
> Dyma sy'n achosi, hen a newydd,
> Y drygfyd. Pa [fath o] fyd a fydd [inni]?)[185]

At hyn, cyd-dery'r llinellau hynny sy'n sôn am y Cymry 'starving among/ The sleek woods no longer theirs' (AL, 18) â darlun Gruffudd

Llwyd yn yr un cywydd o'r ddaear ei hun yn ymglafychu: 'Methu y mae y ddaear/ Hyd nad oes nac ŷd nac âr.'[186] Â Gruffudd Llwyd rhagddo yn y cywydd hwn i gyfosod truenusrwydd y presennol â gogoniant gorffennol y genedl (tynnir sylw at arweinwyr megis Brân ac Arthur), ac i ddatgan y dylai Owain Glyndŵr yn awr gael ei ddyrchafu'n farchog. Y math hwn o ganu, awgryma dramateiddiad R. S. Thomas, a symbylodd y gwrthryfel, a ddisgrifir yn y gerdd fel 'the seed which Gruffudd sowed/ In my hot brain in the long nights/ Of wine and music on the hearth/ Of Sycharth' (*AL*, 19). Y mae'n werth dyfynnu yma sylwadau Gruffydd Aled Williams ar ddiweddglo cywydd Gruffudd Llwyd:

> I orffen dychmygir Owain yn ei rwysg marchogol 'yn ymwan ar dwrneimant' ac yn cymdeithasu ymysg ieirll. Breuddwyd bardd wrth ei ewyllys efallai, ond fe dystia'r cywydd o leiaf i safle blaenllaw Owain yn y gymdeithas Gymreig; ac os mynegi uchelgais Owain ei hunan yn hytrach na gwenieithio'n rhydd a wnâi'r bardd gellir dyfalu a oedd gobeithion o ddyrchafiad a siomwyd yn un o'r amryfal elfennau yn seicoleg y gŵr a ddaeth yn arweinydd gwrthryfel maes o law?[187]

Y mae'r ffaith mai darlun grymus Gruffudd Llwyd o densiynau cymdeithasol y cyfnod sy'n tanio dychymyg Owain Glyndŵr yn 'The Tree' – yn hytrach na phortread Iolo Goch o fywyd syber Sycharth – yn fynegiant dramatig o agwedd gyson R. S. Thomas tuag at y traddodiad Taliesinaidd. (Dichon hefyd fod y ffaith mai brodor o blwyf Llangadfan, nid nepell o Fanafon, lle y cyfansoddwyd 'The Tree', oedd Gruffudd Llwyd yn hwb i'w achos!) Y mae'n bwysig cofio, wrth gwrs, fod Owain Glyndŵr yn ffigwr y dychwel R. S. Thomas ato dro ar ôl tro yn ei waith. Dyna'r portreadau cyferbyniol, 'The Rising of Glyndwr [*sic*]' (*SF*, 17) a 'Hyddgen' (*T*, 34), er enghraifft, ynghyd â'r cyfeiriadau ato yn 'Lines for Taliesin'[188] ac yn 'Taliesin 1952' (*SYT*, 105), fel y gwelsom, a hefyd yn 'A Welsh Testament' (*T*, 39) ac yn 'On Hearing a Welshman Speak' – lle'r 'ailgodir' llys Sycharth wedi iddo gael ei losgi'n ulw: 'Glyn Dŵr stands/ And sees the flames fall back/ Like waves from the charred timbers/ Before taking his place/ Behind the harp's slack bars/ From which the singer called him' (*PS*, 16). Cyhoeddasai J. E. Lloyd ei *Owen Glendower* yn 1931, wrth gwrs, a'r flwyddyn ddilynol ymddangosodd *Braslun o Hanes Llenyddiaeth Gymraeg* Saunders Lewis, lle y dywedir am gerdd Gruffudd Llwyd, 'Byd dudrist, bywyd hydraul' (yn arwyddocaol felly o ystyried ergyd y portread yn 'The Tree'): 'Nid yw'r cywydd yn gywydd moliant cyffredin, – y mae'r ystyriaethau politicaidd ynddo'n rhy bendant.'[189] A diddorol yw nodi bod gwaith Iolo Goch a Gruffudd Llwyd ar gael i R. S. Thomas yn yr argraffiad diwygiedig o'r gyfrol *Cywyddau Iolo Goch ac Eraill* a ymddangosodd yn 1937. Yn wir, gwyddom fod gan Thomas ei gopi ei hun o'r llyfr hwn – copi a roddwyd yn anrheg iddo, fel y tystia'r nodyn arno yn llaw'r bardd ei hun, 'gan Weinidogion Llanfair Caereinion a'r Cylch, Haf 1954'.[190] A chan mai yn 1952 y cyhoeddwyd 'The Tree' am y tro cyntaf,[191] diau ei bod yn werth tynnu sylw at y ffaith fod trafodaeth fer ar y cywydd hwn o eiddo Gruffudd Llwyd wedi ymddangos yn 1949 yn *The Welsh Nation* – cyfnodolyn y cyfrannai Thomas iddo yn ystod y cyfnod hwn – a hynny fel rhan o erthygl Ceinwen Thomas, 'Wales at the Time of Owain Glyndwr [*sic*]'.[192]

Ond nid Iolo Goch a Gruffudd Llwyd yw'r unig wŷr llên a ddygir ynghyd gan R. S. Thomas yn 'The Tree'. Y mae portread Thomas o oruchafiaeth neges gymdeithasol Gruffudd ar foliant Iolo yn un sy'n tynnu ar sawl ffynhonnell lenyddol. Er enghraifft, egyr 'The Tree' â'r llinellau, 'Gruffudd Llwyd put into my head/ The strange thought, singing of the dead/ In *awdl* and *cywydd* to the harp' (*AL*, 18). Tystia'r agoriad hwn fod R. S. Thomas yn gyfarwydd â nofel John Cowper Powys, *Owen Glendower*, a gyhoeddwyd yn 1941. Yn y nofel honno gwelir Gruffudd Llwyd yn perfformio un o'i gerddi yn neuadd Owain Glyndŵr, gan ddatganu: 'The dead, the dead fight for the son of Griffith Fychan [Owain Glyndŵr].'[193] Ac y mae'r disgrifiad dilynol yng ngherdd R. S. Thomas o effaith perfformiad ysbrydoledig Gruffudd Llwyd – 'As though he plucked with each string/ The taut fibres of my being' (*AL*, 18) – hefyd yn tarddu o nofel Cowper Powys, lle y dywedir am un o'r gwrandawyr yn y neuadd: 'A queer sensation began to invade Rhisiart's nerves . . . as if his own secretest fibres, and those of all the company about him, had become the strings at which the man was tearing.'[194] Ac ymhellach, diau mai ffynhonnell haeriad Owain Glyndŵr yn 'The Tree' – 'But Gruffudd Llwyd . . ./ Pierced my lethargy' (*AL*, 18) – yw disgrifiad Cowper Powys o aelod arall o'r gynulleidfa, 'sitting straight up now, hugging his knees. All lethargy had passed from him, as apparently it had from that whole crowded assembly'.[195] Yn wir, nid amherthnasol o ystyried y pwyslais a rydd Thomas ar y modd y cyfyd neges gymdeithasol heriol Gruffudd Llwyd uwchlaw soniarusrwydd y gynghanedd a'r cyfeiliant –

> I heard
> Above the tuneful consonants
> The sharp anguish, the despair
> Of men beyond my smooth domain

– yw'r darlun hwn o berfformiad Gruffudd Llwyd yn *Owen Glendower*:

> As the man's voice rose in his wild excitement the notes of the harp
> seemed sometimes to follow, sometimes to lead his utterance; but what
> Rhisiart, as he listened, found most extraordinary was the way a certain
> hard, clear, conscious, almost cold *intention* continued to retain in the
> midst of the wildest excursions of his frenzy the symphonic unity of his
> performance.[196]

Gellid dweud yn ogystal ei bod yn bosibl ymdeimlo â phresenoldeb
Gruffudd Llwyd yng ngherdd R. S. Thomas hyd yn oed pan nas
crybwyllir yn uniongyrchol. Yn 'The Tree' tyf yr hedyn a blannwyd gan
Gruffudd Llwyd yn nychymyg Glyndŵr yn wrthryfel a uniaethir â
choeden y daw Adar Rhiannon i ganu ymysg ei changhennau –
delwedd y mae'n werth crybwyll ei pherthynas â chwpled ym
marwnad Rhys Goch Eryri i Gruffudd Llwyd: 'Un o Adar, iawn
ydoedd,/ Prydai serch, Paradwys oedd.'[197] Yng nghywydd Iolo Goch i
Sycharth dywedir bod llys Glyndŵr yn fan 'Lle daw beirdd aml'.[198] O
ystyried y defnydd helaeth o gyfeiriadaeth lenyddol yn 'The Tree', y
mae disgrifiad Iolo Goch yn un addas iawn ar gyfer cerdd R. S. Thomas
hithau.

Nid yw'n syndod, yng nghyd-destun ymateb Thomas i'r canu mawl,
mai ei hoff fardd Cymraeg oedd Siôn Cent.[199] Yn *Blwyddyn yn Llŷn*, fe
gofir, gesyd Thomas ef gyfuwch â Villon (*BLl*, 14–15), ac yn 'Pe Medrwn
yr Iaith' dyfynnir y cwpled 'Y corff a fu'n y porffor,/ Mae mewn cist ym
min y côr', o'r cywydd 'I Wagedd ac Oferedd y Byd', fel enghraifft o
linellau sy'n llwyddo 'i ddiasbedain dros y canrifoedd' (*PMI*, 122). Yr
oedd gan R. S. Thomas gryn feddwl o'r cywydd hwn. Byddai'n ei
ddyfynnu'n gyson mewn cwmni,[200] ac yr oedd datganiad Aled Lloyd
Davies o ran o'r gerdd yn un o'r darnau cerddorol a ddewisodd y bardd
ar raglen radio yn 1996.[201] Fel y tystiodd un o gyfeillion R. S. Thomas,
Moses Glyn Jones:

> Bu peth dadlau ynglŷn ag addasrwydd rhai testunau a osodwyd yn
> yr Eisteddfod, ac yn neilltuol felly 'Y Ddinas' yng Nghaerdydd, ac
> efallai fod rheswm am hynny. Clywais R. S. Thomas yn dweud yn
> ddiweddar mai i bethau mawr bywyd y cenir y farddoniaeth orau: angau
> a marwolaeth, cariad a chas, hiraeth a llawenydd, a gallem ychwanegu
> ffolinebau dynion er gwaethaf eu technoleg ddisglair. Dyma bethau
> sylfaenol, nas newidir. Dyfynnodd Siôn Cent fel cefnogaeth i'w
> ymresymiad:

Y corff a fu'n y porffor[,]
Mae mewn cist ym min y côr . . .
Ni rown ben un o'r cennin
Er ei sgrwd yn yr ysgrîn.[202]

At Siôn Cent y troes Thomas yn *Blwyddyn yn Llŷn* wrth grynhoi ei ymateb i'r rheini a uniaethai safle trawiadol ei gartref ym mhentref Y Rhiw â'r awen farddol: 'Ond y gwir yw, wrth gwrs, na wneir barddoniaeth o olygfeydd braf, ond o eiriau a syniadau ac ystâd dyn. "Ystâd bardd, astudio byd"' (*BLl*, 60–1).[203] Yn wir, y mae naws a thôn gwaith Thomas yn aml yn Siôn Centaidd iawn. Cymerer, er enghraifft, y darn hwnnw yn *Neb* sy'n sôn am 'holl basiant dynolryw gyda'i ffantasïau, ei mympwyon a'i ystranciau. Mae'r byd yn caru'r eiddo ei hun. Daw pobl yn eu miloedd i syllu gyda chymysgfa o edmygedd a chenfigen ar y rhai a enillodd fedalau, neu sydd â digon o bres i fedru rhoi sioe gerbron eraill. Dyna ffordd y byd' (*Neb*, 83). Daw i'r meddwl dôn cywydd megis 'Hud a Lliw Nid Gwiw Ein Gwaith', er esiampl:

Un fodd yw'r byd, cyngyd cêl,
Â phaentiwr delw â phwyntel,
Yn paentiaw delwau lawer,
A llu o saint â lliw sêr.
Fal hudol â'i fol hoywdew
Yn bwrw hud, iangwr glud glew,
Dangos a wna, da diddim,
Dwys ei dâl, lle nid oes dim.
Felly'r byd hwn, gwn ganwaith,
Hud a lliw, nid gwiw ein gwaith.[204]

Diddorol felly yw holi pa ran a chwaraeir gan ddadl Siôn Cent yn erbyn yr 'awen gelwyddog' yn y darlun hwnnw gan Thomas o fardd ar ei wely angau: 'His tongue wrestles to force one word/ Past the thick phlegm; no speech, no phrases/ For the day's news, just the one word "sorry";/ Sorry for the lies' (*PS*, 31).[205] Ar y rhaglen radio honno yn 1996 bu i R. S. Thomas drafod ei hoffter o Siôn Cent yng nghyd-destun yr elfen o 'nihiliaeth' a 'negydd-dod' yn ei gymeriad ef ei hun, gan ddatgan na fyddai, yn wahanol i Yeats yn 'A Dialogue of Self and Soul', yn medru dweud, 'I am content to live it all again/ And yet again':[206] 'Mi fydda' i'n falch o gael gwared ar y bywyd hwn, er 'mod i wedi cael digon o hapusrwydd.'[207] Daw'r datganiad hwnnw gan Aled Lloyd Davies o'r cywydd ysgytwol 'I Wagedd ac Oferedd y Byd' a ddewiswyd gan Thomas ar y rhaglen radio hon i ben â'r llinellau, 'Ni chais fedd i gyfeddach,/ Ni chyrch un wledd o'r bedd bach', a chlywir R. S. Thomas ar y recordiad yn ymateb â'r sylw, 'Ie, hyfryd'. Bu i'r actor Richard Burton ddatgan un tro: 'R. S. Thomas is a true minor poet but I'd rather share my journey to the other life with someone more congenial. I think the last tight smile that he allowed to grimace his features was at the age of six when he realised with delight that death was inevitable.'[208] Y mae Burton yn y fan hon yn gosod R. S. Thomas yn erbyn yr unig Thomas a oedd o bwys iddo – Dylan – ac os ydym am chwarae'r gêm hon, dichon y dylid nodi bod sylweddoli yn chwech oed fod angau yn anocheladwy yn fwy gwir o lawer yn achos Dylan nag yn achos ei gydenw. Gwelir R. S. Thomas yn crybwyll llinellau Yeats yn 'A Dialogue of Self and Soul' drachefn yng nghofnod agoriadol *Blwyddyn yn Llŷn*. 'Rydw i wedi meddwl lawer gwaith nad ydw i fel Yeats yn barod i ail-fyw'r cyfan,' meddai, ond y tro hwn ychwanega: 'Ac eto mae'r llais yn fy ymyl yn sibrwd: wrth gwrs dy fod yn barod. A dyna gyfiawnhad bywyd. Mae'r ifainc yn ei dderbyn ac yn dweud Amen, yn rhinwedd eu hoen a'u bywiogrwydd' (*BLl*, 14). Diddorol yw'r ffaith mai yma, ymhen paragraff, yr â Thomas ati i gymharu Villon a Siôn Cent.

Gwelir felly fod y math o destunau a ddewisir gan R. S. Thomas yn ffurfio is-destun yn ei waith sy'n brwydro'n erbyn llif y traddodiad mawl. Yn 'The Cure' (teitl sy'n dwyn ynghyd yr offeiriad a'r meddyg) fe'n cyferchir â'r geiriau –

> Consider, you,
> Whose rough hands manipulate
> The fine bones of a sick culture,
> What areas of that infirm body
> Depend solely on a poet's cure (*PS*, 41)

– ac mewn cyfweliad a gyhoeddwyd yn 1990 medd Thomas: 'Y Bardd ydi'r unig ddyn rhydd mewn cymdeithas . . . Fedr neb "brynu" Bardd. Mi fydda i'n hoffi defnyddio'r ddelwedd o'r Bardd fel *antennae* y bobl. Mae o'n siarad fel y mae o'n gweld pethau . . . Os yw'n gweld rhywbeth o'i le mewn cymdeithas dylai ddweud hynny a dylai pobl wrando arno.'[209] Perthyn R. S. Thomas i'r garfan ddethol honno o feirdd a llenorion Cymraeg a aeth yn groes i syniadaeth lywodraethol 'cerdd Taliesin' ac y bu i'w dadleuon esgor ar yr hyn a ddisgrifiwyd gan Bobi Jones fel 'Pwnc mawr beirniadaeth lenyddol Gymraeg'.[210] Gwelir bod y modd y caiff Thomas ei ddenu at y cyhuddwyr, y condemnwyr a'r collfarnwyr ymhlith y beirdd Cymraeg – ac at Siôn Cent yn arbennig – yn gyson â disgrifiad M. Wynn Thomas o'r farddoniaeth yn ei chyfan-rwydd fel 'the great *j'accuse* that rises from the depths of R. S. Thomas's being'.[211] Honnwyd mai R. S. Thomas yw testun y gerdd 'A Dry Prophet' gan Vernon Watkins,[212] ac yn sicr ddigon, cyd-dery'r portread o'r proffwyd ynddi â'r agwedd wrth-Daliesinaidd ddigyfaddawd a amlygir yng ngwaith Thomas:

> With his eye for wronged things,
> Greed, hypocrisy, lies,
> Bitterness fed his words.
>
> Time smouldered in his eyes' furnace
> Watching the corruption of days,
> A dry prophet, observant –
> While the hourglass ran –
> Of every false direction
> In which life moved.
> Say of this man
> He was sure in his affection
> For the things he loved,
> But did not commit his tongue to praise.
> Excess of words galled
> His instinct.[213]

Nodiadau

[1] *Wales*, 8, 30 (1948), 601.
[2] Gw. Grahame Davies, *Sefyll yn y Bwlch*, 176–7. Ar ddylanwad cyffredinol Saunders Lewis ar R. S. Thomas yn y cyd-destun hwn, gw. y penodau ar Lewis a Thomas yn *Sefyll yn y Bwlch*, ynghyd â sylwadau M. Wynn Thomas, 'Keeping His Pen Clean: R. S. Thomas and Wales', *Miraculous Simplicity*, 61–79.
[3] 'Yr Hen Fywyd Cymreig', *Y Llenor*, 6, 3 (1927), 146.
[4] *Tir Newydd*, 3 (1935), 15.
[5] *Y Fflam*, 8 (1949), 56.
[6] *Gwaith Siôn Tudur*, I, 614, llau. 91–2.
[7] Gw. *Llen* [sic] *Cymru: Detholiad o Ryddiaith a Phrydyddiaeth at Wasanaeth Myfyrwyr Gwlad ac Ysgol*, gol. T. Gwynn Jones, 4 Rhan (Aberystwyth, 1921–7), III, 69–70; Cennard Davies, 'Robin Clidro a'i Ganlynwyr' (MA Prifysgol Cymru (Abertawe), 1964), 47–9.

⁸ Gw. golygiad Christine James, '"Coed Glyn Cynon"', *Cwm Cynon*, gol. Hywel Teifi Edwards (Llandysul, 1997), 52.

⁹ *Yr Efrydd o Lyn Cynon a Cherddi Eraill* (Llandybïe, 1961), 18. Lleisiwyd yr un math o gŵyn ecolegol-ddiwylliannol yn 1927 gan Iorwerth Peate yn ei gerdd 'Wrth Weled Tref Bargoed': 'Ni ddaw tylluan i gwrr un clôs,/ Na gwynt y nos tros ddolydd,/ Ond ebill dur a chaib ar lo,/ Ac wylo cudd heolydd./ *A ddaw y gôg, i gadw ei hoed,/ A'i bergainc, tua'r Bargoed?'*; gw. *Y Cawg Aur a Cherddi Eraill* (Llundain, 1928), 46.

¹⁰ 'What Fate For the Language?', *Planet*, 61 (1987), 31.

¹¹ Llythyr dyddiedig 16 Rhagfyr 1984 mewn casgliad preifat. Cf. diweddglo 'He lives here' (*WW?*, 1): 'to preach to the lost souls/ of the coal-face reminding/ how green is the childhood/ of a glib people taunting/ them with the abandonment/ of the national for the class struggle.'

¹² Tra anffodus yw camgymeriad Richard Gravil, a haera yn ei erthygl 'Wordsworth's Second Selves?', *Wordsworth Circle*, 14, 4 (1983), 192–3: 'For some curious reason, modern British poets have tended to inhabit, or to write as though they inhabited, that marginal terrain between mountains and the sea. That W. S. Graham (of Ben Narnain and Zennor), or Norman Nicholson (of Millom), or Basil Bunting (of Northumbria), should do so is natural enough. R. S. Thomas, too, of Aberavon [*sic*] and Llŷn, belongs to this habitat.'

¹³ *The Critical Forum: R. S. Thomas Discusses His Poetry*, Norwich Tapes, 1980. Dyfynnir o 'Atgo' Hedd Wyn, *The Rime of the Ancient Mariner* Coleridge (Adran V) a *The Prelude* Wordsworth (Llyfr XII).

¹⁴ Cf. *The Oxford Book of Welsh Verse*, 155; *Barddoniaeth yr Uchelwyr*, 91, llau. 19–20.

¹⁵ *The Oxford Book of Welsh Verse*, 153.

¹⁶ M. Wynn Thomas, 'R. S. Thomas: War Poet', *Welsh Writing in English: A Yearbook of Critical Essays*, 2 (1996), 89–90. Ffynhonnell John Cowper Powys yn ei dro oedd pennod Iorwerth C. Peate, 'Yr Oesoedd Bore' yn y gyfrol *Cymru a'i Phobl* (Caerdydd, 1931; ail argraffiad, 1933), 33.

¹⁷ Gw. *Wales*, 8, 30 (1948), 600; *SP*, 22 ac 82 (lle y ceir cyfieithiad gan y bardd ei hun).

¹⁸ 'Agweddau ar Farddoniaeth y Chwedegau', *Y Cawr Awenydd*, 32.

¹⁹ *Caniadau Gwili* (Wrecsam, 1934), 73. Fe gofir bod Gwili (John Jenkins, 1872–1936) hefyd yn llenydda yn y Saesneg (cyhoeddodd gyfrol o gerddi, *Poems*, yn 1920), a'i fod yn gyfaill mawr i'r bardd Edward Thomas. Cynhwyswyd peth o'i waith ym mlodeugerdd Grace Rhys, *A Celtic Anthology* (London, 1927). Cyfeiria R. S. Thomas at y llinellau a nodwyd yn y mannau a ganlyn: *PMI*, 35 ('Gobaith'), 39, 40 ('Dau Gapel'); 'A Welsh View of the Scottish Renaissance', *Wales*, 8, 30 (1948), 604; *BLl*, 27, 34.

²⁰ *PMI*, 35, *BLl*, 27. Gw. hefyd ail baragraff 'Gobaith': 'Cwyd y sudd ym môn y pren a gwena'r blagur ar hyd ei gangau. Y mae'r "galon oer" yn deffro, a dychwel y gân i'r goedwig ddi-ddail' (*PMI*, 35). Tybed a oes a wnelo llinellau Islwyn yn ei gerdd 'Y Gwanwyn' – 'Anadla'r Gwanwyn! Deffry sain y gerdd/ Y ddaear eilwaith wisg ei mantell werdd' – rywbeth â'r dryswch?

²¹ Cf. llinellau agoriadol 'Waiting' (*BHN*, 83): 'Yeats said that. Young/ I delighted in it.'

[22] *Wales*, 8, 30 (1948), 604.

[23] *Caniadau Gwili*, 75.

[24] 'Living With R. S. Thomas', *Poetry Wales*, 29, 1 (1993), 12.

[25] Gw. ymhellach sylwadau'r bardd mewn cyfweliad â Bedwyr Lewis Jones, *Barn*, 76 (1969), Atodiad 'O'r Stiwdio': 'Dydi o ddim yn gweithio, y manylu yma. Dyna fy mhrofiad i. Rydw i'n gwybod digon am adar, yn darllen am adar, ond does dim posib sgwennu cerdd lwyddiannus am sigl-i-gwt neu rhyw [*sic*] dderyn fel yna. Dydi o ddim yn tycio mewn barddoniaeth.'

[26] Llythyr dyddiedig 22 Medi 1987 mewn casgliad preifat.

[27] Cf. disgrifiad Glyn Jones yn 'Seven Keys to Shaderdom': 'My helmet, high felt crown and narrow brim,/ Looks slimy, speckled as a thrush's skintight/ Troutskin chest'; gw. *The Collected Poems of Glyn Jones*, gol. Meic Stephens (Cardiff, 1996), 128.

[28] Tybed a yw'r adferf drawiadol honno, 'mistily', yn adleisio disgrifiad Edward Thomas ar ddiwedd ei gerdd 'Adlestrop': 'And for that minute a blackbird sang/ Close by, and round him, mistier,/ Farther and farther, all the birds/ Of Oxfordshire and Gloucerstershire'?; gw. *Selected Poems of Edward Thomas*, 48.

[29] Llawysgrif Llyfrgell Genedlaethol Cymru 20006C. Y mae hon yn un o chwe cherdd holograff gynnar a brynwyd gan Lyfrgell Genedlaethol Cymru yn 1968. Ar gefndir y casgliad hwn, gw. Sandra Anstey, 'Some Uncollected Poems and Variant Readings from the Early Work of R. S. Thomas', *The Page's Drift*, 23. Mewn llythyr at y Llyfrgellydd Cenedlaethol, dyddiedig 8 Mehefin 1968 (sy'n rhan o'r casgliad), dywed R. S. Thomas: 'Fy ysgrifen i ydyw ac yn mynd yn ôl i'm cyfnod cyntaf fel bardd cyn imi brynu teipiadur . . . Mae'n debyg bod rhyw olygydd wedi eu cadw o'r dyddiau cynnar a'u gwerthu'n nes ymlaen.'

[30] Gw. *Bede's Ecclesiastical History of the English People*, gol. Bertram Colgrave ac R. A. B. Mynors (Oxford, 1969; adargraffiad 1991), 182–7. Ar y ddelwedd, gw. J. M. Wallace-Hadrill, *Bede's Ecclesiastical History of the English People: A Historical Commentary* (Oxford, 1988; adargraffiad 1993), 71–2.

[31] 'Persuasion', William Wordsworth, *Poetical Works*, 332.

[32] Enghreifftiau nodedig yw'r cerddi 'Pavane' (*H'm*, 14), 'The Lecture' (*Encounter*, 48, 2 (1977), 41) a '"The greatest language . . ."' (*R*, 70).

[33] 'R. S. Thomas Talks to J. B. Lethbridge', 48. Gw. hefyd sylwadau'r bardd yn 'Probings: An Interview with R. S. Thomas', *Miraculous Simplicity*, 35, a'r hyn a ddywed yn ei ddarllediad, *The Critical Forum: R. S. Thomas Discusses His Poetry*, Norwich Tapes, 1980: 'I have been a romantic and an idealist. I have seen most of my dreams broken. I have seen old and beautiful places invaded, and their peace destroyed. During my life I have become interested in watching birds. I know, deep down, that it is a kind of compensation for the loss of what I was seeking in a countryside that was truly Welsh and beautiful and free.'

[34] 'Adar y Plwyfi', *Y Llan*, 28 Medi 1945, 5, ac 'Adar y Gaeaf', *Y Llan*, 28 Rhagfyr 1945, 8.

[35] 'Autobiographical Essay', *Miraculous Simplicity*, 13.

[36] 'A Turbulent Priest', adolygiad ar *Furious Interiors* Justin Wintle, *Sunday Times*, 10 Tachwedd 1996, Adran 'Books', 8.

[37] 'R. S. Thomas Talks to J. B. Lethbridge', 49.

38 *Encounter*, 49, 2 (1977), 93. Ceir enghraifft bellach gan R. S. Thomas o gyplysu adar â theithi'r meddwl yn y gerdd anghasgledig 'The Lesson': 'One day the hedges are alive/ with hurrying bodies as a mind/ is with thoughts'; gw. *Poetry Wales*, 30, 3 (1995), 24. Priodol yw tynnu sylw at y ffaith ddiddorol fod llinellau agoriadol 'Pension', 'Love Songs in old age/ have an edge to them', yn adleisio Philip Larkin – y llinell gyntaf yn ein tywys at y gerdd 'Love Songs in Age', a'r ail yn dwyn i gof linellau o gerdd arall gan Larkin, 'Long Sight in Age': 'They say eyes clear with age,/ As dew clarifies air/ To sharpen evenings,/ As if time put an edge/ Round the lost shape of things/ To show them there'; gw. Philip Larkin, *Collected Poems*, gol. Anthony Thwaite (London, 1988), 113, 105.

39 *Gweddnewidio: Detholiad o Gerddi 1962–1986* (Dinbych, 2000), 109. Cyhoeddwyd 'Yn Yr Hwyr' yn wreiddiol yn y gyfrol *Y Pethau Diwethaf a Phethau Eraill* (1975).

40 Ned Thomas a John Barnie, 'Probings: An Interview with R. S. Thomas', *Miraculous Simplicity*, 36.

41 Gw. hefyd sylwadau'r bardd yn *BLl*, 49–51, ac yn ei ysgrif 'Gwahaniaethu': 'Y mae cryn angen yng Nghymru am bobl a fedr wahaniaethu ym myd adar fel mewn llawer maes arall'; gw. *Y Faner*, 19 Awst 1977, 19.

42 *Y Llan*, 28 Medi 1945, 5. Gw. yn ogystal '"Am I Under Regard?": Wil Rowlands Interviewed by Jason Walford Davies', *The David Jones Journal*, 3, 1&2 (2001), 105.

43 Ned Thomas a John Barnie, 'Probings: An Interview with R. S. Thomas', *Miraculous Simplicity*, 38.

44 'Bread and Beauty', *The King of Ashes*, 6.

45 Gw. ymhellach Ned Thomas a John Barnie, 'Probings: An Interview with R. S. Thomas', *Miraculous Simplicity*, 35.

46 Ceir trafodaeth fuddiol ar y gerdd hon gan Bobi Jones yn 'R. S. Thomas a'r Gwacter Llawn', *Barddas*, 204 (1994), 19–20. Diddorol yw cymharu 'A Blackbird Singing' â cherdd arall yn dwyn yr un teitl a gyhoeddwyd yr un flwyddyn yn y cylchgrawn *Listen*, 2, 4 (1958), 2.

47 *Y Llan*, 28 Rhagfyr 1945, 8.

48 *Agenda*, 36, 2 (1998), 7.

49 *Culhwch ac Olwen* (1988), 31.

50 *Selected Poems of Edward Thomas*, 11.

51 *Beautiful Wales*, 39, 40.

52 Ibid., 38–9. Gw. hefyd 133.

53 *Selected Poems of Edward Thomas*, 11.

54 Fe'i cyhoeddwyd yn y *Times Literary Supplement*, 30 Mai 1975, 596. Ymddangosodd y ddarlith eisteddfodol *Abercuawg* y flwyddyn ddilynol.

55 *Beautiful Wales*, 113.

56 *With Great Pleasure: R. S. Thomas*, BBC Radio 4, 2000.

57 *Selected Poems of Edward Thomas*, 15.

58 Diau mai cyfeirio a wneir yma at yr hyn a ddyfynnir gan Ifor Williams yn ei nodyn ar 'Cuawc' yn *Canu Llywarch Hen*, 162.

59 *Selected Poems of Edward Thomas*, 15.

60 Llawysgrif Llyfrgell Genedlaethol Cymru 20006C.

61 Llawysgrif mewn casgliad preifat.

62 *Cerddi Saunders Lewis*, 30.

[63] *The Welsh Nation*, 18, 3 (1949), 5.

[64] *Pedeir Keinc y Mabinogi*, 46.

[65] Y mae'r sylw yn destun cerdd gan Aneirin Talfan Davies yn *Diannerch Erchwyn a Cherddi Eraill* (Abertawe, 1975), 41.

[66] *Hanes y Daith Trwy Gymru/Disgrifiad o Gymru*, 32–3.

[67] Ibid., 33. Y mae'r chwedl yn destun cerdd gan Ruth Bidgood, 'Safaddan'; gw. Ruth Bidgood, *Selected Poems* (Bridgend, 1992), 101–2. Diddorol yw gweld Harri Webb, yn y gerdd 'Portents', yn dwyn Adar Rhiannon ac Adar Llyn Syfaddan ynghyd; gw. Harri Webb, *Collected Poems*, gol. Meic Stephens (Llandysul, 1995), 111.

[68] *Hanes y Daith Trwy Gymru/Disgrifiad o Gymru*, 33.

[69] *Trin Cerddi* (Y Bala, 1978), 67.

[70] *Cerddi* (Lerpwl, 1957), 125.

[71] *The Dublin Magazine*, 32, 4 (1957), 5–6.

[72] Gw. Robert Browning, 'Parting at Morning': 'Round the cape of a sudden came the sea,/ And the sun looked over the mountain's rim:/ And straight was a path of gold for him,/ And the need of a world of men for me.'

[73] Gw. *Tir Newydd*, 1 (1935), 2.

[74] *Pedeir Keinc y Mabinogi*, 46–7.

[75] Derbyniwyd yn y frawddeg olaf y diwygiad a awgrymwyd gan W. J. Gruffydd ac a gofnodwyd gan Thomas Jones yn ei nodyn ar 'y uot yn hynny o amser', *Bulletin of the Board of Celtic Studies*, 17, 4 (1958), 269–70.

[76] *Readings in Welsh Literature* (Wrexham, 1924), 69.

[77] Ibid. Ni lwyddwyd i olrhain y rhigwm. Ai Rhys a'i dyfeisiodd? Yng ngoleuni hyn, da y disgrifiodd Rhys natur *Readings in Welsh Literature* ym mhennod gyntaf y gyfrol: 'It cannot tell you all, but it tells you enough for a first acquaintance; and it rests with you to go on and improve it by turning to the books of the writers themselves.'

[78] 'Bran [*sic*] and Bronwen', *Celtic Stories* (Oxford, 1911), 90.

[79] Ibid..

[80] *Selected Poems of Edward Thomas*, 15; gw. hefyd 11.

[81] Cf. y ddelwedd yn 'Raptor' – 'I have heard him crooning/ to himself, so that almost/ I could believe in angels,// those feathered overtones/ in love's rafters' (*NTF*, 52) – a'r llinellau, 'The wind in the rafters/ at night is as an echo/ of the conversation of princes', yn y gerdd anghasgledig 'Plas yn Rhiw'; gw. *The Third Day: Landscape & The Word*, gol. Kathy Miles (Llandysul, 1995), 35.

[82] *Y Winllan Las* (Caerdydd, 1936), 67.

[83] *Adar Rhiannon a Cherddi Eraill* (Dinbych, 1947), 71. Gw. hefyd gyfieithiad Harri Webb, 'The Birds of Rhiannon', ynghyd â'i gerdd, 'At Summer's End'; Harri Webb, *Collected Poems*, 302–8, 245–6.

[84] *Tannau Tegfelyn: Detholiad o'i Waith Barddonol*, gol. Richard Griffith (Carneddog) (Dinbych, 1924), 26.

[85] *Y Gwin a Cherddi Eraill* (Dinbych, 1948), 63.

[86] *Detholiad o Gerddi W. J. Gruffydd*, 59.

[87] *Ynys yr Hud a Chaneuon Eraill*, 1. Gw. hefyd nodyn Thomas Jones, *Bulletin of the Board of Celtic Studies*, 17, 4 (1958), 270.

88 'Y Wledd yn Harlech ac yng Ngwales ym Mabinogi *Branwen'*, *Bulletin of the Board of Celtic Studies*, 25, 4 (1974), 380–1.

89 Gw. Proinsias Mac Cana, *Branwen Daughter of Llŷr* (Cardiff, 1958), 103–9; Anne Ross, *Pagan Celtic Britain* (London, 1974), pennod VI, 'Sacred and Magic Birds', 302–77, ac yn arbennig 339; *Pedeir Keinc y Mabinogi*, 214. Gw. hefyd Huw M. Edwards, *Dafydd ap Gwilym: Influences and Analogues* (Oxford, 1996), 118–23.

90 *Culhwch ac Olwen* (1988), 24.

91 *Branwen Daughter of Llŷr*, 107.

92 *Pedeir Keinc y Mabinogi*, 10.

93 'Y Wledd yn Harlech ac yng Ngwales ym Mabinogi *Branwen'*, 386. Gw. hefyd Glyn E. Jones, 'Early Prose: The Mabinogi', *A Guide to Welsh Literature I*, gol. A. O. H. Jarman a Gwilym Rees Hughes (Swansea, 1976; argraffiad diwygiedig, Cardiff, 1992), 193–5.

94 '"Only the Mind to Fly With": Birds in R. S. Thomas's Poetry', *Poetry Wales*, 30, 3 (1995), 18.

95 'A Rare Bird' (rhan o'r gyfres *The Slate*), BBC2 Cymru, 1998.

96 Ibid.

97 Graham Turner, '"God is a Poet Who Sang Creation"' (proffil o R. S. Thomas), *The Daily Telegraph* ('Arts and Books'), 4 Rhagfyr 1999, 1.

98 Cf. llinellau olaf y gerdd arall o'r un enw yn *No Truce With the Furies*: 'What, as composer,/ could I do but mimic// its deciduous notes/ flaking from it/ with a feather's softness/ but as frigidly as snow?' (*NTF*, 72). Sylwer fel y tymherir y ddelwedd iasoer hon ar ddiwedd 'The Reason': 'learning we are here/ not necessarily to read on,/ but to explore with blind/ fingers the world in the cold,/ until the snow turn to feathers/ and somewhere far down we come/ upon warmth and a heart beating' (*MHT*, 27).

99 *Gwaith Dafydd ap Gwilym*, 75, ll. 3; 76, ll. 45. Ar ystyr yr ymadrodd olaf hwn, gw. *Dafydd ap Gwilym: Poems*, gol. Rachel Bromwich (Llandysul, 1982), 99; ond cf. Gwyn Thomas, *Dafydd ap Gwilym: His Poems*, 58.

100 Gw., er enghraifft, Rachel Bromwich, *Aspects of the Poetry of Dafydd ap Gwilym*, 57–88.

101 *Gwaith Dafydd ap Gwilym*, 325, ll. 7; 81, llau. 19, 7–8.

102 Ibid., 323, llau. 1–4, 21–4; 324, llau. 35–6.

103 *Braslun o Hanes Llenyddiaeth Gymraeg* (Caerdydd, 1932; adargraffiad 1986), 84–5.

104 *Dafydd ap Gwilym: Influences and Analogues*, 245. Gw. hefyd Helen Fulton, *Dafydd ap Gwilym and the European Context* (Cardiff, 1989), 165. Ymdrinir â pherthynas y gweinidog yn *The Minister* â byd natur gan Elaine Shepherd yn *Conceding an Absence*, 57–60.

105 Ymysg papurau T. I. Ellis yn Llyfrgell Genedlaethol Cymru ceir llythyr gan R. S. Thomas, dyddiedig 31 Awst 1966, yn gwahodd Ellis i bregethu mewn gwasanaeth diolchgarwch yn Eglwys-fach yr Hydref dilynol: 'Buoch chi'n garedig iawn wrthym yn llenwi llawer bwlch yma, ac 'rwy'n sicr y byddai'r gynulleidfa'n falch o'ch gweld yma ar noson fel hyn' (B3816).

106 *The Listener*, 16 Ionawr 1958, 119. Bu Edmwnd Prys yn byw yn y Tyddyn Du am gyfnod hir, ond dylid cofio nad dyma oedd man ei eni. Ar hyn, gw. ymdriniaethau Gruffydd Aled Williams, 'Edmwnd Prys, Un Arall o Enwogion

Llanrwst', *Trafodion Cymdeithas Hanes Sir Ddinbych*, 23 (1974), 294–8, ac 'Edmwnd Prys ac Ardudwy', *Cylchgrawn Llyfrgell Genedlaethol Cymru*, 22 (1981–2), 282–4. Noder yn arbennig ddefnydd R. S. Thomas o'r term 'hedge poet' yn y darn uchod.

[107] Gw. *Blodeugerdd Barddas o Ganu Caeth y Ddeunawfed Ganrif*, gol. A. Cynfael Lake (Llandybïe, 1993), 41. Ar offeiriad llengar Manafon dros y canrifoedd, gw. Gwilym Davies, 'Rheithoriaid a Beirdd ym Manafon', *Barddas*, 135–7 (1988), 36.

[108] Eseia 34:8, 12–13.

[109] 'Englynion i Lys Ifor Hael', *Blodeugerdd Barddas o Ganu Caeth y Ddeunawfed Ganrif*, 145.

[110] Gw., er enghraifft, *Neb*, 108–9.

[111] Ar waith Ieuan Brydydd Hir, gw. Gerald Morgan, *Ieuan Fardd* (Caernarfon, 1988).

[112] Arnynt, gw. Bedwyr Lewis Jones, '*Yr Hen Bersoniaid Llengar*'.

[113] Gw. ibid., 'Cychwyn Cymdeithas Gymroaidd Dyfed', 18–24.

[114] Gw. bellach gofiant Alan Llwyd i'r bardd, *Gronwy Ddiafael, Gronwy Ddu: Cofiant Goronwy Owen 1723–1769* (Llandybïe, 1997).

[115] *Cerddi R. Williams Parry*, 124, 125.

[116] Ibid., 125.

[117] Gw. *Cartrefi Cymru ac Ysgrifau Eraill*, gol. Thomas Jones (Wrecsam, argraffiad diwygiedig, 1962), 3–12.

[118] *Pedeir Keinc y Mabinogi*, 39, 40.

[119] Ibid., 29

[120] Perthnasol yw nodi mai yng nghylchgrawn ysgol uwchradd Caergybi, *Yr Ynys*, Mawrth 1977, 7, y cyhoeddwyd y gerdd hon yn wreiddiol, a hynny dan y teitl 'On The Coast'. Islaw'r gerdd yn y fan hon ceir y nodyn canlynol: 'This hitherto unpublished poem was kindly forwarded for the Special Anniversary Magazine by the Rev. R. S. Thomas who was himself a pupil at the school from 1925–1931. Whilst at school he distinguished himself both academically and in the field of sport. He was twice Victor Ludorum. The Rev. R. S. Thomas has achieved great fame in the literary world as a poet and we are proud and grateful to have his contribution.'

[121] *Pedeir Keinc y Mabinogi*, 40.

[122] Gw. hefyd *PMI*, 87.

[123] 'Neb', *Llais Llyfrau*, Gaeaf 1985, 5.

[124] *The Batsford Book of Country Verse*, gol. R. S. Thomas (London, 1961), 7.

[125] 'Y Llwynog', *Cerddi R. Williams Parry*, 4.

[126] '"Bachgen oeddwn i yng Nghaergybi – nid Cymro" – Dyfed Evans yn sgwrsio ag R. S. Thomas', *Y Cymro*, 30 Tachwedd 1967, 12.

[127] 'Dadrith Doe *neu* Cofio'r Tridegau', *Pont y Caniedydd* (Dinbych, 1956), 15. Perthnasol iawn yn y cyd-destun hunangofiannol hwn yw epigraff cerdd Llywelyn-Williams, '"Part of the regret is for adolescence in a period when enemies seemed conveniently well defined . . ." (Richard Hoggart)'.

[128] Dadlennol hefyd fyddai ystyried y rôl a chwaraea cyfryngau celfyddydol eraill yn y broses hon o adlunio hunangofiannol. Diddorol, er enghraifft, yw dwyn ynghyd atgof cynnar R. S. Thomas yn 'Y Llwybrau Gynt' am offeiriad yn sglefrio ar lyn yn un o barciau Lerpwl, 'gan hwylio'n braf fel llong o flaen yr awel' (*PMI*, 58), a darlun enwog Henry Raeburn, 'The Rev. Walker Skating

on Duddingston Loch' (*c*.1784). Ar y cysyniad o ail-greu cof, gw. Barbara Prys Williams, '"A Consciousness in Quest of Its Own Truth": Some Aspects of R. S. Thomas's *The Echoes Return Slow* as Autobiography', *Welsh Writing in English: A Yearbook of Critical Essays*, 2 (1996), 102.

[129] *Selected Writings of Walter Pater*, gol. Harold Bloom (London, 1974), 1.

[130] *The Journals and Papers of Gerard Manley Hopkins*, gol. Humphry House a Graham Storey (1937; Oxford, 1959), 239.

[131] Ymhellach ar y ddelwedd hon, gw. Tony Brown, 'Language, Poetry and Silence: Some Themes in the Poetry of R. S. Thomas', *The Welsh Connection*, gol. William Tydeman (Llandysul, 1986), 170.

[132] Cf. *Neb*, 100: 'Pan fyddai'r gwynt yn ddigon cryf o'r gorllewin a'r gogledd orllewin byddai'r ewyn yn codi fel ffynnon yn uwch na chopa Enlli.'

[133] *Dail Pren*, 27. Gw. hefyd sylwadau Ned Thomas yn *Waldo* (Caernarfon, 1985), 34–7. Mewn erthygl ar 'Mewn Dau Gae', tyn Dafydd Elis Thomas sylw at ddefnydd Euros Bowen o'r ddelwedd o ffynnon fel coeden yn ei gerdd 'Ffownten' (*Myfyrion* (1963)); gw. *Waldo Williams*, gol. Robert Rhys (Abertawe, 1981), 165.

[134] 'Emerging: A look at Some of R. S. Thomas' More Recent Poems', *Theology*, 81 (1978), 354–5.

[135] Gw. sylwadau Bedwyr Lewis Jones mewn erthygl ar 'Mewn Dau Gae' yn *Waldo Williams* (1981), 156.

[136] Datguddiad 22:2; *Dail Pren*, 119. Gw. hefyd sylwadau Waldo Williams mewn llythyr at J. Gwyn Griffiths a Kate Bosse-Griffiths yn 1956: 'Am deitl y llyfr, *Dail Pren* yw'r teitl sydd gennyf yn fy mhen ar ei gyfer ers blynyddoedd. Ydych chi'n cofio Keats yn dweud fod rhaid i farddoniaeth ddyfod fel y mae'r pren yn rhoi allan ei ddail? Ac wrth gwrs, y mae cyfeiriad yma hefyd at "iachau'r [*sic*] cenhedloedd". Ac uwchlaw'r bwlch rhwng Parc y Blawd a Weun Parc y Blawd y mae'r pren sydd â'i lun i fod ar glawr papur y llyfr. Caiff ffrind i mi, D. J. Morris, ei dynnu, gobeithio'; *Waldo Williams: Rhyddiaith*, 84.

[137] *The Waterfalls of Wales*, 105.

[138] *Wild Wales*, 369.

[139] II Esdras 2:32.

[140] *Canu Rhydd Cynnar*, gol. T. H. Parry-Williams (Caerdydd, 1932), 370; gw. hefyd 372.

[141] Gw. Peter Lord, 'Parallel Lives?', *Planet*, 129 (1998), 18.

[142] Gw. archif Galeri'r Tate, 733.1.1969–1970.

[143] Neil MacGregor ac Erika Langmuir, *Seeing Salvation: Images of Christ in Art* (London, 2000), 36.

[144] *Casgliad o Ysgrifau T. H. Parry-Williams*, 289, 290–1. Cyhoeddwyd yr ysgrif yn wreiddiol yn y gyfrol *Myfyrdodau* (1957).

[145] *Casgliad o Ysgrifau T. H. Parry-Williams*, 289. Diddorol yw gweld bod Parry-Williams, yn ystod y daith hon, wedi ymweld ag eglwys Llandeilo Bertholau, a chael '[c]yffro wrth gofio i Thomas Johns, pan oedd yn offeiriad yma yn niwedd yr unfed ganrif ar bymtheg, ganu cân o glod i Feibl Dr. Morgan'; ibid.

[146] Edward Thomas, *Collected Poems* (London, 1979; adargraffiad 1991), 30.

[147] Gw. Ted Hughes, 'Inner Music', *Winter Pollen: Occasional Prose*, gol. William Scammell (London, 1994), 244.

[148] Ymhellach ar hyn, gw. sylwadau Ned Thomas, *SP*, 12–13.

[149] Gw. W. B. Yeats, *The Poems*, 643, a cf. y gerdd 'Meditations in Time of Civil War': 'Yet Homer had not sung/ Had he not found it certain beyond dreams/ That out of life's own self-delight had sprung/ The abounding glittering jet'; *The Poems*, 246.

[150] R. M. Jones, *Cyfriniaeth Gymraeg* (Caerdydd, 1994), 224.

[151] Ar ddefnydd Thomas o'r adnodau hyn, gw. I. R. F. Gordon, 'The Adult Geometry of the Mind', *Three Contemporary Poets*, 245–6.

[152] Gw. tystiolaeth T. Llew Jones, 'Cofio Waldo', *Waldo Williams* (1981), 19.

[153] *Dail Pren*, 63.

[154] Terry Gifford, *Pastoral* (London, 1999), 76–7.

[155] Cf. sylwadau Gifford â'r hyn a ddywed Rowan Williams yn '"Adult Geometry": Dangerous Thoughts in R. S. Thomas', *The Page's Drift*, 94.

[156] Rhan o gyfres o englynion mewn llythyr, dyddiedig 2 Rhagfyr 1756, at Richard Morris; gw. *Additional Letters of the Morrises of Anglesey 1735–1786*, gol. Hugh Owen, 2 gyfrol (London, 1947–9), I, 295.

[157] Llythyr at David Peate, dyddiedig 16 Gorffennaf 1983, Papurau Ysgol Manafon, Rhif 2, yn Llyfrgell Genedlaethol Cymru.

[158] Gwybodaeth bersonol.

[159] Ymddangosodd y gerdd am y tro cyntaf yn *Trying The Line: A Volume of Tribute to Gillian Clarke*, 69–70.

[160] Peter Hope Jones ac R. S. Thomas, *Between Sea and Sky: Images of Bardsey* (Llandysul, 1998), 66.

[161] Ibid.

[162] Teifl hyn oleuni diddorol ar gerdd Thomas, 'Temptation of a Poet': 'The temptation is to go back,/ To make tryst with the pale ghost/ Of an earlier self, to summon/ To the mind's hearth, as I would now,/ You, Prytherch, there to renew/ The lost poetry of our talk/ Over the embers of that world/ We built together' (*PS*, 14).

[163] *Between Sea and Sky: Images of Bardsey*, 66.

[164] Cambrintiad yn ddiau yw 'sea of clouds' yn *SF*, 14 ac yn *CP*, 4.

[165] Ned Thomas a John Barnie, 'Probings: An Interview with R. S. Thomas', *Miraculous Simplicity*, 41.

[166] Sgwrs â Bedwyr Lewis Jones, *Barn*, 76 (1969), Atodiad 'O'r Stiwdio'.

[167] Aeth Anthony Conran mor bell â haeru bod rhai o gerddi cynnar R. S. Thomas yn deillio, 'like Dylan Thomas's "After the Funeral", at least partly from the praise-tradition of Welsh poetry' – gan hyd yn oed awgrymu y gellid dehongli cerdd megis 'A Priest to His People' (*SF*, 29–30) fel cerdd 'ddadolwch'; gw. 'Aspects of R. S. Thomas: R. S. Thomas and the Anglo-Welsh', *The Cost of Strangeness*, 231; 'Aspects of R. S. Thomas: *The Stones of the Field*', ibid., 222–3.

[168] Gw. 'Dafydd Nanmor', *Meistri'r Canrifoedd*, 80–92.

[169] Eithriad prin yn hyn o beth yw hoffter R. S. Thomas o awdl foliant Dafydd Nanmor i Syr Dafydd ap Tomas, Offeiriad y Faenor; gw. ei adolygiad ar *The Oxford Book of Welsh Verse* yn *The Listener*, 26 Ebrill 1962, 740. Ond pwysig ar yr un pryd yw nodi cyd-destun crefyddol y mawl yn y gerdd hon. Ar yr awdl, gw. R. M. Jones, *Llên Cymru a Chrefydd* (Abertawe, 1977), 267–74.

[170] *Griffri* (Bridgend, 1991; argraffiad diwygiedig, 1994), 9. Ymhellach ar bortread y nofel o'r traddodiad barddol, gw. Dafydd Johnston, 'Making History in Two

Languages: Wiliam Owen Roberts's *Y Pla* and Christopher Meredith's *Griffri'*, *Welsh Writing in English: A Yearbook of Critical Essays*, 3 (1997), 118–33.

[171] Cf. diwedd y frawddeg olaf hon â datganiad Waldo Williams yn 'Cymru'n Un' ei fod 'Am roi i'r ysig rwydd-deb trefn eu tras'; gw. *Dail Pren*, 93.

[172] Graham Turner, '"God is a Poet Who Sang Creation"', *The Daily Telegraph* ('Arts and Books'), 4 Rhagfyr 1999, 1.

[173] Cyhoeddwyd yr anerchiad fel pamffled gan Gymdeithas Cyfamod y Cymry Rhydd yn 1989. Ni nodwyd rhifau tudalen.

[174] Llythyr dyddiedig 14 Ebrill 1954 mewn casgliad preifat.

[175] Cyfieithiad John Owen Jones, *O Lygad y Ffynnon* (Y Bala, 1899), 131. Y mae Maelgwn Gwynedd yn ffigwr a ymddengys sawl tro yng ngwaith R. S. Thomas. Yn 'Traeth Maelgwn', portread edmygus ohono a geir gan Thomas: 'there were rulers/ In Wales then, men jealous/ Of her honour . . . / . . . He kept his power/ By intelligence; we lose/ Ours for lack of it' (*NHBF*, 20). Dichon fod y frawddeg olaf honno'n adleisio sylw Gildas yn *De Excidio Britanniae* fod Maelgwn 'yn fwy na llawer mewn gallu'; gw. *O Lygad y Ffynnon*, 129.

[176] 'Cywydd i'r Beirdd', *Gwaith Siôn Tudur*, I, 606, ll. 26.

[177] *Gwaith Guto'r Glyn*, 173, ll. 10; 174, llau. 61–2.

[178] *Encounter*, 3, 6 (1954), 64.

[179] Gw. hefyd *SP*, 29: 'If only more Welshmen would read some of the older writers like Emrys ap Iwan and Theophilus Evans, we would have less of that limping or stilted Welsh which is a mere translation of an English idiom.'

[180] *Erthyglau Emrys ap Iwan*, 3 cyfrol (Dinbych, 1937–40), I, 102 ('Llythyr Alltud'), a II, 4–5 ('Y Clasuron Cymraeg') (copïau personol R. S. Thomas yn archif CYRST).

[181] *Gwaith Iolo Goch*, 47, llau. 73–6 a 59–62; 48, llau. 81–4.

[182] Ibid., 48, llau. 87–9.

[183] Gw. adolygiad Thomas ar y flodeugerdd yn *The Listener*, 26 Ebrill 1962, 740.

[184] *Gwaith Gruffudd Llwyd*, 147, llau. 67–9. Gw. hefyd 135, ll. 72, a'r disgrifiad, 'Hanwyd o feilch', yn y cywydd arall ('Eryr digrif afrifed') a ganodd Gruffudd Llwyd i Owain Glyndŵr. Yr oedd Owain, fe gofir, yn disgyn o dywysogion Powys ar ochr ei dad, ac o dywysogion Deheubarth ar ochr ei fam. Yr oedd ganddo hefyd gysylltiad â thywysogion Gwynedd drwy ei hen-nain. Noder hefyd y cyfeiriad yn 'The Tree' at 'the stout limb and blither heart/ That marked us of Llywelyn's brood./ It was with us as with the great' (*AL*, 19). Egyr un o gerddi Gwenallt i Owain Glyndŵr â'r llinellau: 'Iolo Goch a Gruffudd Llwyd, beirdd y Gogledd/ A olrheiniodd achau ei dad, a disgrifio ei Sycharth e',/ A dyma fardd o Forgannwg yn moli ei fam ef, Helen,/ Pendefiges yn llinach tywysogion a phendefigion y De'; gw. *Cerddi Gwenallt*, 318.

[185] *Gwaith Gruffudd Llwyd*, 146, llau. 9–10, 19–22; diweddariad y golygydd, 149.

[186] Ibid., 146, llau. 23–4.

[187] *Owain y Beirdd* (Aberystwyth, 1998), 8.

[188] *The Welsh Nation*, 18, 3 (1949), 5.

[189] *Braslun o Hanes Llenyddiaeth Gymraeg*, 99. Nac anghofier, serch hynny, fod Gruffudd Llwyd yn fardd a aeth ati i amddiffyn y canu mawl yn ei gywydd i Hywel ap Meurig Fychan o Nannau a'i frawd, Meurig Llwyd: 'O Dduw, ai pechod i ddyn/ Er mawl gymryd aur melyn?/ Da ydyw'r swydd, daed â'r sâl,/ Os Duw ni ddengys dial'; gw. *Gwaith Gruffudd Llwyd*, 157, llau. 1–4.

[190] Fe'i cedwir yn archif CYRST.

[191] Ymddangosodd yn *Pencader Poems* (Cardiff, 1952) ac yn *AL* yr un flwyddyn.

[192] *The Welsh Nation*, 18, 12 (1949), 3.

[193] *Owen Glendower* (London, 1941), 156. Diddorol yw gweld Gruffudd Llwyd ym mhortread Cowper Powys yn adleisio cywydd Iolo Goch, 'Moliant Owain Glyndŵr' ('Mawr o symud a hud hydr'). Ceir y gerdd yn *Gwaith Iolo Goch*, 43–5.

[194] *Owen Glendower*, 156.

[195] Ibid., 155.

[196] Ibid., 156.

[197] *Cywyddau Iolo Goch ac Eraill*, gol. Henry Lewis, Thomas Roberts ac Ifor Williams (Bangor, 1925; argraffiad diwygiedig, Caerdydd, 1937; adargraffiad 1979), 159, llau. 13–14.

[198] *Gwaith Iolo Goch*, 46, ll. 20.

[199] Tystiolaeth y bardd ei hun mewn cyfweliad â'r awdur presennol ar y rhaglen *Croma*, 19 Tachwedd 1999.

[200] Gwybodaeth bersonol.

[201] *Beti a'i Phobol*, BBC Radio Cymru, 29 Chwefror 1996; gw. *Beti a'i Phobol – 1*, 85.

[202] 'Barddoniaeth Gynganeddol Ddiweddar', *Trafod Cerdd Dafod y Dydd*, gol. Alan Llwyd (Caernarfon, 1984), 201.

[203] Daw'r dyfyniad o'r cywydd 'I'r Wyth Dial'.

[204] *Cywyddau Iolo Goch ac Eraill*, 270, llau. 1–10.

[205] Gw. 'Dychan Siôn Cent i'r Awen Gelwyddog', *Cywyddau Iolo Goch ac Eraill*, 181–3.

[206] W. B. Yeats, *The Poems*, 286.

[207] *Beti a'i Phobol*, BBC Radio Cymru, 29 Chwefror 1996; gw. *Beti a'i Phobol – 1*, 84–5.

[208] Dyfynnir gan Anthony Bailey yn ei gyfrol *A Walk Through Wales* (London, 1992), 166–7.

[209] 'Siarad Fel Bardd', *Y Cymro*, 26 Medi 1990, 14. Gw. hefyd Ned Thomas a John Barnie, 'Probings: An Interview with R. S. Thomas', *Miraculous Simplicity*, 32: 'I like to think that because of his clear-sightedness a poet is less easy to dupe, so in a way does have an obligation to warn his neighbours against the conditioned or stock response.'

[210] Gw. ymhellach, R. M. Jones, 'Pwnc Mawr Beirniadaeth Lenyddol Gymraeg', *Llên Cymru a Chrefydd*, 198–223; idem, *Mawl a'i Gyfeillion: Hanfod y Traddodiad Llenyddol Cymraeg* (Llandybïe, 2000); Gruffydd Aled Williams, 'Golwg ar Ymryson Edmwnd Prys a Wiliam Cynwal', *Ysgrifau Beirniadol VIII*, gol. J. E. Caerwyn Williams (Dinbych, 1974), 81–5.

[211] 'Reviewing R.S.', *Books in Wales*, Haf 1993, 6.

[212] Gw. Vernon Watkins, *The Ballad of the Outer Dark and Other Poems*, gol. Ruth Pryor (London, 1979), 77.

[213] *The Collected Poems of Vernon Watkins*, 424.

Diweddglo:
'The pilgrimage I made to come to my own self'

Naturiol wrth ymdrin ag adleisiau ar raddfa mor eang yw gofyn ble yn union, ac ym mha ffordd, y gallai R. S. Thomas fod wedi cael gafael ar ddeunyddiau crai ei gyfeiriadaeth lenyddol. Tynnwyd sylw eisoes yng nghwrs yr ymdriniaeth hon at nifer o enghreifftiau diddorol o ffynonellau llyfryddiaethol, a gellid amlhau esiamplau pellach – megis y ffaith fod yr union gwpled o waith Ieuan Deulwyn a ddyfynnir ar ddechrau *Abercuawg* ('Diachos yw Rhydychen/ Am fod art ym Meifod wen' (*PMI*, 84)) yn cael ei ddyfynnu gan Saunders Lewis mewn trafodaeth ar Siôn Cent yn *Braslun o Hanes Llenyddiaeth Gymraeg*.[1] A chan aros gydag adleisiau o waith y Cywyddwyr, gellid nodi bod y llinellau hynny gan Hywel Dafi a ddyfynna Thomas yn ei erthygl 'Some Contemporary Scottish Writing' (1946), ac a gyfieithir ganddo yn yr un man (*SP*, 31–2, 35), ar gael iddo nid yn unig yng nghyfrol ddefnyddiol W. J. Gruffydd, *Llenyddiaeth Cymru o 1450 hyd 1600* (1922),[2] ond hefyd mewn astudiaeth gan Ceinwen H. Thomas ar 'Yr Ymdeimlad Cenedlaethol yn yr Oesoedd Canol', a ymddangosodd yn y cylchgrawn *Heddiw* yn 1940.[3]

Ond myn rhai testunau, y gellid eu galw'n llyfrau ffynonellau, sylw manylach. Teifl y rhain oleuni dadlennol ar batrymau cyfeiriadaeth R. S. Thomas. Priodol yw dechrau drwy fwrw golwg ar y gwerslyfrau a ddefnyddiodd Thomas pan oedd yn dysgu Cymraeg o ddifrif ym Manafon. Fel y noda'r bardd ei hun yn *Neb*: 'Bron bob wythnos trwy bob tywydd byddai'n cerdded at gartref H. D. Owen i ymarfer y Gymraeg, wedi gwneud ei waith cartref o lyfrau Caradar, *Welsh Made Easy*' (*Neb*, 47). Is-deitl y tair cyfrol hyn o ymarferion gramadegol yw 'A Self-Instructor for Use in the Home', ac ar ddechrau'r ail gyfrol cyhoedda Caradar (A. S. D. Smith, 1883–1950) yn hyderus, 'I see nothing to prevent the present minority of Welsh speakers in the Principality being converted into a majority, through the dissemination of *Welsh Made Easy* and the organising of local classes', ac ychwanega: 'Students of Welsh stock will remember with pride that this is their own national language, a noble heritage which has kept alive the soul of Wales through all time and vicissitude, and they will tackle their task in the right spirit.'[4] Difyr yw dychmygu'r offeiriad ifanc ym Manafon yn ymgodymu ag ymarferion megis rhif XVI yn y gyfrol gyntaf, sy'n gofyn i'r efrydydd gyfieithu'r brawddegau canlynol: 'This is not Mrs Thomas' house, is it? . . . Are those (yonder) the Arvon mountains? . . . That's the Baptist chapel, isn't it? . . . No, no; that's the Calvinistic Methodist chapel . . . Where is the Vicarage? . . . There it is; there's the Vicar, too.'[5] Ar ddiwedd yr ail gyfrol ceir amrywiad ar y patrwm arferol o ymarferion, a hynny ar ffurf enghreifftiau o ryddiaith Gymraeg fodern, ynghyd â chyfieithiadau. Y mae yma ddarnau o *Rhys Lewis*, o'r gyfrol *Cymru Fu*, o ran gyntaf *Hanes Cymru* O. M. Edwards a hefyd o ragair Syr Edward Anwyl i'r flodeugerdd *Cywyddau Cymru*. Yn yr olaf dywed Anwyl: 'Yn ei chywyddau y ceir gwir groniclau hen fywyd Cymru . . . Nid rhyw sylwedyddion unig, didaro, yn edrych ar fywyd eu gwlad o bell fu hên feirdd y Cymry, ond gwŷr oedd yn fyw i holl symudiadau meddyliol a chymdeithasol eu hoes, yn wleidyddol ac yn grefyddol.'[6] Diau y byddai pwyslais Anwyl yn y rhagair huawdl hwn ar ddynamiaeth llenyddiaeth Gymraeg ac ar roddi iddi ei lle dyledus yn y cyd-destun Prydeinig wedi tanio dychymyg y rheithor ifanc a oedd wrthi'n ymgydnabod â'i dreftadaeth ddiwylliannol:

> Yng ngweithiau Dafydd ab Gwilym, Iolo Goch, Sion Cent ac ereill, gwêl y darllenydd craff yn eglur fod prif feddyliau Cymru ar y pryd yn fyw i'r dylanwadau oedd yn dechreu cynhyrfu'r byd. Ni fu erioed gamsyniad mwy nag edrych ar lenyddiaeth Cymru fel rhyw lenyddiaeth fechan, ddibwys, neilltuedig, heb iddi unrhyw gysylltiad â thyfiant meddwl y byd gwareiddiedig. Gwir fod iddi ei ffurfiau neilltuol a'i thraddodiad ei hun, ond nid ar ryw ynys yng nghanol y Môr Tawel y preswyliai'r sawl a'i hysgrifennodd. I ddeall hanes Prydain yn drwyadl, rhaid yn wir gymryd i ystyriaeth hanes Cymru, ac ni ddeellir mo hanes Cymru'n llŵyr heb astudio ei llenyddiaeth.[7]

Y mae'r pwyslais ar y llenyddol yn gryf yn nhrydedd gyfrol Caradar. Yma, mewn pennod ar sgiliau darllen, byddai R. S. Thomas wedi taro ar ddyfyniadau byrion o amrywiaeth o weithiau rhyddiaith Cymraeg, yn eu plith *Hunangofiant Tomi* E. Tegla Davies, *O Gors y Bryniau* Kate Roberts,

'KC 16' T. H. Parry-Williams, *Drych y Prif Oesoedd* Theophilus Evans a hyd yn oed y Mabinogi. Cynhwyswyd hefyd adran ar farddoniaeth Gymraeg yn cynnwys esiamplau o gerddi gan John Morris-Jones, R. Williams Parry, W. J. Gruffydd, Ceiriog ac Islwyn. At hyn, diddorol yw gweld bod y drydedd gyfrol hon yn cynnig arweiniad i'r cynganeddion ac i fesurau cerdd dafod (ynghyd ag enghreifftiau gan feirdd megis Goronwy Owen a T. Gwynn Jones).

Y mae neges y gwerslyfrau a ddefnyddiodd R. S. Thomas ym Manafon yn glir, felly: 'ni ddeellir mo hanes Cymru'n llŵyr heb astudio ei llenyddiaeth.' Rhan o'r astudiaeth honno yn achos Thomas, wrth gwrs, oedd ei gyfieithiadau o gerddi Cymraeg. Fel y gwelwyd, dyma gasgliad lliwgar ac amrywiol o ddarnau sy'n cyfuno testunau adnabyddus ('Y Llwynog' R. Williams Parry, er enghraifft) â thestunau llai cyfarwydd (daw i'r meddwl gerdd Caledfryn, 'Diwedd y Cynhaeaf'). Ynghyd â hyn, annisgwyl, fel y nodwyd, yw gweld Thomas yn llunio cyfieithiad o emyn Cymraeg ('Er nad yw 'Nghnawd ond Gwellt' Ehedydd Iâl). O ystyried natur eclectig y corff hwn o waith, ac o restru rhai o gyfieithiadau eraill y bardd o gerddi Cymraeg – 'Gwladus Ddu' G. J. Williams, y penillion telyn sy'n dechrau â'r llinell, 'Un noswaith ddrycinog mi euthum i rodio', a galargan Thomas William, 'Llef Eliseus ar ôl Elias' – fe'n temtir i holi ai casgliad dylanwadol W. J. Gruffydd, *Y Flodeugerdd Gymraeg* (1931), sy'n cynnwys y rhain oll, a ddefnyddiwyd gan Thomas fel llyfr ffynonellau yn y cyswllt hwn. Yn ei ragymadrodd adnabyddus i'r flodeugerdd hon (casgliad a ddisgrifiwyd gan T. Robin Chapman fel 'Detholiad unigolyddol, idiosyncratig bron'[8]), dywed W. J. Gruffydd am 'y genhedlaeth sydd yn canu heddiw' (1931): 'y fantais hanfodol a gafodd y genhedlaeth hon oedd ei bod hi'n byw yn yr oes y dadorchuddiwyd ynddi yr hen ffynhonnau.'[9] Y mae'n dra phosibl fod y gyfrol hon ymhlith y llyfrau ffynonellau hynny a fu'n gymorth i Thomas yntau ddychwelyd *ad fontes* ac ymgynefino â'i dreftadaeth lenyddol. Perthnasol yw nodi mai un o destunau gosod y gyfres o ddosbarthiadau nos ar lenyddiaeth Gymraeg a fynychodd Glyn Jones yn 1931 er mwyn ailafael yn ei etifeddiaeth ddiwylliannol oedd *Y Flodeugerdd Gymraeg*, a oedd newydd ymddangos. Fel y noda Tony Brown, Saunders Lewis oedd yn cynnal y dosbarthiadau hyn, ac erbyn canol y 1930au yr oedd Glyn Jones yn cyfieithu cerddi Cymraeg, ac yn eu plith 'Cwyn y Gwynt' John Morris-Jones.[10] Cerdd yw hon a gynhwyswyd, wrth gwrs, ym mlodeugerdd Gruffydd.

Nodwyd eisoes y tebygolrwydd mai *Blodau'r Gynghanedd* oedd y flodeugerdd a gafodd R. S. Thomas yn anrheg gan Garneddog pan fu i'r ddau gyfarfod yn fuan wedi'r rhyfel, ac mai o'r gyfrol hon y cafodd Thomas y cwpled hwnnw gan y 'bardd anghofiedig' Dewi Glan Dulas – 'Cawrddyn yw, cyrhaedda'i nod./ Mewn dewrder mae'n awdurdod' – a ddefnyddiodd fel disgrifiad o Hugh MacDiarmid mewn teyrnged i'r bardd hwnnw yn 1967. Ac y mae'n dra thebygol mai o flodeugerdd Carneddog y daeth ambell ddyfyniad arall o gynghanedd a welir yng ngwaith R. S. Thomas. Y mae gofyn pwysleisio yn y fan hon mai casgliad o bytiau cynganeddol (cypledau gan mwyaf) gan lu o feirdd modern a chanoloesol yw *Blodau'r Gynghanedd* – ffaith sy'n golygu y buasai'r gyfrol i R. S. Thomas ar y pryd yn gyflwyniad hylaw a buddiol iawn i farddoniaeth gynganeddol sawl cyfnod. Ynghyd â hyn y mae'r ffaith fod y dyfyniadau yn y casgliad wedi eu trefnu dan amryw benawdau – themâu a fyddai, yn sicr ddigon, wedi apelio at y bardd ifanc ac sydd, fe ellid dweud, yn crynhoi'n ddestlus y pynciau a fyddai ymhen amser yn cael eu hamlygu yn ei waith ef ei hun. Ymhlith y penawdau hyn ceir y canlynol: 'Duw', 'Iesu', 'Ffydd', 'Gwirionedd', 'Rhyddid', 'Hiraeth', 'Amser', 'Tir a Gwlad'. Y mae'r defnydd hwn o benawdau yn rhwym o'n hatgoffa o'r modd y bu i Thomas drefnu un o'i flodeugerddi yntau, *The Penguin Book of Religious Verse* (1963), yn ôl y pynciau 'GOD', 'SELF', 'NOTHING', 'IT' ac 'ALL'. Yn arwyddocaol, un o'r cypledau a gynhwysodd Carneddog dan y pennawd 'Tir a Gwlad' oedd hwnnw o eiddo Siôn Tudur y defnyddiwyd ei ail linell gan Thomas fel epigraff i'r gyfrol *An Acre of Land*: 'Crin yw dyn, câr ni 'dwaenir,/ Nid câr da ond acr o dir.'[11] Diddorol odiaeth yw sylwi mai â chasgliad o ddyfyniadau ar y testun 'Y Llafurwr' y daw'r flodeugerdd i ben,[12] ac yma cynhwysir pedwar cwpled o 'Gywydd y Llafurwr' Iolo Goch – cerdd y tynnwyd sylw eisoes at ei pherthnasedd yng nghyd-destun ymateb Thomas i'r Ail Ryfel Byd a'i bortread o Iago Prytherch. Ymhlith y cypledau a ddyfynnir gan Garneddog yn y fan hon y mae 'Ni ddeil[y] ryfel, ni ddilyn,/ Ni threisia am ei dda ddyn'.[13] Diau y bu *Blodau'r Gynghanedd* Carneddog (ynghyd â geiriau Edward Anwyl yn y rhagair i *Cywyddau Cymru* – 'Yn ei chywyddau y ceir gwir groniclau hen fywyd Cymru') yn fodd i gadarnhau, yn gynnar iawn yn ei yrfa, hoffter R. S. Thomas o'r gynghanedd ac o Gywyddwyr mawr yr Oes-oedd Canol. Ac ystyriaeth bwysig arall yma yw bod dyfyniadau llen-yddol byrion o'r math a geir yng nghasgliad Carneddog yn gweddu'n berffaith, wrth gwrs, i arddull gyfeiriadol. Priodol yw synio am y pytiau cynganeddol a ganfu R. S. Thomas ym mlodeugerdd Carneddog yn nhermau troedleoedd llenyddol – ffordd o sefydlu perthynas â'r tradd-odiad ar ei hyd. Yn wir, gellir darllen disgrifiad Thomas yn *The Mountains*

(1968) o'r profiad o ddringo mynyddoedd Cymru fel darlun o'r broses lafurfawr ond cynhyrfus o ymgydnabod â'r diwylliant Cymraeg. Y mae a wnelom yma â fertigo diwylliannol:

> This is to know a mountain; to inch one's way up it from ledge to ledge; to break one's nails on its surface. To feel for handholds, for footholds, face pressed to its stone cheek. The long look at the traverse, the scrutiny of each fissure . . . There is the huge tug of gravity, the desire of the bone for the ground, with the dogged spirit hauling the flesh upward . . . (*SP*, 75)

Y mae'r gyfrol *Between Sea and Sky: Images of Bardsey*, lle y cyfunir pytiau o farddoniaeth R. S. Thomas â ffotograffau Peter Hope Jones, yn brawf fod yr olwyn wedi gwneud tro crwn. Daeth gwaith Thomas bellach yn ffynhonnell o'r math a ddarganfu ef ei hun yn y 1940au yn y flodeugerdd o ddyfyniadau a gafodd yn rhodd gan Garneddog.

Yn dilyn y darn hwnnw o *The Mountains* a ddyfynnwyd uchod ceir y ddelwedd: 'Rare flowers tremble, waver, just out of reach' (*SP*, 75). Gellid cymryd y blodau prin hynny fel symbolau o'r hyn a oedd, yn anorfod, allan o gyrraedd R. S. Thomas ar hyd yr yrfa – y gallu i gynhyrchu barddoniaeth fawr *yn Gymraeg*. Cofiwn yn y cyswllt hwn sut y bu i Thomas, wrth drafod mewn llythyr at Raymond Garlick yn 1982 ei ymgais i gyfansoddi englynion, felltithio'r 'hen Saesneg ddiawledig yn yr isymwybod'. Mewn cyfweliad a gyhoeddwyd wedi ei farwolaeth, disgrifia'r bardd ei ryddiaith Gymraeg yn nhermau '*pis aller*' ac fel 'a kind of semi-apology for not being able to write poetry in Welsh'.[14] Ceir myfyrdod estynedig ar y pwnc yn *Blwyddyn yn Llŷn*, lle y dywedir, nid heb dinc diamynedd: 'Bydd rhai'n dal i synnu fy mod yn sgrifennu fy ngherddi yn Saesneg, fel petae'n fater o ddewis. Dywedais droeon fy mod yn ddeg ar hugain cyn dechrau dysgu Cymraeg o ddifri. Roedd Saesneg, fy mamiaith cofiwch, wedi gwreiddio'n ddwfn ynof ymhell cyn hynny, ac o ddyfnder ei fod y bydd bardd yn galw'i gerddi' (*BLl*, 64). Eir i'r afael â'r ystyriaeth sylfaenol hon yn yr anerchiad 'Hunanladdiad y Llenor' (1977), lle y myn Thomas y byddai cael ei demtio gan ei argyhoeddiadau diwylliannol a'i ymlyniadau politicaidd i geisio bod yn fardd Cymraeg yn gyfystyr â chyflawni hunanladdiad fel llenor:

> Fe anghofir yn rhy aml, 'rwy'n credu, fod hunanfeirniadaeth yn rhan o'r gwaith creadigol, a bod un sy'n analluog i wneud hyn yn drwyadl ac yn uniongyrchol yn sicr o fethu fel llenor, ac yn fwy felly fel bardd. Dyna fy

mhrif reswm dros beidio â chyfansoddi cerddi Cymraeg . . . [G]an na chefais y fraint o gael fy magu mewn awyrgylch Cymraeg, nid oes gennyf mo'r reddf na'r hyder sy'n anhepgor i un a fynnai arfer iaith yn y modd mwyaf celfydd sydd, sef i wneud cerdd. Felly, 'rwyf wedi gwrthod lladd fy hun fel llenor. (*PMI*, 109)[15]

Yn 1990 bu i Thomas gadarnhau ei safbwynt drwy fynd gam ym-hellach, gan honni bod a wnelo'r rhwystr yn rhannol â natur y Gymraeg ei hun: 'I have now reached a position in old age, when the habit of poetic expression in English is so ingrained that I cannot conceive that I could have written so in Welsh. I cannot see how Welsh as it is now would have been available for the requirements I make upon language'[16] (datganiad y gwyddai Thomas ei fod yn ddadleuol – 'It is a confession which gives me no joy, and one which could be held up to ridicule by a skilled Welsh debater'[17]).

Ac eto, fe fu i Thomas, wrth gwrs, gyfansoddi ambell gerdd Gymraeg. Y gynharaf o'r tair y gwyddys iddo eu llunio yw 'Y Gwladwr', a gyhoeddwyd yn *Y Fflam* yn 1950:

> Mae pawb yn gofyn bellach beth a ddaw
> O'r byd sy'n troi ymaith o heulwen Duw
> I edrych ar yr hirnos ddi-ben-draw,
> Heb loer, heb sêr, a'u digyfnewid liw
> Yn llethu'r meddwl. Ac mae pawb yn fud;
> Nid oes gan hyd yn oed y doethion ddawn
> Ond i roddi enw ar y dirgel hud
> A rwyma'r enaid â'i angheuol wawn.
> Ond ti, fy nghyfaill, efo'th lonydd braidd
> Ar fryn a gwaun yn ymladd yn ddi-dor
> Â'r ddaear ddidrugaredd, – caiff dy wraidd
> Dy gadw di mwy rhag anorchfygol fôr
> Y tywyllwch hwnnw, cans beth ond y tir
> A all wneuthur dynion yn flynyddol ir?[18]

Ymddengys y soned hon yn *Y Fflam* ar y cyd â cherddi gan T. Glynne Davies a Bobi Jones. '[C]afodd y ddwy linell olaf ganmoliaeth Gwenallt', tystiodd Thomas mewn cyfweliad yn 1973, 'ond ni ddaw un wennol â'r haf!'.[19] Ni ellir gwadu nad yw 'Y Gwladwr' yn gerdd gymen, ddethau sy'n cymharu'n ffafriol â soned megis 'Y Tyddynnwr' Iorwerth C. Peate, dyweder, a ymddangosodd dair blynedd cyn cerdd Thomas yn y gyfrol *Y Deyrnas Goll a Cherddi Eraill*:

Ar rosydd corsiog y gweundiroedd llwm
Cyflawnaist wyrth y porthi lawer tro,
Arddaist garegog erwau llethrau'r cwm
A chasglu'r cnydau o foelni glas dy fro.
Gwyliaist dy braidd ar gochion lwybrau'r ffridd
A'th wartheg duon ar weirgloddiau'r rhos:
Ni bu it was ond haul a gwynt ar bridd,
Y bore wlith a mân gawodau'r nos.
Ni phlygaist lin gerbron canhwyllau cŵyr
Y Sul ar dawel awr, rhwng hen gymheiriaid:
Ceisiaist y Golud fry o fore hyd hwyr
Heb ddisgwyl dim gan ddefod nac offeiriaid.
    Fe'th lwyr ddigonwyd, ac arlwyaist fwrdd
    O brinder tyddyn ac o fawl Tŷ Cwrdd.[20]

Eithr fel y dywed R. S. Thomas yn *Blwyddyn yn Llŷn*: 'Pe credwn i y gallwn fy modloni fy hun trwy gyfansoddi yn Gymraeg, fe wnawn. Ond dysgais, gyda gofid, lawer blwyddyn yn ôl nad oedd hynny'n bosibl' (*BLl*, 64). Yn sicr, nid oedd gan Thomas ei hun fawr o feddwl o'r soned hon o'i eiddo, fel y nododd mewn cyfweliad yn 1967.[21] Ac y mae'n bwysig tynnu sylw at y ffaith arwyddocaol nad cyfrannu'n ddigymell i'r *Fflam* a wnaeth Thomas yn y cyswllt hwn, eithr ymateb i gais gan olygydd y cylchgrawn, Euros Bowen.[22]

Disgrifiwyd 'Y Gwladwr' gan Ned Thomas fel 'a Welsh version of . . . [the] celebrated poem "A Peasant"',[23] ac meddai Sandra Anstey: 'The content of the composition, a restatement of the poet's belief in the worth of the Welsh hill farmer, is linked closely to poems like "A Peasant" and "Affinity".'[24] Y mae'r cysylltiad rhwng soned Gymraeg R. S. Thomas a'r corff o gerddi Saesneg ganddo am y gwladwr yn bwnc y mae'n werth ei archwilio. Nodwn yma un pwynt sy'n mynnu sylw, sef perthynas y portread cadarnhaol yn 'Y Gwladwr' â'r portread gwrthgyferbyniol yn y gerdd 'Autumn on the Land', a ymddangosodd bum mlynedd yn ddiweddarach yn *The Listener*[25] ac a gynhwyswyd yn *Song at the Year's Turning* (1955). Nodwedd amlwg o ddarlun Thomas o'r gwladwr yn y cerddi Saesneg, wrth gwrs, yw'r modd y newidia'r agwedd tuag at y gwrthrych o gerdd i gerdd, a hyd yn oed o fewn yr un gerdd. Ond dyma enghraifft o'r hawlio a'r gwrth-hawlio hwn yn digwydd dros oror ieithyddol. Yn y soned, er enghraifft, haerir y bydd 'gwraidd' y gwladwr yn ei gadw 'rhag anorchfygol fôr/ Y tywyllwch', eithr yn y gerdd Saesneg dywedir: 'on his meagre hearth/ The thin, shy soul has not begun its reign/ Over the darkness' (*SYT*, 106). Ond mwy trawiadol na hyn yw'r berthynas rhwng llinellau clo'r ddwy gerdd. Daw 'Autumn on the Land' i ben â'r haeriad, 'earth/ Has of itself no power to make men wise' (*SYT*, 106) – geiriau sy'n adleisio'r datganiad ar ddiwedd y soned Gymraeg, ac yn ei drawsnewid: 'cans beth ond y tir/ A all wneuthur dynion yn flynyddol ir?' Dyma gyfeiriadaeth lenyddol o fath arbennig iawn yn yr ystyr mai R. S. Thomas ei hun y tro hwn yw awdur y gerdd Gymraeg a adleisir. Ni ellid wrth enghraifft well o'r olwyn yn gwneud tro crwn.

Amlygir agwedd dra diddorol ar y ddialog rhwng y ddwy iaith o graffu ar gerdd Gymraeg arall gan R. S. Thomas, 'Mae Ganddo Bleidlais', a gyhoeddwyd yn 1984:

MAE GANDDO BLEIDLAIS

ac y mae dyfodol disglaer [*sic*]
yn aros –

    RHO DY BLEIDLAIS I'R TORÏAID – y genedl
fechan hon . . . Beth yw ystyr
crachach?

    (Mae pob diferyn
      o ddŵr yn werth ei bwysau
      mewn dagrau, ond y mae nhw'n
      gwanhau yn awr fel amrywiadau'r
      gynghanedd.)

      RHO DY BLEIDLAIS I
LAFUR ac amddiffyn
dy ddosbarth. Mae 'na bendefigaeth
i'r pwll-glo hefyd.

        RHO DY BLEIDLAIS I'R RHYDDFRYDWYR
a gâd [*sic*] i Loegr fwynhau
dy ragolygon.

      RHO DY BLEIDLAIS I'R BLAID, bachan
a chael dy ddamnio er dy fwyn dy hun.[26]

Cerdd yw hon a ysbrydolwyd, yn ôl Sandra Anstey, 'by the 1984 General Election campaign'.[27] Camgymeriad, serch hynny, fyddai tybio mai cerdd Gymraeg 'annibynnol' yw 'Mae Ganddo Bleidlais'. Hanfodol yw pwysleisio mai cyfieithiad ffyddlon yw hi o un o gerddi Saesneg

Thomas ei hun – 'He has the vote' – a ymddangosasai ddegawd ynghynt yn y gyfrol *What is a Welshman?* (*WW?*, 4). Ar lawer ystyr, felly, perthyn y trosiad hwn mewn gwirionedd i'r corff o gyfieithiadau a gyhoeddodd Thomas – ond bod 'Mae Ganddo Bleidlais' yn gerdd y gellid ei galw'n gyfieithiad gwrthdro. Yn sicr, ac yn anorfod, fe ddichon, y mae'r trosiad Cymraeg hwn, o'i gymharu â'r gwreiddiol, yn ferfaidd a di-fflach. Enghraifft dda o'r hyn a aberthir wrth gyfieithu yw'r ym-adrodd mwys cyfoethog hwnnw, 'running out', y tynnwyd sylw ato eisoes: 'Every drop/ of water is worth its weight/ in tears, but they are running/ out now like the variations on/ the cynghanedd' (*WW?*, 4). Yn wir, gellid cymryd y fersiwn Cymraeg di-liw – 'y mae nhw'n/ gwanhau yn awr' – fel disgrifiad cymwys o effaith y broses o gyfieithu ar linellau'r gwreiddiol. Ac y mae'r trychiad nodweddiadol hwnnw, 'running/ out', yn elfen hanfodol arall a gollwyd ar y ffordd. Mewn erthygl yn 1983, honnodd Rhydwen Williams yn dalog fod cerddi Saesneg R. S. Thomas 'yn cyfieithu'n sidanaidd i'r Gymraeg nes peri i ddyn feddwl weithiau mai'r Gymraeg yw'r briod iaith'.[28] Naïf a chymysglyd yw dadl Williams yn y fan hon, fel y prawf ei sylw dilynol: 'Pam felly sgrifennu yn Saesneg yn lle defnyddio'r Gymraeg a bodloni ar gyfieithiadau i'r Saesneg fel y gwnaeth Euros Bowen, Gwyn Thomas a Gerallt Jones? Ai awydd am gynulleidfa fwy yw'r rheswm?'[29] Ond yn achos R. S. Thomas, yr oedd barddoni yn Gymraeg, yn anorfod, yn golygu proses artiffisial o drosi o'r Saesneg. Gellir gweld 'Mae Ganddo Bleidlais' fel cerdd sy'n dramateiddio'r broses 'gudd', niweidiol hon. 'Mae'n rhaid i'r geiriau ddod ichwi o'r isymwybod. Thâl hi ddim i drosi', meddai Thomas ei hun mewn cyfweliad yn 1967,[30] ac yn 'Pe Medrwn yr Iaith' yn 1980, cyfeiria at oferedd ceisio cynhyrchu barddoniaeth drwy '[dd]ibynnu ar ryw broses anuniongyrchol o gyfieithu, ni waeth pa mor ddistaw bach fydd hynny' (*PMI*, 122).

Cafwyd hyd i'r drydedd gerdd Gymraeg gan R. S. Thomas ymhlith papurau'r bardd wedi ei farwolaeth. Nid oes iddi deitl, ac ni wyddys pa bryd y'i lluniwyd. Fe'i cyhoeddir yma am y tro cyntaf:

> Pwy yw'r tri yn y gell
> a ddaw fory o flaen eu 'gwell'?
> Rydym yn eu hadnabod o bell
>
> 'run fath â'r tri yn y tân.
> Cofiwn wrth ganu cân
> am eu cydwladwyr aflan.

Safasom ddoe ar ein traed;
casgliad sylweddol a wnaed.
Haws colli punnoedd na gwaed.

Yfory gwelwn y gyfraith
law yn llaw â'r wladwriaeth
i'n cadw ninnau'n gaeth.[31]

Cerdd yw hon sy'n llawn o drindodau – yn fydryddol (dylanwad o du'r canu englynol cynnar?) a hefyd yn gyfeiriadol. Y mae'n dra phosibl, wrth gwrs, mai cyfeirio at achos diweddar penodol y mae'r gerdd.[32] Ond ni ddylid anghofio ychwaith am ddigwyddiadau 1969, a'r ddedfryd o garchar a basiwyd ddiwrnod yr Arwisgo ar Cayo Evans, Denis Coslett a Keith Griffiths. Cyfeiria R. S. Thomas at y tri hyn yn 'Shame', cerdd anghasgledig a gyhoeddwyd drannoeth yr Arwisgo:

> Leviathan's
> Hide twitches. It tells its hurt
> To the court. The jury
> Is outraged. Three more men
> Will suffer an iron
> Clemency. In the striped flag
> On the tower there is the insolence
> Of a poster advertising
> A nation for sale.[33]

At hyn, y mae'r defnydd o'r ymadrodd '[y] tri yn y gell', yn anorfod, yn golygu bod Saunders Lewis, Lewis Valentine a D. J. Williams, trindod Penyberth, hwythau'n bresenoldebau grymus yn y gerdd Gymraeg hon gan R. S. Thomas. (Cofiwn yn y cyd-destun hwn am y ddwy gerdd hynny gan Saunders Lewis, 'Cyfarch' a 'Gair at y Cymry', sy'n mawrygu'r rhan a chwaraeodd trindod arall, Pennar Davies, Meredydd Evans a Ned Thomas – 'Pendefigion ein Planed,/ Pennar, Meredydd, Ned', chwedl y bardd yn 'Cyfarch' – yn yr ymgyrch i sefydlu sianel deledu Gymraeg.[34]) Ac yng nghyswllt trindod Penyberth, y mae'n werth tynnu sylw yma at linyn cyswllt diddorol â cherdd Saesneg arall gan R. S. Thomas. Egyr 'The Need', cerdd anghasgledig a gyhoeddwyd yn 1968, â'r llinellau:

> Oh, I know them: reputable men,
> Makers of verse, scholars, lecturers,
> But without power, ineffectual.

None of them will ever set a bomb
Alight or bring disaster
On England. I see them going
About their business, borrowing a glory
From the setting of the Welsh sun.[35]

Esgorodd y gerdd hon ar ddadlau chwyrn ar dudalennau'r *London Welshman*. Ymatebodd A. G. Prys-Jones iddi, er enghraifft, â cherdd o'i eiddo'i hun, 'No Need at All', lle y cyferchir R. S. Thomas fel hyn: 'Are your vision and love so much greater/ And nobler than ours, that you venture/ So boldly to sit/ In stern judgement upon us?'[36] Ac mewn llythyr at y golygydd meddai Prys-Jones: 'Why Welsh intellectuals should be connected at all with bringing calamity upon a friendly neighbour is perplexing, unless it reveals a deep desire for vengeance upon an innocent people for old wrongs.'[37] Yn 'The Need', ar drothwy'r Arwisgo, clywir y tu ôl i'r feirniadaeth a anelir gan R. S. Thomas at inteligensia Cymru ddiweddglo soned frathog R. Williams Parry i Saunders Lewis, 'J.S.L.', sy'n cystwyo'r academyddion amlwg hynny na fu iddynt gefnogi Lewis wedi helynt Penyberth yn 1936: 'Ninnau barhawn i yfed yn ddoeth, weithiau de/ Ac weithiau ddysg ym mhrynhawnol hedd ein stafelloedd;/ . . . Gan bwyll y bwytawn, o dafell i dafell betrayal,/ Yr academig dost. Mwynha dithau'r grual.'[38] Ond y mae'n bwysig nodi bod dylanwad ymateb R. Williams Parry i'r Tân yn Llŷn i'w weld yn ogystal ar gerdd Gymraeg R. S. Thomas am y 'tri yn y gell'. Dichon mai cyffyrddiad mwyaf awgrymog y gerdd honno yw'r modd yr uniaethir safiad gwleidyddol y tri hyn – pwy bynnag ydynt – â'r hanes yn nhrydedd bennod Llyfr Daniel am y triwyr Sadrach, Mesach ac Abednego yn cael eu hachub gan Dduw o ffwrnais dân y brenin Nebuchodonosor. Defnyddiwyd yr un ffynhonnell yn union gan Williams Parry mewn cerdd a gyhoeddodd yn *Y Ddraig Goch* ym mis Mawrth 1937, yn fuan wedi i Saunders Lewis, D. J. Williams a Lewis Valentine gael eu dedfrydu yn yr Old Bailey i naw mis o garchar.[39] Ymddangosodd 'Ma'r Hogia'n y Jêl' hefyd yn y gyfrol *Coelcerth Rhyddid* (1937), yn ogystal ag yn astudiaeth T. Emrys Parry, *Barddoniaeth Robert Williams Parry* (1973), ac yr oedd, felly, ar gael i R. S. Thomas mewn sawl ffynhonnell.[40] Cyfeiria pennill agoriadol Williams Parry at y pedwerydd ffigwr a welodd Nebuchodonosor yn rhodio yng nghanol y tân, a'i '[dd]ull . . . [yn] debyg i Fab Duw' (Daniel 3:25):

'Roedd Nebuchod'nosor a'r dyn ar 'i dwrn
Yn deud bod 'na bedwar i'w gweld yn y ffwrn;
Fydda' fo syn yn y byd gin inna', Wil Êl,
Petai 'na Bedwerydd i'r hogia'n y jêl.[41]

Y mae 'Pwy yw'r tri yn y gell . . .?', felly, yn enghraifft arall o gerdd Gymraeg gymen, ddigon teilwng gan R. S. Thomas. Ond afraid dweud mai egwan a dieneiniad ydyw wrth ochr cerddi Saesneg y bardd. Yn y defnydd o ddyfynodau ar ddiwedd yr ail linell, er enghraifft – 'a ddaw fory o flaen eu "gwell"' – disodlir y miniogrwydd greddfol sydd wrth wraidd y dweud yn y cerddi Saesneg gan eironi goramlwg, goresboniadol. At hyn, y mae'r diweddglo moesolgar marwaidd mewn gwrthgyferbyniad llwyr â grymuster nodweddiadol llinellau clo'r cerddi Saesneg. Yr hyn sydd gennym yn y fan hon, ac yn achos dwy ymgais arall R. S. Thomas yn Gymraeg, yw enghreifftiau o un o feirdd mawr yr ugeinfed ganrif yn Saesneg yn cyflawni hunanladdiad fel llenor pan yw'n ceisio barddoni yn ei ail iaith. Wrth drafod ei ymateb greddfol i'r iaith Saesneg, medd R. S. Thomas: 'I am drawing on resources of resonance and memorability which are the fibre of the language as it has been formed over the centuries.'[42] Y mae'r tair cerdd a drafodwyd yma yn tystio'n huawdl i'r ffaith nad oedd yr adnoddau hyn ar gael i Thomas yn uniongyrchol fel bardd yn cyfansoddi yn Gymraeg. Ond drwy ymgydnabod â'r traddodiad llenyddol Cymraeg, sicrhaodd Thomas eu bod ar gael iddo'n anuniongyrchol, a hynny ar ffurf cyfeiriadaeth lenyddol helaeth y cerddi Saesneg.

Y mae'r helaethrwydd hwnnw, ynghyd â dyfnder a chymhlethdod yr adleisio, yn golygu ei bod yn deg dweud bod cyfran nid bychan o etifeddiaeth ddiwylliannol R. S. Thomas y tu hwnt i gyrraedd y mwyafrif helaeth o ddarllenwyr y bardd. Hyd yn oed o ddiystyru am y tro y nifer cynyddol o ddarllenwyr sy'n ymateb i waith Thomas mewn cyfieithiad (cafwyd eisoes gyfieithiadau Ffrangeg, Almaeneg, Catalaneg, Siapanaeg ac Eidaleg, er enghraifft[43]), fe'n cymhellir i holi pa mor gyflawn yw dealltwriaeth cynulleidfa Americanaidd, hyd yn oed, o'r cerddi hyn. Ac ymhellach, ym mha ffordd y mae profiad Americanwr wrth ddarllen barddoniaeth Thomas yn wahanol i brofiad darllenydd o Sais? Gellid tybio'n weddol deg mai rhyw argraff niwlog o ryw ddimensiwn 'ethnig' y tu ôl i'r Seisnigrwydd sydd gan Americanwr. Bydd darllenydd o Sais, er hyn, o leiaf yn gwybod bod y fath beth yn bod â chenedl y tu hwnt i Glawdd Offa sy'n byw bywyd modern drwy gyfrwng yr iaith Gymraeg, ond dichon y bydd yn teimlo nad yw'n ddyledus arno archwilio *arallrwydd* Cymru a chymhwyso ati y cwestiwn hwnnw yng ngherdd Whitman, 'By Blue Ontario's Shore', yr oedd R. S. Thomas ei hun yn hoff o'i ddyfynnu: 'Who are you indeed who would talk or sing to America?/ Have you studied out the land, its idioms and men?' Yn wir, gallai darllenydd o Sais gael ei ddenu oddi ar lwybr y cwestiwn hwnnw gan 'Seisnigrwydd' dwfn y farddoniaeth – ei goslefau cwta, er esiampl, neu ei chyfriniaeth Anglicanaidd. Fel y nododd Bobi Jones: 'y mae [R. S. Thomas yn] Seisnicach na'r Eingl-Gymro arferol . . . Mae'r "stiff-upper-lip" yn amlycach na'r hwyl Gymreig iddo. Mae sychder pell yn gweddu'n fwy naturiol iddo na hobnobian cymdoglyd.'[44] Ac o gau'r cylch ymhellach deuwn at achos y Cymro di-Gymraeg. Ni raid iddo ef edrych dros unrhyw glawdd; y mae'r realiti Gymraeg iddo ef yn gyfagos – er nad bob amser yn gymdogol. Ac yn wir, dichon y bydd rhai o gyfeiriadau R. S. Thomas yn gyfarwydd iddo – Pantycelyn, dyweder, ond nid Dafydd Nanmor. Pryder mawr R. S. Thomas yn achos darllenydd Cymreig o'r fath yw ei fod yn crwydro yn yr hyn a eilw yn 'an anonymous land, a land without vibrations'.[45] Ac o ddod o'r diwedd at y Cymry Cymraeg eu hunain, gwelwn fod hyd yn oed y rhain yn ymrannu'n ddwy garfan. Ar y naill law dyna'r Cymro sy'n medru darllen y testunau ond nad yw'n gwybod dim am y cyd-destunau, ac ar y llall y Cymro sy'n gwybod mwy – llawer mwy mewn rhai achosion – nag y gŵyr R. S. Thomas ei hun am y ffynonellau gwreiddiol.

Wrth gwrs, un ffordd o gynnig rhywfaint o arweiniad ac o daflu ychydig o oleuni ar berthynas fywiol y cerddi â'r ffynonellau hynny fuasai anodi'r farddoniaeth a darparu troednodiadau yn null David Jones. Eithr tystiodd R. S. Thomas mewn cyfweliad yn 1999 na fu mabwysiadu dull o'r fath erioed yn demtasiwn iddo ef.[46] Ac y mae'n werth dyfynnu'r hyn a ddywedodd y bardd yn 1980:

> I am a Welshman, speak Welsh, and am familiar with my country's history, literature and folklore. I have written poems out of this situation which are not difficult, but which are only partly intelligible to a non-Welshman without footnotes. As I dislike the latter, I have been willing to forgo a wider public. It seems somewhat unfair therefore to English boys and girls that some of these poems should have been set at 'O' and 'A' Level. It is right that different nations should try to understand and sympathize with each other's cultures, but the risk of disinterest [*sic*], or the sheer lack of understanding, is great. What, for instance, is one to make of a poem such as 'Border Blues' . . . which, for full understanding, demands a knowledge of Welsh history and folklore, the peculiar social and linguistic climate of

the border country in my day, together with a familiarity with its geography, and the impact of war-time evacuees from the London area upon it? It is no wonder that a gentleman from one of the Cambridge colleges described it as easily my worst poem.[47]

Sylwadau yw'r rhain y dylid eu cyfosod â'r hyn a ddywed David Jones ei hun mewn llythyr hir a hanfodol bwysig at Vernon Watkins yn 1962. Ynddo ymdrinnir yn fanwl ag agweddau ar yr hyn a wêl Jones fel 'the well-nigh insurmountable difficulties confronting the "poet" who, though drawing upon the ancient deposits of the Welsh race, has only English as his medium'.[48] Rhydd Jones enghraifft benodol o fyd y Pedair Cainc:

The name 'Rhiannon' is a very good symbol of what I am trying to say. The name means a very great deal to me – it means as much as some Classical name or some Biblical name, but when one writes it down one *knows* that not only will the reader be unable to pronounce it but that its connotations, the Celtic Mother Goddess, 'Ragantona', the 'Great Queen'[,] the woman who did penance at the horse-block, etc etc – etc. will be *wholly* lost [not only] on the 'English' reader but, alas, on most 'Welsh' readers also.

It is this 'break' with a whole extremely complex, cultural, religious and linguistic tradition that is the real buggeration for those of us who while able only to use English have our deepest roots (in some way or other) in the Welsh past . . .

That's why I thought it *necessary* to append all those bloody notes (that people complain of so much) to *In Parenthesis* & *The Anathemata*. But I'm becoming more & more doubtful as to the validity of this way of carrying on. It's not just *names* or being able to pronounce them[,] it involves a whole complex of associations.[49]

Diddorol yw gweld David Jones ar ddiwedd y llythyr hwn yn tynnu sylw at gerdd gan R. S. Thomas – 'in which allusions were made to Maelgwn Gwynedd hiding [in] the church of Rhôs fm the Yellow Plague and other allusions, if I am not mistaken, to Dark Age Welsh history'.[50] Diau mai'r gerdd y cyfeirir ati yw 'Genealogy', a ymddangos-asai flwyddyn ynghynt yn y cyfrol *Tares* (1961), ac sy'n cynnwys yr adlais celfydd hwnnw y tynnwyd sylw ato eisoes o'r englynion i'r Dref Wen. Y mae David Jones, wrth gwrs, yn llygad ei le: at farwolaeth Maelgwn Gwynedd y cyfeiria Thomas yn y llinellau, 'I was the king/ At the church keyhole, who saw death// Loping towards me' (*T*, 16). Yn ei lythyr at Vernon Watkins â David Jones rhagddo i ddatgan, 'as the allusions dawned on me the whole poem became much more vital. This is a fair example of what I mean by having a "shared background" in the *appreciation* vis-à-vis "content" . . . (it does not affect the making) of poetry'.[51]

* * * *

Nid oes amheuaeth nad yw R. S. Thomas ei hun bellach yn ymgorfforiad o'r hyn a alwodd David Jones yn 'shared background'. Teg dweud bod unrhyw wir greadigolrwydd i'w fesur yn ôl ei ddylanwad ar genedlaethau diweddarach, ac yn achos gwaith Thomas y mae a wnelom â dylanwad arhosol ar feirdd a llenorion Cymraeg yn ogystal ag ar rai sy'n ysgrifennu yn yr iaith Saesneg. Tystia hyn fod y cylch bellach yn gyflawn yng nghyswllt ymgydnabyddiaeth ac ymdriniaeth Thomas â llenyddiaeth Gymraeg. Y mae'r gwahanol agweddau ar y dylanwad pellgyrhaeddol hwn yn y cyd-destun Cymraeg yn werth eu harchwilio. Ystyrier i ddechrau y portreadau o R. S. Thomas gan feirdd Cymraeg.[52] Ymhlith y goreuon ceir englyn cyrhaeddgar T. Arfon Williams, a oedd yn gyd-fuddugol yn un o gystadlaethau'r cylchgrawn *Barddas* yn 1993. Yn ei gyflwyniad i'w feirniadaeth, da y nododd y golygydd, Alan Llwyd, fod portread o R. S. Thomas (gan Emrys Edwards) wedi ymddangos yn y rhifyn cyntaf oll o'r cylchgrawn hwnnw (ym mis Hydref 1976), a bod anrhydeddu'r bardd 'drwy ei wneud yn wrthrych cystadleuaeth yr englyn' yn rhifyn 200 yn brawf fod '[y] cylch yn grwn'.[53] Wele englyn T. Arfon Williams:

> Er mor aflan ei alanas erioed,
> er mor groch yw'r Anras,
> ni lwyddodd eto i luddias
> cri Morfran ar greiglan gras.[54]

Yn y rhifyn dilynol o *Barddas* cafwyd gan T. Arfon Williams ei hun ymdriniaeth fanwl â delweddaeth soffistigedig a chywasgedig yr englyn.[55] Cawn gipolwg yma, er enghraifft, ar Thomas yr offeiriad, yr adaregwr, yr ecolegydd a'r bardd crefyddol. Archwilir yr agwedd olaf hon, yn arwyddocaol ddigon – fel yr esbonia T. Arfon Williams yn ei ymdriniaeth – drwy gyfrwng cyferbyniad anuniongyrchol rhwng canu crefyddol Thomas a gwaith Ann Griffiths.[56] Ysbrydoledig yw'r disgrifiad yn llinell glo'r englyn o R. S. Thomas fel 'Morfran'. Fe'i huniaethir nid yn unig ag un o adar y môr (y fulfran) ond hefyd, â chymorth y brif lythyren honno, ag un o gymeriadau Chwedl Taliesin: 'onid Morfran oedd mab Ceridwen y bwriadwyd cynnwys y pair hud, sef y ddawn farddoni, ar ei gyfer?', noda T. Arfon Williams.[57] Y mae'r cysylltiad hwn yn dra chymwys, a hynny ar sawl lefel. Gwelsom eisoes, er esiampl, fod Chwedl Taliesin yn ffynhonnell a ddefnyddiwyd gan Thomas nifer o weithiau yn ei gerddi Saesneg. Ond yr allwedd i werth-fawrogiad trwyadl o ddelwedd T. Arfon Williams yw'r gair 'bwriadwyd' – 'y *bwriadwyd* . . . y ddawn farddoni . . . ar ei gyfer', chwedl y bardd. Yn *Ystoria Taliesin* gosodir Morfran ger y pair gan Geridwen, 'i dderbyn y dafnau pan ddelai yr awr uddunt wy i neidio allan o'r pair', ond syrthia'r fam i gysgu, a neidia'r 'tri dafn rhinweddol' allan gan gwympo ar Wion Bach, 'yr hwnn a wthiassai Vorvran o'i le'.[58] O ganlyniad caiff Gwion Bach – Taliesin yn ddiweddarach – ei gynysgaeddu â'r ddawn farddonol. Drwy gyfrwng yr enghraifft gelfydd hon o gyfeiriadaeth lenyddol cawn gipolwg yn englyn T. Arfon Williams ar R. S. Thomas arall – y bardd Cymraeg *manqué* a deimlai i'r byw y golled o gael ei amddifadu yn ei blentyndod o'r hyn a welai fel ei enedigaeth-fraint, yr iaith Gymraeg a'i diwylliant. O'r herwydd, gellir dweud bod y gri ar ddiwedd yr englyn – 'cri Morfran ar greiglan gras' – hefyd yn fynegiant o boen barhaus yr archoll ddiwylliannol hon. Neu yng ngeiriau Alan Llwyd yn ail ran ei gerdd 'Cymru 1988': 'y bardd mawr hwn/ a gondemniwyd i fynegi ein cur yn iaith ei goncwerwr,/ ac a rôi am un rhigwm Cymraeg yr holl gread yn grwn.'[59]

Fel y gellid disgwyl, tra niferus yw portreadau edmygol a chanmol-iaethus y beirdd Cymraeg o R. S. Thomas. Daeth bywyd a gwaith Thomas yn destun cyffredin i feirdd Cymru, a mynych, er enghraifft, y cyflwynir cerddi teyrnged i'r bardd ym mhrif gystadlaethau'r Eisteddfod Genedlaethol.[60] Neu meddylier am gerdd megis 'Cywydd i'm Cyfaill R.S.T.' gan Emrys Edwards – cerdd yn nhraddodiad gorau canu mawl yr Oesoedd Canol. Ynddi uniaethir Thomas â Thaliesin ei hun (caiff ei roi 'Ar frig Awen yn Ben Bardd'), fe'i gosodir yn llinach 'Prifeirdd byd/ A fedd yr hen Gelfyddyd', canmolir ei ddysg Glasurol, amlheir cyfeiriadau at win y beirdd, a diweddir drwy ddymuno hir oes i'r gwrthrych.[61] Eithr diau mai mwy arwyddocaol na'r mawl ym mhortreadau'r beirdd Cymraeg (yr oedd clod o'r fath yn rhywbeth yr oedd R. S. Thomas, fel y dangoswyd, yn wastad yn bur ddrwgdybus ohono) yw eu defnydd cyson o adleisiau o gerddi Saesneg Thomas.[62] Yn wir, aeth Emrys Edwards ati i ymgorffori yn ei gywydd deitlau, delweddau ac ymadroddion o'r farddoniaeth Saesneg ei hun. Gan ddilyn 'Welsh Landscape' (*AL*, 26), disgrifir galarnadu'r Cymry ganddo fel hyn:

Emyn di-rym, hen, di-ras,
Herciog, ail-grafu 'carcase
Of an old song' . . . a hongian
Wrth ryw fain gelain o gân.[63]

Â'r cywydd rhagddo â'r llinellau: 'Llannau . . . Oedfa . . . llwyn, ydfaes,/ Caethwas y tir, "Meini'r Maes",/ Hen fferm gam, "ffrâm o gwmwl",/ Fel bleind, dyn ffeind, nid yn ffŵl,/ Iago Prydderch.'[64] Dyma waith R. S. Thomas nid yn unig yn Gymraeg, ond hefyd ar gynghanedd. Ac mewn cywydd arall, 'Cywilydd yw Torcalon', â Emrys Edwards at graidd y mater drwy Gymreigio, odli a chynganeddu enw'r bardd: 'Ein sbardun byth, BYTH, heb os –/ Ias tymer R S TOMOS.'[65] Y mae'r cwpled ynddo'i hun yn fynegiant huawdl o'r modd y cymathwyd gwaith Thomas yn ei dro gan y traddodiad llenyddol Cymraeg. Eir gam ymhellach eto yng ngherdd ffraeth Ifor ap Glyn, 'Dwi'm yn Fardd', lle'r ymdodda enw'r bardd i wead idiomatig yr iaith ei hun: 'mae fy ngwaith o hyd/ yn R. S. Tamad i aros pryd.'[66]

Bardd Cymraeg y mae ei waith yn ganolog o safbwynt cyfeiriadaeth lenyddol at gerddi R. S. Thomas yw Alan Llwyd. Gellid nodi cerddi megis 'Lleuadau Llŷn', sy'n trawsffurfio'r myfyrdod ar dranc crefydd yn y byd modern yn hanner cyntaf cerdd Thomas, 'The Moon in Lleyn' (*LS*, 30–1), yn fyfyrdod ar dranc yr iaith ym Mhen Llŷn ('Llawn o ddilead yw'r lleuad yn Llŷn/ . . . trai hil yw'r chwarter olaf').[67] Ar lawer ystyr, cymar i 'Lleuadau Llŷn' yw englyn Alan Llwyd, 'Er Cof am R. S. Thomas':

Mynnaist, drwy'r Iaith a meini dy eglwys,
Greu deuglawdd cryf inni
Rhag i'r môr estron donni
Dros draeth ein hunaniaeth ni.[68]

Yma gwneir llawer mwy nag atgynhyrchu'r hen ddelwedd gyfarwydd o fôr o Seisnigrwydd yn bygwth boddi tir Cymru. Adfywheir yr ystrydeb drwy ailgastio mewn cyd-destun diwylliannol-gadwriaethol gerdd gynnar Thomas, 'Country Church (*Manafon*)', sy'n diweddu ag awgrym bod eglwys y pentref, 'built from the river stone', dan fygythiad: 'It stands yet. But though soft flowers break/ In delicate waves round limbs the river fashioned/ With so smooth care, no friendly God has cautioned/ The brimming tides of fescue for its sake' (*SF*, 24).[69] Yn ogystal, diddorol yw holi ai dylanwad delwedd agoriadol cerdd R. S.

Thomas i'w fab, 'Song For Gwydion' – 'When I was a child and the soft flesh was forming/ Quietly as snow on the bare boughs of bone' (*AL*, 9) – a welir ar ddelweddaeth y gerdd dyner honno gan Alan Llwyd sy'n agor â disgrifiad o eira'n disgyn ar ganghennau'r ysgaw: 'syrthio gan wisgo'u hesgyrn llwm/ â chnawd, a'r eira'n lluwchio'n drwm.'[70] Y mae'r gerdd, sy'n mynd rhagddi i ddatblygu'r ddelwedd hon drwy gyfrwng ailadrodd celfydd, llawn awyrgylch, yn rhan o'r gyfres 'Cerddi'r Cyfannu' – dilyniant y mae ei is-deitl, '*Myfyrdod cyn geni fy mab*', yn cryfhau'r cysylltiad â cherdd Thomas. Cofiwn sut y bu i 'Song For Gwydion' hithau gael ei hysbrydoli gan gerdd (Gymraeg) i blentyn ifanc – yr hwiangerdd 'Pais Dinogad'. Priodol iawn, felly, o gofio sut y daeth R. S. Thomas yn ei dro yn ddylanwad creadigol ar feirdd Cymraeg, yw'r teitl hwnnw a roddodd Alan Llwyd ar ei ddilyniant – 'Cerddi'r Cyfannu'.[71]

Ceir enghraifft lachar o'r cyfannu hwn yng ngwaith Donald Evans. Fel epigraff i'r gerdd 'Hen Ywen Ifanc Nanhyfer', gesyd Evans ddyfyniad o un o gerddi R. S. Thomas – 'Where did the blood come from?' – llinell a ddaw yn wreiddiol o'r gerdd 'Osawatomie' gan y bardd Americanaidd Carl Sandburg (1878–1967).[72] Yn 'Hen Ywen Ifanc Nanhyfer', yr ateb i'r cwestiwn yw'r goeden ryfeddol honno ym mynwent eglwys Nanhyfer y mae sug tywyll, gwaedlyd yn llifo ohoni: 'Yma/ o'r ywen gam y daeth y gwaed,/ . . . Hen ywen ein hil,/ yr hil gynnar a welodd/ ei gwaed gyntaf fel gwin/ dan Garn Ingli'n wyrth,/ . . . oddi yma daeth y gwaed.'[73] Rhoddir min politicaidd ar hyn oll o gofio mai hon yw'r goeden a fydd, yn ôl y chwedl, yn parhau i wylo gwaed hyd oni ddychwel Cymro i Gastell Nanhyfer.[74] Pontia R. S. Thomas yn y fan hon rhwng llenyddiaeth Gymraeg a llenyddiaeth Americanaidd, gan ein hatgoffa bod yr Iwerydd yntau yn oror o bwys.

Wrth gwrs, gall bardd Cymraeg chwarae rhan allweddol yn y broses hon o gyfannu drwy anghytuno'n chwyrn â'i ragredegydd llenyddol, a thynnu'n groes iddo. Ni ellid wrth well esiampl o ddylanwad creadigol Thomas ar lenyddiaeth Gymraeg na cherdd Euros Bowen, 'Celain Hen Gân'. Cymer hon fel ei man cychwyn linell olaf 'Welsh Landscape' – 'Worrying the carcase of an old song' (*AL*, 26) – ac â ati i drawsnewid arwyddocâd y burgyn hwnnw, a herio'r datganiad drwg-enwog, 'There is no present in Wales,/ And no future;/ There is only the past,/ Brittle with relics . . .' (*AL*, 26). Cynigir yng ngherdd Euros Bowen ddarlun cadarnhaol a gobeithiol o '[Dd]inasyddion ifainc/ . . . yn symio tir/ madreddiad y madruddyn,/ yn symud haint/ madruddyn y madreddiad', a diweddir â delwedd o adfywhad:

A daw adar
        o nythod ein gwlad
        yn syth adeiniog lawn
        o hyd i'r fan
        i fwydo ar y fynwent
yn ddiwyd,
        a hedeg
o furgyn y gwaed
yn yfory o gân i gyd.[75]

Yn 'Celain Hen Gân' adluniwyd 'Welsh Landscape' R. S. Thomas mewn modd sy'n ein hatgoffa o ateb hyderus Euros Bowen yn 'Hyn Sy'n Fawl' i haeriad R. Williams Parry, 'Marwolaeth nid yw'n marw. *Hyn* sydd wae': 'Bywyd nid ydyw'n marw. Hyn sy'n fawl.'[76] Megis eiddo R. Williams Parry o'i flaen, daeth gwaith R. S. Thomas yn symbyliad pwerus i'r awen Gymraeg. Ac ochr yn ochr â'r dathliadau hyn o oruchafiaeth bywyd gan Euros Bowen, priodol yw gosod y myfyrdod ysgytwol hwnnw ganddo ar ddirgelwch marwolaeth, 'Y Benglog' – cerdd y mae a wnelo R. S. Thomas unwaith eto â'i genesis, ond mewn ffordd dra gwahanol y tro hwn. Egyr cerdd Bowen â'r llinellau, 'Fe'th welais dan foeth olau/ Annedd a bonedd artist a bardd.'[77] R. S. Thomas a'i wraig gyntaf, Mildred E. Eldridge, yw'r 'bardd' a'r 'artist' y cyfeirir atynt yma, ac fel y tystia Bowen yn y gyfrol *Trin Cerddi*, penglog go iawn oedd hon a welodd un tro 'ar fwrdd ymysg addurniadau eraill' ar ymweliad â rheithordy Manafon.[78]

Fe dâl inni oedi yn y fan hon i ystyried agwedd arwyddocaol iawn ar ddylanwad R. S. Thomas ar feirdd Cymraeg, sef y modd y mae ei waith wedi lliwio, a llywio, ymateb y beirdd hynny i brif ffigwr llenyddol Cymraeg yr ugeinfed ganrif, Saunders Lewis.[79] Ystyrier, er enghraifft, 'Saunders Lewis' Alan Llwyd, un o gerddi'r gyfrol *Cerddi'r Cyfannu a Cherddi Eraill* (1980). Ynddi cymer adlais o gerdd Thomas, 'Saunders Lewis' (1972),[80] ei le ochr yn ochr ag adleisiau o waith R. Williams Parry a Saunders Lewis ei hun. Disgrifir Lewis yn 'troedio'n/ ein plith yn rhith yr athrylith-ar-wahân,/ yn feudwy ysbrydol'[81] – darlun a ysgogwyd, y mae'n rhaid, gan linellau Thomas: 'A recluse, then; himself/ His hermitage? Unhabited/ He moved among us' (*WA*, 44). Wrth ddarllen cerdd Alan Llwyd ymdeimlir hefyd â grym y portread arall hwnnw o Saunders Lewis gan R. S. Thomas, 'The Patriot' (*BT*, 47). Er enghraifft, y paradocs yn narlun Thomas – geiriau Saunders Lewis yn gadael ei wefusau 'As quietly as doves on an errand/ Of peace-making', ond yn aruthr eu heffaith ar y gwrandäwr ('The fierceness of their huge entry/ At the ear's porch' (*BT*, 47)) – yw'r union baradocs a welir, wedi'i gywasgu, yn nisgrifiad bachog Alan Llwyd – 'Tydi, y cystwywr tawel'. Enghraifft bwysig gan fardd arall yn y cyd-destun hwn yw'r gerdd Saesneg honno gan Emyr Humphreys y mae talfyriadau ei theitl, 'S.L. i R.S. (An Imagined Greeting)', ynddynt eu hunain yn pwysleisio cyd-gyfnewidiaeth dau draddodiad. Ceir ynddi lu o adleisiau o gerddi R. S. Thomas, gan gynnwys portread Thomas o Gwenallt ('A Lecturer' (*BT*, 31)) a'r rheini o Saunders Lewis ei hun. Yn 'S.L. i R.S.' caiff Saunders Lewis ei ail-greu, ac fe'i clywir yn llefaru o ganol dychymyg a ffurfiwyd gan R. S. Thomas. Cryfha Emyr Humphreys ymwybod y darllenydd o broses ddiwylliannol ryfeddol yn cael ei chwblhau drwy beri i'w gerdd ymgymreigio fel yr â rhagddi. Hydreiddir trydedd adran y gerdd, er esiampl, ag adleisiau cyrhaeddgar o Bedwaredd Gainc y Mabinogi ('Plato should have consulted/ Gwydion Ddewin before/ Sending your soul into exile./ Dâr a dyf rhwng dau lyn'[82]), a chyferchir R. S. Thomas gan Saunders Lewis yn adran olaf cerdd Emyr Humphreys *yn Gymraeg*. 'Yn dy galon', medd Lewis wrth Thomas wrth derfynu, 'y Gymraeg a orfu'.[83]

'[Y] Gymraeg a orfu': ategir haeriad Emyr Humphreys gan y nifer cynyddol o gyfieithiadau o gerddi R. S. Thomas gan feirdd Cymraeg. Mewn cyfarfod teyrnged ym Mangor yn 2001, disgrifiodd Gwyn Thomas ei gyfieithiad crefftus o'r gerdd 'Hill Christmas' (*LS*, 42) fel 'ymgais i wneud i R.S. siarad yr iaith a oedd agosaf at ei galon'.[84] Cyfieithiwyd un o bortreadau Thomas o'i arwr mawr, 'Saunders Lewis' (*WA*, 44), gan feirdd Cymraeg ar sawl achlysur – gan Aneirin Talfan Davies,[85] ac Ifor ap Glyn,[86] er enghraifft, a cheir gan Rhydwen Williams drosiad o un o deyrngedau Thomas i emynyddes Dolwar-fach, 'Ann Griffith' (*LS*, 29).[87] At hyn, diddorol iawn yw gweld Dewi Z. Phillips, mewn erthygl ar *Traed Mewn Cyffion* Kate Roberts yn 1998, yn mynd ati i gyfieithu diweddglo 'A Peasant' (*SF*, 14), gan addasu'r hyn a ddywedir yno am Iago Prytherch ar gyfer cymeriad Jane Gruffydd – un arall, medd Phillips, '[a] oedd yn dyfalbarhau yn wyneb caledi bywyd'.[88] Y mae'r rhain oll yn enghreifftiau da o'r modd y mae beirdd Cymraeg bellach yn dehongli, ac yn ailddehongli, eu traddodiad llenyddol eu hunain drwy gyfrwng gwaith R. S. Thomas. Nid oes amheuaeth, serch hynny, nad y cyfieithiad mwyaf uchelgeisiol o un o gerddi R. S. Thomas yw trosiad anghyhoeddedig T. Ceiriog Williams o *The Minister* yn ei chrynswth.[89] Rhoddodd Thomas sêl ei fendith ar y fenter, a bu iddo hyd yn oed nodi rhai cyfarwyddiadau ar gyfer y cyfieithydd.[90]

* * * *

Mewn adolygiad yn *Y Fflam* ar *An Acre of Land,* dywed Euros Bowen:
'Cymru, felly, yw acer R. S. Thomas, a thybiwn mai iawn yw dal mai
ef yw'r pennaf, os nad yr unig un o'r beirdd yma y gellir eu galw yn
feirdd Eingl-Gymreig, canys nid Cymro'n canu yn Saesneg yw Mr
Thomas, ond Cymro'n mynegi gwelediad a ddaeth iddo'n arbennig
drwy gymundeb â chyfrinach y bywyd Cymreig.'[91] (Cyd-ddigwyddiad
hyfryd yng ngoleuni'r sylwadau hyn yw'r ffaith fod teitl cyfrol Thomas
wedi'i Gymreigio mewn cambrintiad ar ddechrau'r adolygiad: '*An Acer
of Land*'.) Manylach a mwy pellgyrhaeddol yw asesiad Bobi Jones: 'Yn ei
ymwybod o hanes a mytholeg Cymru, yn ei gefndir darllen, yn ei
adnabyddiaeth amlweddog o'i thiriogaeth ac o'i chrefydd, yn ei ym-
rwymiad cymdeithasol cyfoes ynddi, ac yn anad dim yn ei fyfyrdod
gonest a dwys ddifri o'r sefyllfa ddirfodol, daw R. S. Thomas at ei brif
themâu gyda chyfarpar helaethach na'r rhan fwyaf o Eingl-Gymry
eraill.'[92] Crynhoir hyn gan Bobi Jones yn ei ddatganiad: 'arbenigrwydd
R.S. gredaf i yw cyflwyno barddoniaeth Gymraeg yn Saesneg.'[93] Dyma
gyfuniad a grisielir yn effeithiol yn nisgrifiad Harri Webb o R. S.
Thomas fel '*Prifardd* of English-speaking Wales'.[94] Yn y cyswllt hwn y
mae natur cyfeiriadaeth lenyddol Thomas yn dweud cyfrolau – bron yn
llythrennol felly – ac, yr wyf am awgrymu, yn cyfiawnhau'r defnydd o
derm newydd yn benodol ar gyfer ei waith ef – 'Eingl-*Gymraeg*'. Prawf
helaethrwydd, trylwyredd a soffistigeiddrwydd yr adleisiau Cymraeg
fod Thomas wedi dychwelyd at lygaid y ffynhonnau, ac wedi ym-
gydnabod yn drwyadl â llenyddiaeth Gymraeg yn hytrach na dibynnu
ar ryw 'dryddiferiad', rhyw 'seepage' Eingl-Gymreig annelwig ac am-
henodol. Dyma bwynt y dylid ei bwysleisio, oherwydd y mae
symboleiddiaeth fwngleraidd adleisiau 'Cymraeg' llawer iawn o fardd-
oniaeth Eingl-Gymreig yn gyffredinol wedi sawru'n rhy aml, nid o
dryddiferiad, ond o leithder codi. Priodol gan hynny yw cymhwyso'r
deyrnged a delir i Gerallt Gymro yn y gerdd 'A Line from St David's' at
R. S. Thomas ei hun: 'Giraldus/ Altered the colour of his thought/ By
drinking from the Welsh fountain . . .' (*BT*, 7). Ailgydia'r bardd yn y
ddelweddaeth ddyfriol, lifeiriol hon ar ddiwedd *Blwyddyn yn Llŷn*, lle y
tyn sylw at y modd y mae George Steiner yn *After Babel* yn synio am
iaith yn nhermau dŵr: po bellaf yr ymleda dros wyneb y ddaear, basaf
oll yr â. Y perygl yw y bydd yr iaith yn colli cysylltiad â'i ffynhonnau
bywiol ac yn colli ei grym fel cyfrwng i '[f]ynegi dyfnderau enaid dyn.
At hynny gwell yw'r iaith frodorol. Dyna wers y bydd rhaid i Gymru ei

dysgu, os ydi'r famiaith i barhau' (*BLl*, 86). Gan nad yw ei ym-wybyddiaeth farddonol mor ddwfn yn ei ail iaith, gwelir R. S. Thomas yn cynyddu pwysedd yr iaith Saesneg yn ei gerddi drwy gyfrwng defnydd helaeth o gyfeiriadaeth lenyddol Gymraeg. Megis gyda ffynhonnau, o ddyfnderoedd mawrion y daw'r pwysedd grymusaf. Ac felly pan bwysleisia Thomas mai 'o ddyfnder ei fod y bydd bardd yn galw'i gerddi' (*BLl*, 64), fe'n hatgoffir gan ei gyfeiriadau Cymraeg y gall dyfnder hefyd alw ar ddyfnder: 'This is the deep/ calling to deep of the psalm-/ writer' (*C*, 50). Neu yn nhermau delweddaeth atseiniol John Davies, yn ei deyrnged i R. S. Thomas:

> He is our capital of echoes.
>
> Places we find ourselves
> not often, store voices far
> from aerials turned to base –
>
> one voice can set the whole
> wood calling.[95]

Nodiadau

[1] *Braslun o Hanes Llenyddiaeth Gymraeg*, 114.
[2] 'Hywel Dafi', *Llenyddiaeth Cymru o 1450 hyd 1600* (Lerpwl, 1922), 46.
[3] *Heddiw*, 6, 3 (1940), 82–3.
[4] Caradar, *Welsh Made Easy: A Self-Instructor for Use in the Home*, 3 cyfrol (Cardiff, 1925–8), II, v. Ceir ymdriniaeth fer â chyfraniad Caradar i'r ymdrech i adfywio'r Gernyweg yn Glanville Price, 'Cornish Language and Literature', *The Celtic Connection*, gol. Glanville Price (Gerrards Cross, 1992), 310.
[5] *Welsh Made Easy*, I, 59.
[6] Ibid., II, 105.
[7] Ibid.
[8] T. Robin Chapman, *W. J. Gruffydd* (Caerdydd, 1993), 117.
[9] *Y Flodeugerdd Gymraeg*, xi.
[10] Gw. Glyn Jones, *The Dragon Has Two Tongues*, 35, 200.
[11] *Blodau'r Gynghanedd*, 177.
[12] Ibid., 212.
[13] Ibid.
[14] 'R. S. Thomas in Conversation with Molly Price-Owen', *The David Jones Journal*, 3, 1&2 (2001), 96.
[15] Gw. hefyd sylwadau Thomas yn y cyfweliad uchod, 'R. S. Thomas in Conversation with Molly Price-Owen', 95–6, lle y cyferbynna'r bardd ei sefyllfa ef ag eiddo Bobi Jones.

[16] Ned Thomas a John Barnie, 'Probings: An Interview with R. S. Thomas', *Miraculous Simplicity*, 42.

[17] Ibid. Gw. hefyd sylwadau'r bardd yn *BLl*, 64–5.

[18] *Y Fflam*, 9 (1950), 42.

[19] 'Gwilym Rees Hughes yn Holi R. S. Thomas', *Barn*, 129 (1973), 386.

[20] *Y Deyrnas Goll a Cherddi Eraill* (Caerdydd, 1947), 20.

[21] Gw. '"Bachgen oeddwn i yng Nghaergybi – nid Cymro" – Dyfed Evans yn Sgwrsio ag R. S. Thomas', *Y Cymro*, 30 Tachwedd 1967, 12.

[22] Ibid.

[23] 'R. S. Thomas and Wales', *The Page's Drift*, 214.

[24] 'Some Uncollected Poems and Variant Readings from the Early Work of R. S. Thomas', *The Page's Drift*, 29.

[25] *The Listener*, 13 Hydref 1955, 605.

[26] *Barn*, 256 (1984), 151.

[27] 'Some Uncollected Poems and Variant Readings from the Early Work of R. S. Thomas', *The Page's Drift*, 34.

[28] 'Cyfarch R. S. Thomas', *Barn*, 245 (1983), 203.

[29] Ibid.

[30] '"Bachgen oeddwn i yng Nghaergybi – nid Cymro" – Dyfed Evans yn Sgwrsio ag R. S. Thomas', *Y Cymro*, 30 Tachwedd 1967, 12.

[31] Cyhoeddir y gerdd yn y fan hon gyda chaniatâd caredig yr Athro M. Wynn Thomas, ysgutor gweithiau anghyhoeddedig R. S. Thomas.

[32] Noda Grahame Davies, er enghraifft, sut y bu i Thomas gasglu arian ddechrau'r 1990au 'ar gyfer cenedlaetholwyr yn wynebu achos ffrwydron'; gw. *Sefyll yn y Bwlch*, 155.

[33] *Poetry Wales*, 5, 2 (1969), 35. Argyhoeddiadol yw awgrym Alan Llwyd mai 'Nodiadau Golygyddol' Alwyn D. Rees yn *Barn*, rhifyn Mehefin 1969, a ysbrydolodd y ddelwedd 'Leviathan's/ Hide twitches' yng ngherdd R. S. Thomas; gw. *Barddoniaeth y Chwedegau: Astudiaeth Lenyddol-hanesyddol* (Caernarfon, 1986), 114–15. Gellir cydio hyn wrth ddylanwad rhai o nodiadau golygyddol W. J. Gruffydd yn *Y Llenor* yn 1936 ar ddelweddaeth soned R. Williams Parry, 'Cymru 1937', a luniwyd mewn ymateb i'r weithred o losgi'r ysgol fomio ym Mhenyberth. Ar hyn, gw. nodyn Alan Llwyd yn *Cerddi R. Williams Parry*, 289–90.

[34] Gw. *Cerddi Saunders Lewis*, 56, 57, a nodiadau'r golygydd, 80.

[35] *Poetry Wales*, 4, 1 (1968). (Ni cheir rhifau tudalen.)

[36] *London Welshman*, Tachwedd 1969, 6. Atebwyd A. G. Prys-Jones yn ei dro gan Diana Gruffydd, sy'n honni mewn llythyr at y golygydd (dan y pennawd 'There is a Need') ei bod wedi tynnu sylw R. S. Thomas ei hun at y ddadl; gw. ibid., Chwefror 1970, 6.

[37] Ibid., Mai 1970, 6. Ar ddiwedd y llythyr cyfeiria Prys-Jones at y Tân yn Llŷn, gan haeru: 'It should be remembered that D. J. Williams' 1936 protest was against the barbarity of *all* bombing.'

[38] *Cerddi R. Williams Parry*, 135. Trafodir cefndir cerdd Williams Parry gan Bedwyr Lewis Jones yn *R. Williams Parry*, gol. Gwyn Thomas (Caerdydd, 1997), 125–40.

[39] Ar ddefnydd W. J. Gruffydd, yn ei nodiadau golygyddol yn *Y Llenor* ddiwedd 1936, o'r un hanes beiblaidd yng nghyd-destun trindod Penyberth ('y Tri

Llanc', chwedl Gruffydd), gw. Alan Llwyd, *R. Williams Parry* (Caernarfon, 1984), 80–1.

[40] *Coelcerth Rhyddid* (Caernarfon, 1937), 11–12; *Barddoniaeth Robert Williams Parry*, 285.

[41] *Cerddi R. Williams Parry*, 211.

[42] Ned Thomas a John Barnie, 'Probings: An Interview with R. S. Thomas', *Miraculous Simplicity*, 42.

[43] Ar y cyfieithiadau Eidaleg, a'r hyn a gollir mewn cyfieithiad ('Thomas's Welshness . . . represented an all but insurmountable obstacle'), gw. Ruth Anne Henderson, 'Translating the Silence', *New Welsh Review*, 5, 4 [20] (1993), 30–4. Cf. sylwadau Johannes Gramich ar gynulleidfa Almaeneg R. S. Thomas yn 'R.S. in Munich', *New Welsh Review*, 14, 2 [54] (2001), 20–3.

[44] 'R. S. Thomas a'r Eingl-Gymry', *Barddas*, 202 (1994), 20.

[45] 'The Welsh Parlour', *The Listener*, 16 Ionawr 1958, 119.

[46] Cyfweliad â'r awdur presennol, 28 Gorffennaf 1999. Yn wir, aeth Thomas mor bell â dweud ar un achlysur fod y defnydd yn ei farddoniaeth gynnar o destunau megis Pedair Cainc y Mabinogi yn fodd nid yn unig i '[dd]angos y gwahaniaeth a ddylai fod rhwng y bywyd Cymraeg a'r bywyd Saesneg', ond hefyd i hyrwyddo'r gwahaniaeth hwnnw ac i '[dd]yfnhau'r rhwyg a ddylai fod rhwng y Cymry a'r Saeson': 'Rhyw wrthglawdd oedd o mewn ffordd', meddai; gw. 'Sgwrs efo R. S. Thomas', *Ffenics*, 2, 2 (1972), 8.

[47] *The Critical Forum: R. S. Thomas Discusses His Poetry*, Norwich Tapes, 1980. Gw. hefyd sylwadau Thomas yn *Blwyddyn yn Llŷn*: 'Y cwestiwn a ofynnir gan y rhai difeddwl, wrth gwrs, ydi: "A oes diben barddoni mewn iaith a siaredir gan gyn lleied?" Cwestiwn a ofynnir hyd yn oed ynglŷn â'r Gymraeg. Petai Gwenallt neu Saunders wedi sgrifennu yn Saesneg! Ond, a dweud y gwir, dydw i ddim yn ei weld yn gwestiwn pwrpasol. Gadewch i fardd sgrifennu yn ei famiaith ac anghofio am faint ei gynulleidfa' (*BLl*, 79).

[48] Llythyr dyddiedig 11 Ebrill 1962; gw. *David Jones: Letters to Vernon Watkins*, 57.

[49] Ibid., 58, 60–1.

[50] Ibid., 63.

[51] Ibid.

[52] Gellid nodi'r canlynol: Menna Elfyn, 'R.S. Mewn Darlleniad', *Mynd Lawr i'r Nefoedd* (Llandysul, 1986), 56; idem, 'Y Bardd Di-flewyn (*wrth gofio'r bardd yn Barcelona*)', *Cusan Dyn Dall/Blind Man's Kiss* (Tarset, 2001), 120; Gwyn Erfyl, 'Y Tomos Arall', *Taliesin*, 113 (2001), 25–6; Anita Griffith, 'Tywod (*R. S. Thomas*)', *Cerddi Anita Griffith* (Caernarfon, 1991), 13; Arfon Huws, 'R.S.', *Barddas*, 193 (1993), 16. Gw. hefyd y casgliadau o deyrngedau i R. S. Thomas a ymddangosodd yn *Golwg*, 5 Hydref 2000, 17, ac yn yr un cylchgrawn, 12 Hydref 2000, 18–19. Teyrnged arall y dylid tynnu sylw ati yw cerdd anghyhoeddedig Menna Elfyn, 'Emyn i Gymro', a ddatganwyd, i gyfeiliant cerddoriaeth gan Pwyll ap Siôn, yn Neuadd Ercwlff, Portmeirion, 22 Ebrill 2001, mewn cyfarfod i ddathlu bywyd a gwaith R. S. Thomas.

[53] *Barddas*, 200–1 (1993–4), 38. Gw. hefyd Emrys Edwards, 'Dwylath i'm Hysbrydoli: Portread o R. S. Thomas', *Barddas*, 1 (1976), 3.

[54] 'R. S. Thomas', *Cerddi Arfon* (Caernarfon, 1996), 53.

[55] Gw. hefyd sylwadau T. Arfon Williams ar yr englyn yn *Modern Poetry in Translation*, 174–6.

56 'Geni Cerdd', *Barddas*, 202 (1994), 1–2.

57 Ibid., 2.

58 *Ystoria Taliesin*, 66.

59 *Cerddi Alan Llwyd 1968–1990: Y Casgliad Cyflawn Cyntaf* (Llandybïe, 1990), 206.

60 Gw. yn arbennig *Cyfansoddiadau a Beirniadaethau* y blynyddoedd 1994 (cystadleuaeth y Goron), 1995 (y Gadair) ac 1998 (y Gadair). Yn ogystal, y mae dylanwad cerddi cynnar R. S. Thomas i'w weld ar awdl fuddugol Ceri Wyn Jones, 'Gwaddol', yn Eisteddfod Genedlaethol 1997.

61 Gw. *Poetry Wales*, 7, 4 (1972), 5–8.

62 Y mae paragraff agoriadol nofel Mihangel Morgan, *Dan Gadarn Goncrit* (1999), lle y moderneiddir darlun Thomas yn 'Cynddylan on a Tractor' (*AL*, 16), yn enghraifft ddiddorol o lenor rhyddiaith yn adleisio'r bardd.

63 *Poetry Wales*, 7, 4 (1972), 7.

64 Ibid.

65 *Cymru yn fy Mhen: Casgliad o Gerddi*, gol. Dafydd Morgan Lewis (Talybont, 1991), 33.

66 *Golchi Llestri Mewn Bar Mitzvah* (Llanrwst, 1998), 105.

67 *Cerddi Alan Llwyd*, 78. Gw. hefyd 'Llythyr o Lŷn', ibid., 82–5.

68 *Ffarwelio â Chanrif* (Llandybïe, 2000), 48.

69 Y mae'r 'llanw estron' yn drosiad estynedig yn 'Y Gwyliwr', cadwyn o englynion a ganodd Alan Llwyd i R. S. Thomas ar achlysur ei ben blwydd yn 80 oed; gw. *Barddas*, 193 (1993), 17.

70 *Cerddi Alan Llwyd*, 14.

71 Yn *Barddoniaeth y Chwedegau*, 332–3, awgryma Alan Llwyd fod dylanwad 'The Village' R. S. Thomas (*SYT*, 98) i'w weld ar gerdd R. Gerallt Jones, 'Santa Cruz'. Y mae hwn yn bwynt diddorol yng ngoleuni sylw Thomas, yn ei adolygiad yn 1962 ar *The Oxford Book of Welsh Verse*, y dylai'r golygydd, Thomas Parry, fod wedi cynnwys gwaith Gerallt Jones yn y flodeugerdd honno; gw. *The Listener*, 26 Ebrill 1962, 740.

72 Gw. 'On a Line in Sandburg' (*PS*, 38). Dylid nodi mai'r hyn sydd gan Sandburg yw 'Where did *that* blood come from?' (fy italeiddio i); gw. Carl Sandburg, *Complete Poems* (New York, 1950), 186.

73 *Egin* (Llandysul, 1976), 80, 81.

74 Gw. Dillwyn Miles, *A Book on Nevern* (Llandysul, 1998), 31.

75 *Cylch o Gerddi* (Lerpwl, 1970), 113, 114.

76 *Cerddi*, 120. Daw llinell R. Williams Parry o'r gerdd 'Marwoldeb'; gw. *Cerddi R. Williams Parry*, 130.

77 Euros Bowen, *Cerddi*, 141.

78 *Trin Cerddi*, 74. Cyfeiriodd R. S. Thomas ei hun at yr achlysur mewn cyfweliad ar y rhaglen *Beti a'i Phobol*, BBC Radio Cymru, 7 Mawrth 1996; gw. *Beti a'i Phobol – 1*, 95–6.

79 Fe gofir mai 'Saunders Lewis' R. S. Thomas a ddewiswyd fel epigraff ar gyfer y gyfrol *Presenting Saunders Lewis*, gol. Alun R. Jones a Gwyn Thomas (Cardiff, 1973).

80 Fe'i cyhoeddwyd am y tro cyntaf yn *Poetry Wales*, 7, 4 (1972), 13.

81 *Cerddi Alan Llwyd*, 187.

82 Emyr Humphreys, *Collected Poems* (Cardiff, 1999), 180.

83 Ibid.

[84] 'R. S. Thomas: Dathliad/A Celebration', Prifysgol Cymru, Bangor, 17 Ionawr 2001.

[85] *Diannerch Erchwyn a Cherddi Eraill*, 32, lle'r ymddengys rhwng cyfieithiad o gerdd R. S. Thomas, 'Again' (*NHBF*, 41), a chyfieithiad o gerdd gan Thomas arall – 'The Hunchback in the Park' Dylan Thomas.

[86] *Cerddi Map yr Underground* (Llanrwst, 2001), 106.

[87] Lluniodd Williams hefyd gyfieithiad o 'The Moor' (*P*, 24); gw. *Dei Gratia* (Llandybïe, 1984), 78, 83.

[88] 'Ôl y Duwiau: Jane Gruffydd a *Traed Mewn Cyffion*', *Efrydiau Athronyddol*, 61 (1998), 27.

[89] Llawysgrif Bangor 33449.

[90] Llythyr gan R. S. Thomas at T. Ceiriog Williams, dyddiedig 6 Hydref 1984 (rhan o Lawysgrif Bangor 33449).

[91] *Y Fflam*, 11 (1952), 43–4.

[92] 'R. S. Thomas a'r Eingl-Gymry', *Barddas*, 202 (1994), 19.

[93] Ibid., 18. Tyn Bobi Jones sylw at y ffaith fod R. S. Thomas, fel Emyr Humphreys, yn perthyn i ochr Gymraeg yr Academi Gymreig. Tystia Sally Roberts Jones fod Thomas wedi gwrthod ymuno ag ochr Saesneg yr Academi pan ffurfiwyd hi yn 1968, gan ymuno yn lle hynny â'r ochr Gymraeg, a noda: 'In those early years the two Sections regularly invited each other's members to events they were organising, and on one occasion I sent an invitation to R.S., only to receive a postcard from Aberdaron to the effect that he was a member of the only *genuine* branch of Yr Academi and (by implication) wanted nothing to do with us upstarts'; gw. 'Remembering R. S. Thomas', *The David Jones Journal*, 3, 1&2 (2001), 146.

[94] Gw. llythyr Webb yn *Poetry Wales*, 7, 4 (1972), 123. Cf. hyn â sylwadau John Gwilym Jones mewn llythyr a anfonwyd at Kate Roberts yn 1968 i'w llongyfarch ar dderbyn ysgoloriaeth gan Gyngor Celfyddydau Cymru – llythyr sy'n amlygu hen densiynau rhwng dwy lenyddiaeth Cymru: ''Roeddwn wrth fy modd deall fod teyrnged o'r diwedd wedi ei rhoi i un sy'n ei haeddu gymaint. Yr unig beth sy'n fy ngwylltio yw pam y rhoddwyd mwy i R. S. Thomas nag i chi. Mae'r peth yn warthus. 'Rydych wedi gwneud canmil mwy i Gymru nag y mae ef – i Gymru ac i *Gymry* – a rhain [*sic*] sy'n bwysig ac a ddylai fod yr ystyriaeth gyntaf i Gyngor Celfyddydau *Cymru*. Fydda' i ddim yn ôl o ddweud hyn chwaith pan ddaw y cyfle'; llythyr dyddiedig 19 Chwefror 1968, Papurau Kate Roberts 1 (I), Rhan 9 o'r siediwl, 1574, yn Llyfrgell Genedlaethol Cymru.

[95] 'R. S. Thomas', *Dirt Roads* (Bridgend, 1997), 64.

Mynegai

Dulyn 144
Dunbar, William 138, 139, 140, 175 n.24
  'Thrissill and the Rois, The' 140
Dŵr Cymru 102, 128 n.59

Ddraig Goch, Y 317

Edward I, brenin Lloegr 103
Edwards, Charles 23 n.74, 73
Edwards, Dorothy 4
Edwards, Emrys 180 n.125, 321, 322–3,
  330 n.53
  'Cywilydd yw Torcalon' 323
  'Cywydd i'm Cyfaill R.S.T.' 322–3
  'Dwylath i'm Hysbrydoli: Portread o
    R. S. Thomas' 330 n.53
Edwards, Huw Meirion 268
Edwards, O. M. 272, 307
  Cartrefi Cymru 272
  Hanes Cymru 308
Edwards, Thomas (Twm o'r Nant) 30, 31,
  34, 80 n.27, 288
Edwin, brenin Northumbria 247
Efrog Newydd 121
Eglwys yng Nghymru, yr 1, 29, 43, 110,
  120
Eglwys-fach 1, 39, 108, 109, 123, 146, 166,
  223, 261–2, 283, 301 n.105
'Englynion y Beddau' 41, 170, 171
Ehedydd Iâl, *gweler* Jones, William
Eifion Wyn, *gweler* Williams, Eliseus
Eisteddfod Genedlaethol 30, 59; Llanelli
  (1930) 58; Llangefni (1983) 271;
  Penbedw (1917) 195; Pen-y-bont
  (1948) 50, 56–7, 58; *Cyfansoddiadau a
  Beirniadaethau* (1948) 50, 56–7
Eldridge, M. E. 221, 225, 279, 283, 325
Elfyn, Menna 103–6, 330 n.52
  'Bardd Di-flewyn, Y' 330 n.52
  'Cân y Di-lais i British Telecom' 103–7
  'Cusan Hances' 105
  'Emyn i Gymro' 330 n.52
  Eucalyptus 104, 129 n.66, 129 n.69
  'Neges (ar awr wan)' 103–4
  'R.S. Mewn Darlleniad' 330 n.52
Eliot, T. S. 12, 22 n.66, 43, 60, 66, 70, 75–6,
  125, 127 n.42, 133, 137, 196, 200, 201,
  205, 223, 234 n.87
  'Burnt Norton' 7, 75, 76
  'Dry Salvages, The' 75, 127 n.42
  'East Coker' 75
  Four Quartets 13, 75, 125
  'Gerontion' 12

'Little Gidding' 125, 196
Waste Land, The 70, 75, 77, 133, 191,
  201, 235 n.105
'Whispers of Immortality' 76
Elis, Islwyn Ffowc 23 n.71, 29, 47, 56–7,
  225–6, 227, 229, 230
  'Hyfrydwch y Gwir Grefftwr' 57, 84
    n.118
  Wythnos yng Nghymru Fydd 225, 226–9,
    230
Ellis, T. I. 268, 301 n.105
  Crwydro Maldwyn 268
Emrys ap Iwan, *gweler* Jones, Robert
  Ambrose
Encyclopaedia Britannica 2
Erfyl, Gwyn 236 n.147, 330 n.52
  'Gethsemane (1969)' 236–7 n.147
  'Tomos Arall, Y' 330 n.52
'Eryr Eli' 62, 64, 249
'Eryr Pengwern' 62, 63, 64, 66, 249, 251
Evans, Caradoc 4, 232 n.44
Evans, Cayo 316
Evans, Donald 324
  Egin 331 n.73
  'Hen Ywen Ifanc Nanhyfer' 324, 331
    n.73
Evans, Dyfed 26, 79 n.6
Evans, E. Lewis 194
  *Morgan Llwyd: Ymchwil i Rai o'r Prif
    Ddylanwadau a Fu Arno* 194
Evans, Ellis Humphrey (Hedd Wyn)
  195–6, 233 n.58, 242, 297 n.13
  'Atgo' 297 n.13
  'Ystrad Fflur' 195–6, 233 n.58
Evans, Evan (Ieuan Brydydd Hir, Ieuan
  Fardd) 269, 270, 271, 282, 302 n.109,
  302 n.111
  'Hiraeth y Bardd am ei Wlad' 271
Evans, Hugh 90, 126 n.12, 240
  Cwm Eithin 90, 126 n.12, 240
Evans, Margiad, 48
  Country Dance 48
Evans, Meredydd 316
Evans, Theophilus 305 n.179, 309
  Drych y Prif Oesoedd 309
Evans, William (Wil Ifan) 263, 265
  'Adar Rhiannon (Maes-y-Tannau)'
    263–4, 265
Evans-Jones, Albert (Cynan) 56, 135

Ford Gron, Y 217
Forster, E. M. 124
Four Ancient Books of Wales, The 190

Frost, Robert 89, 110, 126 n.1, 145, 217,
  236 n.143
'Road Not Taken, The' 217

Ffenics 50, 163
Fflam, Y 161, 312, 313, 327
Fflint (sir) 1, 189
Ffrainc 137

Gaeltacht 143, 144
Galilea 218
Galway 142, 143
Garlick, Raymond 3, 10, 12, 43, 63, 78, 83
  n.103, 87 n.167, 89, 96, 109, 130 n.96,
  163, 179 n.101, 214–15, 221, 222, 230
  n.2, 242, 288, 311
  'Bunch of Flowers (*for Gillian*), A' 130
  n.96
Geddes, Patrick 135
Gerallt Cymro 38, 179 n.113, 259, 288, 327
  Hanes y Daith Trwy Gymru 259
Gifford, Terry 201–2, 304 n.155
  Pastoral 281–2
Gildas 288, 305 n.175
  De Excidio Britanniae 288
Glasynys, *gweler* Jones, Owen Wynne
Glod, y 152, 153
Gogynfeirdd, y 286
Grahame, Kenneth 146
Gramich, Johannes 330 n.43
Gramich, Katie 104, 230 n.6
Grand Canyon 211, 212, 213
Griffith, Anita 330 n.52
  'Tywod (*R. S. Thomas*)' 330 n.52
Griffith, Richard (Carneddog) 134–5, 175
  n.11, 309–10, 311
  Blodau'r Gynghanedd 134, 135, 309–11
  Cerddi Eryri 134, 175 n.11
Griffiths, Ann 34, 36–9, 80 n.40, 80 n.41,
  272, 321, 326
  'Bererin llesg gan rym y stormydd' 36
  'Dyma babell y cyfarfod' 80 n.41
  'O am gael ffydd i edrych' 36
  'Rhyfedd, rhyfedd gan angylion' 40
  'Wele'n sefyll rhwng y myrtwydd' 36,
  40
Griffiths, J. Gwyn 56, 303 n.136
Griffiths, Keith 316
Griffiths, Margaret Enid 190
  Early Vaticination in Welsh 190
Gruffudd ab yr Ynad Coch 286
Gruffudd ap Rhys ap Tewdwr, tywysog
  Deheubarth 259

Gruffudd Gryg 140, 187, 202
Gruffudd Hiraethog 26
Gruffudd Llwyd 147, 164, 177 n.58, 289,
  290–3, 305 n.184, 305 n.189, 306
  n.193
  'Byd dudrist, bywyd hydraul' 290–2
  'Eryr digrif afrifed' 305 n.184
  'Ymestyn Einioes' 147, 177 n.58
Gruffydd, Diana 329 n.36
Gruffydd, Geraint 235 n.104
Gruffydd, W. J. 4, 58, 94, 185, 186, 264, 300
  n.75, 307, 309, 329 n.33, 329–30 n.39
  'Er Cof am Y Parch. Thomas Rhys . . .'
  186
  Flodeugerdd Gymraeg, Y 309
  'Gwladys Rhys' 185–6
  Llenyddiaeth Cymru o 1450 hyd 1600 307
  Math Vab Mathonwy 264
  Rhiannon 264
  'Tlawd Hwn, Y' 264
  'Ynys yr Hud' 264
Guest, Charlotte 209
Guto ap Siancyn 193–4
  'I Rys ap Dafydd ap Rhys o Uwch
  Aeron' 232 n.49
Guto'r Glyn 288
'Gwahoddiad' 74
Gwales 262, 264, 265
Gwallter Mechain, *gweler* Davies, Walter
Gwenallt, *gweler* Jones, David James
Gwenfrewi 198
Gwernabwy 111, 146, 161
Gwili, *gweler* Jenkins, John
'Gwladus Ddu' 97, 103
Gwrthryfel y Pasg (1916) 110, 151
Gwynedd 305 n.184
Gwynn, Stephen 151

Hanmer 1, 9, 59, 144, 189
Hanmer, Syr Dafydd 290
Hanmer, Margaret 289–90
Hardy, Barbara 204–5, 235 n.103
Hardy, Thomas 79 n.15, 232 n.45
  'In Time of "The Breaking of Nations"'
  232 n.45
  'To Shakespeare' 79 n.15
Harlech 152, 258, 262, 263, 264, 265
Harri I, brenin Lloegr 259
Harri Mil 151, 288
Haycock, Marged 204, 235 n.104
Haydon, Benjamin Robert 176 n.30
  'Wordsworth on Helvellyn' 176 n.30
Heaney, Seamus 15, 16, 197–8